LE BARBECUE ET SES SECRETS

LES MEILLEURES RECETTES, CONSEILS ET ASTUCES D'UN AS DU BARBECUE

ÉDITION DE LUXE

D1105704

ROCKIN' RONNIE SHEWCHUK

TRADUIT DE L'ANGLAIS PAR
LORRAINE GAGNÉ

A·D·A
éditions

Design et illustrations intérieures : Setareh Ashrafologhalai
Photos de la nourriture par John Sinal et stylisme des photos par Joanne Facchin sauf pour:
Photos de la nourriture par Greg Athans et stylisme par Nathan Fong pour les pages 49, 87, 88, 92, 105, 135, 155, 189, 190, 202, 251, 274, 296, 303, 318 et 368
Photos de la page 37 par Greg Athans
Photos de la nourriture de la page 177 par Reed Davis
Photos des pages 20, 27, 28, 46, 90, 98, 100, 115, 139, 146, 183, 184, 206, 210, 240, 304, 328, 333, 362 et 382 par Michelle Mayne
Les autres photos ont été fournies gracieusement par la famille et les amis de l'auteur.
Copyright © 2009 Ron Shewchuk
Titre original anglais : Barbecue secrets deluxe!
Copyright © 2010 Éditions AdA Inc. pour la traduction française
Cette publication est publiée en accord avec Whitecap, North Vancouver, BC.
Tous droits réservés. Aucune partie de ce livre ne peut être reproduite sous quelque forme que ce soit sans la permission écrite de l'éditeur, sauf dans le cas d'une critique littéraire.

Éditeur : François Doucet
Traduction : Lorraine Gagné
Révision linguistique : Isabelle Veillette
Révision et correction d'épreuves : Suzanne Turcotte, Nancy Coulombe
Montage de la couverture : Sylvie Valois, Matthieu Fortin
Illustration de la couverture : John Sinal
Design de la couverture : Jacqui Thomas
Mise en pages : Sylvie Valois
ISBN : 978-2-89667-061-1
Première impression : 2010
Dépôt légal : 2010
Bibliothèque et Archives nationales du Québec
Bibliothèque Nationale du Canada

Éditions AdA Inc.
1385, boul. Lionel-Boulet
Varennes, Québec, Canada, J3X 1P7
Téléphone : 450-929-0296
Télécopieur : 450-929-0220
www.ada-inc.com
info@ada-inc.com

Diffusion
Canada :	Éditions AdA Inc.
France :	D.G. Diffusion
	Z.I. des Bogues
	31750 Escalquens — France
	Téléphone : 05.61.00.09.99
Suisse :	Transat — 23.42.77.40
Belgique :	D.G. Diffusion — 05.61.00.09.99

Imprimé en Chine

Participation de la SODEC.

Nous reconnaissons l'aide financière du gouvernement du Canada par l'entremise du Programme d'aide au développement
de l'industrie de l'édition (PADIÉ) pour nos activités d'édition.
Gouvernement du Québec — Programme de crédit d'impôt pour l'édition de livres — Gestion SODEC.

Catalogage avant publication de Bibliothèque et Archives nationales du Québec et Bibliothèque et Archives Canada

Shewchuk, Ron

Le barbecue et ses secrets : les meilleures recettes, conseils et astuces d'un as du barbecue
Traduction de: Barbecue secrets deluxe!.
ISBN 978-2-89667-061-1
1. Cuisine au barbecue. 2. Cuisson sur planche. I. Titre.

TX840.B3S55214 2010   641.5'784

C2009-942704-4

Table des matières

À Kate et aux Butt Shredders

PRÉFACE

Quel parcours enfumé ce fut! Lorsqu'en 2003 je me suis arrêté pour préparer la première édition de cet ouvrage, je n'ai pas réalisé que j'étais littéralement en train d'écrire le prochain chapitre de ma carrière. Ce livre fut un jalon important dans mon cheminement pour la cuisson au barbecue, qui avait commencé durant les années 60 lorsque, encore un jeune garçon, je surveillais mon père qui faisait griller des biftecks sur un feu à ciel ouvert à notre maison d'été. Depuis ce temps, j'ai toujours été attiré par l'odeur de la viande qui cuit sur le charbon de bois.

Devenir l'auteur d'un livre de recettes a amené mon amour pour la cuisson en plein air à un autre niveau; ce qui n'était qu'une simple passion s'est transformé en une véritable obsession. Le premier livre a été l'excuse dont j'avais besoin pour abandonner mon travail de jour, pour me permettre de poursuivre mon rêve, qui était de vivre à plein temps cette vie de grillardin. Durant les trois années suivantes, je n'ai pas fait grand-chose, à part tenir une paire de pinces pour promouvoir mon premier livre et écrire mon deuxième, *Planking Secrets*. Vous ne serez pas surpris d'apprendre que j'ai même été victime d'un épuisement professionnel, et j'ai pris une année pour faire ce que j'avais mis de côté depuis un certain temps : une vraie carrière qui m'a procuré des chèques réguliers pour faire vivre ma famille.

Il semble que j'aie enfin trouvé une balance entre le travail, la famille et le barbecue, en gardant mon poste de consultant en relations publiques, tout en trouvant du temps à passer avec ma famille et à cuisiner sur le barbecue en soirée et durant les weekends.

Mais je n'ai aucun regret à propos des nombreuses années pendant lesquelles je me suis laissé distraire à l'excès par le barbecue. Je devais me rendre au plus important barbecue, le Jack Daniel's World Championship Invitational Barbecue, pour faire des compétitions avec mon équipe, les Butt Shredders, et ce, pendant trois années consécutives. J'ai eu la chance d'être le premier chef invité au magnifique vignoble du Mission Hill Family Estate, pour tenir des ateliers sur l'art du gril et du barbecue, avec mon ami Michael Allemeier, chef de ce vignoble. Et le meilleur de tout, j'ai rencontré des centaines de cuisiniers du plein air venant de partout dans le monde, qui partageaient le même avis que moi, avec lesquels j'ai échangé des histoires, des idées de recettes, et avec qui j'ai célébré les plaisirs du gril et du barbecue.

Cette édition spéciale est ma tentative de réunir tout ce que j'ai appris et écrit jusqu'à maintenant en un livre facile à comprendre. Dans *Le barbecue et ses secrets — édition de luxe*, vous trouverez plusieurs recettes de mes deux premiers livres. J'en ai profité pour en affiner quelques-unes et j'en ai laissé tomber d'autres qui ne tenaient plus la route après un certain temps. Quelques autres, qui avaient d'abord été conçues pour la cuisson sur planche, ont été converties à la cuisson directe sur gril ou sur barbecue parce qu'elles sont meilleures de cette façon. Pour faire bonne mesure, j'ai ajouté environ 50 nouvelles recettes pour donner quelques nouveaux éléments au gril.

Pour rendre cette édition encore plus complète, j'ai ajouté du texte. Depuis quelques années, j'ai écrit des articles qui ont paru dans différentes publications sur un sujet qui m'intéresse, les aliments, et je les reprends ici, avec un minimémoire qui relate quelques-unes des histoires les plus mémorables depuis la publication de mon premier livre.

Comme cadeau spécial, j'ai pu convaincre ma femme, Kate Zimmerman, auteure et aussi veuve du barbecue, comme elle dit, de partager avec nous quelques-uns de ses articles humoristiques dans lesquels elle fait une parodie à peine voilée de moi comme étant un chef mâle typique, et un dingue du barbecue.

Pour terminer, j'inclus quelques autres traits importants pour compléter l'ensemble du grillardin — une sélection revue et plus complète de musique pour améliorer l'expérience de la cuisson en plein air, en plus d'une collection raffinée de recettes de boissons pour maintenir le moral du chef.

J'espère que vous aurez du plaisir à utiliser ce livre autant que j'en ai eu à faire les expériences qui ont mené à sa rédaction. Et plus que tout, j'espère qu'il sera le début d'un nouveau chapitre dans votre propre carrière de chef pour le barbecue.

À vous pour toujours dans la fumée,

Venez me voir au www.ronshewchuk.com (en anglais seulement).

Une fumante leçon d'histoire

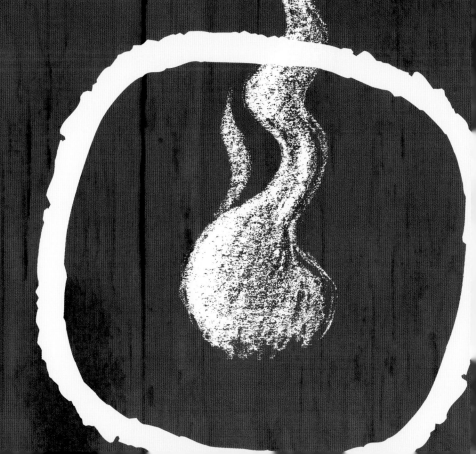

LES ORIGINES DU BARBECUE

« L'histoire du barbecue est l'histoire de l'Amérique : les colons sont arrivés sur un continent intact, ont découvert des richesses merveilleuses, y ont mis le feu et les ont mangées. »
— Vince Staten

Qui peut vraiment dire quand le premier être humain primitif a mis le premier morceau de viande près d'un feu ? C'était des milliers d'années avant que les hommes puissent boire de la bière et se servir de pinceaux pour badigeonner, mais c'est tout ce dont nous sommes certains.

Ce que nous possédons, c'est le premier registre du barbecue américain, préparé par les conquistadors espagnols au début du XVIᵉ siècle. Entre les épisodes de pillage, les Espagnols ont noté que les Aborigènes arawaks des Caraïbes utilisaient une plateforme élevée qu'ils appelaient *barbaca*, faite de bois vert, pour faire cuire leur viande sur un feu de braises. Certains historiens ont rapporté que les Arawaks ont aussi utilisé le gril pour faire rôtir leurs ennemis. Le mot *barbaca* a évolué en espagnol *barbacòa*, et c'est ce terme qui est encore utilisé aujourd'hui. Le temps a passé, et *barbacòa* s'est américanisé, se transformant en ce terme que nous connaissons et aimons tous.

Ce n'est toutefois pas la seule théorie au sujet de la naissance du terme «barbecue». Il y a une racine possible pour ce mot qui est toujours écartée par les experts américains du barbecue, mais que je trouve plausible. On dit qu'en France, lorsqu'un boucher ou un chef embroche un animal pour le faire cuire au-dessus d'un feu, il le fait *de barbe à queue...* d'où barbecue. Cette dérivation française peut très bien avoir évolué en dialectes créoles du sud, puis en anglais américain. Mais, à cause d'une continuelle querelle culturelle et politique entre les États-Unis et la France, les Américains se sont moqués de cette théorie. C. Clark «Smoky» Hale, historien et spécialiste renommé en barbecue, réfute l'origine française dans son style traditionnel de connaisseur. «La demande de la France [...] est une idiotie flagrante», écrit Hale, un Texan, dans un essai sur les origines du barbecue. «Si Catherine de Médicis n'avait pas amené ses chefs [Italiens] lorsqu'elle est devenue reine de France, les Français seraient probablement encore en train de ramper pour leur gruau.» Vas-y, Smoky, vas-y !

Arrêtons-nous sur la côte sud-est des États-Unis, où les hommes d'équipage de l'explorateur espagnol Hernando de Soto, dans les années 1500, ont observé les aborigènes faire cuire la viande sur un machin de style *barbacòa*. Un compte-rendu décrit un groupe d'aborigènes faisant griller de la venaison et des dindes sur un *barbacòa*, près de la rivière Ocmulgee, qui est aujourd'hui la Géorgie. Ce fut un grand moment historique (du moins pour nous, les fous du barbecue); la première fête d'avant-match à avoir été inscrite en Amérique du Nord.

Pendant ce temps, sur la côte ouest, les gens pêchaient le saumon et le faisaient cuire sur des braises depuis environ 8000 ans. Leur technique consistait à enfiler un gros morceau de saumon frais sur un bâton et à le piquer dans le sol près d'un feu chaud d'aulnes, ce qui donnait au saumon une saveur délicieuse tout en le conservant bien. Ils ne l'appelaient pas barbecue, mais c'en était.

Mais retournons sur la côte est. Ce ne fut pas long avant que les colons américains, ayant observé les techniques de cuisson sur *barbacòa*, commencent à faire de même avec les cochons amenés par les colons. Comme les premiers États devinrent peuplés par les colons européens, et que de riches primes de l'Amérique du Nord ont commencé à récompenser ceux qui avaient pris le risque de s'y installer, le porc est alors devenu partie intégrante du mode de vie. Ils étaient nombreux et faciles à élever, mais la réfrigération n'existait pas, et le prix du sel était très élevé. Si vous n'avez ni sel ni réfrigérateur, les meilleurs choix de conservation sont le sucre et le vinaigre. Et dans une société sans fruit et sujette au scorbut, la source première de vitamine C était le chile.

Ainsi, il arriva que l'on fît fumer des porcs entiers sur des feux de bois de feuillus et qu'on les badigeonne d'un mélange de vinaigre, de sucre et de piment. Le porc était le parfait aliment de base pour les colons, et ce genre de cuisson, c'est le barbecue que nous faisons à ce jour dans cette partie des États-Unis.

Cette partie de l'histoire du barbecue est compatible avec une autre histoire qui relate l'origine du mot « barbecue ». Un riche propriétaire de ranch de la Caroline du Sud du nom de Bernard Quayle avait l'habitude de donner de grandes fêtes pour des centaines d'invités où l'on servait du mouton, du porc et du bœuf rôtis à la broche. L'histoire veut que le nom de son ranch (également la marque de son troupeau) fût BQ, ou Bar-B-Q. Son nom, au fil des ans, a été associé avec ce genre de réception, et le terme barbecue est né. Même si cette théorie de l'origine du mot barbecue paraît invraisemblable, j'aime penser que le bon monsieur Quayle avait le sens de l'humour. Voyant la similitude entre ses initiales et ce qu'il aimait servir à ses invités, il a fait un jeu de mots avec la marque de son troupeau. Même s'il n'a pas inventé le mot, l'ambiance que nous associons avec le barbecue peut tirer son origine de ce gentil propriétaire dont le nom commençait par Q.

Si nous associons la côte est des États-Unis comme le point de départ du barbecue, il n'est pas trop difficile de documenter sa migration vers l'ouest. Des Caroline et de la Géorgie au Tennessee,

⤳ LE GRIL VS LE BARBECUE ⤳

Avant de faire quoi que ce soit, j'aimerais faire une importante distinction entre le gril et le barbecue. Lorsque la plupart des Nord-Américains, en particulier ceux qui sont au nord de la ligne Mason-Dixon, pensent faire « cuire au barbecue » ou « avoir un barbecue », ils veulent dire faire griller — ce qui est faire saisir un bifteck assaisonné ou du poulet mariné pendant quelques minutes sur un gril au propane, au gaz naturel ou au charbon de bois. La grille fait des marques sur la viande, les égouttures et les flambées lui donnent un goût carbonisé distinct, et la chaleur intense en fait une cuisson pratique, rapide, qui intensifie la saveur.

Mais ce n'est pas du barbecue. Pour les fanatiques du barbecue, faire griller est l'équivalent culinaire de la pêche avec appât — comme vue par ceux qui pensent que lancer de la mouche est la seule vraie et pure forme de pêche à la ligne. (Ce sont eux qui réfèrent avec dérision à ceux qui pêchent avec appât comme étant « ceux qui noient les vers ».)

Pour les puristes, le barbecue n'est pas une façon commode de faire la cuisson — une activité de 15 minutes avant le dîner. C'est plutôt quelque chose que vous mangez à la grilladerie au bord de la route, ou que vous faites cuire vous-même pendant longtemps dans un fumoir ou dans un foyer de barbecue. Le barbecue traditionnel du sud —ou « Q », comme on l'appelle quelquefois — consiste en de gros morceaux de viande grasse et coriace, comme une épaule de porc et une pointe de poitrine de bœuf, qui sont cuits pendant plusieurs heures dans un endroit fermé, baignés dans les vapeurs produites par les braises de charbon de bois ou de bois de feuillus. C'est ce style de cuisson qui est à la base du nombre croissant de compétitions de barbecue à travers le continent. Il y a même plusieurs conseils d'administration pour le barbecue incluant la Kansas City Barbecue

(suite à la page suivante)

Une fumante leçon d'histoire

Le gril vs le barbecue *(suite)*

Society (KCBS), qui a établi des règlements stricts et des critères d'évaluation pour les compétitions de barbecue. Et, comme dans la boxe professionnelle, il y a un nombre important de compétitions qui réclament le titre mondial de championnat du barbecue. Mais nous y reviendrons plus tard.

Dans ce livre, je ferai la distinction entre le gril et le barbecue traditionnel, mais je serai impartial. Lorsque je parle de gril, je parle de ce que vous faites sur votre gril au propane ou au charbon de bois. Lorsque je réfère au barbecue, je parle d'une façon traditionnelle de style de cuisson « lente et à basse température », qui est une des rares techniques culinaires réellement américaines. Et puis, naturellement, il y a la cuisson sur planche, qui est une technique hybride du gril et du barbecue. Pour moi, toutes ces techniques sont de bonnes façons de réaliser des expériences pour manger de la viande. En fait, plusieurs des techniques et recettes utilisées dans les compétitions de barbecue peuvent facilement être adaptées pour la cuisson à la maison.

En parcourant ce livre, vous pourrez lire des phrases qui vous sembleront bizarres à première vue, comme, « le facteur le plus important pour obtenir un bon barbecue est l'utilisation d'épices à frotter » ou « j'aime le barbecue ». Habituez-vous. Après avoir lu et assimilé ce livre, je m'attends à ce que vous deveniez un ambassadeur pour le barbecue dans votre entourage. Si vous aimez réellement le barbecue, vous devez également le parler !

au Missouri et jusqu'au grand État du Texas, le barbecue s'est étendu à toute l'Amérique, chaque région y ajoutant son propre style. Memphis a suivi la tradition de la côte est, pour ce qui est de faire cuire le porc entier. Kansas City a innové la technique des côtes de porc et a ajouté une sauce épaisse, sucrée, acidulée, avec des tomates, sauce que la plupart des gens associent aujourd'hui au barbecue. Et le Texas, comme nous le savons, est un tout autre pays. Plus spécifiquement, le Texas est le pays du bœuf, où de grosses pointes de poitrine sont cuites « lentement et à basse température » et où les racines du barbecue sont très profondes.

Pour bien savoir comment nous en sommes arrivés au barbecue traditionnel américain d'aujourd'hui, il nous faut suivre la piste qui nous conduit de la côte est des États-Unis au Texas, dans les années 1800. Les colons du temps utilisaient des foyers à ciel ouvert pour faire cuire du gibier comme des écureuils et de la venaison. Puis, un tournant dans l'histoire du barbecue : une nouvelle vague d'immigrants européens est arrivée en Amérique durant la seconde partie des années 1800, y compris des bouchers allemands et tchèques qui avaient leur propre méthode traditionnelle pour fumer la viande. Comment pouvez-vous avoir une boucherie et vendre de la viande dans un Texas si chaud, où il n'y a pas de réfrigération ? La réponse est simple : vendre la viande la plus fraîche possible et faire fumer le reste (incluant les saucisses et les coupes les moins tendres de la viande) dans de gros foyers de briques chauffés au bois, le précurseur du foyer de barbecue moderne.

Il y avait un marché florissant pour ces délicieux restes de viande. Ceux qui cultivaient le coton dans tout le sud des États-Unis ont immigré en masse au Texas dans les années 1850 pour acheter des terres à bon marché, et avec eux sont venus des milliers d'esclaves afro-américains qui avaient été libérés en 1865. Ces derniers avaient été libérés selon la loi, mais, à ce moment-là, très peu de restaurants dans cette partie du pays acceptaient de les servir après une longue journée dans les champs de coton. Mais les marchés de viande acceptaient. Ils vendaient de gros morceaux de viande fumée dans des feuilles de papier de boucher à ces travailleurs affamés qui appréciaient leur repas, assis sur le bord du trottoir, non loin de là. À ce jour, nous trouvons encore des grilladeries — et des boucheries — au Texas où l'on vend la viande exactement de la même façon.

L'augmentation du nombre de marchés de viande de style allemand et des restaurants barbecue représente un important évènement dans l'histoire du barbecue. Un autre élément important dans l'histoire, c'est la tradition qui veut que les politiciens organisent de grandes fêtes pour attirer les foules en temps d'élection — et pour récompenser leurs partisans après avoir été portés au pouvoir. Le président américain Lyndon Baines Johnson a été l'hôte de plusieurs barbecues sur son vaste ranch du Texas et la Première Dame «Lady Bird» donnait la recette de sa riche sauce barbecue aux électeurs qui lui écrivaient à la Maison Blanche.

L'ÂGE D'OR DE LA CUISINE EN PLEIN AIR

Aujourd'hui, chacun au sud des États-Unis a une opinion personnelle sur ce qui est le meilleur barbecue, selon son expérience à la grilladerie le long de la route, avec ses tables en formica, son éclairage terne et ses serveurs adorablement grincheux. Mais qu'en est-il du barbecue et du chef à la maison? Comment en est-on venu où nous en sommes aujourd'hui, avec la plupart des foyers d'Amérique du Nord qui possèdent un équipement pour la cuisson en plein air dans leur arrière-cour et avec une prolifération de concours de barbecue sur tout le continent?

L'histoire du gril et du barbecue dans les banlieues remonte à l'utilisation des barils de pétrole à l'époque de la Seconde Guerre mondiale. Mon ami Rocky Danner, un des plus grands raconteurs d'histoire du monde du barbecue, dit que les racines de la cuisson moderne en plein air remontent aux vétérans de l'Aviation américaine localisés sur des bases militaires américaines dans les Caraïbes.

Durant la guerre, on a dû construire plusieurs terrains d'aviation temporaires dans les Antilles, et la seule façon de le faire sur des terrains sablonneux était de dérouler des grilles en acier au motif de diamant, qui permettaient aux avions d'atterrir de façon sécuritaire. Les aborigènes utilisaient les restes de ces grilles pour remplacer les grilles traditionnelles en bois de leur *barbacòa*. Pour compléter le tout, ils coupaient un vieux baril de pétrole en deux, dans le sens de la longueur, installaient des charnières et le plaçaient sur des appuis en métal afin de lever le *barbacòa* classique du sol, pour créer ce qui allait devenir le prototype du barbecue moderne, qui est encore utilisé dans toutes les Caraïbes à ce jour.

Selon Rocky, plusieurs Américains sont revenus ayant appris à cuisiner sur ces appareils de fortune et en peu de temps, tout le monde en possédait un dans ces banlieues toujours grandissantes des années 1950.

À ce moment-là, nous avons vu une distinction entre le gril et le barbecue, deux styles de cuisson classique en plein air. Un demi-baril à découvert avec du charbon de bois ou du bois de feuillus, placé directement sous une grille est réellement un brasero ou un gril conçu pour saisir la viande et faire cuire les aliments assez rapidement. Mais couvrez cet appareil avec l'autre moitié du baril, et vous aurez une chambre close où l'on brûle doucement du bois qui émet de la fumée. Placez le charbon de bois d'un côté, gardez la température basse, mettez

Avant l'arrivée du gril couvert des années 1950, le barbecue traditionnel acheté ressemblait plus à un brasero. Il consistait normalement en un machin carré ou rond fait d'une feuille de métal dans laquelle on plaçait le charbon de bois. Il était muni d'une grille amovible sur le dessus, sur laquelle on mettait la viande. (Il pouvait aussi être muni d'un capot dans lequel on pouvait installer une broche pour rôtissoire et il y avait un endroit pour garder les assiettes chaudes.) Celui que nous avions était attaché à une vis géante. Pour lever ou abaisser le gril, nous devions le visser ou le dévisser de la base. Je me rappelle encore le grincement que la vis faisait, et la façon dont mon père se roulait dans le gazon et criait lorsqu'il essayait d'allumer les briquettes avec de l'essence et qu'il se brûlait. C'était le bon temps.

L'année 1951 a été le début de l'ère moderne pour le gril, lorsqu'un soudeur de Chicago du nom de George Stephen est devenu si frustré lorsqu'il faisait la cuisson sur son gril à découvert dans la Ville des vents qu'il a décidé de remédier à la situation. George travaillait chez Weber Brothers Metal Works, soudant ensemble de grosses bouées rondes en métal pour la Garde côtière. Travaillant toute la journée avec des bouées a amené George à construire un four avec le même matériau — un appareil en forme de bol avec un couvercle, une grille d'aération et trois pattes frêles en métal, qui deviendrait le prototype du gril à charbon de bois Weber, qui pour certains est une icône aussi reconnaissable que la bouteille de Coca-Cola.

Peut-être encore plus familier de nos jours est le gril au gaz que l'on retrouve partout et qui a été inventé par Walter Koziol, fondateur de Modern

(suite à la page suivante)

une casserole remplie d'eau sous la viande, et vous aurez un mini fumoir. Finalement, soudez un foyer d'un côté et une cheminée de l'autre, et vous aurez le design d'un foyer de barbecue tel qu'on le connait aujourd'hui. (Il est intéressant de noter que très peu de barbecues se font directement dans un trou dans le sol, de nos jours, le terme «foyer» est toujours utilisé pour décrire un fumoir fermé au bois ou au charbon de bois.) Placez cet appareil que vous avez fabriqué vous-même à l'arrière de votre camion, dirigez-vous vers le stade et vous étiez — et vous l'êtes encore — le roi de la fête d'avant-match.

QUE LES COMPÉTITIONS COMMENCENT !

Ce qui nous ramène à l'ère de la compétition du barbecue, qui à son tour nous ramène au Texas. Pendant la période d'essor du pétrole après la Seconde Guerre mondiale, le Texas était le centre de l'industrie pétrolière des États-Unis, et une immense infrastructure fut construite autour des milliers de puits de pétrole qui pompaient de l'or noir. Des plateformes pétrolières, des pipelines et des raffineries poussaient partout, et plusieurs travailleurs du pétrole étaient des passionnés du barbecue. Ça n'a pas été long avant que certains soudeurs et tuyauteurs entreprenants profitent de certaines périodes calmes dans les cours d'entreposage d'équipement pour perfectionner le design de gros barbecues que nous retrouvons aujourd'hui. Peu après, ces monstres faits sur mesure ont été équipés de deux roues, ce qui permettait de les remorquer à l'arrière d'une camionnette et d'une autocaravane des fanatiques du barbecue et des traiteurs qui se spécialisaient dans les barbecues pour les grandes foules.

Durant la même période ont commencé les fêtes d'avant-match, qui sont devenues une tradition dans la culture américaine. Ces fêtes d'avant-match, qui aujourd'hui éclipsent souvent le match de football ou de baseball lui-même, sont appelées *tailgate* en anglais, parce que les hôtes utilisent leur camionnette comme table de banquet et comme bar. Au Texas, spécialement dans le stationnement extérieur de l'Astrodome de Houston, la qualité du barbecue à ces fêtes devient une telle source d'orgueil qu'en 1969, un groupe de Texans décida de faire une compétition. Ils ne savaient pas à ce moment-là que leur petite compétition informelle allait devenir une des plus grandes compétitions de barbecue au monde, et qu'ils allaient donner naissance à un circuit entier de compétitions de barbecue avec des conseils d'administration, des critères d'évaluation élaborés et des résultats de championnats à travers le continent.

Aujourd'hui, le championnat du monde du barbecue fait partie intégrante de l'annuel Houston Livestock Show and Rodeo avec plus de 350 équipes qui font cuire plus de 45 000 kg (100 000 lb) de viande sur d'immenses barbecues faits sur mesure, ce qui attire une foule de plus de 200 000 personnes.

Photo courtoisie de la Brinkman Corporation, www.thebrinkmancorp.com (en anglais seulement).

LE BARBECUE EST ICI POUR TOUJOURS

Avec des centaines de compétitions régionales de cuisson sur barbecue à travers l'Amérique du Nord, et de nouvelles grilladeries qui poussent partout (il y en a finalement quelques authentiques à New York), le barbecue est réellement arrivé et est entré dans le nouveau millénium avec une fumée assez puissante pour le propulser dans l'avenir pendant plusieurs générations. Avec des styles de cuisson régionaux distincts, les grilladeries — vieilles et nouvelles — à travers l'Amérique du Nord, et le retour du barbecue d'arrière-cour qui donne au gril une nouvelle réalité, le barbecue est ici pour toujours.

PLANCHES POUR LES SOUVENIRS : UNE BRÈVE HISTOIRE DE LA CUISSON SUR PLANCHE

Rendre compte de l'histoire de la cuisson sur bois, c'est documenter l'histoire de l'humanité. Mais les origines précises de la cuisson sur planche sont un peu obscures.

Nous savons, par exemple, que les anciennes tribus aborigènes sur les deux côtés du continent nord-américain attachaient de gros morceaux de poisson et de viande sur des planches ou des pieux et les approchaient du feu. Sur la côte nord-ouest, la cuisson du poisson sur une planche placée près d'une belle flambée sur la plage rendait grâce à la générosité de la mer. La plupart des prises étaient fumées pour les préserver jusqu'à l'hiver, mais le saumon que l'on venait de pêcher et qui était cuit immédiatement devait être un délice à ce moment-là autant qu'aujourd'hui — le goût étant amélioré naturellement par le feu et la fumée.

Sur la côte est, l'alose, le plus gros poisson de la famille des harengs, fraie chaque année dans les rivières de la côte comme la rivière Hudson et la Nanticoke. L'arrivée de l'alose marquait le début d'une riche pêche tous les ans. Malheureusement, la population d'alose a été dangereusement réduite, même si on peut encore en pêcher en petit nombre. Dans le temps des colonies, les aborigènes ont enseigné aux colons européens la façon de faire cuire

L'histoire du gril d'arrière-cour *(suite)*
Home Products (MHP) à Antioch, Illinois. Durant les années 1950, MHP était un pionnier dans l'éclairage décoratif pour les propriétaires de maison. Comme le marché pour l'éclairage au gaz augmentait dans les banlieues américaines, Walter a pensé mettre sur le marché d'autres appareils au gaz. Après avoir bien réfléchi, MHP a introduit le premier gril au gaz commercial, le Perfect Host, en 1960. Les premiers Perfect Host étaient ronds et sans couvercle, avec un capot tenant une broche pour la rôtissoire. L'autre innovation importante qui a suivi en 1963 a été lorsque MHP a mis en marché le premier gril au gaz rectangulaire avec un couvercle en charnière — le même design qui se retrouve partout dans les arrière-cours en Amérique du Nord. Il est amusant d'observer que le gril au gaz couvert d'aujourd'hui n'est pas très différent de celui qui à été construit à l'aide de deux vieux demi-barils de pétrole !

1960 — Le premier gril extérieur au gaz au monde

Le gril au gaz familier de nos jours

Photos courtoisie de Modern Home Products, Corp.
www.modernhomeproducts.com
(en anglais seulement).

les filets d'alose en les attachant sur des planches de bois de feuillus. Les colons ont adapté cette technique en utilisant des clous pour fixer les poissons sur les planches, qui étaient adossées à un support parallèle au feu de chêne à ciel ouvert.

La tradition de «l'alose sur planche» est une fête commémorative qui se continue et aujourd'hui, elle marque le début de la saison de la campagne politique en Nouvelle-Angleterre. Dans le même esprit que les fameux rassemblements pour les barbecues, dont les politiciens et les prêcheurs étaient les hôtes dans le sud des États-Unis, l'alose sur planche est devenue un symbole de la démocratie américaine.

La technique de la cuisson sur planche dans les restaurants et dans les foyers a gagné en popularité aux États-Unis, sur les deux côtes au milieu des années 1800. Les auteurs des livres de recettes sur la cuisine à l'époque coloniale Eliza Leslie et Fannie Farmer ont retrouvé des recettes de hareng, d'alose et de poulet sur planche. La technique était incroyablement simple : on beurrait une planche de chêne (que l'on réutiliserait), on y déposait le poisson ou la viande qu'on faisait cuire dans un four chaud.

Pendant ce temps, les chefs dans les hôtels du Nord-Ouest Pacifique ont commencé à offrir des plats cuits sur planche au four, inspirés de la cuisine aborigène, et depuis ce temps, le saumon cuit sur planche de cèdre est un plat populaire dans les restaurants de la région.

C'est à ce moment que la confusion commence. Malgré une recherche intense sur Internet et dans les livres de référence sur la cuisine, il m'est tout à fait impossible de trouver exactement comment la planche est passée du four au gril. C'est une transition évidente qui allait de soi, mais qui l'a fait en premier et quand ?

Comme déjà mentionné dans ce livre, le traditionnel gril au charbon de bois américain couvert n'a pas été inventé avant que George Stephen ait soudé ensemble le premier gril à charbon de bois Weber en 1951. Nous savons aussi que le premier gril au gaz couvert — qui a réellement révolutionné la cuisson dans l'arrière-cour — a été commercialisé en 1963 par Modern Home Products. Ainsi, la cuisson sur planche dans un gril couvert a commencé il n'y a pas plus de 50 à 60 ans. Mais est-ce que son inventeur était quelqu'un de la côte est, qui a adapté l'alose sur planche dans un gril couvert utilisant une planche en chêne ? Ou était-il quelqu'un de l'ouest faisant cuire le premier saumon sur une planche de cèdre ? J'ai toujours une offre ouverte qui consiste à acheter une caisse de délicieux vin Okanagan de Colombie-Britannique pour la personne qui pourra me donner la preuve qu'elle, ou quelqu'un de sa connaissance, a été la première à cuisiner sur planche dans un gril couvert.

⤳ SECRETS POUR LA ⤳ CUISSON SUR PLANCHE

«Plus tard, les aborigènes du Nord-Ouest Pacifique ont partagé leur méthode de la cuisson du saumon sur planche avec les explorateurs et les colons européens. Durant les années 1890, cette méthode a gagné en popularité lorsque les premiers hôtels du nord-ouest servaient à leurs clients des aliments cuits selon cette méthode spectaculaire.»
— de *Savory Flavors with Wood* de Nature's Cuisine

⤳ ⤳

«Autrefois, l'alose était fumée sur des planches de chêne maintenues debout […]. Ceci était appelé l'alose sur planche. L'alose était nettoyée et ouverte en deux, puis clouée à plat sur des planches de chêne. […] On tournait la planche plusieurs fois pour obtenir une cuisson uniforme.»
— du site Internet de Chicone Ruritan Club, un article sur l'alose sur planche sur la rivière Nanticoke

⤳ ⤳

«Le seul vrai saumon sur planche est celui dont on a attaché les filets à une planche de cèdre, que l'on a placée autour d'un feu d'aulnes, à angle de 15 degrés de la verticale, et dont on a badigeonné les filets durant la cuisson. Les filets de saumon peuvent être marinés ou légèrement salés et poivrés à l'avance.»
— Boy Lyon, rédacteur du Pacific Northwest, *National Barbecue News*

L'histoire de la cuisson sur planche vient des techniques anciennes des aborigènes, comme ce saumon rôti sur un feu de bois d'aulne sur la côte ouest.

Pour ma part, la première fois que j'ai fait la cuisson sur planche, c'était il y a quelques années, après m'être installé en Colombie-Britannique. Plusieurs restaurants de Vancouver ont au menu du saumon cuit sur planche de cèdre, et j'ai eu la chance d'y goûter. À un certain moment, j'ai trouvé le livre de recettes *Sticks & Stones* écrit par Ted Reader, un chef canadien et une célébrité dans le monde de la grillade. J'ai commencé à prendre intérêt à sa technique de cuisson sur planche et à ses recettes innovatrices, et je ne pouvais plus m'en sortir.

Je me rappelle la première fois que ma femme, Kate, a goûté au saumon que je venais de faire cuire sur une planche de cèdre sur mon barbecue au gaz. «Mon Dieu, c'est comme avoir un sauna dans la bouche!» s'est-elle exclamée. Dès ce moment, elle a accroché, elle aussi.

VOUS AUSSI POUVEZ ENTRER DANS L'HISTOIRE DU BARBECUE

Il n'est pas difficile de comprendre la popularité persistante de la cuisson au-dessus d'un feu. L'odeur du gras qui grésille et de la fumée du bois de feuillus aura l'effet de transporter la plupart d'entre nous dans un endroit agréable qui nous fait prendre conscience qu'il est bon d'être un humain. L'histoire de la cuisson en plein air est une question de balance — que ce soit la saveur parfaitement balancée d'un succulent morceau de viande fraîchement cuit sur le gril ou une vie parfaitement balancée qui comprend du temps passé avec les amis, la famille, du bon temps et de la bonne nourriture. En tournant les pages de ce livre, j'espère que vous trouverez les façons d'obtenir l'équilibre qui vous convient et en même temps, créer votre propre histoire de barbecue.

Outils et techniques pour le championnat

« Qu'est-ce qui peut retenir un homme dans sa cour, toute la journée, à faire cuire une pièce de viande de 5 $? [...] La réponse évidente : jouer avec un équipement de 500 $. »
— John Thorne, auteur de livres de cuisine, dans son livre *Serious Pig*

L'ART DE FAIRE CUIRE LA VIANDE

Comme techniques de cuisson, le gril et le barbecue sont élégamment simples. Vous assaisonnez de la viande, la tenez près d'un feu jusqu'à ce qu'elle soit cuite, et puis vous la mangez, souvent avec vos doigts. Et pourtant, il y a tellement de différentes façons de faire cuire les viandes. La volaille, le porc, le bœuf, l'agneau et la venaison ont tous des qualités différentes qui requièrent différentes techniques. Et naturellement, il y a d'immenses différences dans le goût et la texture de chaque coupe aussi, selon la partie de l'animal, et même des différences dans la saveur d'un animal à l'autre, selon la façon dont il a été élevé. Les champions de barbecue ne dévoilent pas la provenance de leur viande et restent en très bons termes avec leur boucher. (Lorsque j'ai besoin d'une pointe de poitrine pour la compétition, mon boucher favori en commande dix et me téléphone lorsqu'elles arrivent ; je choisis alors les deux que je veux.)

La façon dont les différentes viandes cuisent dépend, en grande partie, de leur contenu en protéines — les fibres de la viande. Les protéines sont des acides aminés reliés chimiquement pour former de longues fibres, qui à leur tour sont reliées ensemble avec du tissu conjonctif pour former les muscles de l'animal.

Durant la cuisson des fibres musculaires d'une coupe de viande, la première chose qui se produit est qu'elles rétrécissent et deviennent de plus en plus dures. Pensez à la souplesse d'un bifteck ou d'une poitrine de poulet lorsque vous les déposez sur le gril et à la rapidité avec laquelle ils raffermissent lors de la cuisson. Ce processus commence à environ 55 °C (130 °F) et continue jusqu'à environ 80 °C (175 °F). Un filet de bœuf parfaitement cuit a une température interne d'environ 60 °C (140 °F). (Note : Je fais référence à la température finale, après que la viande a reposé.)

À 60 °C (140 °F), la viande a encore beaucoup de la tendreté que nous aimons dans le bœuf saignant ou mi-saignant. Si vous faites cuire rapidement ce bifteck à une température interne de 80 °C (175 °F), il deviendra dur comme une brique et la viande deviendra grise. Dans ces conditions, les protéines ont tellement diminué, et de façon si rapide, qu'elles ont éclaté et que les fibres sont devenues friables. Alors, lorsque vous faites griller une pièce de viande tendre et maigre, vous ne voulez pas que la température interne dépasse 60 °C (140 °F) pour le bœuf, le porc et l'agneau, puis 71 °C (160 °F) pour le poulet. Idéalement, vous voulez retirer du gril le bœuf, le porc et l'agneau à environ 52 à 57 °C (125° à 135 °F), et le poulet à une température interne un peu plus élevée, à cause des risques reliés à la salmonelle. Pendant qu'elle repose, la température du centre de la viande augmentera, spécialement dans les grosses pièces.

Le but de faire griller une viande est de resserrer les protéines juste assez pour que l'intérieur de la viande soit parfaitement juteux — pas cru, mais ni dur ni grenu. Parce que vous ne voulez pas trop faire cuire la viande sur le gril, c'est devenu une technique de cuisson très rapide, comme la vie urbaine aujourd'hui l'est. Plusieurs d'entre nous sont si occupés qu'il est difficile de résister à ce mode de cuisson parce qu'elle est pratique et rapide. Quoi de plus rapide que d'assaisonner quelques poitrines de poulet et de les mettre sur le gril avec des légumes frais? En 10 minutes, nous pouvons avoir un repas délicieux et il n'y a pratiquement pas de nettoyage à faire.

L'alchimie du barbecue

Maintenant, chimiquement parlant, il est temps de changer de niveau de discussion. Il y a un autre processus qui commence lorsque la température interne de la viande atteint 66 °C (150 °F). C'est à cette température que les tissus conjonctifs — appelés collagènes — qui maintiennent ensemble les fibres de protéines commencent à se briser et se transforment en gélatine. C'est cette alchimie qui donne de bons barbecues et qui, dans la cuisson traditionnelle, est appelée le braisage.

Lorsque la viande est chauffée très lentement dans un environnement humide, les protéines ne se resserrent pas autant, même si la viande devient ferme. Puis, lorsque la température interne grimpe graduellement au-dessus de 66 °C (150 °F) et s'approche de 77 °C (170 °F), il se produit quelque chose de magique. À l'intérieur de la viande juteuse recouverte d'une croûte plus foncée, le collagène commence à se briser et la viande commence à s'attendrir. Les fibres s'assouplissent. Les sucs qui s'étaient retirés au début de la cuisson sont réabsorbés. Les gras, entre les fibres, se liquéfient et, combinés avec la gélatine, créent un bouillon riche primordial, badigeonnant la viande de l'intérieur. Le résultat final est du vrai barbecue — la viande la plus tendre, juteuse et succulente que vous n'avez jamais mangée. Cette technique s'adapte mieux avec les viandes qui ont une haute teneur en gras, spécialement les coupes qui ont beaucoup de tissus conjonctifs, comme l'épaule de porc et la pointe de poitrine de bœuf.

↳ LA LEÇON DE LA VIANDE ↰ BRAISÉE CORIACE DE MAMAN

Vous rappelez-vous le jour où la viande braisée de maman était tellement dure qu'il était difficile de la mâcher? Ce n'est pas qu'elle était mauvaise cuisinière. Le rôti n'avait tout simplement pas cuit assez longtemps! La viande braisée est dure lorsqu'elle n'a pas mijoté pendant une période de temps assez longue, ou a commencé à cuire à une température trop élevée, saisissant les fibres de la viande et en extrayant tous les sucs. De toute façon, vous avez comme résultat un morceau de viande coriace, sans goût qui devrait se trouver dans un champ de soccer plutôt que dans une assiette. Vous avez le même problème si votre viande n'est pas assez cuite au barbecue, en particulier pour la pointe de poitrine de bœuf et l'épaule de porc. Ces coupes devraient cuire pendant au moins 1 heure 30 minutes par 500 g (1 lb) sur un feu de braises lent à environ 95 à 105 °C (200 à 225 °F). Ceci signifie qu'une pointe de poitrine de 5,5 kg (12 lb) doit cuire pendant 18 heures! C'est pourquoi les championnats de barbecue durent toute la nuit.

Les coupes plus maigres ne sont pas faites pour ce processus. Tous ceux qui ont trop fait cuire un filet de bœuf ou un bifteck de haut de surlonge dans un gril trop chaud le savent. Comme la viande contient moins de tissus conjonctifs et de gras, ses sucs se retirent par la surcuisson et ses protéines éclatent et deviennent friables, ne laissant qu'un carton gris et granuleux.

Équipement de base pour la cuisson en plein air

C'est difficile mais non impossible de réunir toutes les conditions de cuisson en n'utilisant qu'une seule pièce d'équipement. Mais, pour pouvoir utiliser toutes les techniques décrites dans ce livre, je recommande que vous ayez au moins deux types de gril dans votre arrière-cour : un gril au gaz ou au charbon de bois, et un fumoir ou un barbecue. Vous pouvez simuler les conditions nécessaires pour la cuisson d'un vrai barbecue sur votre gril, mais ce n'est pas la même chose que d'avoir un fumoir ou un barbecue. Prenez connaissance du tableau ci-dessous et vous verrez ce que je veux dire. Voici la liste des cinq équipements que je possède, pour la cuisson dans l'arrière-cour, ainsi que leurs fonctions.

TYPE DE GRIL	AVANTAGES	DÉSAVANTAGES
Gril au gaz	C'est l'appareil tout usage pour la cuisson d'arrière-cour dans les banlieues, idéal pour des grillades rapides, mais qui s'adapte à des projets de cuisson plus importants et complexes, comme un rôti d'épaule de porc et une dinde. Le gril au gaz couvert est aussi l'équipement idéal pour la cuisson sur planche, à cause de sa température élevée et sa capacité d'adaptation rapide. Tout le monde devrait en posséder un, mais ça ne veut pas dire que vous devriez y faire cuire toujours la même chose.	Ses avantages invitent à la paresse. Avec un gril au gaz, vous pouvez préparer un repas en 10 minutes et oublier ce que vous avez mangé 10 minutes plus tard. Et le gaz naturel et le propane n'ont ni odeur ni goût. Ceci peut être un avantage si vous l'utilisez pour chauffer la maison, mais c'est un gros handicap pour ce qui est de la saveur. Pour les grils au gaz, la saveur additionnelle provient de la caramélisation, lorsque les aliments viennent en contact avec le gril très chaud et que les égouttures s'évaporent, ce qui crée un goût intéressant. Des saveurs additionnelles peuvent être ajoutées avec des copeaux de bois (voir pages 23-25).
Gril au charbon de bois	Le gril au charbon de bois couvert est magnifique pour les grillades à haute température de même que pour la cuisson lente et indirecte. Il a un certain avantage à utiliser le carburant qui est le charbon de bois, car il ajoute beaucoup de saveur. En ajoutant des copeaux ou des morceaux de bois de feuillus sur les briquettes chaudes, cela donnera de la saveur à votre barbecue. Il le fera dans un laps de temps beaucoup plus court qu'un fumoir tout équipé ou un barbecue. Il est aussi idéal pour la cuisson sur planche. Un de ses grands avantages est qu'il y a peu de chances de flambée.	Les plus grands désavantages de la cuisson sur charbon de bois sont la fumée et le temps. Allumer un gril au charbon de bois peut produire beaucoup de fumée, et si vous avez des voisins susceptibles, ça peut vous causer des problèmes. Et, naturellement, le charbon de bois met du temps à s'enflammer. Vous ne pouvez pas tout simplement tourner le bouton pour que les briquettes s'allument ; vous devrez attendre au moins 20 minutes et plus souvent 30 minutes pour que les briquettes soient prêtes et que votre gril soit à la température nécessaire. En semaine, ce délai peut devenir une raison pour ne pas l'utiliser, à moins que vous preniez l'habitude d'allumer vos briquettes avant même d'enlever votre cravate.

TYPE DE GRIL	AVANTAGES	DÉSAVANTAGES
Fumoir à l'eau ou barbecue (en forme de « balle »)	C'est ce dont vous avez besoin pour la cuisson d'un vrai barbecue à la maison. Il fonctionne à basse température et utilise du charbon de bois ou du bois de feuillus pour créer l'humidité et la fumée, dans la chambre close, nécessaires au vrai barbecue.	Nécessite un amour fanatique pour le barbecue. Vous devez vous en servir plus d'une fois par année pour en devenir un bon utilisateur. Vous devez vous occuper constamment du feu, et certaines grosses pièces de viande peuvent prendre jusqu'à 18 heures de cuisson. Il prend beaucoup d'espace dans votre arrière-cour. Il produit beaucoup de fumée. Il est difficile à nettoyer, en particulier après une longue cuisson. Votre femme peut se sentir veuve du barbecue. Mais il en vaut la peine à cause de la qualité des viandes que vous donne ce fumoir.
Fumoir électrique sophistiqué	Parfait pour les amateurs de barbecue qui veulent un peu plus de commodités. Quelques-uns utilisent une vrille mue par un moteur électrique pour alimenter en briquettes ou en granules de bois de feuillus la chambre close pour un feu facilement réglable et consistant. C'est comme un charme !	Encore un autre appareil qui irritera votre femme. Et pour certains, cet appareil n'est pas assez « vieux jeu » pour se qualifier comme un vrai barbecue.
Gril portatif au charbon de bois	Indispensable pour les pique-niques et les vacances. Il vous permet d'utiliser votre expérience partout et en tout temps.	Ne peut contenir beaucoup d'aliments. Il peut être difficile de disposer des briquettes de façon sécuritaire.

Si vous ne voulez pas investir pour avoir plusieurs appareils pour le barbecue, votre meilleur choix, pour un appareil versatile et pour la qualité des saveurs, est le gril à charbon de bois couvert. Au point de vue de la commodité et de la rapidité, rien ne peut battre un gril au gaz. Mais si vous voulez cuisiner avec les grands, le moins que vous puissiez avoir est un fumoir à l'eau en forme de balle de pistolet, et l'idéal serait un vrai barbecue, de préférence muni de 2 roues et du nom de votre équipe peint sur l'un des côtés !

Les grils au gaz sont conçus pour la cuisson à des températures assez élevées. Ils sont parfaits pour une cuisson rapide que nous avons tous appris à aimer. Par contre, il est difficile d'avoir la température de la chambre sous 150 °C (300 °F), ainsi ils ne sont pas faits pour la cuisson de vrais barbecues — même si on peut les utiliser pour faire cuire le soc ou la pointe de poitrine du porc.

GRIL 101

Durant les beaux jours du *barbacòa*, on plaçait la viande au-dessus du feu sur une grille faite de bois vert, afin qu'elle ne brûle pas. Comme résultat final, on avait probablement un produit sec et coriace, facile à entreposer et qui voyageait bien, mais qui ne serait pas allé au-delà du premier juge dans les compétitions modernes.

Aujourd'hui, dans l'arrière-cour, nous faisons la plupart des grillades sur un gril couvert, au gaz naturel, au propane ou au charbon de bois. Presque tous les grils d'aujourd'hui sont munis d'un couvercle, et les fabricants recommandent de faire la cuisson avec le couvercle fermé. Ceci crée une enceinte à cuisson, similaire à celle d'un barbecue, laquelle fait plusieurs choses :

⤳ LAISSEZ REPOSER ! ⤲

Toujours vous rappeler : retirer votre viande du four avant qu'elle atteigne la température désirée. Elle continuera à cuire après que vous l'aurez enlevée du gril ou du fumoir, à cause de la chaleur résiduelle dans la viande elle-même. La température intérieure d'un rôti de côte de bœuf, par exemple, gagnera jusqu'à 9 °C (15 °F) dans les 30 minutes qui suivront sa sortie du four. De plus petites coupes comme les biftecks ou les poitrines de poulet n'ont besoin que de 3 à 4 minutes de repos et on peut les recouvrir lâchement de papier d'aluminium pour les empêcher de refroidir trop rapidement.

Laisser reposer votre viande comporte un autre avantage important. Lorsqu'elle est encore sur le gril, les sucs intérieurs augmentent avec la chaleur, créant beaucoup de pression. En la laissant reposer quelques minutes après l'avoir retirée de la chaleur, la pression diminue et l'intérieur de la viande se stabilise. Les fibres réabsorbent les sucs et la viande se raffermit, un peu comme une crème anglaise, entraînant une texture un peu plus dense et plus soyeuse. Les sucs de la viande qui n'a pas reposé gicleront souvent lorsque vous la couperez, dispersant ainsi la partie la plus savoureuse de votre bifteck dans votre assiette. Il ne faudrait pas que ça vous arrive.

Laisser reposer la viande est tellement important pour la qualité du produit fini qu'en compétition, nous enveloppons l'épaule de bœuf dans du papier d'aluminium, puis dans une couverture et nous la plaçons dans une glacière isolée pendant aussi longtemps que 3 heures avant de la trancher pour les juges !

- Elle réduit l'oxygène, ce qui empêche les flambées. Le gras a besoin d'oxygène pour brûler. Quiconque a fait brûler un poulet sur un gril au charbon de bois à découvert ou sur un gril au gaz exposé à tous les vents sera d'accord avec moi.
- Elle accélère le temps de cuisson en transformant le gril en un four à convection.
- Elle vous permet de cuisiner sous la pluie ou durant une tempête de neige par le fait même. Au sud des États-Unis ou dans les Antilles, il est beaucoup plus facile de faire la cuisson sur un gril à découvert, car la température ambiante est beaucoup plus élevée et il fait presque toujours beau. Il n'est pas surprenant que la cuisson moderne couverte ait été inventée par les gens du Midwest !
- Le fait que le couvercle soit fermé permet aux aliments que vous cuisinez de s'imprégner des arômes des vapeurs qui se trouvent à l'intérieur de la chambre. C'est pourquoi la cuisson sur gril au charbon de bois est plus savoureuse que la cuisson faite sur gril au gaz. Le charbon de bois dégage des vapeurs qui donneront une saveur aux aliments, saveur qui peut s'intensifier par l'ajout de copeaux ou de morceaux de bois sur les briquettes (voir pages 23-25).

Les principes de la cuisson sur gril

Il y a fondamentalement deux modes de cuisson sur gril : la chaleur directe et la chaleur indirecte. La chaleur directe est la cuisson de la viande placée directement au-dessus des briquettes ou du brûleur. Cette technique vous permet d'avoir une cuisson rapide et qu'une belle croûte se forme sur votre viande. La chaleur indirecte est une méthode par laquelle les aliments sont cuits près du feu ou du brûleur, ce qui permet une cuisson lente et les empêche de carboniser. Dans chacune de ces catégories, il est pratique de définir trois niveaux de chaleur : douce, moyenne et vive. Le tableau suivant vous donne plus de détails.

Coup d'œil sur les techniques de la cuisson sur gril

NOTE : Dans ce livre, on présume toujours que la cuisson est faite avec le couvercle, du gril ou du fumoir, fermé. Vos résultats varieront beaucoup si le gril est à découvert. Le seul temps où je recommanderais de faire la cuisson à découvert est pour les biftecks, les côtelettes, les ailes de poulet ou les calmars lors d'une journée chaude et calme d'été.

CHALEUR DIRECTE VIVE	INTENSITÉ DE LA CHALEUR	FONCTIONNEMENT	QUELS ALIMENTS
Gaz ou propane Tous les brûleurs à température élevée.	La température de la chambre pour les grils au gaz est de 260-370 °C (500-700 °F) et de 180-230 °C (350-450 °F) pour les grils au charbon de bois couverts. (Les grils au gaz couverts peuvent atteindre une température beaucoup plus chaude que les grils au charbon de bois.)	*Gril au gaz* Les aliments sont cuits directement au-dessus de la source de chaleur avec la grille le plus haut possible.	Excellente pour la cuisson des biftecks, des côtelettes et des morceaux de poulet, pour saisir les légumes tendres comme la courgette et les asperges ou pour faire griller les tranches d'ananas. Aussi pour donner une touche finale à ce que vous faites cuire pour rendre la peau croustillante. Assurez-vous de tourner une ou deux fois les aliments durant la cuisson. N'utilisez cette technique que pour les aliments qui demandent 10 minutes ou moins de cuisson.
Charbon de bois Un lit moyen de briquettes chaudes.	*Test* Vous ne pouvez pas laisser votre main au-dessus de la grille plus de 1 à 2 secondes.	*Gril sur charbon de bois* Les aliments sont placés de la même façon que ci-dessus, mais avec une couche complète de briquettes chaudes (environ 50 briquettes selon la taille du gril) sous la grille et avec les aires de ventilation complètement ouvertes.	

CHALEUR DIRECTE MOYENNE	INTENSITÉ DE LA CHALEUR	FONCTIONNEMENT	QUELS ALIMENTS
Gaz ou propane Tous les brûleurs à la température moyenne.	La température de la chambre est de 150-260 °C (300-500 °F). *Test* Vous ne pouvez pas laisser votre main au-dessus de la grille plus de 3 à 4 secondes.	*Gril au gaz* Les aliments sont cuits directement au-dessus de la source de chaleur avec la grille placée un peu plus bas que pour une chaleur vive.	C'est la meilleure température pour presque tout. C'est une façon idéale de faire griller les aliments qui prennent un peu plus de temps à cuire, mais ça en vaut la peine, car les protéines de la viande ne sont pas saisies autant que sous la chaleur vive. Excellente aussi pour la cuisson sur planche et pour faire griller des légumes plus fermes comme les pommes de terre, la courge ou les oignons, qui requièrent un peu plus de temps de cuisson.
Charbon de bois Un lit moyen de briquettes chaudes.		*Gril sur charbon de bois* Les aliments sont placés de la même façon que ci-dessus, mais avec 30 briquettes ou moins, et avec les aires de ventilation ajustées au besoin.	

CHALEUR DIRECTE DOUCE	INTENSITÉ DE LA CHALEUR	FONCTIONNEMENT	QUELS ALIMENTS
Gaz ou propane Tous les brûleurs à la température la plus basse. 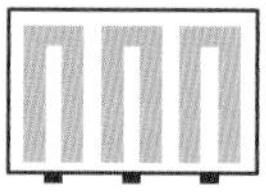	La température de la chambre est de 95-150 °C (200-300 °F). *Test* Vous pouvez laisser votre main au-dessus du gril pendant au moins 5 secondes.	*Gril au gaz* Les aliments sont cuits directement au-dessus de la source de chaleur avec la grille à la hauteur la plus basse.	Cette méthode est bonne pour faire cuire des aliments plus fragiles comme des filets tendres de poisson ou faire griller de grosses coupes de viande. Ce n'est pas tellement différent de la cuisson à chaleur indirecte moyenne — mais il y a un léger risque de flambée et une meilleure croûte.
Charbon de bois Un petit lit de briquettes chaudes. 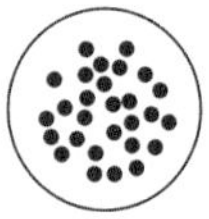		*Gril sur charbon de bois* Les aliments sont placés de la même façon que ci-dessus, mais les briquettes sont à demi étendues, ou bien en utiliser moins, environ 15 ou 20. Ce style de cuisson est plus long, alors préparez-vous à ajouter quelques briquettes de temps à autre.	

CHALEUR INDIRECTE VIVE	INTENSITÉ DE LA CHALEUR	FONCTIONNEMENT	QUELS ALIMENTS
Gaz ou propane Les brûleurs de côté à la température élevée, celui du centre fermé, avec un bac d'égouttement sous la grille du centre. 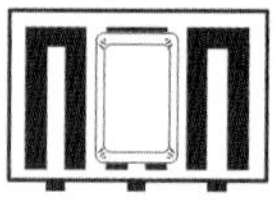	La température de la chambre pour les grils au gaz est de 260-370 °C (500-700 °F) et de 180-230 °C (350-450 °F) pour les grils au charbon de bois couverts.	*Gril au gaz* Préchauffer le gril à une température vive et fermer le brûleur du centre, puis placer la viande au-dessus de ce dernier. Pour les coupes qui contiennent plus de gras, il faudra placer un bac d'égouttement sous la grille.	Cette technique est idéale pour obtenir une cuisson à température vive sans les risques de carbonisation ou de flambée. Elle est suggérée pour les cuisses et les poitrines de poulet, le poisson, le bifteck et le carré d'agneau — tout ce que vous feriez cuire dans un four à convection. La chaleur vive permet de former une belle croûte, après quoi vous pouvez ajuster le gril à une chaleur moyenne pour le reste du temps de cuisson.
Charbon de bois Une pile de briquettes chaudes de chaque côté du bac d'égouttement. 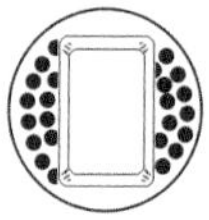		*Gril sur charbon de bois* Placer les briquettes d'un côté du gril et placer la viande de l'autre, au-dessus d'un bac d'égouttement en aluminium.	

CHALEUR INDIRECTE MOYENNE	INTENSITÉ DE LA CHALEUR	FONCTIONNEMENT	QUELS ALIMENTS
Gaz ou propane Les brûleurs de côté sont à la température moyenne et celui du centre est fermé.	La température de la chambre est de 120-180 °C (250-350 °F).	*Gril au gaz* Préchauffer le gril à une température vive et fermer le brûleur du centre, puis placer la viande au-dessus de ce dernier avec un bac d'égouttement sous la grille, si nécessaire. Baisser la chaleur des autres brûleurs à température moyenne.	C'est parfait pour les dindes et les poulets entiers et les rôtis — les viandes qui requièrent plus de temps de cuisson.
Charbon de bois Un lit moyen de briquettes chaudes de chaque côté du bac d'égouttement.		*Gril sur charbon de bois* Les aliments sont placés de la même façon qu'à la chaleur indirecte vive, mais avec moins de briquettes, et les aires de ventilation sont partiellement fermées si nécessaire.	

CHALEUR INDIRECTE DOUCE	INTENSITÉ DE LA CHALEUR	FONCTIONNEMENT	QUELS ALIMENTS
Gaz ou propane Les brûleurs de côté à la température basse et celui du centre fermé.	La température de la chambre est de 82-120 °C (180-250 °F).	*Gril au gaz* Préchauffer le gril à une température vive et fermer le brûleur du centre, puis placer la viande au-dessus de ce dernier avec un bac d'égouttement sous la grille, si nécessaire. Baisser la chaleur des autres brûleurs à température douce.	C'est ici que le gril et le barbecue se confondent, spécialement avec l'ajout de quelques copeaux de bois. Ce que vous avez ici est essentiellement un barbecue improvisé, juste ce qu'il faut pour la cuisson de grosses coupes comme les poitrines, les épaules de porc, les dindes ou une cuisson lente pour le poulet, le canard et les autres aliments qui doivent être fumés. Le plus grand désavantage avec les briquettes est que vous devez en ajouter toutes les heures ou presque.
Charbon de bois De petites piles de briquettes de chaque côté du bac d'égouttement.		*Gril sur charbon de bois* Les aliments sont placés de la même façon qu'à la température indirecte vive, mais avec moins de briquettes, et les aires de ventilation sont partiellement fermées, si nécessaire.	

Conseils pour la cuisson sur gril

Voici quelques techniques pour la cuisson sur le gril dans l'arrière-cour, techniques qui vous donneront un avantage pour le championnat.

1. *Ne vous éloignez pas de votre gril.* J'ai déjà ruiné une grille pleine de chichekébabs parce que j'avais été plus tenté de bavarder avec mes amis que de surveiller le gril. Seulement 2 ou 3 minutes peuvent faire la différence entre un repas succulent et une viande trop cuite et granuleuse.

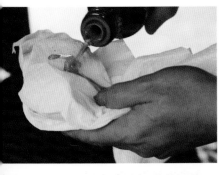

2. *Ne faites pas tout cuire à chaleur directe vive.* En réalité, il n'y a presque rien qui doit être cuit à chaleur directe vive qui ne serait pas amélioré en cuisant un peu plus longtemps à chaleur moyenne. La chaleur vive intense est parfaite si vous voulez avoir de belles marques de grille sur votre bifteck ou vos courgettes, mais c'est un mode violent de cuisson qui peut transformer la plus tendre des coupes de viande en la saisissant, ce qui aura pour effet de lui faire perdre les sucs qui donnent la saveur. Ceci donne des aliments médiocres qui ne peuvent être mangés que par des invités voraces et malappris que vous ne voudrez plus voir de toute façon. Baissez la chaleur. Ayez de la patience et vous aurez un meilleur résultat! Si normalement vous faites cuire un bifteck pendant 4 minutes de chaque côté sur un gril très chaud, baissez-le à chaleur moyenne et essayez 6 minutes de chaque côté. Au lieu d'avoir un bifteck carbonisé à l'extérieur et encore froid à l'intérieur, vous aurez un bifteck juteux qui donnera l'eau à la bouche, qui sera parfaitement saignant ou mi-saignant et qui transportera vos invités.

3. *Faites la cuisson sur une grille propre, huilée et préchauffée.* Je ne veux pas dire parfaitement propre comme si elle sortait du lave-vaisselle. Votre grille ne devrait pas contenir de substance visqueuse, restes de votre dernière cuisson, et elle devrait être un peu huilée pour éviter que ne colle la peau du poulet, et que le poisson soit impossible à enlever. Rappelez-vous ces techniques pour une cuisson facile et qui empêche les aliments de coller :

- Toujours préchauffer le gril à température vive pendant au moins 5 minutes avant de commencer la cuisson, puis baisser la chaleur si vous avez besoin d'une chambre à température moins élevée. Quelques minutes avant de déposer les aliments, bien frotter la grille avec une brosse de métal.

- Huilez la grille chaude juste avant la cuisson avec un essuie-tout ou un chiffon propre arrosé d'huile à cuisson. Vous pouvez vaporiser avec de l'huile à cuisson ce que vous voulez mettre sur la grille (comme le Pam ou autre huile que vous avez) sur le côté qui ira sur la grille en premier. Huiler la grille ou les aliments à cuire est une façon de vous assurer que les aliments ne colleront pas, et ceci n'ajoute pas tellement de saveur ni de calories à vos aliments. (Vous n'avez pas à vaporiser les aliments si l'huile est un ingrédient important dans la marinade.)

- Ne retournez pas les aliments trop tôt. Lorsque vous déposez un hamburger ou un morceau de poisson sur le gril, il colle automatiquement à la grille pendant les premières minutes de cuisson. Puis, quelque chose de magique se produit. Quoi que vous cuisiniez se carbonise au contact de la grille chaude, ce qui fait que les aliments rétrécissent et se décollent. Vous pouvez vérifier en poussant un peu la viande avec les pinces ou la spatule. Lorsque le bord s'enlève facilement de la grille, c'est le temps de la tourner!

4. *Tourner la viande trois fois afin d'obtenir de belles marques de grilles.* Voici une technique amusante que vos invités apprécieront beaucoup. En vous assurant que vous avez un gril très chaud, déposez votre bifteck ou vos côtelettes, ou bien d'autres aliments ayant une surface relativement uniforme, et tournez trois fois durant la cuisson en faisant une rotation de 90 degrés à chaque fois. Vous obtiendrez des marques hachurées en croisillons, comme les pros.

5. *Ne tournez jamais le poisson.* Le poisson est si fragile qu'il peut se défaire s'il est trop manipulé. Parce qu'un gril couvert est comme un four à convection, la plupart du temps vous n'avez pas besoin de tourner les aliments pour qu'ils soient bien cuits, spécialement si vous utilisez la chaleur indirecte. Mais je vous parle de mon expérience avec un vieux gril muni de grilles qui ont vu de meilleurs jours. Les nouveaux grils, munis de grilles recouvertes de porcelaine lisse ou en acier inoxydable, vous permettent de tourner le poisson sans risque qu'il ne colle.

6. *Utilisez des copeaux de bois pour ajouter de la saveur.* Un des grands désavantages du gril au gaz est que la fumée traditionnelle ne peut être ajoutée à ce que vous faites cuire. Les grils les plus chers sont souvent munis d'une petite chambre pour les copeaux de bois pour simuler un environnement enfumé que l'on retrouve dans un barbecue, mais vous pouvez adapter n'importe quel gril au gaz couvert de cette façon :

   Étape 1 Faites tremper à l'avance une poignée de copeaux de bois de feuillus (voir le tableau pages 24-25 pour les saveurs possibles) dans l'eau, dans le vin ou dans le jus de pomme pendant 30 minutes ou plus, puis enveloppez-les dans du papier d'aluminium pour en faire un paquet.

   Étape 2 Faites des ouvertures dans le paquet à l'aide d'une fourchette et mettez-le sur les pierres de lave ou sur les protecteurs antiéclaboussures sous la grille. Les braises se formeront rapidement et vous aurez de la fumée.

   Étape 3 Lorsque le paquet aura émis assez de fumée, déposez les aliments sur la grille, et ils prendront un peu la saveur de fumée. Ce n'est pas du vrai barbecue, mais c'est mieux que rien — et si vous devenez habile, vous pourrez même créer une couronne de fumée (voir page 29) en utilisant un gril au gaz!

Comment savoir quand la viande est cuite

Est-elle prête? Cette question hante toute personne qui a déjà ruiné une belle pièce de viande en la faisant trop cuire. Chaque gril, chaque planche et chaque pièce de viande sont différents — tout comme les conditions atmosphériques de

SECRETS POUR ⤳⤳ LE BARBECUE ⤳⤳

Laissez la viande cuire un peu avant de la tourner. Un hamburger non cuit risque de coller beaucoup plus qu'un autre qui a commencé à cuire.

⤳ ⤳

Retournez la viande sur une surface non utilisée du gril pour pouvoir la saisir et obtenir de plus belles marques de grille. Le métal qui sera touché par la viande sera refroidi par son liquide. Une grille sèche et chaude donne des marques plus foncées! Aussi, si vous voulez de belles marques foncées de grille, enduisez votre viande d'épices à frotter contenant un peu de sucre.

⤳ ⤳

Faites toujours cuire le poisson avec la peau sur la grille. Lorsqu'il est cuit, vous pouvez utiliser une spatule pour le prendre, alors que la peau collera à la grille. Pour une bouchée bonus, faites cuire la peau un peu plus longtemps, puis enlevez-la à l'aide d'une spatule et saupoudrez-la avec un peu de sel. Elle sera croustillante et tellement bonne — le bacon de la mer!

⤳ ⤳

Apprenez à connaître votre gril. Chaque gril a ses points chauds et ses surfaces plus froides. Apprenez où ils sont et utilisez-les à votre avantage. Par exemple, si vous cuisez sur planche ou que vous faites griller des coupes de viande de différentes grosseurs, mettez les plus grosses sur les parties les plus chaudes, ainsi elles cuiront dans un même temps. Ou si vous savez que quelqu'un aime sa viande bleue, placez-la sur les parties les moins chaudes.

Outils et techniques pour le championnat

tous les jours. Avec tellement de variables, s'en tenir strictement au temps indiqué dans les recettes n'est pas nécessairement la meilleure approche. Servez-vous des données de temps de ce livre comme guide seulement, et vérifiez si votre viande est cuite soit en regardant son aspect, soit avec un thermomètre à lecture instantanée pour en connaître la température interne.

Voici comment la vérifier selon son aspect : la toucher avec votre doigt pour connaître la souplesse de la chair. Si elle cède facilement au contact, c'est qu'elle n'est pas assez cuite. Si au contraire elle reprend sa place, c'est qu'il est temps de l'enlever de la chaleur. (Avec le temps, vous apprendrez à évaluer la souplesse de la viande avec son degré de cuisson.) Et si elle est dure au toucher, elle est bonne pour votre animal de compagnie.

VIANDE	TEMPÉRATURE INTERNE IDÉALE (APRÈS QUE LA VIANDE A REPOSÉ)
Volaille	71 °C (160 °F) (ou jusqu'à ce que les jus soient clairs lorsque la viande est percée)
Bœuf ou agneau	52 °C (125 °F) pour une viande saignante 60 °C (140 °F) pour une viande mi-saignante 71 °C (160 °F) pour une viande trop cuite
Porc	60 °C (140 °F) pour une viande cuite à la perfection 71 °C (160 °F) pour une viande sèche et granuleuse
Saumon ou autre poisson	57 °C (135 °F) pour un poisson cuit à la perfection 71 °C (160 °F) pour un poisson friable et sec

NOTE : Le tableau ci-dessus donne une liste des températures idéales pour la cuisson de la viande et du poisson. Pour obtenir cette cuisson, vous devez retirer la viande ou le poisson du gril avant qu'il n'arrive à cette température idéale. Par exemple, si je veux que mon rôti de bœuf soit bleu lorsque je le servirai, je vais le retirer du gril lorsque le thermomètre indiquera 46 à 60 °C (115 à 120 °F), parce que la température interne augmentera d'au moins 5 à 10 degrés pendant qu'il reposera. La chaleur résiduelle à l'extérieur du rôti continuera à faire cuire l'intérieur de ce dernier. Pour les coupes plus petites comme le bifteck ou les côtelettes, les morceaux de poulet ou les darnes des poissons plus petits, ceci est moins important, car il n'y a pas beaucoup de masse de chair, donc peu de chaleur résiduelle.

BARBECUE 101

OK. Nous y voici. Maintenant que vous maîtrisez les techniques de la cuisson sur gril, il est temps de graduer au vrai barbecue. C'est le barbecue comme nom («Rockin' Ronnie fait de bons barbecues»), opposé à barbecue comme verbe («Chéri, faisons cuire

➤ DÉFINITIONS MULTIPLES ≪

«Barbecue/(bär be kiou) n. [Espagnol barbacoa < structure de bâtons] 1. orig. une structure élevée pour fumer, sécher ou faire griller la viande 2. un porc, un bouvillon, etc. grillés ou rôtis en entier sur un feu à ciel ouvert, quelquefois dans un puits ouvert 3. toute viande grillée à la broche sur un feu à ciel ouvert 4. une fête ou un pique-nique durant lequel on sert cette viande 5. un restaurant qui se spécialise en barbecue 6. un gril portatif — verbe transitif 1. pour préparer la viande, à l'extérieur, en la faisant rôtir à la broche ou griller sur un gril, normalement sur un feu de charbon de bois 2. faire griller ou cuire de la viande avec une sauce très assaisonnée (sauce barbecue) contenant du vinaigre, des tomates, des épices, etc. »

— *Webster's New World Dictionary, Second College Edition*

➤ ≪

« barbecue/(bawr beuh kiou) n. [Barbecue américain < les meilleurs aliments au monde] 1. une grosse pièce de viande dure et grasse cuite longtemps à feu doux sur un feu de charbon de bois ou de bois de feuillus jusqu'à ce qu'elle soit tendre et succulente 2. l'inspiration d'une sous-culture d'enthousiastes du barbecue, qui, pendant tout l'été, vont d'une ville à l'autre pour faire des compétitions pour savoir qui fera cuire la meilleure pièce de viande 3. la base pour un restaurant avec des tables en formica, un mauvais éclairage et des bières en fût diluées où l'on sert de grosses portions de barbecue à des clients heureux et obèses 4. un mode de vie, dans lequel on met l'emphase sur la consommation de barbecue, de boisson, d'histoires et de jeux de cartes. »

— *Rockin' Ronnie's New Dictionary of Barbecue*

➤ ≪

(suite à la page suivante)

sur barbecue des côtelettes de porc »). C'est pour manger ce genre de barbecue que les gens du sud des États-Unis voyagent pendant des heures. Il est la source de rivalité féroce et d'arguments amicaux. Il peut convertir les végétariens, faire s'évanouir les femmes et inspirer les hommes à grogner de joie. Et oui, vous pouvez obtenir le même résultat dans votre arrière-cour. Mais faites attention. Même si ce n'est pas de la science pure, il est très différent si on le compare à la cuisson d'un bifteck sur votre gril au gaz.

Principes du barbecue

Tout ce dont vous avez besoin pour faire la cuisson sur barbecue se résume à trois choses : une chaleur douce, de la fumée de bois de feuillus et du temps. Presque tout peut être préparé de cette façon, des plats traditionnels de poulet, de porc et de bœuf, aux tomates fraîches, aux oignons et aux œufs durs.

Vous pouvez assaisonner de sauce et épicer vos plats selon votre goût. Plusieurs traditionalistes n'utilisent pas de sauce barbecue, ou peuvent en ajouter un peu à la fin de la cuisson comme glaçage final.

La façon classique de transformer la viande pour le barbecue est d'y étaler généreusement de la moutarde jaune et saupoudrer d'un mélange d'épices à frotter composé de sel, de sucre et d'épices. Vous pouvez ajouter votre propre touche avec le type de bois de feuillus que vous utiliserez, et le mélange d'épices à frotter composé des épices de votre choix. Cela dit, pour plusieurs chefs de rôtisserie, particulièrement au Texas, l'État des pointes de poitrine, la seule façon de faire cuire un barbecue est de mettre la viande dans le foyer sans rien y ajouter et la faire cuire très longtemps. La fumée donne beaucoup de saveur et la texture est si succulente que le sel, le sucre et les épices semblent redondants !

Aromatiser avec du bois :
un guide décrit grossièrement

À moins que vous ayez un barbecue géant, chauffé avec des bûches, la technique de base pour créer une saveur traditionnelle de barbecue est de placer 2 ou 3 morceaux de bois sur les briquettes chaudes. La chaleur des briquettes transforme le bois en braises et brûle, en créant ces vapeurs précieuses qui aromatisent vos aliments. Utilisez toujours du bois sec et non traité pour la cuisson. Le bois vert produit de la créosote en brûlant, et ce n'est pas bon.

Les morceaux de bois de feuillus brûlent plus longtemps que les copeaux, mais leur fumée est moins intense. Si vous voulez qu'il produise plus de fumée, faites tremper le bois de feuillus dans l'eau ou dans le vin avant de l'utiliser, mais faites attention. Vous pourriez trop fumer vos aliments, ce qui aurait pour

Définitions multiples (suite)

« barbecue/1. les premiers aliments ethniques de la Caroline du Nord 2. une réunion où l'on sert du porc grillé 3. un catalyseur pour un grand débat 4. une méthode de cuisson 5. le porc comme un art culinaire 6. un rite culturel 7. tout ce qui précède. »
— Les producteurs de porc de la Caroline du Nord

➤ ➤

« Le barbecue est la viande qui cuit par la chaleur indirecte et la fumée. »
— Kansas City Barbecue Society

➤ ➤

« Que dire de ceci : après avoir été 15 ou 16 fois dans une grilladerie, vous savez ce que c'est que le barbecue. »
— dit dans le *New York Times* par Kenny Callaghan, chef de rôtisserie du Blue Smoke, première grilladerie à New York

➤ ➤

« [...] avec la survie, la camaraderie est la raison d'être de faire la cuisson et de manger. Les gens passent du temps ensemble lorsqu'ils préparent la nourriture et la mangent — c'est l'essence du barbecue [...]. »
— Chris Schlesinger, qui a écrit l'avant-propos de *Smoke & Spice* (par Bill Jamison)

➤ ➤

« Le barbecue est le plat qui relie ensemble le goût des gens qui vivent dans une grande maison et les plus pauvres des occupants qui vivent dans le fond des granges délabrées. »
— a écrit le journaliste Jonathan Daniels, au milieu du XXe siècle

résultat de leur donner un arrière-goût âcre et amer. Essayez d'utiliser des morceaux de bois qui n'ont pas d'écorce épaisse, car la fumée pourrait être amère. Si vous utilisez des bûches dans votre foyer, faites brûler d'abord l'écorce avant de mettre votre viande dans le fumoir.

⤳ VAPEURS MAGIQUES ⤳ DU BOIS DE FEUILLUS

Il n'y a rien comme l'arôme et le goût du vrai barbecue. Vous pouvez sentir une bonne grilladerie à plus d'un kilomètre. Cette odeur est celle de la fumée du bois de feuillus, qui fait de la magie dans la chambre d'un barbecue. En même temps que le gras de la viande est liquéfié et que les tissus conjonctifs sont brisés, le bois de feuillus, qui brûle lentement pour produire la chaleur, donne également des vapeurs intéressantes appelées hydrocarbures aromatiques. Un feu de bois de feuillus n'est rien de plus que la combinaison de l'oxygène avec les composés organiques du bois, le principal sous-produit étant le dioxyde de carbone et la vapeur d'eau. Mais, à cause de la basse chaleur, le bois n'est pas complètement brûlé, causant des particules microscopiques que nous appelons fumée, avec les vapeurs aromatiques invisibles mais essentielles. Il est intéressant de savoir qu'un fumoir qui fonctionne bien ne produit pas beaucoup de fumée. Au contraire, la température est assez élevée pour que le bois brûle avec une flamme contenue plutôt que de faire des braises qui produisent beaucoup plus de fumée que de chaleur.

Les viandes qui cuisent sur un feu qui produit trop de fumée noircissent rapidement, et leur croûte est acide et âcre. Les viandes qui cuisent dans un environnement idéal rempli de vapeurs auront une croûte extérieure brun acajou, et l'intérieur de la viande sera infusé par les vapeurs du bois de feuillus, en prenant l'arôme et la saveur essentiels du bois lui-même. Brûlez du bois d'arbre fruitier comme le bois de cerisier, de pommier ou de pêcher dans votre fumoir et la viande prendra cette délicieuse saveur douce de fumée. Utilisez le hickory pour le goût classique du barbecue qui remonte aux forêts remplis de hickory de la côte est ou faites brûler du prosopis pour avoir la saveur profonde, piquante et acidulée du barbecue traditionnel du Texas.

(suite à la page suivante)

BOIS (ET AUTRES)	SAVEUR/ARÔME	UTILISATIONS
HICKORY	Avec une odeur sucrée, et soutenue classique puis le goût consistant du barbecue américain, le hickory était le bois utilisé pour les rôtis de porc originaux au XVIe siècle. La fumée de hickory est tellement une saveur omniprésente en Amérique du Nord aujourd'hui que souvent nous oublions d'où elle provient. Chaque fois que vous voyez le mot « fumée » dans la liste des ingrédients des saucisses, du bacon ou du jambon, c'est probablement du hickory.	Vous ne pouvez pas vous tromper avec le hickory. Il se marie très bien avec tout, du porc au poulet et au saumon. Un seul problème : quelques-uns disent que tout goûte le jambon! C'est réellement une saveur pour un « aliment de réconfort ».
PROSOPIS	Un arôme fort, puissant, piquant et légèrement âcre qui donne une saveur classique du Sud-Ouest aux aliments fumés et grillés sur bois. Il donne une chaleur intense, alors faites attention à la quantité que vous utilisez.	Utilisez-le pour fumer le bœuf, le gibier, le canard, l'agneau et toute autre viande à saveur prononcée. C'est un bois qui se prête bien pour faire griller quoi que ce soit. Votre restaurant favori tex-mex l'a probablement utilisé pour la cuisson de votre bifteck.
CHÊNE	Arôme de noix agréablement sec avec une légère mais perceptible acidité. Offert nature ou en pièces de barils de vin et de liqueur, ce qui ajoute une autre dimension de saveur et de complexité.	Excellent pour les pointes de poitrine de bœuf et parfait avec presque tout, sauf peut-être le poisson. Probablement le plus polyvalent des bois de feuillus.
ÉRABLE	Doux, sucré, rappelant l'odeur d'un feu de foyer d'un pavillon de pêche.	Convient à la volaille, au jambon et aux légumes. Certaines marques de bacon sont fumées à l'érable.
AULNE	Arôme frais, piquant, sec, et d'une saveur douce.	La façon traditionnelle de fumer le saumon.
PACANIER	Similaire au hickory, mais plus doux, et brûle d'une chaleur plus douce. Populaire parmi les compétiteurs aussi bien que les chefs professionnels.	Utilisé au lieu du hickory, l'érable ou le chêne comme un bois de cuisson tout usage.

BOIS (ET AUTRES)	SAVEUR/ARÔME	UTILISATIONS
BOULEAU ET SAULE	Très aromatisés, piquants, et parmi les bois de feuillus les plus proches du bois de conifères. Méprisés par quelques-uns mais utilisés par d'autres, spéciale-ment ceux qui vivent au-dessus de la ligne Mason-Dixon.	Conviennent au poisson et au gibier.
POMMIER, CERISIER, PÊCHER	Sucrés, légers, fruités, vraiment doux.	Excellents avec le porc et la volaille, mais on peut les utiliser avec presque tout. Bons aussi pour mélanger avec les autres bois comme le hickory et le chêne.
VIGNE	Riche, fruité et aromatique.	Convient au gibier, à l'agneau ou au poisson.
CÈDRE	Bois de conifère qui donne un arôme et une saveur distincts, âcres et astringents à la viande.	Requiert une technique spé-ciale : cuisson sur planche (voir page 33). Excellent pour le poisson, mais aussi très bon avec le fromage, les fruits et les légumes.
ÉPIS DE MAÏS SÉCHÉS	Sucrés et doux.	Les utiliser comme les bois d'ar-bres fruitiers pour la volaille et le porc, ou combiner avec un bois plus consistant comme l'érable ou le chêne.
ALGUES	Acidulées, salées et fumées.	Conviennent aux crustacés et mollusques, et à tous les fruits de mer. Laver et assécher avant d'utiliser.
FINES HERBES (laurier, bâtonnets de cannelle, noix de muscade) et brindilles de fines herbes (brindilles de romarin, de sauge, de thym)	Un autre niveau de saveurs, plus souvent utilisé en Europe qu'en Amérique. Essayez-les de temps à autre ! Le romarin ajoute un arôme de pin à l'agneau.	Conviennent à l'agneau, au poisson, aux légumes et aux fromages.

Les techniques de barbecue pour les chefs d'arrière-cour

La première chose dont vous avez besoin est un fumoir à l'eau (à moins que vous puissiez vous offrir un traditionnel barbecue, avec une boîte à feu montée sur les côtés et un puits pour l'eau). On trouve des fumoirs à l'eau en plusieurs styles différents, mais la plupart se ressemblent, avec leur tra-ditionnelle forme d'œuf, comme le fameux robot R2-D2 de *Star Wars*. Leur prix varie entre 50$ et 300$. Tous les appareils donneront le même résultat. Weber et Brinkman en font de bons ; le Weber Smoky Mountain Cooker étant l'équipe-ment habituel de ceux qui font des compétitions de barbecue et qui ne peuvent se construire leur propre gros barbecue.

Vapeurs magiques de bois de feuillus *(suite)*

Les compétiteurs de barbecue utilisent souvent leur propre mélange de bois de feuillus pour ajouter de la richesse et de la complexité à la viande qu'ils font cuire. J'aime utiliser un mélange de cerisier, de hickory et de prosopis pour les plus grosses coupes comme le soc et la pointe de poitrine de porc, et du bois d'arbre fruitier pur pour les côtes et pour le poulet, afin d'intensifier leur douceur naturelle, mais sans masquer la saveur de la viande.

La plupart des gros barbecue utilisent du bois pur — les bûches de hickory, de pacanier ou de chêne sont les favorites. Mais certains chefs à la mai-son, qui utilisent des plus petits fumoirs, commen-cent normalement avec des briquettes de charbon de bois comme base, puis ajoutent des morceaux ou des copeaux de bois de feuillus sur le dessus des briquettes pour créer des vapeurs essentielles au barbecue traditionnel. C'est ce que je fais.

Où pouvez-vous trouver du bois de feuillus pour alimenter votre passion pour le barbecue ? Quelquefois, vous pouvez le trouver dans la cour d'un voisin. Mon bois de cerisier provient d'un ami qui a coupé un cerisier lors d'un projet domici-liaire d'aménagement paysager, mais la plupart des magasins de fournitures pour barbecue et les magasins de fournitures de quincaillerie et de construction offrent des sacs de morceaux et de copeaux de bois de feuillus près des grils et des ustensiles pour le gril. Si vous voulez connaître la provenance des bûches de bois de feuillus, ou du bois moins connu, téléphonez aux restaurants haut de gamme de votre ville ; les maîtres grillardins qui utilisent un four chauffé au bois savent souvent où acheter le meilleur bois pour la cuisson.

Vous n'avez pas besoin de beaucoup d'outils autres que votre fumoir à l'eau. En réalité, de bonnes pinces longues, de vieux gants de cuisinier et une cheminée d'allumage pour les briquettes peuvent faire l'affaire. Mais qui veut se contenter du minimum? (Voir pages 43-46 pour le guide des équipements nécessaires.)

Pour commencer

Au fond du fumoir à l'eau, il y a un récipient pour recevoir les briquettes et les morceaux de bois de feuillus. Les modèles plus sophistiqués sont munis de grilles

d'aération ajustables au bas et en haut pour permettre de contrôler la circulation d'air et la température. Il est préférable que vous mettiez les briquettes dans une cheminée d'allumage avant de les déposer dans le fumoir. Les cheminées pour charbon de bois sont conçues de façon à ce que vous y mettiez les briquettes de charbon de bois, avec une ou deux feuilles de papier journal au fond de la chambre. Vous mettez le feu au papier journal et 15 minutes plus tard, vos briquettes sont chaudes. N'utilisez jamais de gaz ou tout autre produit chimique pour allumer votre feu. Le goût de la viande pourrait en être altéré.

La quantité de briquettes à utiliser dépendra du temps de cuisson projeté. Une pleine cheminée de briquettes ne suffit que pour faire cuire quelques morceaux de poulet ou quelques carrés d'agneau. Le secret est de mettre une couche de briquettes froides dans le fond du foyer et de mettre les briquettes chaudes sur le dessus pour commencer. Lorsque je fais cuire au barbecue une pointe de poitrine ou un soc de porc, je commence avec 4,5 à 6,75 kg (10 à 15 lb) de briquettes. Pour commencer, je crée un «feu de semences» sur le dessus de la pile de briquettes froides. Vous pouvez le faire de différentes façons :

- Allumez une petite quantité de briquettes dans la cheminée, et lorsqu'elles brûlent bien, placez-les sur le dessus des briquettes froides (voir photo page ci-contre), ou ;
- Placez quelques bâtons de feutre imprégnés de cire parmi les briquettes sur le dessus de la pile et allumez-les. Lorsque les bâtons ont complètement brûlé et que les briquettes autour sont bien allumées, fermez le couvercle, et c'est parti.

Le bac d'eau

Dans votre fumoir, juste au-dessus du panier qui contient les briquettes, il y a le bac d'eau. L'eau aide à garder la viande humectée et maintient la température interne du fumoir à une température idéale de 95 à 105 °C (200 à 225 °F). Avant de remplir ce bac, il est préférable que vous l'enveloppiez avec deux ou même trois couches de papier d'aluminium très large, cela aidera au nettoyage plus tard. Utilisez l'eau chaude du robinet pour remplir le bac. (Nous aimons utiliser du jus de pomme

SECRETS POUR LE BARBECUE

Environ 45 minutes avant la fin de la cuisson, bien badigeonner la viande avec de la sauce barbecue et ajouter un ou deux morceaux de bois pour «terminer» la cuisson en ayant un dernier jet de vapeur enfumée. Après avoir retiré la viande du fumoir, laissez-la reposer pendant au moins 20 minutes avant de la manger (voir Laissez reposer! page 16).

Un feu de bois ou de charbon de bois est contrôlé non par la quantité de bois ou de briquettes qui brûlent, mais plutôt par la quantité d'air que vous laissez entrer dans le fumoir ou le barbecue. La plupart des fumoirs au bois ou au charbon de bois ont des grilles d'aération qui peuvent être ajustées pour contrôler l'intensité du feu. Avec un peu de pratique, vous devriez être capable de contrôler les grilles de ventilation de votre fumoir de façon à ce que vous puissiez vous en éloigner pendant des heures ou dans le cas de grosses pointes de poitrines ou de soc de porc, toute la nuit.

Vaporisez votre viande pour obtenir une croûte plus savoureuse. Dans une bouteille à vaporiser, combiner du jus de pomme avec du sirop d'érable, une rasade de whiskey du Tennessee Jack Daniel's et une pincée de piment de Cayenne. Vaporiser légèrement la viande chaque heure ou toutes les deux heures pour donner un glaçage brillant et un peu plus de piquant.

pour les compétitions.) Si vous voulez être un peu plus fantaisiste, vous pouvez y mettre une ou deux bouteilles de bière foncée, du vin, ou la sauce qui a servi à mariner votre viande.

Quelques coupes de viande très grasses, comme le soc de porc, peuvent être cuites à une température légèrement supérieure (120 °C [250 °F]) avec une chaleur plus sèche. Dans ces cas, vous pouvez laisser le bac d'eau vide pour recueillir les égouttures. Assurez-vous de surveiller le niveau d'eau. Pour un fumage plus long, vous pouvez avoir besoin d'ajouter de l'eau une ou deux fois.

Préparation de la viande : moutarde et mélange d'épices à frotter

Sortez la viande à fumer du réfrigérateur et laissez-la reposer pendant 1 heure ou plus à la température ambiante. Enrobez-la d'une fine couche de moutarde préparée des 2 côtés (pas la moutarde de Dijon, juste la moutarde jaune ordinaire). Saupoudrez le mélange d'épices à frotter sec (voir les Recettes de mélanges d'épices à frotter secs, pages 50-53) sur la viande, en l'étalant de façon uniforme. (Si la viande a trempé dans la saumure ou a été bien marinée, vous pouvez souvent ne pas avoir besoin de moutarde, ni de mélange d'épices à frotter.

Laissez reposer la viande pendant 15 minutes ou jusqu'à ce qu'elle devienne collante (lorsque le sel du mélange d'épices à frotter commence à faire suinter les liquides de la viande). Placez la viande, le côté gras sur le dessus, sur la grille du fumoir, mettez quelques morceaux de bois de feuillus sur les briquettes et laissez cuire à 95 à 105 °C (200 à 225 °F).

Surveiller de la température à l'intérieur de la chambre à cuisson

Au-dessus des briquettes de bois et du bac d'eau, il y a deux grilles circulaires de cuisson sur lesquelles vous placez votre viande lorsque votre fumoir a atteint la température désirée. Quelques fumoirs à l'eau bon marché sont munis d'un indicateur de température à 3 niveaux, TIÈDE, IDÉALE, CHAUDE. Ce n'est pas suffisant. Achetez un bon thermomètre en métal à sonde qui va de 38 à 260 °C (100 à 500 °F). Si vous n'avez pas de grille de ventilation sur le dessus de votre fumoir, utilisez une perceuse pour pratiquer une ouverture assez grande pour y insérer la tige du thermomètre. Lorsque la température atteint 95 à 105 °C (200° à 225 °F), il est temps de faire cuire votre viande.

Surveiller la viande

Lorsque vous avez déposé votre viande sur le gril, mettez quelques copeaux ou morceaux de bois sur les briquettes (voir pages 23-25) et fermez le couvercle.

Quelques chefs de barbecue aiment faire tremper les copeaux ou les morceaux de bois dans l'eau ou dans le vin avant de les utiliser. Le bois mouillé produit plus de fumée ; pour obtenir une saveur plus douce, ne les faites pas tremper.

Il est maintenant temps de vous reposer. Le secret pour réussir des barbecues est de laisser le fumoir faire le travail. Plus vous ouvrez le couvercle pour vérifier la viande, plus le temps de cuisson sera long. Chaque fois que vous le faites, vous ajoutez 15 minutes au temps de cuisson. Comme l'a dit le champion de grande renommée Myron Mixon à Memphis en mai : « Si vous regardez, vous ne cuisez pas. »

Allouez de 1 heure 30 minutes à 2 heures 30 minutes pour des hamburgers, de 2 heures 30 minutes à 3 heures pour des demi-poulets, de 5 à 6 heures pour des côtes et de 1 heure 30 minutes à 2 heures par 500 g (1 lb) pour les épaules de porc ou les pointes de poitrine de bœuf. (Les temps de cuisson varient selon le type d'équipement et les conditions atmosphériques. En particulier lorsque vous débutez, il est préférable de vérifier si la viande est cuite en vous basant sur sa température interne au lieu du temps mentionné. Ajoutez 1 ou 2 morceaux de bois de feuillus aux briquettes chaque heure ou toutes les deux heures.)

Tableau principal pour le barbecue

Ce tableau se veut un guide pour la cuisson au barbecue dans un fumoir à l'eau ou dans un barbecue, assumant que la température interne du fumoir est d'environ 95 à 100 °C (200° à 220 °F).

Dans tous les cas, assurez-vous de laisser la viande reposer, enveloppée dans du papier d'aluminium, pendant au moins 15 minutes pour les petites coupes et 1 heure et plus pour les plus grosses coupes.

VIANDE	TAILLE	MEILLEURES SAVEURS DE BOIS DE FEUILLUS	TEMPS DE CUISSON ET VÉRIFICATION
PORC			
Soc (avec l'os)	2,7-3,5 kg (6-8 lb)	Hickory, chêne, pommier, cerisier	3 h-4 h par kg (1 h 30 min à 2 h par lb). Le soc est cuit lorsque la température interne atteint 85 °C (185 °F).
Rôti de longe (sans os)	1,5-2,2 kg (3-5 lb)	Hickory, chêne, pommier, cerisier	3 h-5 h ou jusqu'à une température interne de 63 °C (145 °F).
Filet	500-750 g (1-1½ lb)	Hickory, chêne, pommier, cerisier	1 h à 1 h 30 min ou jusqu'à une température interne de 63 °C (145 °F) pour une cuisson à point.

Lors des compétitions de barbecue, les juges recherchent quelque chose que l'on appelle « couronne de fumée » lorsque la viande leur est présentée. Cette couronne d'un rose soutenu est l'évidence même de la pénétration des aromates dans la viande. Plus foncée est la couronne, mieux c'est. La couleur rougeâtre est causée par les composés d'azote contenus dans la fumée, en réaction avec la myoglobine, une chromoprotéine qui effectue le transport et l'entreposage de l'oxygène dans les tissus musculaires. Non seulement les nitrates donnent une couleur à la viande, mais ils agissent comme agent de conservation naturel, empêchant la croissance de bactéries. Vous êtes-vous déjà demandé pourquoi le jambon est rose ? C'est parce que l'on ajoute des nitrates aux produits commerciaux de viande. La rumeur court que certains compétiteurs de barbecue d'aujourd'hui ajoutent des nitrates en poudre à leur assaisonnement pour améliorer artificiellement leur couronne de fumée — un simulacre, selon la plupart des compétiteurs ! Quelques grilladeries avertissent leurs nouveaux clients pour qu'ils ne pensent pas que la couleur rouge de leurs côtes ou de leur bifteck provient d'une viande crue ou pas suffisamment cuite. Dans le monde du barbecue, si la viande a une couronne rouge, c'est qu'elle est cuite !

LES 10 SECRETS POURF UN CHAMPIONNAT DE BARBECUE

1. *Lentement et à basse température.* Ce qui distingue le vrai barbecue de la cuisson sur gril est la basse température (environ 95-105 °C [200-225 °F]) et une longue cuisson (3 ou 4 heures pour les poulets et aussi longue que 18 à 24 heures pour les grosses pointes de poitrine de bœuf). Cette technique permet aux fibres de la viande de se briser délicatement pendant ce temps, créant une texture du vrai barbecue qui fond dans la bouche.

2. *Les juges mangent avec leurs yeux, de même que vos invités.* Soignez votre présentation. Tout comme votre voiture roule beaucoup mieux lorsque vous venez de la laver, un magnifique barbecue goûte encore meilleur lorsqu'il semble tellement bon que vous voulez sauter dans l'assiette et vous y rouler.

3. *Moutarde et mélange d'épices à frotter.* Cette simple technique qui a fait ses preuves donne au barbecue sa fabuleuse croûte ou, comme le disent les gens du Sud, son « écorce ». La moutarde permet à votre mélange d'épices à frotter d'adhérer et donne un bon goût acidulé au barbecue lorsque vous le mangez. Et le mélange d'épices à frotter, avec ses mélanges de saveurs salée, épicée, amère et sucrée, accentue la saveur de la viande sans pour autant en changer trop le goût.

4. *Deux mots : ail déshydraté.* L'ajout de cette saveur apparemment modeste fait une différence lorsque vous y goûtez pour la première fois. Les juges ne savent pas pourquoi, mais il y a quelque chose qui influence les papilles gustatives de façon positive.

5. *La température finale de votre viande est plus importante que le temps de cuisson.* Surveillez la température interne de votre viande et vous obtiendrez de magnifiques barbecues, chaque fois.

6. *Laissez reposer.* Laisser reposer votre viande après l'avoir retirée du feu permet aux jus de se redistribuer à l'intérieur, sous la croûte protectrice. Il permet également aux protéines de

(suite à la page suivante)

VIANDE	TAILLE	MEILLEURES SAVEURS DE BOIS DE FEUILLUS	TEMPS DE CUISSON ET VÉRIFICATION
PORC *(SUITE)*			
Côtes levées (de flanc ou petites côtes de dos)	Tout le pavé, la membrane enlevée	Hickory, chêne, pommier, cerisier	4 h-6 h ou jusqu'à une température interne de 74 °C (165 °F). La viande devrait se détacher facilement de l'os.
Saucisse de porc, crue (comme la bratwurst, le chorizo ou l'Italienne)	2,5 cm (1 po) de diamètre	Hickory, chêne, pommier, cerisier	2 h-3 h, jusqu'à ce que les saucisses deviennent fermes, et que l'on ne voie plus de rose au centre; ou jusqu'à une température interne de 71 °C (160 °F).
BŒUF			
Rôtis sans os (surlonge, culotte, côtes, haut de côtes)	1,8-2,7 kg (4-6 lb)	Hickory, prosopis, chêne, cerisier	Environ 2 h par kg (1 h par lb) ou jusqu'à ce que la température interne indique 52 °C (125 °F) pour une viande saignante, et 60 °C (140 °F) pour une viande à point. Il ne vaut pas la peine de le manger s'il est bien cuit.
Pointe de poitrine	4,5-6,4 kg (10-14 lb)	Hickory, prosopis, chêne, cerisier	Faire cuire 3 h-4 h par kg (1 h 30 min-2 h par lb) ou jusqu'à ce que la température interne soit de 85 °C (185 °F). Lorsque vous levez le rôti pour le tourner, il devrait vous sembler relâché et un peu gélatineux. S'il est très ferme et raide, c'est qu'il n'est pas assez cuit.
Bout de côtes	5-8 cm (2-3 po) d'épais, de préférence sur l'os	Hickory, prosopis, chêne, cerisier	4 h-6 h ou jusqu'à ce que la viande se détache facilement de l'os.
Côte de bœuf	Carré avec 6-8 os	Hickory, prosopis, chêne, cerisier	3 h-4 h ou jusqu'à ce que la température interne dans la partie la plus épaisse indique 60 °C (140 °F) pour une viande saignante.
Hamburger (Oui vous pouvez faire fumer des hamburgers. Badigeonnez les galettes de sauce barbecue et terminez la cuisson sur un gril chaud.)	170-250 gr (⅓-½ lb) chacun	Hickory, prosopis, chêne, cerisier	Faire cuire pendant 1 h 30 min-2 h 30 min jusqu'à ce que la température interne atteigne 71 °C (160 °F) ou jusqu'à ce que les hamburgers deviennent souples au toucher.

VIANDE	TAILLE	MEILLEURES SAVEURS DE BOIS DE FEUILLUS	TEMPS DE CUISSON ET VÉRIFICATION
VOLAILLE			
Dinde, entière (sans farce, la cavité ouverte pour permettre à la fumée de circuler)	4,5-5,5 kg (10-12 lb)	Pommier, cerisier, vigne, chêne, hickory	1 h 30 min-2 h par kg (45-60 minutes par lb), ou jusqu'à une température interne de 71 °C (160 °F) à l'articulation de la cuisse.
Poulet, coupé en 2 dans le sens de la longueur	1,5-2,2 kg (3-5 lb)	Pommier, cerisier, vigne, chêne, hickory	2 h 30 minutes-3 h ou jusqu'à une température interne de 71 °C (160 °F) à l'articulation de la cuisse, ou jusqu'à ce que la viande près de l'os de la cuisse ne soit plus rose (coupez pour vérifier).
Canard, coupé en 2 dans le sens de la longueur	1,8-2,7 kg (4-6 lb)	Pommier, cerisier	4 h-6 h ou jusqu'à une température interne de 71 °C (160 °F) dans la partie la plus épaisse de la poitrine.
Poulet de Cornouailles	500-750 g (1-1½ lb)	Pommier, cerisier	2 h-3 h ou jusqu'à ce que la viande près de l'os de la cuisse ne soit plus rose (coupez pour vérifier).
AGNEAU			
Gigot avec l'os	1,8-2,7 kg (4-6 lb)	Pommier, cerisier, chêne	2 h par kg (1 h par lb) ou jusqu'à une température interne de 52 °C (125 °F) pour une viande mi-saignante ou de 60 °C (140 °F) pour une viande à point.
Épaule, entière avec l'os	1,5-1,8 kg (3-4 lb)	Pommier, cerisier, chêne	5 h-7 h ou jusqu'à une température interne de 77 °C (170 °F) et que la viande se détache facilement de l'os.
Carré, entier	750 g-1 kg (1½-2 lb)	Pommier, cerisier, chêne, mais essayez aussi quelques brindilles de romarin	1 h 30 min-2 h ou jusqu'à une température interne de 52 °C (125 °F) pour une viande mi-saignante ou de 60 °C (140 °F) pour une viande à point. Cette viande ne vaut pas la peine d'être mangée si elle est bien cuite.
POISSON			
Entier, petit	500 g (1 lb)	Aulne, vigne, hickory, chêne	45 min-1 h 30 min ou jusqu'à ce que la chair commence à se raffermir et se défasse facilement à la fourchette.

Les 10 secrets pour un championnat de barbecue *(suite)*

se fixer et de se gélifier presque comme une crème anglaise. Le temps de repos aide la viande à atteindre une texture parfaite.

7. *Mettez peu ou pas de sauce.* Le goût piquant de la sauce barbecue (appelée glaçage dans le circuit de compétition du barbecue) complète la saveur parfaite d'un barbecue. Mais elle peut aussi trop changer la saveur du barbecue, vous ne goûtez pas autre chose que la sauce. Allez-y doucement, puis servez-en en « trempette » comme accompagnement.

8. *Utilisez un mélange de bois pour ajouter une saveur complexe.* Utilisez du bois de feuillus pour donner de la saveur, mais apprenez à connaître le mélange qui vous convient. Comme le mélange de whiskey procure des notes différentes de saveurs — quelques-unes prononcées, d'autres douces —, le bois de feuillus peut avoir la même subtilité. Prenez du prosopis pour obtenir une âcreté astringente, du bois d'arbre fruitier pour obtenir une grande douceur, et du hickory, de l'érable et du chêne pour une saveur traditionnelle de barbecue.

9. *Le barbecue est une histoire d'équilibre.* Équilibrez vos saveurs pour créer un goût unique, complexe mais unifié. Équilibrez votre température, le temps de cuisson et le temps de repos pour en arriver à une texture parfaite. Équilibrez l'apparence du barbecue dans l'assiette de vos invités ou dans les plateaux que vous présentez aux juges, de façon à ce que la portion paraisse copieuse, mais non de mauvais goût, humectée mais sans trop de sauce, et très riche, mais agrémentée de légumes verts frais pour un bel effet visuel.

10. *Le barbecue, c'est la vie.* De la bonne nourriture et des boissons, de l'amitié, de l'humour et de la saine compétition ; c'est ce qui est important, pour le barbecue et pour la vie. Comme un de mes ex-patrons m'a déjà dit : « Ronnie, si tu es bon envers les gens, ils seront bons envers toi. » Si vous traitez bien tant vos amis que votre barbecue, vous aurez une bonne vie.

➤ IMITER LE VRAI BARBECUE ᐳᐸ SUR VOTRE GRIL AU GAZ COUVERT

Trois choses sont essentielles pour avoir un vrai barbecue : du temps, une chaleur douce et de la fumée. Il peut être difficile, mais non impossible, d'imiter le vrai barbecue sur un gril au gaz. Voici comment le faire.

1. Utilisez une chaleur douce et indirecte. Mettez un bac d'aluminium sous la grille sur un côté de votre gril pour recueillir les égouttures. Préchauffez le gril en allumant le brûleur de l'autre côté, pendant 5 minutes à température vive, puis diminuez à la chaleur la plus douce. Idéalement, vous voulez que la température de la chambre soit entre 95-120 °C (200-250 °F). Placez ce que vous voulez faire cuire (comme un soc ou une pointe de poitrine de porc) sur la grille sur le côté qui n'a pas chauffé, au-dessus de la lèchefrite. Puis, faites cuire comme si la viande était dans un fumoir ou un barbecue, le couvercle fermé, en tournant la viande de temps à autre et en la vaporisant de jus de pomme.

2. Il vous faut avoir de la fumée pour donner de la saveur à la viande. Prenez des copeaux ou des morceaux de bois de feuillus et faites-les tremper dans l'eau pendant 1 heure. Enveloppez-les dans un double papier d'aluminium pour en faire un paquet. Perforez-le à quelques endroits à l'aide d'une fourchette et placez-le sur le côté chaud de votre gril, sous la grille et sur le dessus des pierres de lave ou des protecteurs antiéclaboussures. Le bois se réchauffera, puis brûlera lentement, produisant de la fumée dans la chambre du gril, donnant à la viande un léger goût de fumée et produisant une couronne rose.

3. Utilisez du sel fumé, du paprika fumé ou de la poudre de piment jalapeno comme épice à frotter, ou des piments jalapeno en sauce adobo comme glaçage. Ces ingrédients naturellement fumés ajoutent une saveur subtile de fumée à ce que vous faites griller, et les piments jalapeno donnent du piquant.

VIANDE	TAILLE	MEILLEURES SAVEURS DE BOIS DE FEUILLUS	TEMPS DE CUISSON ET VÉRIFICATION
POISSON *(SUITE)*			
Filet entier (côté), gros	1,5-1,8 kg (3-4 lb)	Aulne, vigne, hickory, chêne. Si vous faites cuire du saumon, utilisez du hickory ou de l'aulne pour de meilleurs résultats.	2 h-3 h ou jusqu'à ce que la chair commence à se raffermir et se défasse facilement à la fourchette.
Filets ou darnes	175-250 g (6-8 oz)	Aulne, vigne, hickory, chêne	1 h-1 h 30 min ou jusqu'à ce que la chair commence à se raffermir et se défasse facilement à la fourchette.
Crustacés et mollusques — huîtres, pétoncles, crevettes	30-40 g (1-2 oz) par pièce	Aulne, vigne, hickory, chêne	30 min-1 h, jusqu'à ce qu'ils soient complètement chauds et fermes au toucher.
AUTRES			
Tomates	Moyennes	Hickory, chêne, pommier, cerisier	30 min ou jusqu'à ce que la tomate commence à prendre une teinte dorée, mais qu'elle soit encore ferme au toucher.
Oignons	Pelés en rondelles de 0,6-1 cm (¼-½ po)	Hickory, chêne, pommier, cerisier	Environ 1 h ou jusqu'à ce que les tranches prennent une couleur dorée.
Poivron rouge	Moyen, épais et beau	Hickory, chêne, pommier, cerisier	45 min-1 h 30 ou jusqu'à ce que la chair ait ramolli.
Ail	1 tête entière, le dessus coupé pour exposer les gousses	Pommier ou cerisier	2 h-3 h ou jusqu'à ce que la tête soit bien dorée et que l'ail soit mou et tendre.
Sel (casher, Maldon, ou fleur de sel de mer)	250 ml (1 tasse), étendu uniformément dans un moule à gâteau ou une assiette à tarte	Hickory, chêne, pommier ou cerisier	Environ 1 h, en brassant 1 ou 2 fois, jusqu'à ce que le sel soit doré.
Noix (pacanes entières écalées, amandes, ou vos noix favorites)	250 g (½ lb), étendues uniformément dans un moule à gâteau ou une assiette à tarte	Hickory, chêne, pommier ou cerisier	1 h ou jusqu'à ce que les noix aient pris une teinte légèrement foncée.
Fromage (Jack, mozzarella, gouda, cheddar, ou tout autre fromage ferme)	250 g (½ lb), enveloppé dans l'étamine	Hickory, chêne, pommier ou cerisier	1 h-2 h

Le barbecue et ses secrets — édition de luxe

CUISSON SUR PLANCHE 101

Pendant plusieurs années, la cuisson sur planche a été une technique peu connue, utilisée par les restaurateurs, les pêcheurs et les fanatiques de bonne nourriture. Mais grâce à la disponibilité croissante de planches à cuisson de qualité et à la médiatisation des réseaux de télévision, des centaines de milliers de gens à travers l'Amérique du Nord ont découvert cette technique simple et délicieuse. Pour les générations qui ont connu les grils au gaz et au propane, la cuisson sur planche est une façon simple d'ajouter la saveur traditionnelle et l'arôme de la fumée du bois à la viande.

Et comme vous le verrez dans les pages qui suivent, c'est aussi une excellente façon de préparer les légumes, les fruits frais, les noix et même le fromage.

La technique de base ne peut pas être plus simple : faites tremper une planche de cèdre ou de bois de feuillus dans l'eau. Placez-la dans un gril chaud, couvert. Lorsqu'elle commence à craqueler et faire de la fumée, placez-y vos aliments, puis fermez le gril et diminuez à chaleur moyenne. Vous aurez bientôt des aliments parfaitement cuits et juteux, imprégnés d'une saveur délicieuse.

Je dois admettre qu'il y a un certain scepticisme dans quelques groupes au sujet de la cuisson sur planche. Mon ami, et depuis longtemps mon mentor, Bob Lyon, qui est correspondent pour le *National Barbecue News*, est un vrai puriste en ce qui a trait au barbecue. Il dit que la popularité de la cuisson sur planche — en Amérique, particulièrement dans la région du Nord-Ouest Pacifique où la cuisson du saumon sur planche est le menu de base des restaurants — est alimentée par de la «fausse information pour les touristes et les crédules locaux». Et une autre grande amie, critique gastronomique et reine du barbecue, Kathy Richardier dit : «C'est un gaspillage de bon bois. Le seul bois que j'utiliserais pour la cuisson des aliments, c'est un long bâton pour faire cuire les saucisses et les guimauves sur un feu de camp.»

Contrairement à mes amis grincheux, certains chefs d'arrière-cour seraient intéressés à l'idée de la cuisson sur planche, mais hésitent à utiliser des planches sur leur gril, peut-être parce qu'ils ont peur de l'inconnu et craignent les flambées et le feu. La technique peut être intimidante.

Bien, je suis ici pour défier les sceptiques et calmer les inquiétudes des grillardins conservateurs. Lorsqu'elle est faite de la bonne façon, la cuisson sur planche ne comporte aucun danger, elle est facile et agréable pour tous les grillardins d'arrière-cour. Lorsque vous essaierez les techniques de cuisson sur planche dans ce livre, je suis certain que vous en comprendrez vite la polyvalence et qu'elles vous donneront les plats les plus succulents que vous n'aurez jamais goûtés. Du saumon traditionnel sur planche avec une glaçure au whiskey et à l'érable aux poires sur planche baignées de compote de rhubarbe, il y a quelque chose pour tous les goûts et toutes les aptitudes.

⤙ SECRET POUR ⤚ LA CUISSON SUR PLANCHE

La réutiliser, oui ou non? C'est une bonne question, et la réponse facile est donnée par mon mentor Ted Reader : « Les planches ont deux usages, un sur votre gril et l'autre dans votre foyer. » Une réponse plus compliquée est que les planches peuvent être utilisées 2 à 3 fois, à la condition que vous les nettoyiez parfaitement entre chaque usage et que vous les entreposiez dans un endroit où il y a une bonne circulation d'air afin qu'elles ne moisissent pas. Les planches en bois de feuillus comme le chêne et l'érable sont les meilleures pour usage multiple, car ces bois sont très denses. Le cèdre, parce qu'il est moins dense et plus poreux, tend à se carboniser et se défaire lors du premier usage, pour cette raison, il est difficile de le réutiliser.

Les techniques de base : la cuisson sur planche simplifiée

Pourquoi faire de la cuisson sur planche tout d'abord ? Si vous voulez avoir une saveur de fumée, vous pouvez utiliser votre gril au charbon de bois ou ajouter des copeaux de bois trempés dans votre gril au gaz. Si vous voulez faire griller lentement, vous pouvez mettre vos aliments dans un fumoir ou utiliser la chaleur indirecte de votre gril en fermant le brûleur sous les aliments ou en déplaçant les briquettes de l'autre côté. Voilà, il y a certains avantages à la cuisson sur planche :

- La cuisson sur planche ajoute une délicieuse saveur sans faire de gâchis. Avez-vous déjà essayé de nettoyer une grille sur laquelle la peau de saumon a adhéré ? Avec la cuisson sur planche, les aliments ne touchent jamais à la grille. Si vous ajoutez des copeaux de bois pour donner de la saveur, vous aurez de la cendre que vous devrez enlever éventuellement. Les planches demeurent intactes durant toute la cuisson. Lorsqu'elle est terminée, vous retirez la planche et c'est tout.
- La planche donne une cuisson douce. Une planche trempée produira de la fumée, mais aussi de la vapeur, ce qui réduira la chaleur et aidera les aliments à garder leur jus. La planche isole aussi les aliments de la chaleur directe du gril, ce qui donne une cuisson plus douce et plus uniforme.
- La cuisson sur planche est spectaculaire. Elle a un aspect théâtral qui porte les grillardins d'arrière-cour (les hommes en particulier) à se mettre en valeur aux yeux de leur épouse et de leurs invités. Il y a de la fumée. Il y a des craquements comme il y en a lors d'un feu de camp. Quelques fois, il y a du feu autour de la planche, et il doit être éteint adroitement avec un vaporisateur. Et, avec le saumon sur planche, en particulier, vous avez une façon superbe de présenter et de servir le poisson, directement sur une très belle planche carbonisée.
- La cuisson sur planche est une cuisson sans gras. Je ne suis pas réellement certain que ce soit un avantage, mais pour certains, il est bon de savoir que vous n'avez pas besoin d'ajouter de l'huile ou du gras aux aliments pour en améliorer la saveur ou les empêcher d'adhérer à la grille.

Équipement pour la cuisson sur planche

Comme pour tous les passe-temps agréables, la cuisson sur planche nécessite de l'équipement dont une bonne part est déjà dans votre arsenal de cuisson sur le gril. En voici les composantes essentielles :

Planches Il y a plusieurs sortes et grandeurs de planches pour la cuisson sur le gril sur le marché aujourd'hui, et vous pouvez vous les procurer dans les magasins de fine cuisine, les supermarchés et les centres de rénovation domiciliaire. La meilleure sorte de bois pour les débutants est le cèdre, parce qu'il s'imbibe d'eau plus que les autres bois, ce qui peut empêcher les flambées. La grandeur idéale d'une planche est de 18 x 40 cm (7 x 16 po) et d'entre 0,6 et 1,5 cm (¼ à ⅝ po) d'épaisseur. Vous voulez une planche qui n'est pas trop longue pour votre gril couvert, mais assez grande pour contenir ce que vous voulez faire cuire, de façon à ce qu'il reste un peu d'espace de tous les côtés (ceci empêche la viande de carboniser au cas où il y aurait des flambées autour des bords). Les vieux, les puristes et les radins vous diront que la meilleure façon d'avoir des planches est d'aller chez votre marchand local de bois ou au centre de rénovation domiciliaire pour acheter des bardeaux de cèdre ou des planches pour clôtures (évidemment, assurez-vous qu'ils ne sont pas traités), qui peuvent être, par la suite, coupés de la longueur désirée. Quoi que vous fassiez, n'utilisez pas de bois de conifères comme le pin, l'épinette ou le sapin. Ils sont trop résineux, et leur fumée donne un mauvais goût.

Gril au charbon de bois ou au gaz couvert Presque n'importe quelle sorte de gril couvert fera l'affaire, même les petits grils portatifs. Comme avec les autres modes de cuisson au gril ou au barbecue, vous obtiendrez plus de saveur en utilisant un cuiseur au charbon de bois. Mais en Amérique du Nord, la plupart des foyers ont des grils au propane ou au gaz naturel, et eux aussi donnent de bons résultats avec une planche.

Espace La cuisson sur planche produit beaucoup de fumée, ce qui vous causera certains problèmes si votre gril est placé dans un espace restreint ou semi-fermé, comme sur un patio couvert ou sur le balcon d'un appartement. Vous devez également être assez loin de vos voisins, ou au moins à contrevent, pour ne pas fumer leur maison.

Extincteur Chaque chef devrait en avoir un dans la cuisine, et un deuxième si la cuisine est éloignée du gril. Vous n'aurez peut-être jamais à l'utiliser, mais vous le regretteriez si vous aviez à éteindre un feu sans en avoir un à la portée de la main.

Vaporisateur Je parle ici des bouteilles pour vaporiser que vous avez pour le jardin, pour les plantes d'intérieur ou pour humecter le linge avant le repassage. Vous devez en avoir une sous la main (remplie d'eau) pour éteindre les petites flambées qui sont inévitables avec ce genre de cuisson, en particulier si vous n'avez pas fait tremper votre planche longtemps avant de la mettre sur le gril.

Pinces robustes Il est préférable qu'elles soient longues. Vous les utiliserez pour placer les aliments sur la planche, mais vous pouvez aussi enlever la planche avec les aliments du gril en la prenant avec de bonnes pinces fortes (ceci seulement pour un poids léger, et pour les planches qui ne sont pas trop brûlées).

Spatules en métal La façon la plus facile et la plus sécuritaire d'enlever une planche du gril est de le faire avec deux spatules. Achetez des spatules longues et larges; vous avez ainsi plus de contrôle et vous pouvez enlever les planches qui n'ont pas été affaiblies par la carbonisation.

⤳ EST-CE QUE NON TRAITÉ ⤳ EST RÉELLEMENT NON TRAITÉ?

Lorsque je vais dans les cours à bois et que j'achète des planches non traitées pour la cuisson sur planche, j'ai toujours pensé qu'il n'y avait aucun produit chimique sur ces planches. Malgré tout, je m'assure de bien les nettoyer avant de les utiliser. Mais depuis, j'ai discuté avec des fabricants de planches à cuisson et ils m'ont dit certaines choses qui pourraient arrêter ceux qui veulent couper leurs planches eux-mêmes. Tout d'abord, certaines scieries à bois arrosent, bien entendu, tout le bois sortant de la scierie avec un produit qui empêche le bois de moisir. Qui sait si c'est bon pour votre santé? De plus, lorsque vous achetez une planche non traitée, savez-vous où et comment elle a été entreposée? Si elle a été placée sur une étagère, exposée à la pluie, avec du bois traité avec des substances empoisonnées au-dessus, est-ce que les substances chimiques ont contaminé les planches non traitées en dessous? Si cela vous ennuie, achetez toujours des planches faites pour la cuisson sur lesquelles on indique qu'elles n'ont pas été traitées et que l'étiquette indique «pour les aliments».

Grandes plaques à pâtisserie Vous pouvez transférer une planche chaude, fumante, sur une plaque ou un moule à pâtisserie pour la laisser refroidir avant de servir.

Assiette de service en acier inoxydable Quelquefois, la façon la plus simple et la plus attrayante de servir des aliments cuits sur planche est de les présenter et de les trancher sur cette planche. Mais vous avez besoin de quelque chose pour la déposer afin qu'elle ne brûle rien.

Thermomètres à viande Je vous suggère d'en acheter deux — un thermomètre à lecture instantanée, et un autre muni d'une sonde numérique. Vous pouvez enfoncer le thermomètre à lecture instantanée dans ce que vous faites cuire pour connaître la température interne en quelques secondes. Pour les coupes les plus grosses, un thermomètre à sonde vous donnera une lecture constante de la température interne de votre viande sans que vous ayez à lever le couvercle de votre gril. Certains modèles haut de gamme sont munis d'un émetteur radio et d'un dispositif à distance qui vous permettra de vérifier la température interne de votre viande d'aussi loin que 15 m (50 pi). Les bons appareils sont munis d'un système d'alarme qui vous avertira lorsque votre viande sera prête à être retirée du gril. Les thermomètres à distance de marque Maverick sont les meilleurs qu'il m'ait été donné d'essayer. Ils sont faciles à utiliser et fiables, contrairement à beaucoup d'autres marques sur le marché aujourd'hui.

Thermomètre de chambre Aujourd'hui, la plupart des grils sont munis d'un thermomètre de chambre qui donnera une lecture assez précise de la température du cuiseur. Si le vôtre n'en a pas, un thermomètre pour le four peut être utilisé. Pour une lecture précise, mettez-le sur la planche, près des aliments.

Pinceau à badigeonner en silicone Si vous n'avez pas de pinceau à badigeonner en silicone, je vous recommande d'en ajouter un à votre équipement. C'est une nette amélioration en comparaison à votre pinceau de poils de porc. Il retient plus de sauce, l'étend plus uniformément, supporte des températures très élevées et se nettoie au lave-vaisselle.

Bacs d'égouttement Lorsque vous faites la cuisson sur planche (ou que vous grillez) de grosses coupes de viande grasses, il est préférable de placer un bac d'égouttement sous la grille afin d'éviter les flambées et pour garder votre gril propre. Je trouve que les grands plateaux rectangulaires en aluminium jetables sont les meilleurs.

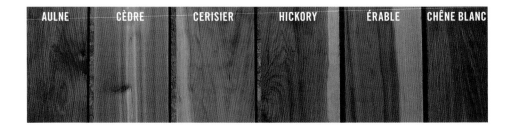

AULNE CÈDRE CERISIER HICKORY ÉRABLE CHÊNE BLANC

Types de planches courants

BOIS	SAVEURS	USAGES
Cèdre (n'utilisez que le cèdre rouge de l'ouest)	Épicée, exotique, légèrement astringente. C'est comme avoir un sauna dans votre bouche	Convient mieux aux viandes plus sucrées et au poisson comme le saumon, le porc et l'agneau, et aux fruits comme les pêches et les poires, mais essayez-le aussi avec d'autres aliments, incluant les légumes, les noix et le fromage.
Pommier, abricotier, pêcher et autres bois fruitiers	Douce, sucrée et fruitée.	Excellent pour le porc, la volaille, le gibier et les fruits de mer.
Aulne	Une saveur classique de la côte ouest. Douce, délicate, sèche avec une touche de vanille; un peu comme le chêne, mais beaucoup plus légère.	Excellent pour le saumon et les autres fruits de mer. Mais bon aussi avec presque tout.
Cerisier	Plus savoureux que les autres arbres fruitiers, le cerisier donne un goût de fumée distinct et sucré.	Idéal pour la volaille, l'agneau et le gibier.
Hickory	La saveur la plus facile à reconnaître dans tous les barbecues, le hickory est le bois de cuisson le plus polyvalent.	Excellent pour le porc, le saumon, la viande rouge, le fromage et les noix. La saveur intense évoque la cuisine traditionnelle du Sud. Tout ce qui est cuit avec le hickory devient un aliment réconfortant. Pas aussi bon avec les viandes plus délicates, le poisson ou les légumes.
Érable	Nous connaissons tous l'odeur douce et sucrée de l'érable, car il y a beaucoup de bacon fumé à l'érable.	Une saveur classique qui convient à presque tout ce que vous voulez faire cuire, mais est meilleure avec le porc et la volaille.
Prosopis	La saveur la plus soutenue de tous les bois de feuillus, c'est le goût classique du Sud-Ouest américain.	Parfait avec le porc et le bœuf, il pourrait être trop intense pour les aliments plus délicats et plus doux.
Chêne	Le goût du barbecue du Texas (spécialement le chêne rouge). Le chêne ajoute une saveur intense, sèche et légèrement astringente.	Meilleur avec le bœuf, mais va avec presque tout.
Autres bois	Vous pouvez utiliser n'importe quel bois de feuillus pour faire la cuisson sur planche, mais plus vous êtes exotique, plus le bois coûte cher (essayez d'acheter une planche de noyer et vous verrez ce que je veux dire). Apparemment, le bois de goyavier hawaïen est superbe (mais cher).	

10 étapes pour une cuisson sur planche parfaite

La cuisson sur planche est presque aussi facile que 1, 2, 3 : Faites tremper la planche, préchauffez-la sur la grille, mettez-y votre viande. C'est un peu plus que cela. Suivez ces 10 étapes simples et vous aurez une cuisson sur planche parfaite chaque fois.

⤳ SECRETS POUR ⤳ LA CUISSON SUR PLANCHE ?

Saupoudrez une couche de sel casher sur la planche juste avant d'y déposer vos aliments. Ceci empêchera les aliments d'y adhérer. Quelques experts de la cuisson à la planche recommandent de badigeonner la planche avec de l'huile à cuisson juste avant d'y mettre les aliments.

⤳ ⤳

Vous pouvez ajouter d'autres liquides à l'eau de trempage pour plus de saveur. Essayez le jus de pomme, le vin, le Jack Daniel's, le rhum ou les vinaigres aromatisés.

⤳ ⤳

Des cuves d'entreposage en plastique sont parfaites pour faire tremper les planches, mais de grands plats pour lasagnes feront aussi l'affaire.

⤳ ⤳

Entreposez vos planches dans un endroit frais, sec et bien aéré afin de prévenir les moisissures. Les planches fraîchement coupées de l'arbre doivent être empilées avec des lattes entre chacune et laissées à sécher pendant 1 an.

⤳ ⤳

Pour ajouter de la saveur, placez un lit de fines herbes fraîches sur la planche avant d'y déposer les aliments.

⤳ ⤳

Pour de très grosses pièces de viande ou une grande quantité d'aliments, vous pouvez utiliser plusieurs planches ou des lattes en bois au lieu de planches. Si vous les utilisez, déposez-les en travers du gril en laissant de l'espace entre elles pour que l'air circule. N'oubliez pas de bien les faire tremper avant.

⤳ ⤳

(suite à la page suivante)

1. *Faites tremper la planche.* Cette étape est obligatoire, à moins que vous vouliez convertir votre gril en un brasier. Idéalement, faites tremper votre planche pendant toute la nuit, mais je recommande que vous la fassiez tremper pendant au moins 1 heure avant de l'utiliser. (À la rigueur, vous pouvez vous en sauver avec seulement 1 heure de trempage, mais vous devez être très vigilant pour éteindre les flambées durant la cuisson.)

   Un trempage plus long est particulièrement important avec les bois de feuillus comme l'aulne, l'érable et le chêne, car ils sont beaucoup plus denses que le cèdre. Les planches flottent ; ainsi, vous devrez mettre un poids dessus durant le trempage. J'utilise une pierre de mon jardin, mais vous pouvez utiliser un contenant d'eau, une cruche ou un pot lourd, ou bien une brique. N'utilisez pas de boîtes de conserve, car elles rouillent.

2. *Préparez vos aliments.* Préparez tout avant d'allumer votre gril. Vous ne voulez pas que la planche soit prête et que les aliments ne le soient pas. Le temps de vous préparer et la planche sera littéralement partie en fumée.

3. *Préchauffez votre gril.* Préparez votre gril pour une chaleur directe moyenne-vive. Pour un gril au gaz, ça signifie que tous les brûleurs sont à la chaleur vive pendant environ 5 à 10 minutes. Pour un gril au charbon de bois, vous voulez une couche complète de briquettes chaudes — environ 30 briquettes. Cela demandera de 15 à 20 minutes.

4. *Retirez la planche de l'eau de trempage, rincez-la bien à l'eau courante et placez-la sur la grille de cuisson.* Dès que vous déposez la planche sur la grille, fermez immédiatement le couvercle. Si la planche a un côté doux et un côté plus rugueux, placez ce dernier vers le bas.

5. *Faites réchauffer la planche dans le gril.* Dans environ 4 ou 5 minutes, vous entendrez la planche éclater et se craqueler, puis vous verrez de la fumée sortir du four. N'attendez pas trop longtemps, car votre planche s'enflammera, spécialement sur un gril au gaz. Mais rappelez-vous que si vous n'attendez pas que la planche se craquèle et que la fumée commence à sortir, vous n'aurez pas beaucoup de saveur.

6. *Mettez vos aliments sur la planche.* Laissez une bordure d'environ 2,5 à 5 cm (1 à 2 po) autour et laissez un peu d'espace entre les pièces de viande.

7. *Diminuez immédiatement la chaleur.* Ceci s'applique principalement aux grils au gaz. Vous devriez diminuer à une chaleur moyenne ou moyenne-douce aussitôt que la planche est prête. Ceci permet aux aliments de cuire d'une façon moins intense et diminue les flambées. Vous devriez avoir une température interne de 180 à 260 °C (350 à 500 °F) dans la chambre. Je sais que c'est un grand écart, mais certains grils au gaz ne vont pas beaucoup plus bas que 260 °C (500 °F). Pour la plupart des cuissons, plus la chaleur est modérée, meilleurs sont les résultats.

8. *Surveillez votre gril de près.* Prenez soin de vaporiser de l'eau sur les flambées s'il y en a. (N'ouvrez pas le couvercle trop souvent, car l'oxygène augmentera et la planche brûlera plus vite.)

9. *Retirez les aliments et la planche du gril.* Vous pouvez le faire de 2 façons : vous pouvez enlever les aliments de la planche, puis la retirer du gril, ou retirer la planche avec les aliments dessus (c'est une belle façon de présenter le saumon).

10. *Éteignez la planche.* Assurez-vous que la planche que vous utilisez est en sécurité hors du gril. Trempez-la dans l'eau ou arrosez-la avec un boyau pour vous assurer qu'elle est complètement éteinte.

Surveillez les aliments en train de cuire sur une planche. Ne vous éloignez jamais de votre gril pendant la cuisson sur planche. Si vous voyez des tourbillons de fumée, votre planche est en train de prendre feu et vous devez y être avec votre vaporisateur. (Il est rare que ceci se produise, et c'est habituellement causé par une planche qui n'a pas assez trempé ou un gril trop chaud avec une viande trop grasse sur la planche.) Si vous êtes distrait et que votre planche est complètement en flammes, votre vaporisateur pourrait ne pas suffire. Vous aurez peut-être besoin de verser une tasse d'eau sur les côtés de la planche qui brûle pour éteindre le feu.

Toujours éteindre le feu lorsque vous retirez les aliments de la planche. Je l'ai appris d'une dure façon. Je cuisinais du saumon sur planche et il y avait 2 planches dans le gril. J'ai retiré le poisson du gril, mais, sans y penser, j'ai laissé le gril allumé, les planches toujours à l'intérieur. La chaleur du gril combinée avec des vents secs contraires a transformé le gril en une fournaise et les grilles de cuisson ont fondu. Les gouttes de métal fondu ont coulé du gril sur le support en dessous. Depuis lors, je ferme la chaleur et je retire les planches du gril !

Secrets pour la cuisson sur planche *(suite)*

Vous devez juger qu'une planche est prête par le bruit et la fumée, et non selon un temps donné. Une planche qui a bien trempé prendra plus de temps à produire de la fumée, qui donnera la saveur, qu'une planche qui n'a trempé qu'une ou deux heures. Ça signifie que la planche qui est imprégnée d'eau prendra plus de temps à chauffer avant que vous puissiez y déposer vos aliments. Écoutez les craquements et les éclats de la planche qui est prête, ou surveillez un nuage de fumée bleuâtre sortir du gril. Si vous n'attendez pas assez longtemps, vous n'aurez pas beaucoup de saveur provenant de votre planche. (Naturellement, si vous attendez trop longtemps, vous aurez un beau feu dans votre gril ; alors surveillez et écoutez, puis apprenez à mesure !)

➤ ➤

Si vous voulez réutiliser une planche, lavez-la avec du savon doux et de l'eau tiède immédiatement après usage et rincez-la bien. Lorsque la planche est sèche, sablez la surface pour ouvrir le grain, ainsi vous aurez plus de saveur la prochaine fois que vous l'utiliserez. Comme mentionné à la page 33, les planches en bois de feuillus, parce qu'elles ont un grain plus serré, sont plus faciles à réutiliser. Lavez-la aussitôt qu'elle aura refroidi et assurez-vous qu'il y a une bonne circulation d'air pendant qu'elle sèche.

GARDE-MANGER ET BOÎTE À OUTILS : CE DONT VOUS AVEZ RÉELLEMENT BESOIN

Garde-manger du chef de l'arrière-cour

➤ **PLUS DE SECRETS POUR** ➤
LA CUISSON SUR PLANCHE?

Plus longtemps vous ferez tremper votre planche, plus elle aura la chance de gondoler lorsque vous la ferez préchauffer sur le gril. La plupart du temps ça ne fait rien, et une légère courbe dans la planche peut même être attrayant pour la présentation finale. Mais dans d'autres cas, vous voulez une planche droite pour que les aliments comme les champignons, les pommes cuites ou les tomates ne roulent pas en bas. Voici deux conseils : tout d'abord, évitez une déformation de votre planche en ne la faisant tremper que pendant 1 heure, ou même moins, si vous êtes attentif et pouvez éteindre les flambées avec un vaporisateur. Ensuite, tournez simplement la planche de côté lorsqu'elle commence à gondoler, et avant qu'elle commence à brûler. La chaleur directe appliquée de l'autre côté la fera se redresser.

➤ ≺

Lorsque vous retirez la planche du gril, et après en avoir enlevé les aliments cuits, arrosez-la toujours avec de l'eau ou vaporisez-la avec le boyau jusqu'à ce que vous ne voyiez plus de fumée (à moins que vous ne vouliez servir les aliments sur la planche, dans ce cas, vous devriez attendre qu'elle ne fume plus avant de l'apporter dans la maison). Ne déposez jamais une planche fumante sur quelque chose qui peut s'enflammer ou qui peut fondre, comme une nappe de plastique.

➤ ≺

Si vous devez vous servir de 2 ou même 3 planches en même temps, assurez-vous de laisser au moins 2,5 cm (1 po) entre chacune pour permettre une bonne circulation de fumée.

➤ ≺

(suite à la page suivante)

Ceci n'est pas une liste complète de tout ce dont vous avez besoin pour le gril et le barbecue. Mais ceux-ci sont quelques-uns de mes ingrédients favoris — certains sont moins connus que d'autres — lesquels je considère essentiels pour réaliser une bonne cuisine.

Chiles, moulus Les piments séchés sont une saveur essentielle pour un bon barbecue. Utilisez-les dans tout — sauces, marinades, épices à frotter, trempettes, et sauces pour salade. Mélangez-les moitié-moitié avec du sel casher et saupoudrez le mélange sur des épis de maïs chauds et beurrés. Ajoutez-en au guacamole et à la salsa pour donner plus de saveur et un goût piquant. Assurez-vous de bien utiliser la vraie poudre qui est offerte dans les épiceries latino-américaines et dans quelques supermarchés exotiques — ne gaspillez pas votre argent en achetant de l'assaisonnement au chile mélangé. De nos jours, j'ai remarqué que le géant des épices McCormick vend de petites bouteilles de piments anchos moulus, mais elles sont très chères. Il est préférable d'aller dans les supermarchés exotiques pour en acheter de bonne qualité, mais à bon prix.

Citrons et limes N'utilisez pas de jus de citron ou de lime en bouteille. Le vrai jus est tellement meilleur! Ayez-en toujours quelques-uns de chaque sous la main pour ajouter un goût acidulé à une sauce ou une salade, pour en arroser les viandes et les légumes qui sortent du gril, ou pour mordre entre deux gorgées de tequila!

Fines herbes, séchées De nos jours, la cuisine tend à s'éloigner des fines herbes séchées pour se rapprocher de leurs contreparties fraîches, délicates et aromatiques, mais les herbes séchées de qualité (celles qui n'ont pas passé les sept dernières années dans votre armoire à épices) ajoutent une richesse et une complexité aux aliments que les fines herbes fraîches n'ont pas. J'aime souvent combiner les fines herbes fraîches avec les séchées pour créer une bonne saveur équilibrée avec un goût de fond amer et truculent, puis un éclat aromatique et vif.

Graines de cumin Les graines de cumin non séchées sont offertes partout aujourd'hui, et vous pouvez en acheter de gros sacs au rayon des épices indiennes à votre supermarché. C'est une de mes épices favorites, avec son goût léger de fumée intense, terreux, et son arôme relevé. Utilisez les grains entiers pour ajouter une texture intéressante aux plats et pour donner une explosion de saveur lorsque vous en croquez un. Pour la plupart des usages, je vous recommande de faire rôtir les grains avant de les ajouter à ce que vous faites cuire (voir faire griller page 95). Il n'y a rien de tel que l'arôme des graines de cumin fraîchement grillées moulues au moulin à épices ou à café !

Grains de poivre noir   Si vous ne l'avez pas déjà fait, jetez, s'il vous plaît, le poivre que vous avez acheté déjà moulu. Le poivre perd ses huiles aromatiques peu de temps après avoir été moulu ; ainsi, utilisez toujours des grains de poivre entiers et moulez-les à l'aide d'un moulin à poivre. Si vous en avez besoin d'une grande quantité, utilisez un moulin à épices ou à café. Utilisez du poivre finement moulu pour les épices à frotter et un grain plus grossier pour enrober les biftecks et les rôtis.

Huiles aromatisées   L'huile de noix grillées à la française, l'huile de truffe, l'huile d'olive infusée au citron et l'huile aromatisée au piment donnent beaucoup de saveur aux salades et aux marinades, ce qui ajoute une saveur distincte et différente aux repas de tous les jours. Quelques cuillérées d'huile aromatisée, un peu de citron ou de lime fraîchement pressé, une petite cuillérée de moutarde de Dijon, quelques échalotes finement émincées et une pincée de sel et de poivre font une vinaigrette vite faite qui surprendra vos invités.

Huile de cuisson   Pour vaporiser les grilles et les aliments avant la cuisson.

Huile d'olive extra vierge   Dans le barbecue traditionnel, on n'utilise pas vraiment l'huile d'olive, sauf sur les aliments grillés ; il n'y a rien comme arroser les aliments à la dernière minute avec de l'huile d'olive fruitée extra vierge, puis presser un peu de jus de citron pour relever les saveurs et améliorer la richesse de vos plats.

Ingrédients acides   Le vinaigre blanc, le vinaigre de cidre, les vinaigres de vin blanc et rouge, et le vinaigre balsamique sont des ingrédients que l'on devrait avoir. La bonne cuisine est un bon équilibre entre le salé, l'acide, l'amer, le sucré et le savoureux. Un bon barbecue ne serait pas parfait sans une touche acidulée.

Ingrédients sucrés   Le miel, le sirop d'érable, le sucre blanc, la cassonade et la mélasse ajoutent une importante dimension aux sauces, aux marinades et aux vinaigrettes.

Ketchup   Celui-ci donne aux sauces de style Kansas City leur richesse traditionnelle et une texture onctueuse et brillante.

Jalapenos en sauce adobo   Vous les trouvez partout dans les foyers latino-américains, et on les vend dans la section des aliments mexicains dans la plupart des supermarchés. Les jalapenos séchés sont reconstitués, bouillis dans une sauce aux tomates, puis mis en petites boîtes. Un ou deux jalapenos

**Plus de secrets pour
la cuisson sur planche** *(suite)*

Il y a quelques années, un lecteur m'a fait parvenir un courriel pour me donner un conseil intéressant : la prochaine fois que vous aurez à faire tremper une planche, faites-en tremper quelques-unes. Lorsqu'elles seront bien saturées, enveloppez-les dans une pellicule plastique ou dans du papier d'aluminium et mettez-les au congélateur. La prochaine fois que vous voudrez faire de la cuisson sur planche, vous aurez déjà votre planche prétrempée !

⌇⌇

Ne faites pas tout cuire sur la planche. Une partie du plaisir de la cuisson sur planche est la nouveauté. Comme mon fils a dit lorsqu'on lui a présenté une pêche particulièrement enfumée : « Tu sais papa, il n'est pas nécessaire que tout goûte le barbecue. Il existe d'autres styles de cuisson. Il est quelquefois agréable de goûter une pêche nature. » Message compris.

Outils et techniques pour le championnat

hachés ajoutent une merveilleuse saveur piquante de fumée aux sauces et aux marinades.

Moutarde   Il est essentiel, pour les viandes cuites au barbecue, que vous ayez de la moutarde préparée ordinaire, mais vous devriez avoir aussi de la moutarde de Dijon au réfrigérateur. Les moutardes aromatisées comme la moutarde au wasabi et à la lime, ou la moutarde au miel, ajoutent un petit plus aux marinades, aux mayonnaises et aux sauces à salade. Les moutardes en grain donnent un peu de texture aux sauces et aux glaçages.

Noix   J'aime garder des sacs de moitiés de pacanes, de pignons, de graines de citrouille et d'amandes en julienne au congélateur. Faites-les rapidement rôtir dans un plat à sauter ou déposez-les sur une plaque à pâtisserie sous le gril du four pendant quelques minutes, saupoudrez-les sur une salade ou un poisson grillé pour ajouter de la saveur et du croquant.

Oignon et ail déshydratés   Plusieurs chefs lèvent le nez lorsqu'il s'agit d'assaisonnements en poudre et je ne les blâme pas. Ils goûtent souvent rance et amer, spécialement s'ils ne sont pas frais. Mais l'oignon et l'ail déshydratés sont différents. Ils ont une belle texture granuleuse et riche, et un goût rôti qui ajoute une saveur intense aux aliments grillés ou cuits sur le barbecue. Dernièrement, j'ai réalisé que j'ajoutais de l'oignon déshydraté à presque tout ce que je faisais cuire pour avoir plus de saveur. Note : J'ai remarqué que de nos jours, tout ce qu'on indique comme étant poudre d'oignon et poudre d'ail sont en réalité des produits déshydratés. Le produit devrait avoir la même consistance que le sable fin de la plage.

Sauces asiatiques   Sauce soja pâle et foncée, huile de sésame rôti, sauce aux huîtres, sauce aux haricots noirs, sauce hoisin, et sauce chili à l'ail, toutes devraient faire partie de votre garde-manger. Utilisez-les dans les marinades, mélangez-les pour obtenir une sauce de finition asiatique, ajoutez de la mayonnaise à ces sauces pour obtenir une trempette pleine de saveur ou badigeonnez-en la viande lors de la cuisson.

Sels aromatisés   Le sel d'ail, le sel d'oignon, le sel de céleri et le sel aromatisé des grilladeries sont des éléments importants pour les épices à frotter du barbecue.

Sel casher   S'il vous plaît, jetez tout le sel iodé bon marché que vous avez, car il est trop poudreux et il a un arrière-goût chimique qui provient de l'iode que l'on a ajouté pour empêcher le goitre. Ayez confiance en moi. Vous n'aurez pas le goitre (une enflure causée par une déficience en iode). Je suis certain que nous avons tout l'iode nécessaire du sel contenu dans

➤ CHILE MOULU, LA BASE ➤

L'assaisonnement au chile acheté a bon goût si vous ne connaissez pas mieux. Lorsque vous aurez utilisé le véritable chile moulu, vous ne retournerez jamais à la poudre achetée contenant des piments séchés moulus, mais qui habituellement contient aussi du sel de table et d'autres épices comme l'origan et le cumin. Il vaut la peine de trouver une épicerie spécialisée en produits latino-américains qui vend une sélection de vrais chiles moulus. J'aime utiliser un mélange de différents chiles moulus pour mes assaisonnements. Voici mes favoris :

Le *guagillo* est un piment fort contenant du tannin et est très piquant.

Le *paprika* est un piment rouge sucré, d'une saveur agréablement douce et d'un beau rouge. Le *paprika fumé*, le cousin européen de la poudre de jalapeno est l'épice signature du plat traditionnel espagnol de riz que l'on appelle paëlla, mais est également un très bon ingrédient pour un assaisonnement pour le barbecue.

Le *piment ancho*, le plus doux et le plus sucré des piments séchés d'un riche brun rougeâtre prononcé, et avec une saveur douce et fruitée contenant des notes de café, de raisin et de tabac.

Le *piment de Cayenne*, le condiment relevé omniprésent dans plusieurs styles de cuisson est fort et acide, ce qui ajoute un goût excitant sous-jacent à presque tous les aliments.

Le *piment jalapeno*, un piment très savoureux qui est fait de jalapenos séchés et fumés, contient des notes de tabac et de chocolat et est très piquant. Les *piments du Nouveau-Mexique* ont une saveur classique douce et truculente et une bonne chaleur éclatante.

Le *piment pasilla* a une saveur soutenue de fines herbes.

les aliments préparés que nous mangeons. De nos jours, vous pouvez acheter du sel casher dans la plupart des boutiques spécialisées ou dans plusieurs supermarchés. Assurez-vous d'acheter une marque comme Diamond Crystal — certains sels casher sont très grossiers et sont utilisés principalement pour le saumurage. Le sel casher dont je parle a un grain un peu plus gros que le sel de table régulier, ce qui lui donne une texture légèrement croquante lorsqu'il est saupoudré sur les aliments juste avant de les servir. Le sel casher a une saveur un peu moins salée et plus étoffée. Si vous êtes un peu plus raffiné, vous pouvez utiliser le sel Maldon d'Angleterre, qui est d'un beau blanc cristallin ou la fleur de sel minérale de France pour saupoudrer sur les aliments juste avant de les servir.

Équipement pour barbecue

Si vous voulez faire du vrai barbecue voici la liste des équipements que vous devez avoir :

Allumettes Il n'y a rien de pire que de manquer d'allumettes. Gardez toujours à la portée une boite d'allumettes en bois et cachez-en une autre.

Allumoir Même si certains de mes coéquipiers n'ont aucun problème avec l'odeur de l'allumoir liquide, je préfère ceux qui ne contiennent aucun produit chimique comme les bâtons de feutre imprégnés de cire. Je les utilise dans le fond de la cheminée au charbon de bois au lieu du papier journal, car ils génèrent beaucoup moins de fumée.

Cheminée à charbon de bois C'est une composante essentielle de tout barbecue au charbon de bois. (N'achetez pas le style de cheminée qui laisse tomber automatiquement le charbon de bois dès que vous la soulevez. Il est trop facile d'oublier ce mécanisme, et vous pourriez allumer vos briquettes au mauvais endroit ; lorsque vous essayerez de les changer de place, les briquettes tomberont et vous devrez utiliser des pinces pour les remettre en place.)

Ciseaux à volaille Toujours utiles pour couper le poulet et le canard

Couteau à découper Ayez un long couteau de chef, avec une bonne poignée. Plusieurs compétiteurs utilisent un très long couteau à jambon pour découper leurs viandes devant les juges.

Couteau à filets La lame courte et flexible aide à enlever plus facilement la poitrine de poulet de l'os et aide également à dégraisser les pointes de poitrine et les socs de porc.

Gants de cuisinier Au moins deux paires — une vieille paire pour tourner les grilles graisseuses et pour lever les plus grosses pièces, et une autre plus neuve pour retirer les hors-d'œuvre et les accompagnements du gril.

Grattoir pour grille   Très utile pour nettoyer rapidement et facilement ce qui reste de votre dernière utilisation sur la grille. Je préfère les brosses en métal, mais celles qui sont munies d'un style de tampon à récurer peuvent aussi bien nettoyer.

Moulin à épices   Les épices fraîchement moulues, en particulier le poivre noir et le cumin, sont tellement meilleures que les épices achetées en pot. Un moulin à café est parfait.

Pinceaux pour badigeonner   Les pinceaux munis de soies naturelles travaillent beaucoup mieux que les pinceaux que nous pouvons acheter dans les épiceries. Ces dernières années, le prix des pinceaux en silicone a diminué, et c'est ce que j'aime utiliser pour tous les badigeonnages. Ils sont parfaits, car ils retiennent beaucoup de sauce et peuvent être mis au lave-vaisselle. Vous en aurez besoin de plusieurs tailles.

Pinces   Vous avez besoin d'une bonne paire de pinces pour la cuisson — celles qui sont munies de poignées douces en caoutchouc et d'un jeu élastique souple — et d'une autre paire plus vieille (n'importe quelle, pourvu qu'elles soient longues) pour manipuler les briquettes et bouger les grilles.

Planches à découper   Vous en aurez besoin d'au moins deux à la maison — une grande pour découper et une autre, plus petite, avec une poignée, pour hacher les plus petits aliments. En compétition, il est préférable d'en avoir 4 ou 5 de différentes tailles.

Sacs en plastique refermables   Utilisez-les pour mariner, entreposer et manipuler les aliments. Ayez toujours les plus grands sacs épais pour le congélateur. Vous devriez avoir différentes grandeurs de sacs à votre portée, en tout temps.

Spatule   Cet équipement est essentiel pour tourner les hamburgers et retirer de la grille tout ce qui est fragile comme les filets de poisson. Plus la spatule est grande, mieux c'est, et vous devriez probablement en avoir deux pour retirer de la grille les planches et les grosses pièces de poisson en un morceau.

Support pour côtes   Ces supports en fil de fer sont extrêmement pratiques si vous voulez faire cuire 3 ou 4 carrés de côtes.

Thermomètres   Vous en avez besoin de deux sortes :

- Un thermomètre pour barbecue mesure la température à l'intérieur de la chambre de votre gril couvert, du fumoir à l'eau ou du barbecue. Ces appareils mesurent normalement de 60 à 315 °C (140 à 600 °F). C'est un outil essentiel qui peut être très simple, pour le barbecue dans l'arrière-cour, ou de style industriel, utilisé par les grillardins et les compétiteurs de barbecue. Plus le thermomètre sera gros et cher, plus il sera fiable — et il intimidera vos adversaires.

- Le thermomètre à lecture instantanée pour la viande, de préférence un thermomètre numérique, est un outil extrêmement important pour vérifier la cuisson de votre viande. Les thermomètres numériques sont plus fiables que les thermomètres analogiques, ces derniers étant également plus fragiles.

Liste améliorée des équipements

Une liste pour participants enthousiastes et intransigeants aux compétitions :

Affûteur à couteaux   Après l'Alka-Seltzer, un couteau bien aiguisé est le meilleur ami d'un chef. Je possède un ensemble à affûter les couteaux avec 5 différents grains de pierre à huile. Vous devriez également avoir un équipement pour affûter et rendre vos lames de couteau comme une lame de rasoir avant de les utiliser.

Alka-Seltzer   Rien de plus à dire.

Bear paws (pattes d'ours)   Un outil spécialisé pour déchiqueter le porc, offert dans les magasins spécialisés pour barbecue et sur Internet sur les sites comme www.bulkbbq.com, www.barbecue-store.com et www.hawgeyesbbq.com (sites en anglais seulement).

Chaises de jardin portatives   Pour jouer aux cartes et faire une sieste.

Distributeur portatif de papier essuie-tout   Avec des gants de vinyle, ce dispositif est essentiel pour une bonne hygiène et pour sauver du temps.

Gants de cuisinier de silicone résistants à la chaleur   Si vous pouvez vous le permettre, ces gants de la dernière technologie peuvent supporter une chaleur jusqu'à 315 °C (600 °F). Ils sont beaux aussi.

Gants de vinyle   Gardez toujours une boîte de ces gants de vinyle jetables à la portée de la main. Ils sont très pratiques en compétition et assurent une bonne hygiène lorsque vous manipulez de la viande crue.

Glacières   Tout le monde en a une à la maison, mais pour les compétitions, vous en aurez besoin d'au moins quatre : une pour la viande crue, une pour la bière et le vin, une pour la laitue, le persil, le beurre et les autres aliments, et une pour garder au chaud les pointes de poitrine et le soc de porc pendant qu'ils reposent, avant de les trancher et de les remettre aux juges.

Lampe baladeuse   Utile pour illuminer l'équipement de barbecue et les parties de cartes au milieu de la nuit.

Lampe de poche   Un équipement utile le soir pour vérifier les briquettes, pour ajouter de l'eau dans le bac et pour trouver l'ouvre-bouteille. Si vous voulez avoir le style d'un fanatique du barbecue, achetez-vous une lampe de poche pour spéléologue, celle qui s'attache autour de la tête.

Piles additionnelles   Ayez-en sous la main au cas où votre thermomètre numérique ou votre lampe de poche ne fonctionneraient plus.

LA CUISSON SUR GRIL, ⤙ SUR PLANCHE ET SUR ⤚ BARBECUE À L'INTÉRIEUR

Ainsi, vous vivez dans un appartement qui ne permet pas de faire de la cuisson sur gril, au gaz ou au charbon de bois sur votre balcon. Ou bien, vous n'avez pas de balcon. Et bien, vous pouvez toujours faire de la cuisson sur gril, sur planche ou sur le barbecue dans votre cuisine. Pour environ 100 $, vous pouvez acheter un gril électrique ou vous pouvez utiliser une poêle à fond cannelé sur le dessus de la cuisinière. Pour la cuisson sur planche à l'intérieur, faites tremper votre planche comme à l'habitude, préchauffez votre four et placez votre planche sur une tôle à biscuits. Vous n'aurez pas autant de fumée, ce qui est une bonne chose lorsque vous êtes à l'intérieur, mais vous aurez quand même une bonne saveur. Surveillez de près, et ayez un vaporisateur à la portée de la main. Vous pouvez même donner une saveur de vrai barbecue à une petite pièce de viande en mettant des copeaux de bois de feuillus dans le fond d'un wok et en déposant la viande sur une grille en métal au-dessus des copeaux. Fermez le wok et faites-le chauffer jusqu'à ce qu'il y ait un peu de fumée qui en sorte, et voilà. (Assurez-vous de faire cette cuisson dans une cuisine très bien aérée avec un ventilateur au-dessus de la cuisinière et un extincteur tout près.) L'idée est que vous pouvez importer votre passion pour la cuisine en plein air à l'intérieur, avec un peu d'expérience et beaucoup de conscience pour la sécurité.

Planche de cribbage et cartes   Ce duo, spécialement accompagné de Jack Daniel's et de Coca-Cola, est le meilleur ami du compétiteur de barbecue. C'est un excellent passe-temps entre l'arrosage de vos viandes et la vérification de vos briquettes.

Pompe ou seringue pour saumure   Plusieurs champions de barbecue, particulièrement pour le porc, injectent un mélange de jus de fruit, de sel et d'assaisonnements dans la viande pour en améliorer la saveur. Vous pouvez le faire dans des petits rôtis avec une seringue pour la cuisson ou, si vous voulez injecter un porc entier, vous aurez besoin d'une pompe, qui ressemble à une aiguille pour piquer les chevaux attachée à une pompe à bicyclette. Mon équipe ne le fait pas, mais si vous le voulez, procurez-vous une seringue et essayez-la.

Ruban adhésif entoilé, cordon de serrage, pinces, ciseaux, fil de fer, sandow et épingles de sûreté   On ne sait jamais.

Sonde à viande numérique à lecture à distance   Les compétiteurs de barbecue essaient toujours d'avoir un avantage concurrentiel et cherchent toujours des façons de dépenser de l'argent pour les gadgets de haute technologie. Un de ceux qui a le plus de style tout en étant utile est un thermomètre numérique muni d'une unité centrale qui se branche sur une ou deux sondes. Ces dernières sont insérées dans les parties les plus épaisses de la viande et vous donnent en tout temps la lecture de la température interne. C'est une bénédiction, car lorsque vous piquez la viande avec un thermomètre à lecture instantanée et que vous le retirez, vous créez un trou par lequel les précieux jus s'échappent. Les appareils à sonde n'ont pas ce désavantage, car le thermomètre reste en place dans la viande tout au long de la cuisson.

Table à cartes   Voir *Planche de cribbage et cartes*.

Tables pour la préparation   Mon équipe aime utiliser les traditionnelles tables pliantes de 1,8 m (6 pi) que vous pouvez acheter dans la plupart des centres de quincailleries/rénovation domiciliaire. Elles peuvent se lever à la hauteur d'un comptoir (voir Secret pour le barbecue, dans cette page).

Tente de style pavillon de jardin   Celle-ci vous protégera du soleil et de la pluie. Il pleut presque aussi souvent durant les compétitions de barbecue que votre pain tombe par terre sur le côté ayant du beurre d'arachide.

Vieille couverture   Pour envelopper les socs et les pointes de poitrine de porc, car leur temps de repos est très long.

Whiskey du Tennessee   Voir *Planche de cribbage et cartes*.

Explosion de saveurs : épices à frotter, marinades, sauces, salsas et tartinades

IL Y A DES PURISTES QUI CROIENT que le vrai barbecue ne devrait être aromatisé que par la fumée du bois sur lequel il a cuit. Même s'il est facile de masquer le goût de la viande cuite sur le gril ou le barbecue, il est aussi possible de porter ce que vous faites cuire à un autre niveau avec le bon choix d'épices à frotter, de sauces ou d'autres préparations magiques.

Pensez à la section suivante de ce livre comme étant une trousse comestible pour les cuisiniers du plein air, et le point de départ pour vos propres créations. De la saveur fondamentale d'un grand mélange d'épices à frotter ou d'une marinade à la touche finale d'une excellente salsa ou d'une mayonnaise piquante, vous avez un grand choix pour améliorer votre expérience culinaire. Et si vous faites des préparations à l'avance — quelques différents mélanges d'épices à frotter dans votre armoire, quelques beurres aromatisés au congélateur, une ou deux bouteilles de sauce au réfrigérateur —, vous serez prêt pour préparer en vitesse un excellent repas sur le gril ou un festin sur le barbecue en un tournemain.

MÉLANGE D'ÉPICES À FROTTER POUR
LE CHAMPIONNAT DE BARBECUE
(ALIAS LE MÉLANGE D'ÉPICES À FROTTER DE BOB)

DONNE ENVIRON 750 ML (3 TASSES)

~ LES RECETTES QUI ~ DEMANDENT CE MÉLANGE D'ÉPICES À FROTTER

Hamburger de bœuf farci au beurre aux fines herbes avec oignons caramélisés (page 159)/ Côtes levées trompe-l'œil (page 181)/Vraies côtes levées au barbecue (page 183)/La reine du barbecue : la pointe de poitrine de bœuf (page 259)/Huîtres fumées (page 339)

SECRETS POUR LE ~ BARBECUE ~

La haute teneur en sucre du mélange d'épices à frotter pour le barbecue convient aux températures douces dont le barbecue traditionnel a besoin pour obtenir une couleur d'acajou riche et foncé. Mais pour le gril, un mélange d'épices à frotter sucré aura tendance à faire carboniser la viande trop rapidement. Lorsque vous faites cuire à température directe, utilisez un mélange d'épices à frotter avec très peu ou pas du tout de sucre.

~ ~

S'il y a un facteur en particulier qui peut influencer le goût du barbecue, c'est bien le mélange d'épices à frotter. Chaque compétiteur ou compétitrice de barbecue a sa recette secrète, mais presque chaque mélange d'épices à frotter pour le barbecue contient trois ingrédients essentiels : le sel, le sucre et les épices, normalement composées en grande partie d'oignon, d'ail et de saveurs de piments.

~ ~

Le mélange d'épices à frotter idéal pour le barbecue devrait être équilibrée avec un mélange de saveurs riches qui éclatent dans votre bouche, comme si vous mordiez dans une tomate cerise mûre. Et il devrait y avoir
(suite à la page suivante)

Les Butt Shredders l'appellent Le mélange d'épices à frotter de Bob, et c'est ce que nous utilisons lors des compétitions. Bob Lyon, le grand-père du barbecue dans la région Nord-Ouest Pacifique, nous a fait partager ceci, lors d'un atelier sur le barbecue, durant lequel il m'a fait connaître les joies du vrai barbecue et m'a encouragé à devenir un compétiteur de barbecue. En règle générale, il faut se rappeler le plus important : « un tiers, un tiers, un tiers ». Ce qui veut dire : un tiers de sucre, un tiers de sel assaisonné, un tiers de fines herbes et d'épices séchées.

250 ml (1 tasse) de sucre
75 ml ($\frac{1}{3}$ tasse) d'assaisonnement au chile (utiliser un mélange commercial, ou pour une touche un peu différente, essayer un mélange de vrais piments moulus, comme l'ancho, le poblano, le piment du Nouveau-Mexique ou le guajillo)
75 ml ($\frac{1}{3}$ tasse) de poivre noir moulu
75 ml ($\frac{1}{3}$ tasse) de paprika
50 ml ($\frac{1}{4}$ tasse) de sel de céleri
50 ml ($\frac{1}{4}$ tasse) de sel d'ail
50 ml ($\frac{1}{4}$ tasse) de sel d'oignon
50 ml ($\frac{1}{4}$ tasse) de sel assaisonné

Dans un grand bol, combiner tous les ingrédients et bien mélanger.

Mettre autant de piquant que désiré à ce mélange d'épices à frotter traditionnel en ajoutant du poivre de Cayenne, de paprika fort ou de la poudre de piment jalapeno. Puis, ajouter 2 ou 3 épices moulues au goût, qui vont avec ce que vous cuisinez ou selon votre goût personnel, comme le thym, l'origan, le cumin, la sauge, le gingembre, etc. N'ajouter que 5 à 15 ml (1 à 3 c. à thé) de chaque épice pour ne pas masquer le goût de votre mélange d'épices à frotter.

MÉLANGE D'ÉPICES À FROTTER TEXAN

DONNE ENVIRON 500 ML (2 TASSES)

Tout le monde a un ami d'un ami d'un ami qui connaît quelqu'un au Texas qui a une excellente recette de mélange d'épices à frotter. Celle-ci me vient d'un des Butt Shredders et fanatique du barbecue, Ian «Big Daddy» Baird. Le piment de Cayenne donne une intéressante touche piquante. Utilisez ce mélange d'épices à frotter comme passe-partout, mais il est parfait avec les pointes de poitrine (voir La reine du barbecue : la pointe de poitrine de bœuf, page 259).

175 ml (¾ tasse) de paprika

50 ml (¼ tasse) de sel casher

50 ml (¼ tasse) de sucre

50 ml (¼ tasse) de poivre noir moulu

50 ml (¼ tasse) d'assaisonnement au chile

25 ml (2 c. à soupe) de poudre d'ail

25 ml (2 c. à soupe) de poudre d'oignon

15 ml (1 c. à soupe) de piment de Cayenne (ou au goût)

Combiner tous les ingrédients dans un bol et bien mélanger.

LE MÉLANGE D'ÉPICES À FROTTER POUR GRIL DE ROCKIN' RONNIE

DONNE ENVIRON 250 ML (1 TASSE)

J'aime utiliser cette combinaison d'assaisonnements pour la cuisson au gril de tous les jours.

50 ml (¼ tasse) de sel casher

25 ml (2 c. à soupe) d'oignon déshydraté

25 ml (2 c. à soupe) de graines de cumin rôties et moulues

25 ml (2 c. à soupe) de poudre de piment ancho

15 ml (1 c. à soupe) d'origan moulu

15 ml (1 c. à soupe) d'ail déshydraté

5 ml (1 c. à thé) de poivre noir moulu

5 ml (1 c. à thé) de poudre de piment jalapeno ou de piment de Cayenne

5 ml (1 c. à thé) de persil séché

Combiner tous les ingrédients dans un bol et bien mélanger.

Secrets pour le barbecue *(suite)*

un arrière-goût, comme un bon porto ou un scotch qui persiste dans votre bouche et résonne comme un diapason.

➤ ➤

Un bon mélange d'épices à frotter devrait avoir du piquant, avec une pointe aigüe au début, puis une longue et douce sensation de chaleur satisfaisante qui subsiste dans la bouche, vous incitant à en vouloir encore plus.

➤ ➤

Plus le mélange est fait longtemps à l'avance, plus riche et équilibrée sera la saveur. Essayez de faire le mélange d'épices à frotter au moins quelques jours avant de l'utiliser. Vous pouvez conserver les mélanges d'épices à frotter pendant au moins 6 mois s'ils sont dans un contenant hermétique et conservés au garde-manger.

➤ ➤

Pour mettre votre touche personnelle à votre mélange d'épices à frotter, ajoutez du gingembre en poudre et une poudre chinoise cinq-épices et vous aurez un goût asiatique ; pour obtenir une saveur du Sud-Ouest, ajoutez du cumin, de l'origan séché et des graines de coriandre ; de la sauge en poudre pour relever le porc ; ou pour un goût européen, du piment de la Jamaïque, de la muscade et du clou de girofle. Il est préférable de ne pas ajouter plus de trois épices ou fines herbes à un mélange d'épices à frotter classique pour cuisson sur barbecue ; ce serait beaucoup trop et ce ne serait pas une vraie saveur.

Explosion de saveurs : épices à frotter, marinades, sauces, salsas et tartinades

MÉLANGE D'ÉPICES À FROTTER
MÉDITERRANÉEN AUX FINES HERBES SÉCHÉES

DONNE ENVIRON 50 ML (¼ TASSE), SUFFISAMMENT POUR ENROBER PLUSIEURS CARRÉS D'AGNEAU, UN GIGOT D'AGNEAU ENTIER OU UN RÔTI DE PORC

MÉLANGE D'ÉPICES À ⤳ FROTTER RÉTRO ⤳ DES ANNÉES 60

Durant les années 50, le Culinary Arts Institute de Chicago a publié *The Master Chef's Outdoor Gril Cookbook*, qui contenait des recettes « délicieuses » comme la Viande hachée dans la sauce barbecue, le Bifteck au bacon, et ma favorite, le Roulé de Bologne barbecue (« Rapide et facile. Pas cher. Vraiment bon ! »). Voici le mélange d'épices à frotter au barbecue pour les biftecks cuits sur charbon de bois qui paraît dans ce livre.

15 ml (1 c. à soupe) de sel
10 ml (2 c. à thé) de glutamate de sodium
1 ml (¼ c. à thé) de poivre noir fraîchement moulu

Wow, ils en ont mis du poivre ! Si ce n'est pas une contrainte, je ne sais pas ce que c'est. En effet, c'était le bon temps.

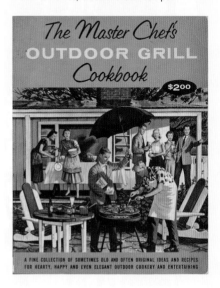

De nos jours, ceux qui aiment bien manger tendent à s'éloigner des fines herbes séchées pour favoriser les fraîches qui sont offertes un peu partout. Nous avons tendance à associer aux fines herbes séchées de mauvaises saveurs qui manquent de fraîcheur, probablement parce que nous les utilisons rarement et qu'elles sont dans notre armoire à épices depuis trop longtemps. Lorsqu'elles sont utilisées durant les quelques mois suivant leur achat, les fines herbes séchées peuvent ajouter une merveilleuse truculence et une complexité aux aliments grillés, ce que les fines herbes fraîches ne feraient pas. En réalité, la grande chaleur du gril détruit souvent les saveurs délicates des fines herbes fraîches. Dans la plupart des cas, les fines herbes fraîches, autres que les fortes épices, le romarin et la sauge, ne doivent être utilisées qu'après que la viande ait été retirée du gril ; les hacher finement pour les saupoudrer afin d'ajouter de la couleur et de l'arôme. Utilisez ce mélange d'épices à frotter sur la viande comme le poulet et le porc, mais il se prête bien à la cuisson des légumes grillés. Vous n'avez qu'à enrober les légumes avec de l'huile et à les saupoudrer avec le mélange d'épices à frotter et du sel casher.

15 ml (1 c. à soupe) d'origan séché (non moulu)
15 ml (1 c. à soupe) de menthe séchée

15 ml (1 c. à soupe) de basilic séché
15 ml (1 c. à soupe) de romarin séché
5 ml (1 c. à thé) de persil séché

Combiner tous les ingrédients dans un bol et bien mélanger.

MÉLANGE D'ÉPICES À FROTTER À LA JAMAÏCAINE

DONNE ENVIRON 160 ML (⅔ TASSE)

Le mélange d'épices à frotter à la jamaïcaine classique est fait de marinade liquide et est long à préparer, et demande encore plus de temps pour faire mariner la viande. Ce mélange donne au poulet, au porc ou au vivaneau — ou à tout autre aliment — une saveur traditionnelle jamaïcaine sans prétention.

25 ml (2 c. à soupe) d'oignon déshydraté

25 ml (2 c. à soupe) de flocons d'oignons séchés (les flocons ne doivent pas être trop gros)

22 ml (1½ c. à soupe) de ciboulette séchée

15 ml (1 c. à soupe) de thym moulu

15 ml (1 c. à soupe) de sel casher

15 ml (1 c. à soupe) de sucre

10 ml (2 c. à thé) de piment de la Jamaïque moulu

10 ml (2 c. à thé) de poivre noir fraîchement moulu

10 ml (2 c. à thé) de piment de Cayenne ou de poudre de piment jalapeno

2 ml (½ c. à thé) de muscade fraîchement râpée

2 ml (½ c. à thé) de cannelle moulue

Combiner tous les ingrédients dans un bol et bien mélanger.

NOTE : Doubler ou quadrupler cette recette pour en avoir sous la main. Il est très facile d'obtenir une merveilleuse marinade à la jamaïcaine en passant rapidement au robot culinaire 125 ml (½ tasse) de cette recette auquelle on aura ajouté un peu d'huile de cuisson, un piment habanero haché, un oignon haché et quelques oignons verts hachés.

MÉLANGE D'ÉPICES À FROTTER CAJUN

DONNE ENVIRON 125 ML (½ TASSE)

Ce délicieux mélange d'épices à frotter universel pour la cuisson sur gril ou pour noircir les viandes met en valeur les saveurs traditionnelles de la cuisine cajun.

25 ml (2 c. à soupe) de paprika doux

15 ml (1 c. à soupe) de sel casher

15 ml (1 c. à soupe) d'ail déshydraté

15 ml (1 c. à soupe) d'oignon déshydraté

15 ml (1 c. à soupe) de piment de Cayenne

15 ml (1 c. à soupe) de poivre noir fraîchement moulu

15 ml (1 c. à soupe) de poivre blanc moulu

7 ml (1½ c. à thé) d'origan séché

7 ml (1½ c. à thé) de thym séché

Combiner tous les ingrédients dans un bol et bien mélanger.

MARINADE MÉDITERRANÉENNE

DONNE ENVIRON 250 ML (1 TASSE), SUFFISAMMENT POUR QUELQUES CARRÉS D'AGNEAU, 4 POITRINES DE POULET OU 8 CUISSES DE POULET

Ne laissez pas les anchois vous effrayer. Ils ajoutent une saveur intense merveilleuse, et le résultat n'a pas du tout le goût du poisson.

125 ml (½ tasse) d'huile d'olive extra vierge	15 ml (1 c. à soupe) de basilic frais haché
15 ml (1 c. à soupe) de moutarde de Dijon	15 ml (1 c. à soupe) de menthe fraîche hachée
15 ml (1 c. à soupe) de pâte d'olive ou 6 olives Kalamata, dénoyautées et hachées	15 ml (1 c. à soupe) de Mélange d'épices à frotter méditerranéen aux fines herbes séchées (voir page 52)
1 filet d'anchois	25 ml (2 c. à soupe) de jus de citron frais
15 ml (1 c. à soupe) de romarin frais, haché grossièrement	15 ml (1 c. à soupe) vinaigre balsamique

Combiner tous les ingrédients dans un robot culinaire et battre jusqu'à ce qu'ils soient mélangés, mais pas totalement en purée.

MARINADE POUR PORC

DONNE ENVIRON 175 ML (¾ TASSE), SUFFISAMMENT POUR 1 KG (2 LB) DE CÔTELETTES DE PORC OU DE FILETS ENTIERS

Le porc est bon quelle que soit la façon dont vous le préparez, mais cette marinade douce et aromatique contrebalance son intensité et lui donne une touche exotique.

50 ml (¼ tasse) de sauce soja	5 ml (1 c. à thé) de sel casher
25 ml (2 c. à soupe) de xérès sec	2 ml (½ c. à thé) de graines d'anis broyées
25 ml (2 c. à soupe) de miel	2 ml (½ c. à thé) de cannelle moulue
25 ml (2 c. à soupe) de cassonade	0,5 ml (⅛ c. à thé) de clous de girofle moulus
15 ml (1 c. à soupe) de gingembre frais, râpé	

Dans une casserole, combiner tous les ingrédients et les faire chauffer à feu doux jusqu'à ce que le sucre soit dissout. Laisser refroidir le mélange avant de faire mariner la viande pendant au moins 1 heure, ou toute la nuit au réfrigérateur pour une saveur plus intense.

MÉLANGE LIQUIDE D'ÉPICES À FROTTER
AUX FINES HERBES

DONNE ENVIRON 500 ML (2 TASSES)

C'est un croisement entre une marinade et une pâte. Il est merveilleux avec n'importe quelle viande. Éclaircissez-le avec un peu plus d'huile d'olive, et vous pouvez y tremper les légumes avant de les faire rôtir sur le gril. Il est même délicieux mélangé avec des pâtes fraîchement cuites!

500 ml (2 tasses) de fines herbes fraîches, hachées*

15 ml (1 c. à soupe) de ciboulette hachée

6 gousses d'ail, pelées

1 échalote, pelée et hachée grossièrement

5 ml (1 c. à thé) de moutarde de Dijon

5 ml (1 c. à thé) de sel casher

250 ml (1 tasse) d'huile**

* Utiliser des quantités égales de persil italien, de menthe, de basilic, de coriandre, de petits cornichons à l'aneth, de sauge ou toute combinaison qui ira avec ce que vous voulez faire griller.

** Utiliser de l'huile d'olive extra vierge si vous voulez un goût méditerranéen ou une huile de saveur neutre comme l'huile de Canola si vous cuisinez au style du Sud-Ouest ou à l'asiatique.

Combiner tous les ingrédients, sauf l'huile, dans un robot culinaire et battre jusqu'à ce que le tout soit finement haché. Garder le robot culinaire en marche et ajouter lentement l'huile, jusqu'à ce que le mélange ait la consistance d'une pâte (ou d'une très épaisse marinade). Enrober ce que vous faites cuire avec le mélange et laisser reposer au réfrigérateur pendant 30 minutes à 1 heure pour les légumes et les fruits de mer, et pendant 2 heures ou toute la nuit pour la viande.

Ce mélange ne se conserve pas bien, alors le préparer pour utilisation immédiate.

SECRET POUR LE
BARBECUE

Un des plus grands défis lors d'un championnat de barbecue est de trouver une façon de faire cuire le poulet pour que la peau ne devienne pas caoutchouteuse. Sur le gril, particulièrement avec la chaleur directe, la peau du poulet devient bien croustillante, mais à température douce dans la chambre d'un fumoir ou dans un barbecue, vous risquez grandement d'avoir une peau dure et immangeable. Voici ce que certains compétiteurs font pour avoir une peau de poulet qui fond dans la bouche des juges. Le secret est que l'acidité de la marinade assouplit la peau. Faites mariner le poulet pendant toute la nuit dans une vinaigrette que vous aurez faite, ou dans une bonne vieille vinaigrette italienne en bouteille, ou encore dans le yogourt nature ou assaisonné. Asséchez le poulet avec des essuie-tout et enrobez-le de moutarde et d'un mélange d'épices à frotter, et voilà. Comme cette dernière précaution a pour but d'éviter le syndrome de la peau caoutchouteuse, badigeonnez souvent le poulet pour garder la peau humide durant la cuisson.

SAUMURE À L'ASIATIQUE
POUR LA VOLAILLE

DONNE ENVIRON 1 L (4 TASSES), SUFFISAMMENT POUR 2 POULETS
COUPÉS OU 1 DOUZAINE DE CUISSES

SECRET POUR LE
⤳ BARBECUE ⤳

Plusieurs pensent que faire mariner la viande la rend plus tendre, et après plus de 30 ans d'expérience dans la cuisson sur gril, je ne crois pas que ce soit vrai. Selon mon expérience, la marinade ne pénètre que de 0,3 cm (⅛ po) dans la viande, même si elle trempe pendant toute la nuit. C'est assez profond pour ajouter à la saveur, mais vraiment pas suffisant pour affecter la tendreté de la viande. (Les saumures, qui contiennent beaucoup de sel, peuvent traverser une pièce de viande ou un poisson qui y trempe longtemps, mais même celle-ci ne semble pas affecter la texture des aliments autrement que de les rendre un peu plus fermes et denses.)

La haute teneur en sel en fait plus une saumure qu'une marinade, et mon équipe l'a utilisée souvent avec succès en compétition. Elle donne au poulet un bon goût salé et une saveur asiatique riche et complexe. J'y laisse mariner le canard pendant toute la nuit ; pour un poulet avec un goût un peu plus doux, vous n'aurez besoin que de 2 heures. Épongez l'excès d'humidité de la viande après l'avoir retirée de la marinade et utilisez un mélange d'épices à frotter pour barbecue accentué avec des saveurs asiatiques, comme le gingembre en poudre et la poudre chinoise cinq-épices. Faites-la cuire sur le gril ou au barbecue, comme vous l'aimez, et terminez en l'arrosant avec votre sauce barbecue favorite.

375 ml (1½ tasse) d'eau

250 ml (1 tasse) de sauce soja

125 ml (½ tasse) de xérès ou de vermouth

125 ml (½ tasse) de jus de pomme ou d'ananas

50 ml (¼ tasse) de cassonade

50 ml (¼ tasse) de gros sel

25 ml (2 c. à soupe) de gingembre frais, râpé

5 ml (1 c. à thé) d'huile de sésame

2 gousses d'ail, pressées ou écrasées

1 échalote, émincée

1 oignon moyen, tranché finement

1 pincée de clous de girofle moulus

1 pincée de poudre chinoise cinq-épices

Combiner tous les ingrédients dans un bol et brasser jusqu'à ce que le sel et la cassonade soient dissouts.

TREMPETTE TRÈS SUBSTANTIELLE
DE RON
(avec mes remerciements au baron du barbecue, Paul Kirk)

DONNE ENVIRON 1,5 L (6 TASSES)

Paul Kirk a enseigné à des milliers de cuisiniers l'essentiel du barbecue, et cette sauce riche, sucrée et piquante est basée sur ses classiques de Kansas City. Si vous voulez une sauce barbecue très homogène, mélangez-la à l'aide d'un mélangeur à main ou un robot culinaire.

25 ml (2 c. à soupe) de piment ancho, poblano ou de la poudre de piment du Nouveau-Mexique

15 ml (1 c. à soupe) de poivre noir moulu

15 ml (1 c. à soupe) de moutarde sèche

5 ml (1 c. à thé) de coriandre moulue

5 ml (1 c. à thé) de piment de la Jamaïque moulu

5 ml (1 c. à thé) de piment de Cayenne (ou au goût)

2 ml (½ c. à thé) de muscade fraîchement râpée

1 ml (¼ c. à thé) de clous de girofle moulus

50 ml (¼ tasse) d'huile sans saveur, comme l'huile de Canola

1 oignon, finement haché

6 gousses d'ail, finement hachées

1 échalote, émincée

250 ml (1 tasse) de vinaigre blanc

125 ml (½ tasse) de cassonade foncée, bien tassée

125 ml (½ tasse) de miel de trèfle

50 ml (¼ tasse) de sauce Worcestershire, de sauce soja, ou d'une combinaison des deux

5 ml (1 c. à thé) d'arôme de fumée liquide ou de sel fumé au hickory (facultatif)

1 l (4 tasses) de ketchup

Mélanger les piments, le poivre noir, la moutarde, la coriandre, le piment de la Jamaïque, le piment de Cayenne, la muscade et les clous de girofle, puis réserver.

Dans une grande casserole à feu moyen-vif, faire chauffer l'huile et faire sauter l'oignon, l'ail et l'échalote jusqu'à ce qu'ils soient tendres, environ 5 minutes. Ajouter le mélange d'épices et bien mélanger, puis faire cuire de 2 à 3 minutes pour en faire ressortir les saveurs.

Ajouter le reste des ingrédients et faire mijoter le mélange pendant 30 minutes, en brassant souvent (attention aux éclaboussures). Ne pas faire cuire trop longtemps, car il se caramélisera et donnera un fudge épicé. Cette sauce se conserve au réfrigérateur indéfiniment.

NOTE : Cette sauce épaisse est conçue pour être utilisée comme trempette. Si vous voulez l'utiliser comme sauce à badigeonner ou comme glaçage, ajouter de l'eau, du jus de pomme ou du Jack Daniel's.

SAUCE VINAIGRÉE
STYLE CAROLINE DU NORD

DONNE UN PEU PLUS DE 250 ML (1 TASSE)

C'est une sauce barbecue vieille école à son meilleur. Versez-la sur du porc barbecue juste avant de le servir pour lui donner un goût piquant et fort, ou utilisez-la pour badigeonner un soc de porc.

250 ml (1 tasse) de vinaigre blanc

250 ml (1 tasse) de vinaigre de cidre

25 ml (2 c. à soupe) de cassonade

15 ml (1 c. à soupe) de flocons de piment fort, séchés et écrasés

5 ml (1 c. à thé) de sauce piquante de style Louisiane

Sel casher et poivre noir fraîchement moulu, au goût

Combiner tous les ingrédients et brasser jusqu'à ce que a cassonade soit dissoute. Cette sauce se conserve au réfrigérateur indéfiniment.

GLAÇAGE À LA SAUCE AUX HUÎTRES
ET AU VINAIGRE BALSAMIQUE

DONNE ENVIRON 375 ML (1½ TASSE)

J'ai trouvé cette recette donnée par Ian Knauer dans la revue *Gourmet de mai 2008*. Normalement, j'aurais essayé d'adapter cette sauce à mon goût, mais honnêtement, je ne peux trouver comment améliorer cette simple combinaison de saveurs relevées. Terminer un bifteck ou une côte en l'arrosant de cette bombe umami. Tout ce que je peux dire, c'est wow!

250 ml (1 tasse) de sauce aux huîtres

125 ml (½ tasse) de vinaigre balsamique

20 ml (4 c. à thé) de moutarde à l'ancienne

10 ml (2 c. à thé) de flocons de piment rouge, séchés et écrasés

Combiner tous les ingrédients dans un bol. Transférer cette sauce de finition dans un contenant qui ferme hermétiquement. Elle se conservera indéfiniment au réfrigérateur.

SAUCE BARBECUE TRADITIONNELLE
À BASE DE MOUTARDE

DONNE ENVIRON 500 ML (2 TASSES)

Qui sait pourquoi la plupart des sauces barbecue sont sucrées et à base de tomate? Cette sauce piquante à la moutarde est très populaire dans les Caroline et en Géorgie, mais presque inconnue partout ailleurs. Elle est bien sûr délicieuse avec le porc. Elle fait aussi une bonne trempette pour les saucisses grillées ou fumées. Miam!

1 oignon moyen, finement émincé

4 gousses d'ail, finement émincées

25 ml (2 c. à soupe) d'huile végétale

250 ml (1 tasse) de vinaigre de cidre

160 ml (2/3 tasse) de moutarde préparée

75 ml (1/3 tasse) de cassonade

15 ml (1 c. à soupe) de poudre de piment ancho

15 ml (1 c. à soupe) de paprika

5 ml (1 c. à thé) de poivre noir finement moulu

1 ml (1/4 c. à thé) de piment de Cayenne

25 ml (2 c. à soupe) de beurre ou de margarine

Un trait de sauce soja ou Worcestershire

Dans une casserole moyenne à feu doux jusqu'à moyen, faire sauter l'oignon et l'ail dans l'huile végétale jusqu'à ce qu'ils aient ramolli, mais qu'ils ne soient pas encore dorés. Ajouter le vinaigre, la moutarde, la cassonade, la poudre de piment, le paprika, le poivre et le piment de Cayenne. Porter à ébullition et laisser mijoter pendant 10 minutes.

Incorporer le beurre ou la margarine et la sauce soja ou Worcestershire, et retirer du feu. Si vous préférez une sauce plus homogène, sans les petits morceaux d'oignon et d'ail, les réduire en purée à l'aide d'un mélangeur à main avant de la servir. Cette sauce est bonne chaude, mais vous pouvez la conserver indéfiniment au réfrigérateur.

Explosion de saveurs : épices à frotter, marinades, sauces, salsas et tartinades

59

SAUCE TERIYAKI
COMPLEXE MAIS DÉLICIEUSE

DONNE ENVIRON 2 L (8 TASSES)

Cette sauce teriyaki maison vient d'une vieille recette du chef de grande renommée de Vancouver, Trevor Hooper, et je l'ai adaptée un peu; elle a un goût exceptionnel qui vaut bien le travail qu'elle demande. Elle se conserve pendant plusieurs mois au réfrigérateur, et elle est parfaite comme marinade pour la viande et les fruits de mer, comme sauce pour les sautés ou tout simplement versée sur un riz vapeur.

1 l (4 tasses) de sauce soja japonaise

500 ml (2 tasses) de cassonade

375 ml (1½ tasse) de saké

375 ml (1½ tasse) de mirin
   (vin de riz japonais sucré)

125 ml (½ tasse) de sauce Tamari

1 petit oignon, haché

1 échalote, hachée

4 gousses d'ail, hachées

1 morceau de gingembre frais de 5 cm
   (2 po), haché

1 orange, hachée, avec la pelure

1 petite poire, hachée

1 petit poireau, coupé en 2, bien lavé
   et haché

Combiner tous les ingrédients dans une casserole moyenne et porter à une légère ébullition. Faire cuire jusqu'à ce que le mélange ait réduit de 20%. Laisser refroidir la sauce et la passer au tamis au-dessus d'un gros pot ou d'une bouteille, puis la réfrigérer. Elle se conserve indéfiniment au réfrigérateur.

SAUCE BARBECUE À L'ASIATIQUE

DONNE ENVIRON 625 ML (2½ TASSES)

Ce sont les graines de cumin qui donnent à cette sauce sa saveur particulière et une intéressante texture. Omettez-les si vous désirez une sauce plus douce et plus onctueuse. Elle est parfaite comme marinade ou comme sauce pour badigeonner les côtes et les biftecks, mais elle est aussi bonne avec le poulet et les poissons à chair ferme. Attention : ses saveurs prononcées peuvent masquer le goût de ce que vous faites cuire. Faites mariner la viande 4 heures tout au plus et pas plus de 1 heure pour le poulet ou le poisson.

1 bouteille de 355 ml (12 oz) de sauce hoisin

125 ml (½ tasse) de sauce soja légère

125 ml (½ tasse) de sauce aux prunes

50 ml (¼ tasse) de jus d'orange

25 ml (2 c. à soupe) de vinaigre de xérès

25 ml (2 c. à soupe) d'huile de sésame rôti

25 ml (2 c. à soupe) de sauce aux huîtres

25 ml (2 c. à soupe) de miel

25 ml (2 c. à soupe) de gingembre frais, finement émincé

6 gousses d'ail, finement émincées

15 ml (1 c. à soupe) de ciboulette ou d'oignon vert, finement haché

7 ml (1½ c. à thé) de poudre chinoise cinq-épices

2 échalotes, finement émincées

5 ml (1 c. à thé) de graines de cumin rôties

Combiner tous les ingrédients dans un bol non réactif. Utiliser la sauce dès qu'elle est prête ; elle ne se conservera pas plus que quelques jours au réfrigérateur.

SALSA RAPIDE DE CONCOMBRE

DONNE ENVIRON 500 ML (2 TASSES)

Parfois, les mélanges les plus simples sont les meilleurs. Celui-ci a un goût d'été. Essayez-le sur du poisson grillé, ajoutez-en un peu sur une soupe froide, ou divisez-le dans deux bols pour une entrée au déjeuner en été.

1 concombre	5 ml (1 c. à thé) de sucre
10 ml (2 c. à thé) de jus de lime frais	Sel casher
5 ml (1 c. à thé) d'aneth frais, haché	

Peler le concombre, le couper sur la longueur en quartiers et enlever les graines. Le couper en dés de 0,6 cm (¼ po). Ajouter le jus de lime, l'aneth, le sucre et 1 pincée de sel, et bien mélanger. Utiliser immédiatement.

SALSA DU JARDIN

DONNE ENVIRON 250 ML (1 TASSE)

J'aime le croquant des asperges à peine cuites. Un jour, je me suis dit : pourquoi ne jamais les manger crues? Cette recette met en valeur la texture et la saveur des asperges fraîches crues, qui peut se comparer à celle des pois « Sugar Snap », dans une combinaison de couleurs spectaculaire. Cette salsa est excellente avec tous les fruits de mer.

4 pointes d'asperges très fraîches, les bouts durs enlevés et les pointes coupées en dés	1 tomate moyenne mûre, coupée en dés
50 ml (¼ tasse) de poivron jaune, coupé en dés	5 ml (1 c. à thé) d'aneth ou de menthe, frais, haché
50 ml (¼ tasse) d'oignon rouge, coupé en dés	5 ml (1 c. à thé) de jus de citron frais
	5 ml (1 c. à thé) de sucre
	1 pincée de piment de Cayenne
	Sel casher

Combiner tous les ingrédients dans un bol à salade, bien les mélanger et servir.

SALSA DE PÊCHES ET DE MÛRES

DONNE ENVIRON 750 ML (3 TASSES)

Vous devriez faire cette salsa, inventée par mon épouse, Kate, lorsque les fruits sont à leur meilleur, c'est-à-dire en août sur la côte ouest du Canada. En accompagnement avec du poulet grillé, ou cuit sur planche, cette salsa est hallucinante.

4 pêches pelées et coupées en dés

250 ml (1 tasse) de mûres fraîches, lavées et triées

50 ml (¼ tasse) d'oignon rouge, coupé en dés

½ jalapeno ou autre piment fort, épépiné et émincé

20 ml (4 c. à thé) de jus de lime frais

Sel casher et poivre noir fraîchement moulu

Combiner tous les ingrédients dans un bol. Laisser la salsa reposer, couverte, au réfrigérateur pendant environ 1 heure avant de la servir.

SALSA TROPICALE

DONNE ENVIRON 750 ML (3 TASSES)

Cette salsa parfaite pour l'été est délicieuse avec le poisson grillé ou le bœuf. Quel que soit l'endroit ou le moment où vous la mangez, c'est comme si vous étiez en vacances au soleil.

500 ml (2 tasses) de fruits tropicaux coupés en dés (toute combinaison de mangue, de papaye, de kiwi, d'ananas)

2 avocats mûrs (mais fermes), dénoyautés, pelés et hachés grossièrement

45 ml (3 c. à soupe) de coriandre fraîche, hachée

45 ml (3 c. à soupe) d'oignon rouge haché

1 jalapeno, épépiné et finement haché

10 ml (2 c. à thé) de jus de lime frais

1 pincée de sucre

Sel casher et poivre noir fraîchement moulu

Combiner tous les ingrédients dans un bol. Laisser reposer la salsa, couverte, au réfrigérateur pendant environ 1 heure. Vous pouvez varier cette recette de salsa en remplaçant les avocats par 250 ml (1 tasse) chacune de fraises et de mangues hachées.

SALSA DE HARICOTS NOIRS ET DE MAÏS GRILLÉ

DONNE ENVIRON 1,25 L (5 TASSES)

Cette salsa est divine sur le poisson grillé, mais elle peut aussi faire une très bonne trempette.

3 épis de maïs frais, épluchés

1 conserve 398 ml (14 oz) de haricots noirs, rincés et égouttés

2 tomates moyennes, coupées en dés

1 poivron rouge, coupé en dés

75 ml (⅓ tasse) de coriandre fraîche, hachée

50 ml (¼ tasse) d'oignon rouge, coupé en dés

50 ml (¼ tasse) de jus de lime frais (environ 2 limes)

5 ml (1 c. à thé) de jalapeno émincé

5 ml (1 c. à thé) de sel casher

1 avocat, coupé en dés

Croustilles de tortilla pour tremper

Préparer votre gril pour une chaleur directe vive. Faire griller les épis de maïs jusqu'à ce qu'ils deviennent d'un jaune vif et qu'il y ait de belles marques carbonisées. Faire refroidir les épis et en enlever les grains avec un couteau bien aiguisé ou une mandoline.

Combiner tous les ingrédients dans un bol, sauf l'avocat et les croustilles. Couvrir et laisser refroidir le mélange pendant au moins 2 heures. Couper les avocats en dés et les ajouter au moment de servir la salsa avec les croustilles.

GUACAMOLE AUX MORCEAUX DE TOMATES FUMÉES

DONNE ENVIRON 500 ML (2 TASSES)

La saveur des tomates mûres fraîchement fumées dans ce guacamole rempli de morceaux stimule vos papilles gustatives, mais il est également délicieux avec des tomates mûres, non fumées.

2 tomates mûres

2 gros avocats mûrs (mais fermes)

20 ml (4 c. à thé) de jus de lime frais, ou 25 ml (2 c. à soupe) de jus de citron frais

1 gousse d'ail, finement émincée

3 boîtes de piments verts, rincés, épépinés et hachés

1 jalapeno ou piment serrano, finement haché (facultatif)

25 ml (2 c. à soupe) de coriandre fraîche, hachée

Sel casher

Préparer le fumoir pour le barbecue, en amenant la température de 95 à 100 °C (200 à 220 °F). (Évidemment, c'est plus facile si des aliments cuisent déjà sur le barbecue et que le fumoir a déjà commencé à perdre de sa chaleur.) Placer les tomates dans le fumoir et les faire cuire pendant 30 minutes, en utilisant un bois de feuillus comme le hickory ou le prosopis pour donner de la saveur. L'idée est d'infuser de la fumée dans les tomates sans trop les faire cuire — lorsqu'elles seront prêtes, elles seront rouge-doré et leur peau sera un peu lâche, mais la chair devrait être encore ferme. Les retirer du fumoir et les laisser refroidir.

Enlever les noyaux des avocats et les peler. Hacher grossièrement les tomates et les avocats, et les transférer dans un bol à salade. Ajouter le jus de lime ou de citron, l'ail, les piments forts et les piments verts, et la coriandre, puis mélanger délicatement. Assaisonner le guacamole avec le sel, le remuer une dernière fois, puis le servir.

Si une trempette plus onctueuse est désirée, utiliser des avocats plus mûrs et les écraser à l'aide d'une fourchette lors du mélange final. Il faut toujours manger ce guacamole immédiatement lorsqu'il est prêt. Il est bon avec les croustilles de maïs, mais il est aussi fabuleux avec les hamburgers, dans les fajitas ou les tacos, ou sur un poisson grillé.

CHIMICHURRI

DONNE ENVIRON 750 ML (3 TASSES)

SECRET POUR LE
⁀ BARBECUE ⁀

Réduisez le chimichurri en purée pour faire une délicieuse marinade pour la bavette de flanchet. Les remerciements pour ce conseil vont à mon ami fin gourmet Angie Quaale.

C'est le condiment traditionnel de l'Argentine. On le retrouve sous plusieurs formes ; quelques-unes sont plus onctueuses comme un pesto, d'autres (comme celui-ci) contiennent des morceaux, comme une salsa. Le chimichurri se marie très bien avec tout ce qui peut être grillé, cuit sur planche ou au barbecue, mais je le préfère avec de l'agneau. Faites-le au moins une journée à l'avance pour en faire ressortir les saveurs.

- 125 ml (½ tasse) de persil plat italien frais, haché
- 1 oignon rouge moyen, finement haché
- ½ poivron rouge, épépiné et coupé en petits dés (facultatif)
- 1 tomate, pelée, épépinée et finement hachée (facultatif)
- 4 gousses d'ail, finement hachées
- 25 ml (2 c. à soupe) d'origan frais, haché, ou 15 ml (1 c. à soupe) d'origan séché

- 2 feuilles de laurier
- 15 ml (1 c. à soupe) de paprika
- 15 ml (1 c. à soupe) de sel casher
- 10 ml (2 c. à thé) de flocons de piment rouge séchés et écrasés
- 5 ml (1 c. à thé) de poivre noir fraîchement moulu
- 125 ml (½ tasse) d'huile d'olive extra vierge
- 50 ml (¼ tasse) de vinaigre de xérès
- 50 ml (¼ tasse) d'eau

Dans un grand bol, combiner tous les ingrédients, sauf l'huile, le vinaigre et l'eau, et mélanger pour que le sel soit bien réparti. Laisser la sauce reposer pendant 30 minutes, ce qui permettra au sel de se dissoudre et aux saveurs de se mélanger.

Ajouter l'huile, le vinaigre et l'eau, et bien mélanger. S'assurer que le chimichurri soit assez liquide comme un gaspacho épais. Sinon, ajouter des quantités égales d'huile, d'eau et de vinaigre, jusqu'à ce que le mélange soit couvert par au moins 0,6 cm (¼ po) de liquide.

Transférer la sauce dans un contenant non réactif. Couvrir et réfrigérer pendant toute la nuit pour que les saveurs se mélangent bien. Elle est même meilleure après 2 ou 3 jours de réfrigération.

BEURRES ASSAISONNÉS
POUR TOUTES LES OCCASIONS

Après avoir commencé à préparer ces beurres savoureux, vous voudrez toujours en avoir au congélateur. À la température ambiante, ils sont incroyables sur les épis de maïs rôtis ou tartinés sur du pain de maïs, et une noix de beurre assaisonné sur un bifteck fraîchement grillé ou sur un filet de poisson est divin.

BEURRE MÉDITERRANÉEN

50 ml (¼ tasse) de persil plat italien frais, finement haché

50 ml (¼ tasse) d'un mélange bien haché d'aneth, de basilic ou de menthe frais (ou une combinaison de fines herbes — essayer le cerfeuil, l'estragon, la sauge, le romarin, etc.)

500 g (1 lb) de beurre non salé, à la température ambiante

Sel casher au goût

BEURRE AU POIVRON ROUGE

1 poivron rouge, rôti, pelé, épépiné, et haché grossièrement

250 g (½ lb) de beurre non salé, à la température ambiante

5 ml (1 c. à thé) de paprika doux

Sel casher au goût

BEURRE À L'AIL ET À LA CIBOULETTE

4 gousses d'ail, passées au presse-ail (ou 8 gousses d'ail rôties, dont la peau a été enlevée ; voir page suivante)

25 ml (2 c. à soupe) de ciboulette fraîche, finement hachée

250 g (½ lb) de beurre non salé, à la température ambiante

Sel casher au goût

BEURRE AU GORGONZOLA

175 ml (¾ tasse) de fromage gorgonzola

125 g (¼ lb) de beurre non salé, à la température ambiante

5 ml (1 c. à thé) de jus de citron frais

Sel casher, au goût

Couper le beurre en cubes et les placer dans le robot culinaire. Ajouter les ingrédients qui donnent de la saveur et bien mélanger le tout, en arrêtant pour racler les parois du robot culinaire si nécessaire. Pour usage immédiat, sur un épi de maïs ou sur une pièce de viande grillée, le placer dans un petit bol et le servir.

SECRET POUR LE ~ BARBECUE ~

Utilisez du beurre assaisonné pour vos sautés favoris, comme beurre pour faire sauter des champignons finement hachés ou des œufs brouillés, ou bien mélangez-le à des nouilles cuites pour un accompagnement facile et rapide.

~ ENTREPOSER ~ LE BEURRE ASSAISONNÉ

À l'aide d'une spatule, transférez le beurre sur une feuille de papier ciré ou une pellicule plastique et formez un cylindre. Enveloppez le beurre avec le papier et formez un tube uniforme d'environ 4 cm (1½ po) de diamètre. Tournez les bouts pour que le tube soit bien scellé et attachez les deux bouts avec une attache. Réfrigérez-le ou mettez-le au congélateur jusqu'à l'usage. Pour servir, coupez des rondelles de beurre. Faites-le décongeler avant de l'utiliser sur les biftecks ou les épis de maïs, ou utilisez-le congelé pour mettre au centre d'un hamburger.

Explosion de saveurs : épices à frotter, marinades, sauces, salsas et tartinades

MAYONNAISES ASSAISONNÉES

Voici un important élément de base de la cuisine qui se prépare au four ou sur planche dans un gril. L'ail rôti est aussi polyvalent qu'il est délicieux. Utilisez-le pour améliorer la saveur d'une mayonnaise, pour enrichir les pommes de terre en purée et pour donner un peu de saveur aux soupes et aux sauces — ou étendez-le tout simplement sur une tranche de pain français grillée.

Préchauffez le four à 180 °C (350 °F). À l'aide d'un couteau bien aiguisé, tranchez le dessus du bulbe d'ail, juste assez pour exposer le dessus des gousses. Arrosez-le avec un peu d'huile d'olive, salez-le et poivrez-le, et enveloppez-le bien dans du papier d'aluminium. Placez-le dans le four, le côté coupé sur le dessus, et faites-le rôtir pendant environ 1 heure, ou jusqu'à ce que l'ail ait ramolli et soit légèrement doré. Lorsqu'il est assez refroidi pour être manipulé, vous pouvez presser le bulbe, et l'ail rôti en sortira comme de la pâte dentifrice.

Pour ajouter une note supplémentaire de saveur de fumée, faites rôtir l'ail dans votre fumoir pendant 3 heures ou sur feu moyen indirect sur un gril à charbon de bois couvert (pendant 1 heure). Enveloppez lâchement le bulbe dans du papier d'aluminium, ce qui permettra à la fumée d'y pénétrer. Le bois de cerisier donne une saveur excellente. Un bénéfice ajouté : votre maison ne sentira pas l'ail.

J'aime la mayonnaise nature — dans les sandwichs, comme trempette avec les frites ou comme simple vinaigrette avec les légumes chauds ou froids. Mais ajoutez-y de la saveur, et vos papilles gustatives atteindront de nouveaux sommets. Ces variations sont mes favorites, mais n'hésitez pas à créer les vôtres.

MAYONNAISE AU JALAPENO ET À L'AIL RÔTI DE MARGIE
DONNE ENVIRON 375 ML (1½ TASSE) DE MAYONNAISE

Cette recette crée par Margie Gibb, traiteuse à Calgary, est particulièrement bonne comme trempette avec des morceaux de saucisse fumée ou grillée, mais elle est aussi excellente sur presque tout.

375 ml (1½ tasse) de mayonnaise	15 ml (1 c. à soupe) de jalapeno en sauce adobo en conserve, haché (ajouter plus de jalapeno pour plus de piquant)
1 bulbe entier d'ail rôti (voir l'encadré), les gousses d'ail pressées pour en faire sortir la purée	
5 ml (1 c. à thé) de cumin, finement moulu (préférablement fait de graines de cumin rôties)	

MAYONNAISE AU SÉSAME
DONNE ENVIRON 375 ML (1½ TASSE) DE MAYONNAISE

C'est la trempette idéale pour les légumes rôtis, et elle est aussi excellente mélangée avec des nouilles de riz pour un accompagnement rafraîchissant et crémeux avec des viandes grillées à l'asiatique. Saupoudrez de graines de sésame rôties pour ajouter à la texture.

250 ml (1 tasse) de mayonnaise	5 ml (1 c. à thé) de zeste d'orange, de citron ou de lime, râpé ou finement haché
5 ml (1 c. à thé) d'huile de sésame rôti	15 à 25 ml (1 à 2 c. à soupe) de graines de sésame rôties (ou au goût)
2 ml (½ c. à thé) de sauce soja (ou au goût)	
5 ml (1 c. à thé) de sauce chinoise aux piments ou d'huile aux piments épicée à la sichuanaise (ou au goût)	

MAYONNAISE AU CARI
DONNE ENVIRON 300 ML (1¼ TASSE) DE MAYONNAISE

Elle est parfaite avec les légumes ou comme garniture pour les sandwichs.

2 grosses échalotes, pelées et finement hachées	15 ml (1 c. à soupe) d'huile végétale
20 ml (4 c. à thé) de poudre de cari	250 ml (1 tasse) de mayonnaise
	5 ml (1 c. à thé) de jus de citron frais

MAYONNAISE BARBECUE
DONNE ENVIRON 375 ML (1½ TASSE) DE MAYONNAISE

Une délicieuse « sauce secrète » pour vos hamburgers maison, les pommes de terre frites ou les ailes de poulet grillées. Ajoutez-y de la crème sure pour avoir une trempette savoureuse qui accompagnera les croustilles.

15 ml (1 c. à soupe) de mélange d'épices à frotter barbecue de votre choix (voir pages 50–53)	250 ml (1 tasse) de mayonnaise
50 ml (¼ tasse) de sauce barbecue de votre choix (voir pages 57–61)	5 ml (1 c. à thé) de jus de lime ou de citron frais

MAYONNAISE AU WASABI
DONNE ENVIRON 250 ML (1 TASSE) DE MAYONNAISE

Excellente pour le poisson cuit sur planche, sur les croquettes de crabe ou dans une salade de chou ou une salade.

15 ml (1 c. à soupe) de poudre ou de pâte wasabi	250 ml (1 tasse) de mayonnaise
	5 ml (1 c. à thé) de jus de lime frais

La technique est simple : combiner de la mayonnaise achetée ou faite maison avec tous les ingrédients dans un robot culinaire et battre jusqu'à ce que le mélange soit onctueux, puis réfrigérer. Si possible, réfrigérer une journée ou au moins quelques heures avant de la servir, afin que les saveurs se marient bien et s'intensifient.

À NEWBERG... ET À LA GLOIRE !

⤳ COMMENT LE BARBECUE A CHANGÉ MA VIE ⤳

Comme Vince, Tom et moi foncions plein sud sur la I-5 en direction de l'Oregon, l'atmosphère était pleine d'entrain. Nous étions chargés au maximum... et prêts pour la cuisson sur barbecue. La fourgonnette était pleine de glacières remplies de viande et de boisson, en plus de tout l'attirail qui nous accompagne lors des compétitions, incluant notre collection de couteaux, nos planches à découper, les mélanges d'épices à frotter pour le barbecue, les sauces, les marinades, les briquettes de charbon de bois, les morceaux et les copeaux de bois de feuillus, les thermomètres électroniques, les tables, et les meubles pour le patio.

La fourgonnette sentait la fumée qui provenait des quatre fumoirs à l'eau Weber, en forme de balle, empilés à l'arrière. Pour des compétiteurs amateurs comme nous, ces fumoirs — appelés les cuiseurs de Smokey Mountain par le fabricant, mais surnommés «balles» à cause de leur design ovale et de leur couleur noire — sont des cuiseurs de choix. N'importe quand, la viande cuite dans ces cuiseurs bon marché, bien conçus et fiables, peut être supérieure à tout ce qui peut être cuit par les maîtres grillardins ambitieux dans leur équipement à deux roues valant plus de 10 000$.

Nous avons quitté Vancouver à 10 heures du matin, après avoir été cherché les socs de porc au Pinguin Meats, près de la frontière du Canada et des États-Unis, à White Rocks. Les socs étaient de parfaites pièces de 4,5 kg (9 lb), avec l'os, et une couche crémeuse de gras. Nous les avons mis dans les glacières avec les 4 carrés de côtes levées de flanc, 3 poulets fermiers organiques, et 2 des meilleures pointes de poitrine triple A, chacune pesant environ 5,5 kg (12 lb) et coûtant environ 60$.

Vers 11 heures, nous avions atteint la frontière à Peace Arch, et nous nous dirigions vers Newberg, Oregon, un petit village-dortoir de la banlieue de Portland, où la grande compétition aura lieu. Comme nous nous éloignions de la frontière, le jeune Tom s'écria, ce qui deviendra le cri de ralliement des Butt Shredders.

«À Newberg... et à la gloire!» s'écria-t-il, et nous ne pouvions pas nous arrêter de rire. Cette exclamation de Tom avait la juste combinaison de bravade et d'emphase pour une équipe de barbecue. Elle décrivait également l'ambiance du moment. Nous nous sentions comme une armée qui envahissait et qui se dirigeait profondément derrière les lignes ennemies pour livrer une bataille historique sur leur terrain.

> **Nous nous sentions comme une armée qui envahissait et qui se dirigeait profondément derrière les lignes ennemies pour livrer une bataille historique sur leur terrain.**

⤳ ⤳

L'Oregon State Open était le plus vieux championnat de barbecue du Nord-Ouest Pacifique, et les meilleurs des meilleurs se retrouvaient ensemble dans la cour d'entreposage de la quincaillerie Ace de Newberg, incluant plusieurs champions régionaux et de différents états. Comme évènement sanctionné par la Kansas City Barbecue Society (KCBS), l'Oregon Open allait attirer chacun du Nord-Ouest Pacifique qui voulait se qualifier pour le Royal et le Jack.

Plus tôt cette année-là, j'avais perdu mon poste de cadre en relations extérieures. Léchant mes plaies, mais muni d'une indemnité de licenciement, j'ai commencé à chercher un autre emploi corporatif, mais le choix était mince. L'économie était à son plus bas et personne n'engageait. Sachant qu'il n'y aurait pas de reprise, au moins avant l'automne, j'ai décidé de profiter de l'été avec ma famille. Nous vivons dans le luxueux et vert Vancouver Nord, en Colombie-Britannique, un des plus beaux endroits au monde, au milieu de la forêt tropicale humide de la côte. Ce sera un été de pique-niques salutaires sur la plage, de longues marches avec le chien, et de bicyclette de montagne dans les bois.

Sans oublier de mentionner le barbecue. Cette interruption de mon travail m'a permis de m'adonner à mon passe-temps favori, j'avais commencé à faire des compétitions de barbecue avec un groupe de vieux amis depuis sept ans, mais jusqu'à maintenant, les Butt Shredders de Rockin' Ronnie n'avaient jamais tout raflé. Notre performance s'était améliorée au fil des ans, mais durant les récents championnats, les Butt Shredders étaient devenus les éternels seconds du barbecue, gagnant dans certaines catégories, mais se plaçant toujours seconds dans l'ensemble, ou dans le langage pompeux du monde du barbecue du circuit des compétitions, nous étions les Grands champions de réserve. Avec beaucoup de temps libre et une grande passion pour gagner une compétition de barbecue, j'attendais avec impatience la prochaine saison pour laquelle j'avais de grands espoirs.

Notre plan pour 2001 était de prendre d'assaut le championnat canadien de Vancouver en août et de garder le même élan pour le Barbecue on the Bow à Calgary, en Alberta, durant le weekend de la fête du Travail.

Comme l'été avançait, les nouvelles étaient mauvaises. Le fondateur du championnat canadien de barbecue et promoteur le plus connu au Canada du vrai barbecue, David «The Fire Chef» Valjacic, était

Il était temps de tenter notre chance dans les vraies compétitions.

atteint du cancer, et l'important championnat fut annulé cette année-là. Nos plans de tout rafler aux «Canadiens» furent anéantis, et nous étions encore loin de la fête du Travail. En même temps que j'ai appris l'annulation du championnat, la dernière édition de *Drippings from the Pit*, le bulletin officiel de l'Association du barbecue du Nord-Ouest Pacifique, est arrivée par la poste. Parmi les articles au sujet des derniers ateliers de formation du printemps sur le barbecue dans l'État de Washington et les tableaux donnant le résultat des derniers concours, il y avait un dépliant faisant la promotion du championnat de barbecue Oregon State Open.

Oui. C'est ça, je croyais. Les Butt Shredders n'avaient jamais participé à un championnat états-unien auparavant, et nous devions nous qualifier au Oregon Open pour pouvoir participer au American Royal de Kansas City — les séries mondiales du barbecue — et au Jack Daniel's World Championship sur invitation, le saint Graal des compétitions de barbecue.

Il était temps de tenter notre chance dans les vraies compétitions.

Après les premières heures dans la circulation intense de Seattle du vendredi après-midi, le reste de la route pour Portland s'est bien déroulé, avec des arrêts dans les restaurants sur le bord de la route pour manger des hamburgers au fromage et de la tarte aux cerises arrosés d'un café noir chaud. Vince, le copilote, avait téléchargé toutes les directions nécessaires pour que nous passions par les routes secondaires à l'extérieur de Portland, et nous sommes arrivés au Ace Hardware vers 19 heures, ce soir-là.

Nous sommes arrivés presque les derniers. La plupart des équipes avaient déjà commencé à faire cuire les pointes de poitrine et les socs de porc pendant que nous nous dépêchions à nous installer. Mark Vergets, l'organisateur du concours, nous a traités royalement. Nous étions les seuls Canadiens

* N.d.T. : Jeu de mot en anglais désignant le chef des pompiers. *Fire* signifiant feu.

à avoir voyagé aussi loin dans le sud pour participer à ce concours qui existait déjà depuis 14 ans. Mark nous avait déjà installé un auvent avec tous les branchements nécessaires. Il y avait 16 autres équipes qui y participaient, dont 4 qui avaient déjà gagné de récentes compétitions.

Après 30 minutes de travail acharné pour tout sortir et pour nous installer tant bien que mal, nous avons branché nos lumières et sorti les pointes de poitrine de la glacière. Comme nous n'avions que 15 heures avant de présenter les pointes de poitrine aux juges, nous n'avions pas de temps à perdre. Elles étaient grosses et auraient dû être mises à cuire depuis plusieurs heures.

Travaillant avec mon couteau à filets, j'ai enlevé les couches de gras des deux pointes de poitrine, n'en laissant que l'épaisseur idéale, 0,3 cm (⅛ po). Tom, dont le père est chirurgien, est le meilleur pour le mélange d'épices à frotter, il peut l'appliquer de sur une pointe de poitrine de la même façon que celui, dans un atelier de carrosserie, qui retouche une voiture d'époque comme un Chevy.

Travaillant ensemble, nous avons appliqué sur les pointes de poitrine de la moutarde, une mince couche d'ail déshydraté et une épaisse couche de mélange d'épices à frotter. Pendant ce temps, Vince a préparé les fumoirs à l'eau, a rempli les paniers avec les briquettes de charbon de bois et a allumé les feux dans les deux cuiseurs dans lesquels les pointes de poitrine et les socs de porc cuiraient. C'était une course contre le temps.

À 9 heures, les pointes de poitrine et les socs de porc étaient dans les fumoirs, et nous pouvions commencer à relaxer un peu, tout en préparant les côtes et le poulet. D'autres compétiteurs que nous avions connus à d'autres concours sont passés pour nous saluer, alors, nous avons ouvert quelques bouteilles de bière et même une bouteille de Sauvignon Blanc de l'Oregon que nous avions achetée au supermarché

Fred Meyer en arrivant dans la ville. Nous nous étions promenés, tout étonnés dans ce grand magasin, peu habitués à un supermarché d'une telle grandeur. Chez nous, nous achetons encore notre vin à la Régie des alcools de la Colombie-Britannique, et nous n'avons pas de supermarchés avec une section pour les fruits et légumes et une section pour les vins, qui vendent en même temps des pneus et des équipements pour le barbecue.

Au fur et à mesure que la soirée avançait, nous avons commencé à prendre le rythme de ce que sont les concours de barbecue. Nous étions heureux. Nous avions mis de côté la vie de tous les jours et nous étions devenus citoyens de Barbecueville, temporairement une ville de tentes qui n'a pas besoin de lois autres que les règles établies par la Kansas City Barbecue Society. L'industrie première de Barbecueville est une forme légère de débauche qui implique boire, faire la cuisson, et manger de la viande tout en restant éveillé toute

Durant l'année, notre grande tribu nomade va d'un championnat à l'autre, montant et démontant le tout comme un cirque à trois pistes.

la nuit en écoutant les meilleurs succès de Waylon Jennings pendant que la fumée de hickory monte au travers des lumières de patio en forme de piments. Durant l'année, notre grande tribu nomade va d'un championnat à l'autre, montant et démontant le tout comme un cirque à trois pistes.

Nous appelons ce que nous faisons un championnat, mais c'est la seule compétition durant laquelle l'évènement et le pique-nique sont exactement la même chose. Même les sports comme le curling et les dards ne considèrent pas les planches de cribbage comme un équipement régulier. Et même si nous faisons tous de la compétition, ce que nous faisons réellement, c'est ce que nous aimons — faire de la cuisine et manger du barbecue. Dès que vous avez pris une bouchée, aromatique, succulente et vraiment substantielle de vrai barbecue sortant directement du cuiseur, votre vie vient de changer pour toujours. En goûtant une tranche parfaitement cuite de pointe de poitrine, ou en expérimentant la texture du porc déchiqueté, empilé sur un petit pain blanc léger, arrosé d'une sauce vinaigrée et recouvert d'une salade de chou croquante, ou en prenant une bouchée de côtes dont la viande se détache facilement de l'os, ou en goûtant au porc piquant, salé, sucré et délicieux, vous n'êtes qu'à un pas du ciel. Et lorsque vous pouvez affirmer que vous n'êtes pas seulement un chef de barbecue, mais que vous faites cuire le meilleur barbecue, vous n'êtes pas qu'un gagnant, mais un demi-dieu culinaire mettant à la portée de tous le nirvana du barbecue.

Je n'avais aucune idée dans quoi je m'embarquais durant l'été 1994, lorsque mon ami Rocco Ciancio m'invita à son ranch en banlieue de Calgary parce qu'il voulait que je voie son nouveau fumoir à l'eau qu'il venait d'acheter au Texas, lors de son dernier voyage. Avec sa femme, Denise, ils avaient été invités au mariage d'un membre de leur famille à San Antonio, et Rocco a été charmé et amusé par le sujet des conversations entre les Texans — la qualité de la pointe de poitrine qu'ils avaient fait cuire au barbecue durant le weekend. Avant de quitter le Texas, Rocco est allé au Costco et a acheté un fumoir à l'eau Brinkman bon marché pour 20 $. Arrivé à la maison, il a acheté quelques livres au sujet du fumage à la maison et à partir de ce moment, il a passé ses weekends à faire des expériences avec son nouveau jouet, en faisant fumer des saucisses, des canards et du poulet, et en essayant des recettes exotiques comme fumer des cœurs d'agneaux péruviens.

Il m'a invité à participer au plaisir et avant longtemps, nous avons baptisé sa maison Rocky's Smokehouse and Commercial Sausage Upgrader (Le fumoir et l'améliorateur de saucisse commercial de Rocky). Peu après, il y a une autre amie, Kathy Richardier, une critique gastronomique locale, qui s'est intéressée aux aliments fumés. Elle et moi avons travaillé en partenariat avec un fumoir électrique, et puis tout a commencé. Mais, à ce moment-là, nous n'étions intéressés que par les aliments fumés et nous ne savions même pas ce qu'était le vrai barbecue.

Au printemps 1996, notre voyage dans le monde du barbecue a commencé sérieusement, lorsque Kathy et moi, avec quelques autres amis fins gourmets, avons joint un groupe de chefs de Calgary pour participer à un atelier d'une journée sur les championnats du barbecue. Bob Lyon, le grand-père du barbecue dans la région Nord-Ouest Pacifique et président de l'association du même nom, est venu à Calgary, de chez lui, dans l'État de Washington, pour nous montrer, à nous, les Canucks, une chose ou deux sur la cuisson au barbecue pour les compétitions.

Bob est venu, invité par Carol et Sandy Dougall, les organisateurs du Barbecue on the Bow de Calgary. C'était la troisième année du concours et il gagnait en popularité, mais Carol et Sandy étaient consternés part le fait que la majorité des compétiteurs étaient des équipes états-uniennes. Ils étaient heureux de recevoir les gens de l'extérieur de la ville, mais ils n'aimaient pas le fait que les États-Uniens, chaque année, retournaient avec tous les honneurs. En invitant Bob, ils espéraient augmenter l'intérêt et les compétences parmi les chefs de barbecue de Calgary dans l'espoir qu'il y aurait plus d'équipes canadiennes — et ainsi augmenter leur chance de gagner.

Bob, un érudit de 70 ans aux cheveux blancs, était l'éditeur de *Drippings from the Pit*, le chef cuisinier des Beaver Castors (appelés «Barbecue Road Team des années 90») et un vétéran aguerri des concours le Royal et le Jack. Il a passé la journée à partager ses connaissances avec nous et à nous guider pendant que nous faisions cuire des côtes et du poulet sur nos grils au charbon de bois recouverts et dans nos fumoirs à eau bon marché. À la fin de la journée, Bob a même organisé un petit concours nous montrant la façon de découper et de présenter notre barbecue durant une compétition et donnant chacun la chance de juger ce qu'avaient fait les autres, selon les règles du KCBS.

Peu après, les Butt Shredders de Rockin' Ronnie ont été créés et en septembre, nous avons participé à notre première compétition. Nous avons gagné comme meilleurs nouveaux chefs au Barbecue on the Bow, cette année-là, mais encore plus important, nous étions en train de devenir endoctrinés dans la culture, les valeurs et tout ce que ce mode de vie comporte, de Barbecueville.

J'avais une bonne équipe qui s'est partagée entre deux villes après que mon emploi m'ait obligé à déménager à Vancouver. À Calgary, ma ville, le noyau de mon équipe était formé de Kathy, de Rocco et d'Anne-Marie («Amo») Jackson, une grande chef qui avait appris à aimer le barbecue lorsqu'elle vivait au Texas durant les années 80. Et à Vancouver, j'avais convaincu mes amis de longue date, Stephen Robertson, Vince Gogolek et Tom Masterson — le fils de 15 ans de ma cousine Paula — de faire partie des Butt Shredders de la côte ouest.

À ces deux compétitions canadiennes auxquelles nous participions chaque année — le Barbecue on the Bow à Calgary et le championnat canadien de Vancouver, en Colombie-Britannique — participaient également beaucoup de profiteurs. Des équipes états-uniennes à succès, comme Sum Say, Mad Momma & the Kids, les Beaver Castors, Smokestack Lightin' et les Doughboys, venaient au Canada, car les compétitions étaient de moindre importance et le peu d'équipes canadiennes y participant avaient peu d'expérience. Gagner les compétitions canadiennes, qui étaient sanctionnées par la Kansas City Barbecue Society, valait aux gagnants une invitation aux importantes compétitions de fin de saison. Ainsi, pour plusieurs équipes du Nord-Ouest Pacifique, le Canada était plus qu'un endroit exotique. C'était une meilleure chance d'être invité au Royal et au Jack.

Il y avait beaucoup à apprendre des équipes états-uniennes. Chaque année, alors que nous marchions nonchalamment sur les sites des compétitions, discutant avec nos amis compétiteurs, nous pouvions attraper quelques bons tuyaux et rencontrer de nouveaux visages. Des gens comme le Dakota Kid, connu à l'extérieur de Barbecueville sous le nom de Harold Froescher, un vétéran de la compétition du barbecue qui est devenu célèbre avec un résultat parfait de 180 pour ses côtes au American Royal, en 1994.

La première fois que j'ai rencontré Dakota, c'était au Barbecue on the Bow en 1997. Il était 22 heures et nous avions une fraîche température normale d'automne canadien. Nous pouvions voir notre respiration ce soir-là. Il avait un équipement de fortune — un truc fait maison de bric et de broc, qui alliait une couchette avec un barbecue sur roues, incluant un auvent pliant et une armoire encastrée qui contenait ses outils. Je suis arrivé derrière lui alors qu'il était penché sur un maigre soc de porc avec un couteau à filet, alors qu'il murmurait à lui-même. Malgré le froid, il suait. Il portait un maillot de corps miteux, sans manches, et avec sa lampe frontale, il ressemblait à un chirurgien désaxé — un squat, qui avait le regard mauvais d'un homme qui avait sûrement des regrets d'avoir fait le voyage à Calgary. Après m'être présenté, je lui ai demandé ce qui n'allait pas.

«Je ne peux pas avoir un soc de porc décent dans cette ville, a murmuré Dakota. La viande ici, au Canada, est beaucoup trop maigre. Regarde ce soc. Tout le gras a été enlevé. Comment puis-je faire cuire cette chose?»

J'ai ri et je lui ai donné une bourrade amicale. Ses gros bras moites étaient froids et pleins de sueurs.

Il a commencé à se dérider, du moins en paroles. «Naturellement de nos jours, nous ne savons pas ce que veulent les juges de toute façon. Ils n'aiment pas voir de gras sur la viande.» Il a froncé les sourcils. «C'est stupide. Les pointes de poitrine doivent être entourées d'un peu de gras pour bien cuire.» Pour éviter ceci, Dakota m'a montré comment il enlève tout le gras des pointes de poitrines pour ensuite étendre des lanières de gras sur la viande, en les déplaçant sur le dessus chaque fois qu'il tourne les pointes de poitrines.

Quelques années plus tard, j'ai rencontré Dakota au championnat canadien à New Westminster, en Colombie-Britannique. Il était aussi triste et grincheux que toujours, et tellement gros qu'il traînait les pieds comme un ours grizzly et portait des mocassins de cuir pour être confortable. En champion de barbecue orgueilleux, il parlait avec une pointe de colère et de ressentiment, car il n'avait pas gagné de prix en argent pendant plusieurs concours de suite. Il pensait tout abandonner et jeter son équipement après cette année. Je lui ai demandé ce qu'il pensait de ses chances pour le concours du lendemain.

«Je ne sais pas. Je ne le sais plus, m'a-t-il dit en hochant la tête. J'utilise du hickory, du pommier et du prosopis. J'ai de l'ail déshydraté. Mais je ne sais pas.» C'était la première fois que j'entendais parler de l'ail déshydraté; c'est un secret qui attire l'attention des papilles gustatives des juges aussitôt qu'ils prennent une bouchée de votre barbecue.

Le Dakota Kid a tout raflé le jour suivant, gagnant le titre de Grand champion et s'assurant ainsi une autre entrée au American Royal. Il était radieux lorsqu'il s'est avancé pour aller chercher son trophée.

＞ ＜

À l'aube du jour des finales de l'Oregon Open de 2001, ce fut un désordre monstre dans notre cuisine d'aventure dans l'arrière-cour du Ace Harware. J'avais réussi à dormir quelques heures dans un motel des environs. J'avais la gueule de bois, ayant vécu le style de vie de barbecue, alors j'ai pris une douche et laissant Vince dormir encore quelques heures, je me suis dirigé vers notre tente. Il était 7 heures. Le ciel était gris et le stationnement encore tout humide à cause de la pluie qui était tombée durant la nuit. Tom, qui faisait partie de l'équipe de nuit pour surveiller les fumoirs, s'était endormi dans une chaise pliante. Lorsque je suis arrivé, j'ai regardé aux alentours et je me suis aperçu que la température de la chambre à cuisson pour la pointe de poitrine avait descendu à 60 °C (140 °F). C'était toute une situation.

«Tom! Réveille-toi! La température des pointes de poitrine est trop basse!» ai-je hurlé.

Tom s'est frotté les yeux. «Quelle est la température interne?»

«Elle a baissé à 60 °C (140 °F). Et la température de la viande n'est qu'à 57 °C (135 °F)!»

Il pensait tout abandonner et jeter son équipement après cette année.

«Je ne sais pas ce qui s'est passé Rockin'... lorsque j'ai fermé les yeux, il y a une heure, la température était constante quand je l'ai vérifiée!»

Nous étions dans une très mauvaise situation. Même dans des conditions idéales, à une température de 100 °C (212 °F), il n'était pas évident que nous allions avoir assez de temps pour bien faire cuire les pointes de poitrines avant 11 heures, l'heure du jugement. La sonde à l'intérieur de la pointe de poitrine nous donnait une lecture de 54,5 °C (130 °F) — un bon 4,5 °C (40 °F) en bas de la température pour une cuisson parfaite. Dieu merci, les socs de porc cuisaient bien, mais la nuit froide et pluvieuse avait affecté les pointes de poitrines. Les maîtres grillardins, avec leur imposant équipement roulant de barbecue, n'avaient jamais ce problème, car ils avaient d'immenses foyers dans lesquels il y avait de grosses masses pour conserver la chaleur.

Nous avons ouvert les grilles d'aération du foyer qui fonctionnait à demi et rapidement, nous avons fait fonctionner quelques cheminées remplies de briquettes de charbon de bois chaudes. Il n'y a rien de pire qu'une pointe de poitrine caoutchouteuse et pas assez cuite. Il nous fallait faire grimper la température interne à 76,5 °C (170 °F) le plus tôt possible pour permettre aux protéines et aux tissus conjonctifs de se briser, créant ainsi la merveilleuse texture du barbecue traditionnel.

Pendant ce temps, le soc de porc se portait bien avec la température qui montait comme il le fallait. La température était déjà à 65,5 °C (150 °F), et nous devrions retirer les socs du cuiseur lorsque la température atteindrait 74 °C (165 °F). Il nous restait encore 3 heures avant le jugement, ce qui était bien suffisant. Tom travaillait à ajouter des briquettes de charbon de bois sous les pointes de poitrines et les socs.

Dès que Vince est arrivé, il a travaillé rapidement à sa préparation finale sur les côtes, enlevant les membranes et les enduisant de moutardes et de mélange d'épices à frotter. J'ai tué les poulets, en prenant soin de garder intact leur précieuse peau gorgée de gras, et je les ai mis à mariner.

À 10 heures, la température interne des pointes de poitrines avait monté à près de 71 °C (160 °F) — mais elle n'était pas encore assez élevée pour une bonne cuisson. Avec seulement 2 heures avant de remettre les viandes, nous avons décidé de prendre des mesures drastiques. Nous avons enlevé le bac d'eau de sous les pointes de poitrine puis nous les avons enveloppées dans une épaisse couche de papier d'aluminium et nous les avons remises dans le fumoir. Nous avions maintenant besoin d'une source rapide de chaleur, et les briquettes allaient demander un bon 20 minutes pour être prêtes.

J'ai décidé d'utiliser presque tout ce qui nous restait de bois sec de cerisier pour fabriquer du charbon de bois naturel, qui brûlerait plus rapidement et deviendrait plus chauds que les briquettes. Le but était d'avoir un bon feu sous les briquettes, qui ferait monter la température de la chambre à près de 204 °C (400 °F). Notre seul espoir était que la chaleur intense provoquerait une sorte de cuisson sous pression pour les pointes de poitrine enveloppées et les rendrait assez tendres à temps pour les remettre aux juges.

Tournant toute notre attention aux briquettes nous a fait oublier les côtes qui, à leur tour, perdaient de la chaleur dans la fraîcheur du matin. Elles n'étaient pas en danger autant que les pointes de poitrine, mais il nous fallait quand même nous en occuper. Il nous est apparu soudainement que nous avions tout raté, les côtes et les pointes de poitrine. En même temps, les briquettes pour le poulet étaient presque prêtes.

Encore une fois, il nous fallait réagir rapidement. Après une frénétique discussion, nous nous sommes mis d'accord pour la suite des actions à prendre. Un des avantages du foyer à l'eau Weber en forme de balle est qu'il est interchangeable. La façon dont il est fait permet d'enlever le centre du fumoir sans toucher au plateau de briquettes placé en dessous. Nous allions prendre la chambre contenant les côtes et la changer avec celle qui contenait le poulet, laquelle était remplie de nouvelles briquettes chaudes. Nous avions immédiatement besoin de chaleur pour les côtes, et le poulet, qui peut facilement être trop cuit, serait à sa place dans une chambre moins chaude avec des briquettes à demi brûlées.

Nous avons passé à l'action tous les trois. De loin, les gens devaient avoir l'impression de voir une étrange danse frénétique avec trois hommes courant dans tous les sens avec des gants de cuisinier, changeant les chambres de fumoirs et se criant les uns les autres ce qu'ils devaient faire.

C'était le chaos, à un niveau. Mais à un autre, nous étions au sommet de notre jeu. Comme des pros de golf qui se retrouvent hors terrain, nous utilisions tout ce que nous savions pour nous sortir de cette mauvaise situation. Avec une expérience de sept ans en compétition, nous avions les aptitudes nécessaires pour improviser pour faire face à une crise. Même si nous avions l'air stupides, nous travaillions très fort pour garder le contrôle.

Ou, c'est du moins ce que nous pensions. Quelques minutes après notre danse, j'ai regardé sous le couvert d'un des fumoirs, qui, je pensais, contenait des côtes. Mais j'ai vu les pointes de poitrine! Ce qui voulait dire que les côtes étaient dans un fumoir avec une chaleur de 204 °C (400 °F). Vraiment trop chaud. Et nos pointes de poitrine dépérissaient dans le fumoir juste à côté.

Je me sentais comme un idiot. Comme des péquenauds qui viennent d'ailleurs qui ont été attirés par une escroquerie, nous avions perdu la notion, à savoir quelle viande était dans quel fumoir!

> **De loin, les gens devaient avoir l'impression de voir une étrange danse frénétique avec trois hommes courant dans tous les sens avec des gants de cuisinier, changeant les chambres de fumoirs et se criant les uns les autres ce qu'ils devaient faire.**

Encore plus de cris. Encore plus d'hésitation. Encore plus de transfert d'équipements. Finalement, tout était en place, et il ne restait qu'une heure avant de remettre les viandes aux juges. Épuisés, mais avec une bonne dose d'adrénaline, nous avons mis le poulet à cuire et avons arrosé les socs de porc avec le glaçage avant de les envelopper dans du papier d'aluminium pour les laisser reposer avant de les remettre aux juges. Les côtes cuisaient bien et les pointes de poitrine, toujours enveloppées dans l'aluminium, cuisaient à la vapeur dans la chambre au-dessus des briquettes chaudes de bois de cerisier.

Soudainement, au milieu de cette pagaille, alors que je m'occupais d'un des fumoirs, j'ai entendu une voix familière.

«Comment ça va les gars?» C'était Harold Froescher.

«Le Dakota Kid!» J'en ai eu le souffle coupé, et je me suis levé pour lui serrer la main. «On ne vous a pas vu hier soir. Faites-vous partie de la compétition?» Il s'est mis à rire tout en entrant dans notre aire en trainant les pieds.

«Non. J'ai pris une semi-retraite. Je fais du diabète et ça me ralentit un peu. J'ai des amis qui ont une équipe ici. Je reste autour pour leur donner des conseils, qu'ils le veuillent ou non!»

«Peux-tu nous donner un conseil, Dakota? Comment penses-tu que l'on va s'en tirer?»

Il m'a regardé, m'a souri et a posé sa grosse main sur mon épaule, et a dit: «Mon gars, il y a de très bons chefs ici aujourd'hui. Mais je te souhaite la meilleure des chances.»

Et sur ce, il s'est retourné et est parti retrouver ses amis.

☙ ❧

La Kansas City Barbecue Society a établi des règles strictes pour la présentation du barbecue et les critères de jugement. Il y a quatre, et seulement quatre, catégories officielles dans les compétitions sanctionnées par la KCBS: la pointe de poitrine, l'épaule de porc (entière ou le soc), les côtes et le poulet. Seules les feuilles vertes de laitue peuvent être utilisées comme lit pour y déposer la viande, et seuls le persil ou la coriandre peuvent être utilisés comme garniture.

On donne à chaque équipe de compétiteurs quatre plateaux blancs en mousse de polystyrène avec fond à charnière, chacun avec un double billet d'entrée collé au fond. Lorsque vous recevez vos plateaux, vous gardez une partie du billet, tout en laissant l'autre attachée au plateau. De cette façon, personne ne sait qui a fait cuire quoi — jusqu'à l'annonce du numéro des gagnants pour chaque catégorie. Les viandes doivent être remises dans les cinq minutes avant la fin du temps officiel du jugement, qui est normalement à 1 heure d'intervalle, commençant à 11 heures l'avant-midi pour les pointes de poitrine, puis les épaules de porc, puis le poulet, et les côtes. Chaque pièce est évaluée par 6 juges, sur une échelle de 1 à 9, sur trois critères: l'apparence, la texture et le goût. On double la note pour le goût et on ignore la note la plus basse de chaque critère.

On double la note pour le goût en reconnaissance du fait que c'est le critère le plus important du vrai barbecue. Mais les compétiteurs de barbecue savent que les juges mangent d'abord avec leurs yeux. Si votre présentation donne l'eau à la bouche, la viande goûtera tout simplement meilleure.

En plus de mon rôle de capitaine de l'équipe, je suis l'homme au couteau, prenant l'initiative d'organiser la présentation de chaque catégorie. Le secret est de trouver les façons de présenter six pièces de viande ou plus, sur un lit de laitue pour que les juges veuillent littéralement sauter sur les plateaux.

☙ ❧

Ce matin-là, nous étions *prêts* à Newberg. Lorsque j'ai retiré les pointes de poitrine des enveloppes d'aluminium, elles étaient un peu calcinées en dessous, car elles étaient directement sur le feu, avec un bac d'eau vide, mais autrement, elles étaient parfaitement juteuses et tendres. Les six tranches de pointe de poitrine que nous avons présentées, avec leur mince couche de gras savoureux et leur couronne de fumée d'un rouge vif, avaient l'air réellement succulentes. Les socs de porc étaient fumés à la perfection comme de l'acajou étincelant, et nous les avions disposés sur la laitue selon notre propre façon : six médaillons de 1,2 cm (½ po) d'épais provenant de la partie la plus riche du soc, et soigneusement placés en diagonale dans le plateau, avec, de chaque côté, des piles de viande déchiquetée légèrement arrosée de sauce.

Les morceaux de poulet, qui avaient été saumurés, arrosés et trempés méticuleusement par Vince et Tom, étaient d'un luisant éclatant et avaient été parsemés de petits brins de persil à la sortie du fumoir. Les six belles tranches de viande blanche de poitrine semblaient bien se compléter dans le plateau de présentation, nichées entre une pile de pilons et de cuisses dodues, et une aile bien dorée. Une petite brindille de persil est tout ce qu'il a fallu pour terminer le plat. Le plateau semblait être sorti d'une revue.

Nous devenions de plus en plus confiants à chaque plat que nous présentions — sauf pour les côtes, notre talon d'Achille. Durant toutes nos années de compétitions, nous n'avons jamais pu faire mieux que la sixième place pour les côtes. Le petit carré de côtes maigre offert au Canada, où on est toujours conscient du gras, ne nous a pas aidés. Nos côtes semblent toujours trop sèches et trop cuites ou dures et pas assez cuites. Elles n'avaient pas une saveur particulière, et parce que nous savions qu'elles nous causeraient des problèmes, nous nous faisions plus de soucis et souvent, nous les arrosions avec trop de sauce, noyant ainsi la saveur du porc. Notre présentation semblait correcte. Mais que faire, pensions-nous. Personne n'est parfait.

Un des moments les plus importants des compétitions de barbecue est le bilan — l'équipe discute de

ce qui ne s'est pas bien passé et de ce qui s'est bien passé, en regardant et en évaluant les notes des juges. Ce dialogue commence 1 heure 30 minutes après que nous avons rendu les dernières pièces, pendant que les juges compilent leurs notes. Comme nous commencions à démonter nos installations, en jetant nos briquettes et nos égouttures, en nettoyant les grils et en rangeant les outils, nous avons discuté comment le tout avait fonctionné et nous croyions que tout avait été assez bien. Lorsqu'ils ont commencé à annoncer les gagnants et que le juge en chef criait les numéros, en ordre ascendant, de la dixième à la première place, nous avons été étonnés.

Ce jour-là à Newberg, les Butt Shredders sont devenus la première équipe canadienne à gagner l'Oregon Open, et en effet, les tout premiers Canadiens à jamais gagner une compétition états-unienne de barbecue.

Nous avions gagné la pointe de poitrine. Puis l'épaule de porc. Et puis le poulet. Lorsqu'ils ont annoncé le résultat des côtes (nous n'étions même pas parmi les 10 premiers), ça ne faisait rien, car ce n'était plus une compétition. Ce jour-là à Newberg, les Butt Shredders sont devenus la première équipe canadienne à gagner l'Oregon Open, et en effet, les tout premiers Canadiens à jamais gagner une compétition états-unienne de barbecue.

Ajoutant au prestige et au charme de l'occasion, nos gros trophées brillants en plastique nous ont été remis par la belle Reine des beaux jours de Newberg et les deux membres de sa cour. C'étaient de jolies filles de la campagne vêtues de robes de taffetas rose sans bretelles, avec l'écharpe traditionnelle blanche des reines de beauté.

Nous avions réussi. Nous avions enfin atteint la gloire dans ce domaine qu'est le barbecue. Et ce faisant, nous avions appris quelques secrets — au sujet de la façon de faire cuire et de présenter nos viandes, et encore plus important, quel niveau chacun de nous pouvait atteindre, et jusqu'où notre équipe pouvait aller. Ce fut un très grand moment.

Quelques minutes après nous être éloignés de l'aire des juges, j'ai appelé ma femme, Kate, de mon téléphone portable, «Mama, tu peux aller te chercher une autre paire de souliers! Nous allons à Kansas City! Woo hoo!»

Notre voyage de 7 heures lors de notre retour à Vancouver s'est déroulé très rapidement. Le moment le plus important a été lorsque nous avons passé à la douane. La douanière nous a posé les questions habituelles.

«Avez-vous quelque chose à déclarer?» a-t-elle demandé en regardant nos passeports.

«Oui, a dit Vince. Je déclare que nous sommes les champions de barbecue de l'Oregon State Open!»

C'est du moins ce dont je me rappelle. Vince et Tom ont dit que c'était : «Pourquoi avez-vous visité les États-Unis?»

«Nous avons participé à une compétition de barbecue.»

«Avez-vous gagné?»

«Oui, nous avons gagné!»

Mais une partie de la culture du barbecue est d'embellir les histoires, et j'aime mieux ma propre version.

Tout le long du voyage de retour à Vancouver, nous nous sommes remémoré tout le concours, nous rappelant de tout ce que nous avions fait, célébrant chaque moment et riant des mésaventures qui nous étaient arrivées ce matin-là. Notre petite danse vaudou autour des fumoirs avait fonctionné.

Le dimanche matin, j'ai fait paraître un communiqué de presse dans les journaux locaux de Vancouver et le lundi, il y avait une photo couleur de notre équipe en haut de la page 3 du *Vancouver Sun* avec la mention LES GRÉSILLANTS BUTT SHREDDERS GAGNENT L'OPEN DU BARBECUE DES ÉTATS-UNIS avec une de mes citations disant que l'évènement avait été «une vraie expérience de viande».

Cet après-midi-là, j'ai été interviewé par Radio-Canada pour une émission qui allait paraître en Colombie-Britannique. Les propriétaires de l'équipe locale de la Ligue nationale de hockey, les Canucks de Vancouver, nous on fait parvenir une lettre de félicitations avec des billets de courtoisie pour l'équipe.

Mais encore plus splendide que tout était le poste que nous avions gagné à l'American Royal Invitation en octobre à Kansas City. Six d'entre nous allaient voyager cet automne aux États-Unis pour faire de la compétition au Royal. Mais ça, c'est une tout autre histoire.

ÉPILOGUE

Ainsi, comment le barbecue a-t-il changé ma vie? Travailler fort, rire un peu, avoir un mal de tête, recevoir quelques criards trophées en plastique, avoir une photo dans un journal et quelques billets gratuits pour le hockey, tout cela n'est rien pour changer l'existence de quelqu'un.

Mais lorsque le Dakota Kid a mis la main sur mon épaule, j'ai eu une révélation de barbecue. J'ai réalisé que les compétitions et que la culture de barbecue ne sont pas un sport d'abruti et qu'ils sont beaucoup plus qu'un mode de vie. Le barbecue, j'ai réalisé, est une métaphore pour la vie elle-même. C'est un prisme, gras et savoureux, à travers lequel nous regardons la condition humaine.

En ce qui vous concerne, je ne le sais pas, mais je trouve difficile d'obtenir beaucoup de satisfaction personnelle en travaillant dans le monde des affaires. Paralysé par la bureaucratie, étouffé par de mauvaises politiques internes, frustré par l'absurdité kafkaïenne de la vie dans le monde moderne du travail, j'ai été attiré par le monde du barbecue à cause de sa pureté, de sa simplicité et d'un vrai sentiment de joie qui m'a amené à un endroit beaucoup plus agréable. Le cocon enfumé du concours de barbecue crée un groupe amical et détendu contrairement à la vie urbaine d'aujourd'hui.

Faire partie d'une équipe de barbecue donne à ses membres de la motivation et de la camaraderie, ce qui est très difficile à trouver ailleurs. Et être le chef cuisinier d'une équipe de barbecue m'a permis d'être un meneur, de prendre des décisions, de résoudre des problèmes, d'entraîner et de collaborer avec mes coéquipiers, de déléguer des tâches, d'argumenter lorsque tout va mal et de partager la gloire lorsque nous gagnons.

Finalement, je crois qu'il est juste de dire que notre victoire en Oregon ce jour fatidique m'a conduit à écrire ce livre. Le fait d'avoir gagné un championnat de barbecue m'a donné un petit créneau unique dans un monde de plus en plus générique. Il m'a ouvert des portes dont j'ignorais même l'existence, a resserré les liens avec mes amis et m'en a amené de nouveaux.

Le barbecue, j'ai réalisé, est une métaphore pour la vie elle-même. C'est un prisme, gras et savoureux, à travers lequel nous regardons la condition humaine.

Et il m'a donné la chance de faire cuire et de manger la nourriture la plus délicieuse sur terre.

Le barbecue a fait de moi un être entier. Que Dieu bénisse le barbecue.

Mordez-les !
Hors-d'œuvre
et bouchées

LORSQUE VOUS AVEZ DES INVITÉS POUR VOTRE BARBECUE, vous devez leur donner quelque chose à manger avant le repas, sinon ils s'enivreront, commenceront à argumenter, et quelqu'un pourrait même s'évanouir sur votre tapis. En même temps, vous ne voulez pas les bourrer de hors-d'œuvre, car ce qu'ils veulent manger, c'est ce que vous faites cuire de si succulent sur votre gril ou dans votre fumoir. Quoi que vous fassiez, gardez de petites portions faciles à prendre et à manger tout en tenant un verre.

PLATEAU DE LÉGUMES GRILLÉS

DONNE 10 À 20 PORTIONS, SELON CE QUE VOUS AVEZ D'AUTRE SUR LE GRIL

Cette recette est un peu compliquée et a été conçue pour recevoir plusieurs personnes. Pour tous les jours, faites cuire une ou deux variétés des légumes — ils seront prêts dans quelques minutes.

20 petites pommes de terre, avec la pelure

20 fleurons de chou-fleur (environ 1 chou-fleur)

4 patates douces, pelées et coupées en rondelles de 1 cm (½ po) d'épais

2 poivrons rouges, coupés dans le sens de la longueur, en lanières de 5 cm (2 po)

2 poivrons jaunes, coupés dans le sens de la longueur, en lanières de 5 cm (2 po)

2 poivrons verts en lanières de 5 cm (2 po)

2 bottes de tiges d'asperges fraîches, les bouts durs cassés

4 courgettes, coupées dans le sens de la longueur en bouts de 1 cm (½ po) de long

20 tomates cerise mûres, entières

250 ml (1 tasse) d'huile d'olive extra vierge

Sel casher et poivre noir fraîchement moulu, au goût

3 citrons, coupés en quartiers

Dans une grande casserole d'eau froide à feu vif, porter les pommes de terre et les patates douces à ébullition.

Diminuer la chaleur et laisser mijoter pendant 10 minutes, en ajoutant les fleurons de chou-fleur lorsqu'il vous reste 5 minutes. Retirer les légumes de la casserole, puis les plonger dans un bol d'eau froide. Égoutter à nouveau et réserver.

Préparer votre gril pour une chaleur directe moyenne.

Mettre tous les légumes dans un grand bol, en lots si nécessaire, et les mélanger avec de l'huile d'olive, du sel, du poivre et des fines herbes, si désiré. Faire griller les légumes à chaleur directe vive, en commençant avec les patates douces, les pommes de terre et le chou-fleur; les tourner souvent. Faire griller les légumes les plus tendres en dernier, en prenant soin de ne pas faire trop cuire les asperges, les courgettes et les tomates cerise (qui n'ont besoin que d'être réchauffées).

Déposer tous les légumes grillés dans un grand plateau et les arroser avec un peu plus d'huile. Garnir le plateau de quartiers de citron et servir immédiatement. Le tout peut également être fait 1 à 2 heures d'avance et les légumes servis à la température ambiante.

SECRET POUR LE ⤳ BARBECUE ⤳

Vous pouvez faire griller presque n'importe quels légumes, et n'importe quelle quantité de ceux-ci, tout simplement en les arrosant d'huile d'olive, en les saupoudrant de sel et en les déposant sur un gril chaud. Plus les légumes sont fermes, plus le temps de cuisson sera long. Plus vous faites de barbecue, plus vous deviendrez expérimenté !

⤳ ⤳

Les légumes grillés sont délicieux mangés seuls, mais ils sont meilleurs avec une bonne trempette comme la mayonnaise assaisonnée (voir pages 68-69). Ils sont aussi bons mélangés à une salade verte ou comme accompagnement avec de la viande ou du poisson grillé. Pour ajouter encore plus de saveur, les saupoudrer de fines herbes fraîches, hachées ou séchées, comme le romarin, l'origan ou le basilic avant de les faire griller.

CHAMPIGNONS FARCIS GRILLÉS

DONNE 2 DOUZAINES

Cette recette traditionnelle de champignons farcis a été adaptée d'une vieille revue *Gourmet*. Ces champignons sont délicieux grillés, mais vous pouvez également faire cette recette sur planche.

24 gros champignons de Paris (environ 1,2 kg [2½ lb])

375 g (12 oz) de tomates séchées au soleil, dans l'huile

75 ml (⅓ tasse) d'échalotes finement hachées

5 ml (1 c. à thé) d'ail finement haché

1 pincée de thym séché, émietté

Sel casher et poivre noir fraîchement moulu

45 ml (3 c. à soupe) de crème à fouetter

50 ml (¼ tasse) de fromage parmesan fraîchement râpé

Enlever les tiges des champignons et les hacher finement pour en avoir 250 ml (1 tasse). Jeter le reste des tiges.

Égoutter les tomates séchées au soleil, en réservant 50 ml (¼ tasse) de l'huile. Émincer les tomates.

Badigeonner le dessus des champignons avec l'huile réservée des tomates et les déposer sur une plaque à pâtisserie, le côté de la tige vers le haut.

Dans une grande poêle à feu moyen-doux, faire cuire les échalotes et l'ail dans le reste de l'huile réservée des tomates, en brassant de temps à autre, jusqu'à ce qu'ils ramollissent. Incorporer les tiges réservées des champignons, les tomates émincées, le thym, le sel et le poivre. Faire cuire le mélange, en brassant occasionnellement, pendant 5 à 10 minutes, ou jusqu'à ce que le liquide se soit évaporé et que le mélange épaississe. Ajouter la crème ; partager le mélange dans les capuchons des champignons et les saupoudrer de fromage parmesan.

Préchauffer le gril à chaleur directe moyenne. Rapidement et délicatement, placer les champignons sur les grilles. Faire cuire pendant 8 à 12 minutes, ou jusqu'à ce que la garniture soit chaude.

BOUCHÉES DE BACON DU BARON
SUR PLANCHE DE HICKORY

DONNE 20 PORTIONS

Cette recette provient d'un de mes guides et conseillers, et un des chefs de barbecue les plus connus mondialement, le chef Paul Kirk. «Je ne pense pas que les gens réalisent que la cuisine sur planche peut donner aux aliments une saveur nouvelle et délicieuse, un changement à la cuisine barbecue de tous les jours», dit Paul.

1 planche de bois de hickory (ou une planche de votre choix), trempée dans l'eau ou dans le jus de pomme pendant au moins 1 heure	20 demi-pacanes ou amandes entières non salées
20 cure-dents, trempés dans l'eau	20 pruneaux, dattes ou figues, dénoyautés
	10 tranches de bacon, coupées en 2

Mettre ½ pacane ou 1 amande entière dans chaque prune, datte ou figue. Envelopper chaque fruit de 1 tranche de bacon et la faire tenir en place par un cure-dents. (Lorsque la pacane ou l'amande est atteinte, tourner ou visser le cure-dents ; cela empêchera ces dernières de se briser.) Placer les bouchées sur la planche déjà préparée. Faire cuire de 180 à 220 °C (350 à 425 °F) pendant 18 à 25 minutes. Si désiré, ajouter des copeaux de hickory trempés aux briquettes chaudes ou sur le brûleur de votre gril pour plus de saveur de hickory.

BOTTES

D'ASPERGES AU PROSCIUTTO
SUR PLANCHE

DONNE 6 PORTIONS

Ces bouchées sont les favorites de mon frère Allan, qui, comme moi, est Ukrainien-Canadien et qui, d'une certaine façon, s'est transformé en amateur de tout ce qui est italien. Ce mélange de saveurs traditionnelles s'améliore lors de la cuisson sur planche. Si vous ne pouvez pas trouver un vrai fromage fontina importé, utilisez du Parmigiano Reggiano tranché en julienne.

1 planche, trempée toute la nuit ou au moins pendant 1 heure

18 pointes d'asperge épaisses

250 g (½ lb) de fromage italien fontina, coupé en tranches minces

6 grandes tranches de prosciutto

15 ml (1 c. à soupe) de beurre

Réduction balsamique (facultatif, voir l'encadré, page 242)

Pain croûté, comme accompagnement

Parer les asperges et les blanchir dans l'eau salée pendant 1 minute ou 2, jusqu'à ce qu'elles deviennent vert foncé et soient encore fermes. Arrêter la cuisson en plongeant les pointes dans l'eau froide.

Mettre de côté 12 tranches de fromage, et réserver le reste. Ouvrir 1 tranche de prosciutto et y déposer 2 pointes d'asperge. Mettre 1 tranche de fromage entre les asperges et placer une troisième pointe d'asperge sur le dessus. Enrouler le prosciutto autour des asperges et du fromage. Répéter jusqu'à ce que vous ayez 6 bottes.

Préchauffer le gril à moyen-vif, de 5 à 10 minutes, ou jusqu'à ce que la température dans la chambre atteigne 260 °C (500 °F). Rincer la planche préalablement trempée et la placer sur la grille. Fermer le couvercle du gril et faire chauffer la planche de 4 à 5 minutes, ou jusqu'à ce qu'elle commence à fumer un peu et à craqueler légèrement. Réduire le feu à moyen-doux et placer les bottes sur la planche. En travaillant rapidement, placer le reste des tranches de fromage, sur chaque botte, en croix. Faire cuire les bottes de 10 à 15 minutes, ou jusqu'à ce que le fromage ait fondu et soit un peu marbré. Les retirer du gril, les arroser d'huile d'olive ou les badigeonner de beurre et les laisser reposer pendant quelques minutes. Les mettre dans des assiettes individuelles en ajoutant quelques gouttes de la réduction balsamique sur les bords, si désiré. Servir avec du pain croûté.

NOTE : Si vous voulez les préparer sur votre gril sans la planche, utiliser la chaleur indirecte moyenne-vive et les déposer sur une feuille de papier d'aluminium afin de ne pas perdre de fromage durant la cuisson.

CHICHEKÉBABS GRILLÉS
DE CHAMPIGNONS OU DE LÉGUMES
AVEC VINAIGRETTE À L'ESTRAGON

DONNE 4 À 6 BROCHETTES OU 24 PORTIONS INDIVIDUELLES

La première fois que j'ai fait cette recette, j'ai entassé quelques champignons garnis sur le gril. Plus tard, j'ai utilisé des légumes en brochettes et je les ai adaptés pour la cuisson sur planche. C'est parfait pour un hors-d'œuvre chaud ou froid et servi dans une assiette de hors-d'œuvre.

6 ou 8 brochettes de bambou, trempées pendant au moins 15 minutes

125 ml (½ tasse) d'huile d'olive extra vierge

45 ml (3 c. à soupe) de vinaigre de vin blanc ou de vinaigre d'estragon

15 ml (1 c. à soupe) de moutarde de Dijon

1 échalote, finement hachée

1 gousse d'ail, écrasée ou finement émincée

5 ml (1 c. à thé) d'estragon séché, émietté

15 ml (1 c. à soupe) de jus de citron frais

Sel casher et poivre noir fraîchement moulu

24 gros champignons de Paris blancs (ou 24 petits morceaux de la grosseur d'une bouchée de légumes mélangés, incluant oignon rouge, courgette, aubergine, violette longue d'Orient, poivrons rouges, verts ou jaunes, tomates cerise, etc.)

Préparer le gril à une chaleur directe moyenne-vive, ou jusqu'à ce que la température de la chambre atteigne 260 °C (500 °F). Fouetter ensemble l'huile d'olive, le vinaigre, la moutarde, l'échalote, l'ail, l'estragon et le jus de citron. Assaisonner la vinaigrette au goût avec le sel et le poivre.

Déposer les champignons ou les légumes dans la vinaigrette. Pour les chichekébabs, placer les légumes sur une brochette. Les mettre sur le gril et laisser la chaleur à moyenne-vive. Faire cuire les légumes de 6 à 8 minutes, en les tournant 1 ou 2 fois, ou jusqu'à ce qu'ils soient bien réchauffés et commencent à dorer sur les bords.

Retirer les légumes de la chaleur et les transférer dans un plat de service. Presser plus de jus de citron sur les champignons ou les légumes et les assaisonner avec plus de sel et de poivre, puis les arroser d'huile d'olive, si désiré.

POUR LA CUISSON SUR PLANCHE : Faire tremper une planche de cèdre toute la nuit ou pendant au moins 1 heure. La rincer et la placer sur la grille. Fermer le couvercle du gril et faire chauffer la planche de 4 à 5 minutes, ou jusqu'à ce qu'elle commence à fumer et à craqueler légèrement. Placer les légumes sur la planche et refermer le couvercle. Faire cuire de 8 à 12 minutes, ou jusqu'à ce que les légumes soient bien chauds et qu'ils commencent à dorer sur les bords. Servir comme décrit ci-dessus.

DIAMANTS DE POLENTA GRILLÉS
AVEC CHÈVRE AU JALAPENO ET
TOMATES CERISE RÔTIES

DONNE 1 À 2 DOUZAINES DE CANAPÉS, SELON LA TAILLE DES DIAMANTS

Cette recette de diamants de polenta vient de mon amie Jane Mundy. Ces délicieux hors-d'œuvre qui se mangent en une bouchée sont faciles préparer, et même plus faciles à manger, et font une belle présentation dans une assiette. Ils sont également bons pour ceux qui ne peuvent pas manger de gluten.

TOMATES CERISE

500 g (1 lb) de tomates cerise, coupées en 2, de préférence rouges, jaunes et orange

50 ml (¼ tasse) d'huile d'olive extra vierge

Sel casher

DIAMANTS DE POLENTA

500 ml (2 tasses) de polenta instantanée

Huile d'olive extra vierge, pour badigeonner

FROMAGE DE CHÈVRE AU JALAPENO

375 ml (1½ tasse) de fromage de chèvre émietté

15 ml (1 c. à soupe) de crème à fouetter ou de yogourt nature

15 ml (1 c. à soupe) d'ail émincé

50 ml (¼ tasse) de coriandre ou de persil frais, haché grossièrement

25 ml (2 c. à soupe) de jalapeno en sauce adobo en conserve, émincé

15 ml (1 c. à soupe) de graines de cumin, rôties et finement moulues

Sel casher et poivre noir fraîchement moulu, au goût

Préchauffer le four à 95 °C (200 °F). Mettre les demi-tomates sur une plaque à pâtisserie, le côté coupé sur le dessus. Les arroser d'huile d'olive et les saupoudrer d'un peu de sel. Les mettre au four et les laisser de 1 à 2 heures, jusqu'à ce qu'elles soient flétries. Retirer la plaque du four et laisser refroidir.

Préparer la polenta selon les instructions sur l'emballage. Couvrir une grande plaque à pâtisserie ou 2 plaques régulières de papier parchemin. Pendant qu'elle est encore chaude, verser la polenta sur le papier parchemin. L'étendre en une couche uniforme (environ 1 cm [½ po] d'épais). Lisser la surface avec le dos d'une cuillère et la laisser refroidir. Lorsqu'elle sera froide et ferme, la couper en bouchées carrées ou en forme de diamants.

Préparer le gril pour une chaleur directe vive. Badigeonner les morceaux de polenta avec de l'huile d'olive et faire griller, les tournant 1 ou 2 fois, juste assez pour qu'ils aient de belles marques de grilles. Les retirer du gril et laisser refroidir.

Dans le récipient d'un robot culinaire, combiner les ingrédients pour préparer le fromage de chèvre et bien mélanger. Verser environ 5 ml (1 c. à thé) de cette pâte sur chaque carré de polenta. Recouvrir chacun d'une tomate cerise rôtie.

BRIE SUR PLANCHE
AVEC RELISH DE TOMATES ET DE CERISES GRILLÉES

DONNE 8 À 12 PORTIONS

Je sais. Même le nom de cette recette semble succulent. Et elle est. Faire rôtir les cerises et les tomates prend un peu de temps, mais il n'y a rien de lourd à lever, et faire cuire le fromage sur planche se fait en un tournemain. Une bouchée de ce mélange fondu, au goût de fumée, piquant et sucré, et vous serez accro. J'aimerais remercier mon amie Gail Norton pour la recette de relish ainsi que le dieu de la cuisine sur planche, Ted Reader, pour sa technique de cuisson qu'il décrit si bien dans son livre de cuisine Sticks & Stones.

1 planche d'érable, de bois fruité ou de cèdre, qui a trempé toute la nuit, ou au moins pendant 1 heure	Poivre noir fraîchement moulu
2 (petits) bries ronds de 125 g (¼ lb) chacun	250 ml (1 tasse) de Relish de tomates et de cerises grillées (la recette suit)
	30 ml (2 c. à soupe) de Réduction balsamique (voir l'encadré, page 242)

Préchauffer le gril à température moyenne-vive pendant 5 à 10 minutes ou jusqu'à ce que la température de la chambre atteigne 260 °C (500 °F). Couper la croûte du dessus de chaque fromage. Moudre un peu de poivre sur le fromage à découvert. Étendre environ 125 ml (½ tasse) de relish sur chaque rond de fromage.

Rincer la planche trempée et la placer sur la grille. Fermer le couvercle du gril et faire chauffer la planche de 4 à 5 minutes ou jusqu'à ce qu'elle commence à fumer et à craqueler. Placer le fromage sur la planche et faire cuire de 10 à 12 minutes, ou jusqu'à ce que le fromage commence à dorer et à ramollir (attention de ne pas trop faire cuire — le fromage pourrait s'effondrer et vous auriez un délicieux gâchis sur les mains). Retirer le brie du gril et l'arroser avec la réduction balsamique. Garnir avec quelques tomates raisin ou tomates cerise ; servir sur la planche, avec du pain croûté, des croustilles de seigle ou vos craquelins préférés.

(suite à la page suivante)

Mordez-les! Hors-d'œuvre et bouchées

Brie sur planche avec relish de tomates et de cerises grillées *(suite)*

DONNE ENVIRON 500 ML (2 TASSES)

500 g (1 lb) de cerises fraîches, mûres et dénoyautées

500 g (1 lb) de tomates raisin ou de petites tomates cerise

50 ml (¼ tasse) d'huile d'olive extra vierge

5 ml (1 c. à thé) de sel casher

Réduction balsamique (voir l'encadré page 242), pour arroser

Préchauffer le four à 180 °C (350 °F). Étendre les cerises et les tomates sur une grande plaque à pâtisserie, en une seule couche. Les arroser d'huile et les saupoudrer de sel, puis les remuer pour bien enrober. Placer les fruits dans le four et les faire griller pendant 1 heure, en les mélangeant 1 ou 2 fois. Réduire la chaleur à 150 °C (300 °F) et continuer la cuisson pendant 1 heure, en les remuant 1 ou 2 fois. Les tomates et les cerises devraient être bien caramélisées. Les arroser d'un peu plus d'huile et d'un trait de vinaigre balsamique en les mélangeant bien, puis transférer le tout dans un contenant. Cette relish se conserve au réfrigérateur de 1 à 2 semaines et se congèle bien.

QUESADILLA GRILLÉE :
LISTE DE VARIATIONS

Les quesadillas, faciles à préparer et rapides à cuire, sont parfaites pour les fêtes d'été. Pensez à la tortilla à la farine comme étant une palette sur laquelle vous pouvez peindre de beaux paysages délicieux pour vos invités. Ou quelque chose de similaire. Préparer une quesadilla est simple comme bonjour.

1. Placer une grande tortilla à la farine sur une planche à découper ou sur une plaque à pâtisserie et la couvrir d'une couche de 0,6 cm (¼ po) de fromage râpé. (Ce qui est préférable est un fromage visqueux mais fade comme la mozzarella et le Jack, pour avoir la bonne texture ; de plus, si un peu plus de fantaisie est désirée, utiliser un fromage d'un goût plus intense comme l'asiago, le gouda ou le fromage bleu pour une saveur encore plus soutenue.)

2. Étendre les garnitures uniformément (voir page 97).

3. Saupoudrer les garnitures de sel et de poivre, et arroser d'un peu de sauce piquante, au goût. (Si un fromage salé comme le bleu est utilisé, en mettre très peu.)

4. Ajouter une autre fine couche de fromage râpé.

5. Recouvrir d'une autre tortilla à la farine.

Préchauffer le gril au charbon de bois ou au gaz à chaleur moyenne-vive. Placer les quesadillas directement sur le gril et faire cuire de 2 à 3 minutes, jusqu'à ce que le fromage commence à fondre et que la tortilla soit grillée et légèrement noircie. À l'aide d'une grande spatule, tourner la tortilla et faire cuire de l'autre côté pendant 2 à 3 minutes de plus. La retirer du gril et la placer sur une planche à découper, puis laisser reposer de 1 à 2 minutes. La couper en pointes, comme une pizza, avec un grand couteau aiguisé.

Servir avec de la salsa fraîche, du guacamole et de la crème sure comme trempette. On peut facilement faire cuire les quesadillas sur la cuisinière ou sur un cuiseur au propane sur le côté de votre gril, dans une grande poêle légèrement huilée, à feu moyen-vif. Elles peuvent être faites à l'avance et gardées couvertes au réfrigérateur pendant 1 heure ou 2 avant d'être grillées (par contre, si vous voulez les garder toute la nuit, elles ramolliront).

(suite à la page suivante)

⤳ LEVONS NOS VERRES ⤳ AUX ÉPICES ET AUX NOIX

En Inde, on commence presque toujours à cuisiner en faisant griller des épices dans une poêle chaude. La chaleur ravive les épices en faisant ressortir leurs huiles naturelles, qui contiennent leur saveur. Cette technique se prête spécialement bien aux épices entières corsées comme le cumin, la coriandre et les graines de fenouil. Tout ce que vous avez à faire est de faire chauffer une poêle à sauter sèche à feu moyen et d'y mettre une poignée de graines. Remuez la poêle constamment et surveillez bien. Après environ 1 minute, au moment où les épices commencent à dorer un peu et à émettre un arôme assez fort, videz la poêle dans un bol ou une assiette fraîche pour arrêter la cuisson avant qu'elles ne brûlent. Dans quelques minutes, les graines seront prêtes pour le moulin à épices, le mortier ou le moulin à café. La différence entre les épices grillées et celles qui ne le sont pas est comme le jour et la nuit.

Cette technique se prête bien aussi pour faire griller les pacanes ou autres noix, les graines de sésame, les graines de citrouille et les pignons. Prenez une poignée de noix et saupoudrez-en une salade pour avoir des éclats piquants et croustillants d'une saveur de noisettes !

Quesadilla grillée : liste de variations *(suite)*

NOTE : Cette technique demande un peu de pratique, et jusqu'à ce que vous deveniez habile, il est fréquent de ne pas pouvoir bien tourner la quesadilla et que la moitié du fromage s'en aille sur le gril. Pour éviter ces désagréments, faites de petites quesadillas en plaçant tous les ingrédients sur une moitié de la tortilla et pliez l'autre moitié sur les garnitures. Il vous sera plus facile de prendre les quesadillas avec des pinces et de les tourner, le côté plié vers le bas, afin d'éviter qu'elles ne se renversent.

Variations

Simple mais géniale   Que du fromage Jack ou cheddar râpé avec des piments jalapenos tranchés.

Traditionnel   Du fromage asiago et Jack râpés, en parties égales, avec des piments jalapenos tranchés, un peu de salsa aux tomates, et un peu de coriandre hachée, du sel et du poivre.

Le rêve du randonneur (du gourmet de Calgary, Dee Hobsbawn-Smith)   Du fromage Jack et gouda fumé râpés, en parties égales, des tranches minces de pommes Granny Smith, du romarin frais, haché, du sel et du poivre. Inhabituel et délicieux!

Branché   Du fromage jack râpé, des morceaux de fromage de chèvre (crémeux), de tranches de piment rouge rôti, des pignons légèrement rôtis, du sel et du poivre. Servir avec une gelée de jalapeno.

Paradisiaque   Du fromage jack râpé, de la coriandre hachée et quelques cuillérées de restes de chiles ou de chorizo. Tremper dans la crème sure ou la salsa fraîche.

Wolfgangpuckadilla   Du fromage jack râpé recouvert de fromage à la crème, des tranches de saumon fumé, quelques câpres, un peu d'oignon rouge finement tranché, du sel et du poivre. Servir avec de la crème sure et... du caviar?

Rêve en bleu   Du fromage jack râpé, du fromage bleu fort, comme le roquefort ou le gorgonzola, émietté, des tranches de poires mûres et des noix de Grenoble rôties et hachées grossièrement. Peut-être aussi avec un petit oignon caramélisé.

Rêve en bleu (II)   Du fromage bleu danois, du fromage jack râpé, des noix de Grenoble légèrement rôties, hachées, et des oignons caramélisés (voir recette page 160).

Calicado   Du fromage jack râpé avec des olives noires en conserve, dénoyautées et hachées, des tranches d'avocats, de la coriandre hachée, du poivron rouge frais, haché, du sel, du poivre et un peu de jus de lime frais.

Tropical   De la mozzarella et du brie, des mangues ou des papayes mûres finement tranchées, de la coriandre hachée, des oignons finement tranchés et des jalapenos frais, hachés. Servir avec de la crème sure comme trempette.

NOTE : Les fromages aromatisés comme le Jack au jalapeno, le fromage de chèvre au poivre ou le gouda épicé sont excellents dans les quesadillas.

CALMARS SAISIS AVEC
SALSA FRAÎCHE DE TOMATES ET DE BASILIC

DONNE 4 PORTIONS

Le secret pour obtenir des calmars grillés délicieux est d'utiliser les plus frais et les plus petits que vous pouvez trouver et de les faire cuire sur chaleur directe vive, pas plus de 1 minute par côté. Faites-les cuire plus longtemps, et ils deviendront caoutchouteux. Dans cette recette, la salsa de tomates ajoute un complément frais, acidulé, et un goût de fines herbes aux calmars piquants et à la saveur d'ail. Vous pouvez également faire cuire ce plat sur planche pour lui donner une saveur additionnelle de fumée, mais vous n'aurez pas les belles marques de la grille, causées par la chaleur directe.

500 g (1 lb) de calmars nettoyés, autant de corps que de tentacules	500 ml (2 tasses) de petites tomates cerise ou raisin mûres
15 ml (1 c. à soupe) de sel casher	15 ml (1 c. à soupe) de basilic frais
125 ml (½ tasse) d'huile d'olive extra vierge	15 ml (1 c. à soupe) de vinaigre de riz ou de vinaigre de vin blanc
2 ml (½ c. à thé) de flocons de piment rouge séché, écrasés	Sel casher et poivre noir fraîchement moulu
2 gousses d'ail, finement hachées	

Enrober les calmars de sel, puis les rincer complètement avec de l'eau froide. Les assécher avec des essuie-tout. Trancher les corps et en marquer les surfaces internes de coupes diagonales. Couper chaque calmar en morceaux de la grosseur d'une bouchée. Les placer dans un bol avec 50 ml (¼ tasse) d'huile d'olive, les flocons de piment et de l'ail. Bien remuer pour enrober et laisser mariner au réfrigérateur pendant environ 1 heure.

Préchauffer le gril à température vive. Pendant que le gril chauffe, hacher grossièrement les tomates (en demies ou en quartiers), hacher finement les feuilles de basilic, et bien remuer dans un bol avec le vinaigre et le reste de l'huile d'olive. Partager la salsa entre 4 assiettes.

Lorsque le gril est chaud, l'ouvrir et y déposer délicatement les calmars en prenant soin de ne pas laisser tomber des morceaux entre les grilles (un panier à petits trous conçu à cet effet peut même être utilisé). Ne pas s'éloigner! Se tenir près du gril et tourner les calmars avec de longues pinces afin qu'ils cuisent rapidement et uniformément, pas plus de 1 minute par côté. Les retirer du gril et les transférer dans une assiette, puis les assaisonner de 1 pincée de sel et de poivre.

Arroser les calmars avec un peu plus d'huile d'olive et servir immédiatement avec un vin blanc fruité et frais.

HUÎTRES ROULÉES DANS LE BACON

DONNE 4 À 6 PORTIONS DE HORS-D'ŒUVRE

C'est une façon simple et ancienne de faire griller les huîtres pour en faire un beau plateau de hors-d'œuvre.

1 contenant de 500 ml (2 tasses) de grosses huîtres fraîches écaillées (environ 1 douzaine)

125 g (¼ lb) de bacon finement tranché, chaque tranche coupée en 2

Sel casher et poivre noir fraîchement moulu, au goût

Sauce piquante du style Louisiane

Dans une poêle à fond épais à feu moyen, faire frire le bacon jusqu'à ce qu'il soit cuit, mais pas croustillant. Placer les morceaux de bacon cuits sur un essuie-tout et réserver.

Préparer le gril pour une chaleur directe vive. Égoutter les huîtres et les éponger à l'aide d'un essuie-tout. Envelopper chaque huître de ½ tranche de bacon cuit, en la gardant en place à l'aide de cure-dents en bois. Placer les huîtres sur la grille et les faire griller de 2 à 3 minutes de chaque côté, ou jusqu'à ce que le bacon soit croustillant, que les huîtres soient bien cuites et qu'elles commencent à noircir. Les retirer de la chaleur et les placer dans une assiette, les assaisonner de sel et de poivre, puis faire circuler le plateau avec une bouteille de sauce piquante.

HUÎTRES GRILLÉES DANS LEUR COQUILLE

Les huîtres cultivées sur la côte ouest arrivent habituellement ouvertes dans des bacs, et elles sont parfaites pour fumer ou griller. Si vous pouvez trouver des huîtres vivantes, dans leur coquille, ce sera super. J'ai la chance d'avoir comme ami le chef Eric Giesbrecht, qui est le propriétaire de The Royal We Shellfish Company, basée à Calgary. Eric est grossiste en huîtres et autres fruits de mer frais, et aussi traiteur. Je lui ai demandé de m'apprendre les secrets du grillage des huîtres dans leur coquille, et je le remercie pour le guide qui suit. Son site Internet est www.meta4foods.com (en anglais seulement).

1. Utiliser de grosses huîtres de la côte ouest pour obtenir de meilleurs résultats. Demander à votre poissonnier des huîtres Miyagi royales.

2. Préparer le gril pour une chaleur directe moyenne.

3. Rincer les huîtres pour enlever les anatifes, les pierres, le sable ou toute autre chose qui pourrait y adhérer.

4. Déposer les huîtres sur la grille, le côté arrondi en dessous. Ceci vous permettra de ne pas perdre le précieux liquide dans lequel les huîtres pocheront.

5. Faire griller les huîtres pendant 5 ou 6 minutes. Elles sont cuites quand la partie supérieure de l'écaille commence à lever et quand le liquide commence à se répandre.

6. Enlever les huîtres du gril et les ouvrir. Si on essaie de séparer les 2 parties de la coquille, on risque d'avoir des petites parcelles, non appétissantes, dans les huîtres. Eric recommande d'utiliser un couteau à écailler les huîtres, ou un couteau d'office pour séparer les 2 parties de la coquille, de couper le muscle attachant l'huître à la coquille et d'en retirer la chair. Certains restaurants aiment les servir cuites et dans leur coquille avec un peu de sauce sur le dessus, en laissant leurs clients les ouvrir eux-mêmes.

SECRET POUR LE ⇜ BARBECUE ⇝

Pour préserver votre grille du liquide salé des huîtres qui a un effet corrosif, lorsque vous les faites cuire dans leur coquille, placer une plaque à pâtisserie sur le dessus de votre grille avant de le préchauffer. Placer les huîtres sur la plaque à pâtisserie, qui ramassera les jus et protègera ainsi votre grille.

QUELQUES SAUCES ⇜ FAVORITES D'ERIC ⇝

Verde Utiliser une poignée de fines herbes et les broyer en une pâte avec un pilon dans un mortier, en ajoutant un peu d'huile d'olive, 1 gousse d'ail, 1 échalote émincée, le zeste et le jus de 1 lime (ou citron), un peu de gros sel de mer et des grains de poivre noir. En ajoutant du parmesan frais, râpé, vous aurez un résultat encore inconnu dans ce monde.

Beurre composé Mélanger 250 g (½ lb) de beurre ramolli avec 15 à 25 ml (1 à 2 c. à soupe) de paprika fumé, 1 pincée de flocons de piment rouge, le zeste et le jus de 1 citron, 15 ml (1 c. à soupe) de miel liquide, 1 gousse d'ail écrasée et un peu de persil haché, pour ajouter de la couleur.

Gratiné Eric aime transférer les huîtres grillées sur une plaque à pâtisserie huilée, y ajouter des tranches de Gruyère, de Comté ou d'Appenzeller, et la remettre sur le gril. « Fermer le couvercle jusqu'à ce que le fromage ait fondu et soit indéniablement attirant, dit-il. Garnir avec de la ciboulette émincée ou des oignons verts pour une garniture de contraste. »

HUÎTRES GRILLÉES AVEC
VINAIGRETTE À L'ORANGE ET AUX NOIX DE GRENOBLE

DONNE 4 À 6 PORTIONS DE HORS-D'ŒUVRE

Mon ami Kosta, le poissonnier, m'a suggéré cette combinaison de saveurs, et lorsque je l'ai essayée, j'ai été étonné de voir comment cette vinaigrette légère et rafraîchissante complémentait si bien la saveur corsée des huîtres grillées.

VINAIGRETTE

45 ml (3 c. à soupe) d'huile de noix grillées française

15 ml (1 c. à soupe) de vinaigre de riz ou de vinaigre de champagne

15 ml (1 c. à thé) de zeste d'orange finement râpé

5 ml (1 c. à thé) de sirop d'érable

1 contenant de 500 ml (2 tasses) de grosses huîtres fraîches, écaillées (environ 1 douzaine)

Sel casher et poivre noir fraîchement moulu

Huile à saveur neutre comme l'huile de Canola ou de maïs

1 orange, coupée en quartiers

Préparer la vinaigrette en fouettant ensemble l'huile de noix, le vinaigre, le zeste d'orange et le sirop d'érable. Réserver.

Égoutter les huîtres et les éponger avec des essuie-tout. Les déposer sur une plaque à pâtisserie et réserver.

Préparer le gril pour une chaleur directe vive, en s'assurant que les grilles sont bien nettoyées. Saler et poivrer les huîtres, et les arroser d'un peu d'huile. Juste avant de les mettre sur le gril chaud, huiler les grilles à l'aide d'un essuie-tout trempé dans l'huile. Déposer les huîtres avec précaution, en s'assurant qu'elles ne tomberont pas. Les faire griller quelques minutes de chaque côté, ou jusqu'à ce qu'elles soient complètement cuites et que le pourtour soit un peu noirci. Les transférer sur des assiettes de service, les arroser de la vinaigrette, et les garnir de quartiers d'oranges.

GASPACHO
AUX TOMATES FUMÉES SUR PLANCHE

DONNE 6 À 8 PORTIONS, AVEC DES RESTANTS

J'ai fait connaître les tomates fumées au chef de la cuisson en plein air Lawrence Davis durant un de mes cours, et il a créé cette recette pour les présenter dans un gaspacho classique, la soupe d'été espagnole froide et rafraîchissante. C'est une recette pour 8 personnes, mais Lawrence dit qu'elle peut être doublée ou triplée si vous avez un grand nombre de convives. Pour plus de saveur et de variété, ajoutez du maïs, des olives grecques dénoyautées, ou tout légume de la saison, grossièrement haché. Vous pouvez aussi servir des œufs durs hachés ou du bacon émietté en accompagnement, que les invités ajouteront eux-mêmes.

SECRET POUR LE
🌿 BARBECUE 🌿

Les tomates légèrement fumées sont parfaites pour le guacamole ou le gaspacho, mais les tomates un peu plus fumées et plus ramollies sont idéales pour les soupes, les ragoûts et les sauces.

🌿 PROFITEZ DE LA FUMÉE 🌿

Votre fumoir à l'eau ou votre barbecue met du temps avant d'être prêt et il s'essouffle après que la cuisson soit terminée. Il est dommage de ne pas profiter de toute cette bonne fumée en fumant d'autres aliments qui pourront être mangés une autre fois. Les saucisses à déjeuner, bon marché, deviendront dorées si elles passent quelques heures dans le fumoir. Le poulet fumé se réfrigère et se congèle bien, et vous pouvez placer de 4 à 6 poulets entiers dans un petit fumoir à l'eau. Presque tout se fume. Essayez quelques une des ces idées.

- Faites cuire des œufs durs jusqu'à ce qu'ils soient prêts, enlevez les coquilles et mettez-les dans le fumoir de 30 minutes à 1 heure, ou jusqu'à ce qu'ils deviennent dorés. Ceci ajoute une saveur surprenante aux œufs mimosa ou à la salade aux œufs.

- Fumez des tomates mûres fraîches pendant environ 30 minutes — juste pour leur donner le goût de fumée, mais il faut que leur chair soit encore ferme. Utilisez-les comme vous le feriez avec des tomates fraîches et donnez à votre salsa, guacamole, sauce pour pâtes ou salade, une note fumée.

- Pelez et coupez quelques oignons en 2 ou en rondelles de 1 cm (½ po) et mettez-les dans le fumoir pendant 1 heure. Ils font une délicieuse soupe à l'oignon et

1 planche d'érable, de hickory ou de prosopis, trempée pendant tout la nuit ou au moins pendant 1 heure (du cèdre peut aussi être utilisé, pour une saveur délicieuse et inhabituelle, mais une planche en bois de feuillus donnera le goût et la saveur classique du barbecue)

4 grosses tomates fermes et mûres

1 long concombre anglais

1 poivron vert

1 poivron jaune

2 oignons moyens

2 tiges de céleri

1,5 l (6 tasses) de jus de tomate

160 ml (⅔ tasse) d'huile d'olive extra vierge

75 ml (⅓ tasse) de vinaigre balsamique

25 ml (2 c. à soupe) de jus de citron frais

Fines herbes séchées ou fraîches, hachées, comme le romarin, le thym et le basilic, au goût (si les fines herbes séchées sont utilisées, ne pas en mettre trop, car un goût amer sera ajouté à la soupe)

Sel casher et poivre noir fraîchement moulu

Sauce Worcestershire

Sauce piquante de style Louisiane

Préchauffer le gril à température moyenne-vive pendant 5 à 10 minutes, ou jusqu'à ce que la température de la chambre atteigne plus de 260 °C (500 °F). Rincer la planche et la mettre sur la grille. Fermer le couvercle du gril et faire chauffer la planche de 4 à 5 minutes, ou jusqu'à ce qu'elle commence à fumer et à craqueler un peu. (Une brique peut être déposée sur la planche lors du préchauffage. Ceci empêchera la déformation par la chaleur;

(suite à la page 106)

se congèlent très bien. Essayez aussi de fumer des bulbes d'ail entiers pendant quelques heures en utilisant la même technique que pour faire rôtir l'ail (voir page 68), sauf que vous devez laisser le papier d'aluminium entr'ouvert pour que la fumée entre.

- Mettez 250 à 500 ml (1 à 2 tasses) de sel casher ou Maldon dans un moule à gâteau et déposez-le dans le fumoir. Le sel fumé donne une saveur riche de fumée à tout sans que vous ayez à allumer le cuiseur.
- Les noix, spécialement les amandes et les pacanes, se fument très bien. Remuez-les avec un peu d'huile neutre et avec du mélange d'épices à frotter barbecue, de la poudre de cari, de la sauce piquante de style Louisiane, ou d'autres assaisonnements, et placez-les dans un moule à gâteau ou sur une feuille de papier d'aluminium huilée, assez grande pour qu'elles soient étendues en une seule couche. Fumez-les pendant environ 1 heure. Elles sont délicieuses au sortir du cuiseur, mais vous pouvez les conserver dans un contenant fermé pendant quelques jours.
- Le canard est une des viandes qui se fume le mieux et il se congèle bien. Faites cuire des demi-canards sur le barbecue en utilisant la technique habituelle qui utilise de la moutarde et du mélange d'épices à frotter. Utilisez le *Mélange d'épices à frotter pour le championnat de barbecue* (page 50) et ajoutez 15 ml (1 c. à soupe) de chacune des poudres suivantes : le gingembre, la moutarde et les cinq-épices chinoises.

Gaspacho aux tomates fumées sur planche *(suite)*

ainsi, les tomates ne rouleront pas de la planche.) Réduire à chaleur douce et placer les tomates entières non pelées sur la planche, couvrir, et faire cuire de 15 à 30 minutes selon qu'elles doivent être très fumées et ramollies ou non. La peau fendillera et prendra une teinte jaunâtre à cause de la fumée.

Les retirer de la planche, les peler et les hacher grossièrement. Préparer et hacher grossièrement le reste des légumes ; les combiner avec les tomates dans un grand bol. Ajouter le jus de tomate, l'huile d'olive, le vinaigre et le jus de citron. Assaisonner la soupe avec des fines herbes, du sel, du poivre, de la sauce Worcestershire et de la sauce piquante, au goût.

Réfrigérer la soupe pendant plusieurs heures ou toute la nuit pour permettre aux saveurs de bien se mélanger. (Y goûter après plusieurs heures, et rectifier les assaisonnements si nécessaire.) Servir le gaspacho froid, dans des bols ou des grandes tasses sorties directement du congélateur. Avoir sous la main la sauce Worcestershire et la sauce piquante pour ceux qui voudraient avoir une soupe un peu plus épicée !

NOTE : Vous pouvez fumer les tomates très facilement dans un fumoir à l'eau ou dans un foyer de barbecue, bien qu'il soit plus pratique de le faire en fumant quelque chose d'autre. Il est difficile de justifier l'allumage d'un fumoir pour 30 minutes seulement (voir l'encadré).

PAIN À L'AIL FROMAGÉ CUIT SUR PLANCHE

Je pense que c'est le pain qui ressemble le plus à un pain cuit au four. Faites chauffer la planche et faites cuire en lots, car ils disparaîtront très rapidement. Vous pouvez également les faire cuire dans un fourneau, si vous n'avez pas de planche, mais la saveur de la fumée ajoute un délicieux caractère à ces hors-d'œuvre traditionnels.

1 planche de bois fruitier ou d'aulne, trempée pendant toute la nuit ou au moins pendant 1 heure

2 gousses d'ail, écrasées ou passées au presse-ail

125 ml (½ tasse) d'huile d'olive extra vierge

1 pain français, tranché à angle pour avoir de longs morceaux

250 g (½ lb) de fromage asiago finement râpé

125 g (¼ lb) de fromage parmesan finement râpé

Oignons verts ou ciboulette finement hachés, basilic frais, haché, et/ou tomates fraîches, hachées, avec de l'huile d'olive, pour garnir

1 partie de vinaigre balsamique pour 2 parties d'huile d'olive extra vierge, pour tremper

Dans un bol, combiner l'ail et l'huile d'olive. Préparer les tranches de pain en les badigeonnant avec de l'huile à l'ail. Déposer une couche de fromage asiago sur chaque tranche, puis parsemer du fromage parmesan sur le dessus.

Préchauffer le gril à chaleur moyenne-vive de 5 à 10 minutes ou jusqu'à ce que la température de la chambre atteigne plus de 260 °C (500 °F). Rincer la planche et la déposer sur la grille. Fermer le couvercle et faire chauffer la planche de 4 à 5 minutes ou jusqu'à ce qu'elle commence à fumer et à craqueler légèrement. Réduire à chaleur moyenne. Mettre les tranches de pain, le côté du fromage vers le haut, naturellement, sur la planche. Faire cuire de 3 à 5 minutes ou jusqu'à ce que le fromage ait fondu. Servir le pain avec des garnitures ou sans garniture dès qu'il est retiré du feu.

ŒUFS MIMOSA
À LA GEORGIENNE

DONNE 2 DOUZAINES D'ŒUFS MIMOSA

On ne voit plus ces hors-d'œuvre à l'ancienne, mais faire fumer les œufs leur donne un air moderne.

12 œufs

125 ml (½ tasse) Mayonnaise au jalapeno et à l'ail rôti de Margie (voir page 68)

15 ml (1 c. à soupe) moutarde de Dijon

25 ml (2 c. à soupe) coriandre fraîche, finement hachée

1 citron

5 ml (1 c. à thé) de paprika

Brindilles de coriandre fraîche, pour garnir

Choisir des œufs de quelques jours (les œufs frais sont plus difficiles à écaler). Les mettre dans un bol d'eau tiède avec un peu de vinaigre. Porter à ébullition, et lorsque l'eau commence à bouillir, retirer le bol du feu. Couvrir et laisser les œufs dans l'eau pendant 15 minutes. Les refroidir sous l'eau froide et les écaler. Préparer le fumoir jusqu'à ce que la température de la chambre atteigne de 95 à 100 °C (200 à 220 °F).

Placer les œufs sur la grille et les faire fumer pendant environ 30 minutes en utilisant un aromatisant comme le hickory, l'érable ou le chêne. Les saupoudrer légèrement d'un mélange d'épices à frotter sec pour un peu plus de saveur. Les œufs prendront une couleur ambre. Les laisser refroidir.

Les trancher en 2 dans le sens de la longueur et en enlever les jaunes, en réservant les blancs. Dans un bol non réactif, écraser les jaunes à l'aide d'une fourchette et ajouter de la mayonnaise, de la moutarde et de la coriandre, de même que le jus de ½ citron. Bien mélanger et à l'aide d'une cuillère, remettre le mélange dans les blancs.

Saupoudrer les œufs mimosa avec du paprika et les garnir avec des brindilles de coriandre et des tranches de citron.

Mangez vos légumes frais : salades

LES GENS RIGOLENT TOUT LE TEMPS parce que je suis un passionné de la viande. Mon frère, par exemple, m'appelle «Shrek», d'après l'ogre carnivore du dessin animé. Et en effet, j'ai souvent dit lorsque j'étais enfant que j'avais une diète balancée, mangeant du porc de trois façons — jambon, bacon et saucisses —, et que la seule chose verte dans la cuisine de ma mère était le réfrigérateur de couleur avocat. Mais il s'avère que j'aime la salade. Je l'aime parce qu'elle améliore le goût des viandes, en offrant un contraste agréable. Les salades ici sont tellement bonnes que vous n'aurez probablement pas besoin de viande… donnez-la-moi et je vais la manger à votre place.

BROCHETTES PANZANELLA
(SALADE SUR BÂTONNET)

DONNE 6 PORTIONS

Mon amie Angie Quaale est propriétaire de Well Seasoned, une épicerie pour gour-mets à Langley, en Colombie-Britannique. C'est une superbe chef et une grande partisane du barbecue méridional traditionnel, et elle est l'hôte d'un concours annuel de cuisson appelé le Barbecue on the Bypass. C'est un concours tradition-nel local qui se tient dans le stationnement de son propre magasin. Voici un de ses hors-d'œuvre favoris. J'aime les saveurs et les textures contrastantes.

12 brochettes en bambou, trempées de 15 à 30 minutes

500 g (1 lb) de fromage mozzarella, coupé en cubes de 4 cm (1½ po)

250 ml (1 tasse) de feuilles de basilic entières, fraîches

12 tranches minces de prosciutto

1 fouace fraîche, coupée en cubes de 2,5 cm (1 po)

12 tomates cerise

50 ml (¼ tasse) d'huile d'olive infusée à l'ail

Sel casher et poivre noir fraîchement moulu, au goût

Pratiquer une ouverture dans chaque cube de fromage à l'aide d'un couteau tranchant et déposer délicatement une feuille de basilic dans chacun. Couper chaque tranche de prosciutto en deux et en rouler autour de chaque morceau de fromage.

Pour assembler les brochettes, placer un morceau de pain suivi d'un mor-ceau de fromage enveloppé de prosciutto, puis d'une tomate cerise, et répéter en finissant avec une tomate. Badigeonner chaque brochette généreusement avec de l'huile d'olive, saler et poivrer.

Préparer le gril à une chaleur directe moyenne-vive. Faire griller les bro-chettes, en les tournant 1 fois, jusqu'à ce que le prosciutto soit bien doré, que le fromage commence à fondre et que le pain soit doré.

Servir la « salade » sur brochette en hors-d'œuvre ou comme accompagnement.

SALADE DE CHOU DE LA CÔTE

DONNE 8 À 10 PORTIONS

Cette salade de chou piquante et à haute teneur en sucre est meilleure comme condiment, sur le dessus d'un sandwich au porc barbecue ou d'un hamburger, ou bien en à côté avec quelques tranches de pointe de poitrine cuites au barbecue.

375 ml (1½ tasse) de mayonnaise
125 ml (½ tasse) de vinaigre blanc
75 ml (⅓ tasse) de sucre

15 ml (1 c. à soupe) de graines de cumin ou de graines de céleri rôties
1 petit chou, émincé finement
2 carottes, pelées et finement râpées

Fouetter la mayonnaise, le vinaigre, le sucre et le cumin dans un bol. Mélanger la vinaigrette avec le chou et les carottes, et réfrigérer. Cette salade de chou peut être faite quelques heures à l'avance. Remuer juste avant de servir pour redistribuer la vinaigrette.

SALADE DE CHOU AUX ARACHIDES

DONNE 8 À 10 PORTIONS

Mon vieil ami Ian «Big Daddy» Baird a été assez généreux pour partager cette recette de salade de chou croustillante et à la saveur de noix avec moi.

300 ml (1¼ tasse) mayonnaise achetée, de bonne qualité
75 ml (⅓ tasse) de vinaigre de cidre de pomme
75 ml (⅓ tasse) sucre
25 ml (2 c. à soupe) de lait

1 gousse d'ail, finement émincée
2 ml (½ c. à thé) de sel de céleri
1 petit chou, finement râpé
2 carottes, pelées et finement râpées
175 ml (¾ tasse) d'arachides grillées à sec, salées et hachées

Mettre la mayonnaise, le vinaigre, le sucre, le lait, l'ail et le sel de céleri dans un contenant muni d'un couvert hermétique et remuer pour bien mélanger. Combiner le chou et les carottes. Verser la vinaigrette sur la salade de chou, bien remuer et réfrigérer pendant 1 heure. Juste avant de servir, ajouter les arachides et bien mélanger avec la salade de chou.

SALADE DE CHOU À LA JAMAÏCAINE

DONNE 6 PORTIONS

Cette recette, que j'ai un peu adaptée de l'excellent livre de recettes de Helen Willinsky, *Jerk from Jamaica* (j'ai ajouté des pommes fraîches hachées), est un délicieux accompagnement. Si vous voulez servir cette salade avec un plat qui n'est pas jamaïcain, substituez le Mélange d'épices à frotter à la jamaïcaine par votre mélange d'épices à frotter favori.

1 l (4 tasses) de chou émincé

175 ml (¾ tasse) de carottes râpées

2 pommes, pelées, étrognées et hachées

125 ml (½ tasse) de noix rôties, hachées (pacanes, noix de Grenoble, pistaches, amandes ou autres noix préférées)

125 ml (½ tasse) de mayonnaise

25 ml (2 c. à soupe) de sucre

15 ml (1 c. à soupe) de vinaigre de cidre

15 ml (1 c. à soupe) de Mélange dépice à frotter à la jamaïcaine (voir page 53)

Combiner tous les ingrédients dans un bol à salade et bien remuer. Couvrir la salade et la réfrigérer pendant au moins 1 heure. Bien remuer avant de servir.

SALADE DE CHOU À L'ASIATIQUE

DONNE 4 À 6 PORTIONS

Une viande assaisonnée à l'asiatique demande une salade de chou à l'asiatique, et les arachides ajoutent du croquant.

VINAIGRETTE

50 ml (¼ tasse) de beurre d'arachide crémeux

25 ml (2 c. à soupe) de sauce soja

25 ml (2 c. à soupe) de vinaigre de riz

7 ml (1½ c. à thé) de gingembre frais, finement émincé

5 ml (1 c. à thé) d'huile de sésame rôti

5 ml (1 c. à thé) sauce chili vietnamienne

5 ml (1 c. à thé) de sucre

5 à 10 ml (1 à 2 c. à thé) d'eau (au besoin)

SALADE

500 ml (2 tasses) de chou nappa ou de Savoie, râpé ou déchiqueté en de fines lamelles

250 ml (1 tasse) de chou rouge, râpé ou déchiqueté en de fines lamelles

1 carotte, pelée et râpée

1 oignon vert, haché

1 petit poivron rouge, en julienne

50 ml (¼ tasse) de germes de haricots frais

25 ml (2 c. à soupe) de coriandre fraîche, hachée

50 ml (¼ tasse) d'arachides rôties à sec, hachées grossièrement, pour garnir

Combiner les ingrédients de la vinaigrette et fouetter ensemble, en ajoutant de l'eau, un peu à la fois, jusqu'à ce le mélange devienne un liquide onctueux et assez épais. Combiner tous les ingrédients de la salade dans un grand bol. Verser la vinaigrette et remuer pour bien mélanger. Servir la salade de chou immédiatement, garnie d'arachides hachées.

TOMATES DIVINES

DONNE 4 PORTIONS

Simples et sensationnelles.

45 ml (3 c. à soupe) d'huile d'olive extra
   vierge

15 ml (1 c. à soupe) de jus de citron frais

5 ml (1 c. à thé) de moutarde de Dijon

1 gousse d'ail, finement hachée ou pressée

15 ml (1 c. à soupe) de fines herbes
   hachées (menthe, basilic, romarin, etc.)

Sel casher et poivre noir fraîchement moulu

4 tomates exceptionnelles,
   coupées en quartiers

125 ml (½ tasse) d'oignons rouges, hachés

250 ml (1 tasse) d'olives Kalamata ou
   autres olives méditerranéennes

Dans un bol à salade, fouetter ensemble l'huile d'olive, le jus de citron, la moutarde, l'ail et les fines herbes. Saler et poivrer. Ajouter le reste des ingrédients et remuer délicatement. Laisser les tomates reposer pendant 30 minutes à la température ambiante, puis servir.

VERDURE DES CHAMPS AVEC
HUILE DE NOIX ET GRAINES DE CITROUILLE GRILLÉES

DONNE 4 PORTIONS

L'huile de noix grillées est une délicieuse spécialité française, de couleur foncée. Elle coûte cher, mais on en utilise très peu à la fois. Sa richesse enfumée
compense parfaitement l'amertume des verdures des champs et fait ressortir la
saveur de noix des graines de citrouille, dans une salade simple et élégante. Servir en salade d'accompagnement, pour garnir un hamburger, ou empilée sous un
bifteck ou un filet de poisson.

50 ml (¼ tasse) de graines de citrouille crues

750 ml (3 tasses) de mesclun, de roquette
fraîche, de cresson frais ou d'un mélange

1 botte de basilic frais, les tiges enlevées et
les feuilles délicatement déchirées en deux

1 pomme croquante, pelée, étrognée et
coupée en morceaux de 1 cm (½ po)

25 ml (2 c. à soupe) d'huile de
noix grillées française

2 ml (½ c. à thé) de sel casher ou Maldon
(ou au goût)

Poivre noir fraîchement moulu

Quartiers de citron pour garnir

Faire griller les graines de citrouille dans une poêle à sauter sèche à feu moyen ou
sous le gril de la cuisinière, jusqu'à ce qu'elles commencent à éclater et à devenir
légèrement dorées. Réserver pour qu'elles refroidissent. Déposer la verdure dans
un bol à salade, et ajouter les graines de citrouille rôties, les morceaux de pomme,
l'huile de noix, le sel et un peu de poivre. Bien mélanger la salade. Garnir avec
le citron.

NOTE : Ne pas prendre l'huile régulière de noix non grillées que vous trouvez dans
les épiceries d'aliments naturels. Elle n'a aucun goût. Si vous ne pouvez trouver de
l'huile de noix grillées, et qu'il vous faille substituer, optez pour une huile d'olive
extra vierge aromatisée.

On trouve plusieurs huiles aromatisées sur le marché — une huile au citron
ou à l'orange ferait parfaitement l'affaire.

SALADE DE RIZ SAUVAGE DE PAULINE

DONNE 4 À 6 PORTIONS

J'ai goûté à cette salade lors d'une réunion de famille, et il fallait que j'aie la recette; Pauline Bahnsen l'a alors partagée avec moi. Elle dit que cette salade est polyvalente, qu'elle a fait des substitutions et des ajouts depuis des années (vous pouvez substituer les raisins secs par des canneberges séchées ou utiliser le riz que vous désirez). C'est une salade parfaite pour les fêtes, parce qu'elle se conserve bien lorsqu'elle est faite la veille. Si vous la préparez pour un groupe important d'invités, vous pouvez multiplier facilement les ingrédients pour vous ajuster à ce groupe.

SALADE

550 ml (2¼ tasses) d'eau

1 ml (¼ c. à thé) de sel casher

175 ml (¾ tasse) de riz basmati brun ou de riz brun

125 ml (½ tasse) de riz sauvage (ou substituer par d'autres sortes de riz pour augmenter la variété des textures et des goûts)

1 conserve de 227 ml (8 oz) de châtaignes d'eau, égouttées et tranchées

1 poivron vert, coupé en dés

1 poivron rouge, coupé en dés

2 tiges de céleri, coupées en dés

125 ml (½ tasse) de raisins secs

125 ml (½ tasse) d'oignon rouge, coupé en dés

125 ml (½ tasse) d'amandes rôties, hachées

50 ml (¼ tasse) de persil frais, haché

VINAIGRETTE

75 ml (⅓ tasse) de jus d'orange ou de pamplemousse

25 ml (2 c. à soupe) de jus de citron frais

25 ml (2 c. à soupe) de sauce Tamari ou soja

15 ml (1 c. à soupe) d'huile végétale

15 ml (1 c. à soupe) de zeste de citron, finement haché ou râpé

15 ml (1 c. à soupe) de vinaigre de xérès sec ou de riz

1 grosse gousse d'ail, émincée

1 ml (¼ c. à thé) de sel casher

Dans une grande casserole, porter l'eau à ébullition. Ajouter le sel, le riz brun et le riz sauvage; diminuer la chaleur, couvrir et laisser mijoter jusqu'à ce qu'il soit tendre et que le liquide ait été absorbé entièrement (environ 45 minutes selon le mélange de riz utilisé). Transférer le riz dans un grand bol. Ajouter les châtaignes d'eau, les poivrons, le céleri, les raisins secs, l'oignon, les amandes et le persil, et remuer pour bien mélanger.

Fouetter les ingrédients de la vinaigrette ensemble dans un petit bol. La verser sur la salade et bien remuer. Cette salade peut être faite à l'avance et réfrigérée jusqu'à 24 heures.

SALADE DE POMMES DE TERRE
EN SAUCE ADOBO

SECRET POUR LE
⌇ BARBECUE ⌇

Faire griller les poivrons rouges sur le gril en fait ressortir une saveur incroyable et donne à la chair du poivron une texture soyeuse et riche. Achetez les poivrons les plus gros, les plus fermes, les plus lourds que vous pouvez trouver. Préparez le gril pour une cuisson à chaleur directe. Placez les poivrons entiers sur le gril, faites-les rôtir en les tournant à quelques minutes d'intervalle, jusqu'à ce que la peau soit boursoufflée et noircie de tous les côtés. Retirez-les du gril et placez-les dans un bol ou dans un sac épais pour la congélation, et les couvrir ou les sceller. Lorsqu'ils auront assez refroidi pour être manipulés, les peaux devraient être bien lâches ; pelez-les avec les mains et jetez les peaux. Ouvrez les poivrons et retirez les côtes et les graines, mais assurez-vous de ne pas perdre les précieux jus, qui contiennent beaucoup de saveur. À ce moment-ci, vous pouvez déchirer la chair en longues lanières et les utiliser immédiatement comme garniture pour un hamburger ou un sandwich, ou bien dans une salade, ou encore les conserver au réfrigérateur ou au congélateur pour utilisation ultérieure, mais pas avant de les avoir arrosés d'huile d'olive et d'y avoir ajouté quelques feuilles de basilic frais. Les poivrons rôtis sont aussi excellents dans les soupes et dans les sauces.

Le côté Sud-Ouest de cette salade de pommes de terre en fait un accompagnement parfait pour tout ce que vous faites cuire et aussi un excellent plat à apporter à un repas partagé pour un barbecue chez un ami.

1 kg (2 lb) de petites pommes de terre rouges	2 oignons verts, hachés
25 ml (2 c. à soupe) d'huile d'olive	25 ml (2 c. à soupe) de coriandre fraîche, hachée
1 oignon moyen, finement émincé	1 poivron rouge, rôti (voir l'encadré), haché grossièrement
125 ml (½ tasse) de vinaigre de cidre	Sel casher et poivre noir fraîchement moulu
25 ml (2 c. à soupe) de sucre	
2 conserves de piments jalapeno en sauce adobo, épépinés et finement hachés	125 ml (½ tasse) de pacanes rôties, hachées grossièrement
250 ml (1 tasse) de mayonnaise	Brindilles de coriandre fraîche, pour garnir
5 ml (1 c. à thé) d'huile de sésame grillé	

Faire bouillir les pommes de terre dans une grande casserole remplie d'eau salée, jusqu'à ce qu'elles soient tendres. Les égoutter et réserver.

Dans une poêle à fond épais à feu moyen, faire chauffer l'huile d'olive et faire cuire les oignons jusqu'à ce qu'ils aient ramolli, mais ne soient pas dorés, pendant environ 6 minutes. Ajouter le vinaigre et le sucre, et remuer jusqu'à ce que le sucre soit dissout, puis retirer la poêle du feu.

Combiner les jalapenos, la mayonnaise et l'huile de sésame dans un robot culinaire, et mélanger jusqu'à ce que le tout soit homogène. Couper les pommes de terre, encore chaudes, en 2 ou en 4 et les ajouter au mélange vinaigre/oignons, puis remuer pour que les pommes de terre absorbent le vinaigre. Ajouter la mayonnaise assaisonnée, les oignons verts, la coriandre et le poivron rôti, et remuer pour bien enrober. Saler et poivrer la salade, et brasser une dernière fois, la transférer dans un bol de service, et la garnir de pacanes rôties et de brindilles de coriandre.

SALADE DE NOUILLES À L'ASIATIQUE
AVEC MAYONNAISE AU SÉSAME

DONNE 4 PORTIONS

C'est une salade délicieuse pour l'été, qui se marie bien avec le poulet grillé, ou toute viande cuite au barbecue ou grillée ayant une saveur asiatique. J'aime utiliser les spaghettis de riz (en opposition au vermicelle de riz asiatique, qui n'a pas la même texture). Vous pouvez trouver les spaghettis de riz dans les magasins d'aliments naturels, mais les spaghettis de blé dur nature feront l'affaire.

VINAIGRETTE À LA MAYONNAISE
AU SÉSAME

250 ml (1 tasse) de mayonnaise

15 ml (1 c. à soupe) de zeste de citron, de lime ou d'orange

5 ml (1 c. à thé) d'huile de sésame grillé

5 ml (1 c. à thé) de sauce chili chinoise ou d'huile de chili sichuanais épicée (ou au goût)

2 ml (½ c. à thé) de sauce soja (ou au goût)

SALADE

1 paquet de 50 g (1 lb) de spaghetti de riz ou de blé

25 ml (2 c. à soupe) de coriandre fraîche hachée

25 ml (2 c. à soupe) de graines de sésame rôties

2 limes, coupées en quartiers

Combiner les ingrédients de la vinaigrette dans un bol. La couvrir et la réfrigérer pendant au moins quelques heures ou durant toute la nuit.

Dans une grande casserole d'eau bouillante salée, faire cuire les nouilles de 8 à 10 minutes, ou jusqu'à ce qu'elles soient al dente. Les égoutter et les rincer à l'eau froide. Les rincer à nouveau complètement. Combiner les nouilles avec la mayonnaise au sésame, la coriandre et les graines de sésame. Servir la salade garnie de quartiers de lime.

TABOULÉ DE MIMI

DONNE 8 PORTIONS D'ACCOMPAGNEMENT

Cette recette, donnée par mon amie Michelle Allaire, se fait avec du couscous instantané, qui est humidifié par tous les jus qui proviennent des légumes qui reposent, avec les grains, dans le réfrigérateur. Ce plat est normalement servi comme accompagnement à l'agneau, mais peut également être un plat principal pour les végétariens. Pour augmenter sa saveur, ajouter des haricots verts blanchis, des carottes blanchies et des pois chiches cuits.

1 paquet de 300 g (10 oz) de couscous instantané

250 ml (1 tasse) d'huile d'olive extra vierge de bonne qualité

250 ml (1 tasse) de tomates fraîches, coupées en dés de 0,6 cm (¼ po)

½ poivron rouge ou vert, coupé en dés de 0,6 cm (¼ po)

250 ml (1 tasse) de concombre anglais long, coupé en dés de 0,6 cm (¼ po)

250 ml (1 tasse) de persil frais, haché

125 ml (½ tasse) d'oignon rouge, coupé en dés de 0,6 cm (¼ po)

50 ml (¼ tasse) de jus de citron frais

4 oignons verts, finement tranchés

15 ml (1 c. à soupe) de menthe fraîche, finement hachée

15 ml (1 c. à soupe) de cumin moulu

5 ml (1 c. à thé) de sel casher

2 ml (½ c. à thé) de poivre noir fraîchement moulu

Verser le paquet entier de couscous dans un grand bol. Ajouter le reste des ingrédients, bien les mélanger et laisser le taboulé reposer au réfrigérateur pour au moins 4 heures. Le retirer au moins 1 heure avant de le servir. Mélanger de nouveau, y goûter, assaisonner et ajouter de l'huile au goût.

SALADE DE HARICOTS ET DE MAÏS
AVEC VINAIGRETTE BALSAMIQUE AU SIROP D'ÉRABLE ET JALAPENO

DONNE 8 PORTIONS

Cette salade aux haricots sucrée, fraîche, piquante et épicée possède de belles saveurs vives et des textures contrastantes. Elle se marie très bien avec le bœuf barbecue ou rôti. Oublier le bacon si vous désirez un plat végétarien.

6 tranches de bacon à l'érable

3 conserves de haricots mélangés et cuits (différents types de haricots dans une conserve ou trois conserves de types différents comme les haricots pinto, les haricots rouges et les haricots noirs) égouttés et rincés

6 épis de maïs frais, épluchés

2 poivrons rouges

VINAIGRETTE

75 ml (5 c. à soupe) de vinaigre balsamique

5 ml (1 c. à thé) de moutarde de Dijon

1 échalote, pelée et hachée

45 ml (3 c. à soupe) de sirop d'érable

1 jalapeno, épépiné et haché

250 ml (1 tasse) d'huile d'olive extra vierge

Sel casher et poivre noir fraîchement moulu, au goût

Jus de lime frais, au goût (facultatif)

Coriandre fraîche, hachée

Dans une poêle à sauter à feu moyen, faire frire le bacon jusqu'à ce qu'il soit croustillant. L'égoutter sur des essuie-tout. Le hacher grossièrement et réserver.

Rincer et égoutter les haricots, et les déposer dans un grand plat.

Préparer le gril pour une chaleur directe vive. Faire griller les épis de maïs et les poivrons, en les tournant fréquemment, jusqu'à ce les épis soit légèrement noircis et que les poivrons soient complètement noircis et boursoufflés (les poivrons mettront plus longtemps à rôtir que le maïs). Retirer les légumes du gril lorsqu'ils sont prêts et les laisser reposer jusqu'à ce qu'ils soient assez refroidis pour être manipulés, plaçant les poivrons dans un bol non réactif. À l'aide d'un grand couteau bien aiguisé, couper les grains de maïs des épis sur une planche à découper. Enlever la peau noircie des poivrons, jeter les graines et la tige, puis couper le poivron en dés. Ajouter le maïs et les dés de poivrons aux haricots.

Préparer la vinaigrette en mélangeant les 5 premiers ingrédients ensemble, puis verser l'huile en brassant. Saler et poivrer la vinaigrette. Ajouter le jus de lime, si désiré.

Verser la vinaigrette sur les haricots, le maïs et les poivrons, puis laisser la salade reposer pendant quelques heures, recouverte, au réfrigérateur. Assaisonner au goût. Ajouter le bacon et la coriandre, mélanger, verser dans un bol à salade, et servir.

SALADE DE CANARD FUMÉ D'ENOTECA

DONNE 8 PORTIONS DE HORS-D'ŒUVRE OU 4 PORTIONS DE REPAS

Ma femme, Kate, a trouvé cette recette voilà déjà plusieurs années dans la collection 1990 des recettes des bistros américains. L'Enoteca de Seattle n'existe plus, mais aussi longtemps que je ferai cuire du barbecue, je garderai cette recette dans mon répertoire. J'aime garder en réserve, au congélateur, quelques demi-canards fumés pour épater certains invités. La recette originale demande des papayes fraîches, ce qui est excellent, mais j'aime les substituer par la mangue, qui est légèrement plus acidulée.

VINAIGRETTE

160 ml (⅔ tasse) de vinaigre de vin rouge

125 ml (½ tasse) de sauce soja

125 ml (½ tasse) de sucre

50 ml (¼ tasse) d'huile végétale

50 ml (¼ tasse) de vinaigre de vin de riz

50 ml (¼ tasse) de vinaigre de framboise

15 ml (1 c. à soupe) de jus de lime frais

SALADE

500 g (1 lb) de canard fumé ou de poulet fumé (voir la section commençant à la page 22 et le tableau à la page 31)

2 mangues entières fraîches

2 sacs de jeunes épinards frais, lavés et bien asséchés

½ petit oignon rouge, coupé en dés

Poivre noir fraîchement moulu

1 lime

250 ml (1 tasse) de noix de Grenoble ou de pacanes rôties, hachées grossièrement

1 lime, coupée en quartiers, pour garnir

Pour préparer la vinaigrette, dans une casserole moyenne à feu moyen, porter à ébullition le vinaigre, la sauce soja, le sucre et l'huile. Faire cuire le mélange jusqu'à ce que le sucre soit dissout. Ajouter le reste des ingrédients et laisser refroidir. Cette recette donne assez de vinaigrette pour 4 salades, et elle peut se conserver quelques semaines au réfrigérateur.

Couper le canard fumé en morceaux de la grosseur d'une bouchée. (Si du canard congelé est utilisé, le décongeler tout d'abord, le faire chauffer dans un four à 180 °C [350 °F], puis le laisser reposer jusqu'à ce qu'il soit assez froid pour être manipulé.) Peler les mangues et retirer la chair adhérant au noyau ; réserver quelques tranches pour la garniture. Placer les épinards, le canard, les mangues et l'oignon dans un bol à salade. Moudre du poivre sur le mélange et y presser le jus de lime. Ajouter les noix et juste assez de vinaigrette pour enrober, puis mélanger. (Trop de vinaigrette masquera les autres saveurs.) Garnir la salade avec les quartiers de lime et les tranches de mangue réservées.

GRIL

SALADE DE PÉTONCLES GRILLÉS
ET DE CONCOMBRES

DONNE 6 PORTIONS

Cette recette est un peu plus sophistiquée que les autres recettes de ce livre, mais elle est tellement bonne que j'ai voulu la partager avec vous. Elle m'a été donnée par Jenni Neidhart, traiteuse de Calgary, avec qui j'ai toujours aimé travailler.

4 concombres libanais (ou 1 petit concombre anglais), coupés en petits dés (avec la pelure)

1 poivron rouge, épépiné et coupé en petits dés

1 poivron jaune, épépiné et coupé en petits dés

½ oignon rouge, coupé en petits dés

Jus et zeste de 1 orange

Jus et zeste de 1 citron

Jus et zeste de 1 lime

1 jalapeno, épépiné et coupé en petits dés

Huile d'olive extra vierge

Vinaigre de champagne*

Sel casher et poivre noir fraîchement moulu

50 ml (¼ tasse) de menthe fraîche, finement hachée

12 gros pétoncles

Sel de mer au sésame (facultatif ; le faire en combinant du sel de mer avec des graines de sésame grillées à l'aide d'un mortier et d'un pilon, ou au robot culinaire)

* Pour plus de saveur, Jenni infuse son vinaigre de champagne, que vous pouvez trouver au magasin d'aliments naturels, avec des restes de gousse de vanille.

Dans un bol moyen, combiner les concombres, les poivrons et l'oignon. Préparer la vinaigrette en mélangeant les jus et les zestes d'agrumes, le jalapeno, une touche d'huile d'olive et de vinaigre, le sel et le poivre. Mélanger la vinaigrette avec les légumes coupés en dés et ajouter la menthe. C'est facile ! Réfrigérer jusqu'au moment de servir.

Préchauffer le gril à chaleur moyenne-vive pendant 5 à 10 minutes, ou jusqu'à ce que la température de la chambre atteigne un peu plus de 260 °C (500 °F). Assaisonner les pétoncles avec un peu de sel casher, les arroser d'huile d'olive et les placer sur le gril, en gardant une température moyenne-vive. Fermer le couvercle et faire cuire de 1 à 2 minutes, puis les tourner et les faire cuire quelques minutes de plus, jusqu'à ce qu'elles soient souples au toucher.

Servir les pétoncles chauds sur la salade de concombre froide, et terminer avec quelques gouttes d'huile d'olive, puis saupoudrer avec un peu de sel de mer au sésame, si désiré.

SALADE DE PASTÈQUE

Cette merveilleuse salade d'été, crée par mon amie Michelle Allaire, est aussi rafraîchissante que son nom l'indique.

½ pastèque, l'écorce enlevée et la chair coupée en morceau de 2,5 cm (1 po)

250 g (½ lb) de fromage féta, coupé en petits morceaux

25 ml (2 c. à soupe) de jus de citron frais

45 ml (3 c. à soupe) d'huile d'olive extra vierge

Poivre noir fraîchement moulu

Placer les morceaux de pastèque dans un bol à salade. Ajouter le fromage féta. Dans un autre bol, mélanger le jus de citron, l'huile d'olive et un peu de poivre moulu. Ajouter la vinaigrette à la salade, à la dernière minute, juste avant de servir

Mangez vos légumes frais : salades

SALADE DE CRABE EXCITANTE

DONNE 4 À 6 PORTIONS

Lisez seulement cette recette, inventée par mon ami Diane Read, et dites-moi si vous n'avez pas l'eau à la bouche. Cette salade acidulée, piquante et colorée est ce qu'il faut à vos invités pour les mettre en appétit, ou bien vous pouvez la servir comme lunch estival. Servez-la avec un vin blanc fruité, sec et frais.

500 g (1 lb) de chair de crabe dormeur ou de crabe des neiges (s'assurer qu'il y a des pinces entières dans le mélange pour que la salade soit bien décorée)

25 ml (2 c. à soupe) de poivron rouge, finement haché

25 ml (2 c. à soupe) de concombre anglais, finement haché

25 ml (2 c. à soupe) d'oignon vert, haché

½ petit citron

125 ml (½ tasse) de mayonnaise ordinaire ou légère

10 ml (2 c. à thé) de pâte wasabi (ou au goût)

1 ml (¼ c. à thé) de flocons de piment rouge séché, écrasés

1 tête de laitue Boston, les feuilles détachées entières

Quartiers ou tranches de citron, pour garnir

Placer le crabe dans un grand bol. Ajouter délicatement le poivron rouge, le concombre et l'oignon vert, puis presser le jus de citron sur le mélange. Dans un autre bol, combiner la mayonnaise, la pâte wasabi et les piments, puis ajouter au mélange de crabe.

Laver et assécher la laitue, puis en tapisser un plateau avec des petites feuilles pour servir la salade en portions de hors-d'œuvre, ou bien, placer de grandes feuilles de laitue sur des assiettes individuelles. Utiliser une cuillère à crème glacée ou une cuillère à soupe pour déposer le mélange de crabe sur les feuilles de laitue. Garnir la salade avec des quartiers de citron.

Tous les accompagnements : légumes, pommes de terre, haricots, riz et plus

JE NE SERAI PAS RAFFINÉ ICI. Lorsque vous recevez, en utilisant votre gril ou votre barbecue, la viande est le centre de l'attention, et ce que vous voulez, ce sont de bons compléments comme les haricots, le riz, les pommes de terre, les légumes grillés, le pain de maïs et l'épi de maïs.

Les accompagnements ne seront pas l'attraction principale, mais je ne dis pas que vous ne devriez pas préparer les meilleurs plats d'accompagnement possible. Aussi importante que soit la viande, une fourchetée de purée de pommes de terre, ou une cuillérée de bon riz et de haricots, ou bien une bouchée d'asperges grillées parfaitement cuites, ou alors une bouchée d'épi de maïs grillé, beurré et salé font partie intégrante d'un repas parfait (les Texans, par exemple, vont surveiller tout l'après-midi un pot de haricots rouges, juste pour s'assurer qu'ils auront un plat d'accompagnement parfait pour la pointe de poitrine de bœuf qui a cuit durant toute la nuit sur le barbecue).

Le bon côté des plats d'accompagnements parfaits est qu'ils sont faciles à préparer. Tout ce qu'il faut, c'est de mettre des ingrédients de bonne qualité dans une casserole ou de les déposer sur le gril, puis de les faire cuire.

Alors, gardez les petits plats pour la cuisine intérieure. Voici quelques magnifiques variations de plats d'accompagnements traditionnels.

ASPERGES GRILLÉES

DONNE 6 À 8 PORTIONS DE HORS-D'ŒUVRE OU 4 PORTIONS D'ACCOMPAGNEMENT

Le secret ici est de faire griller les asperges très rapidement, à feu vif, elles seront ainsi noircies à l'extérieur, mais encore croquantes au centre. La saveur et la texture de ce plat facile à faire vous vaudront beaucoup de compliments, beaucoup plus que certains plats compliqués. Et il est bon pour vous, aussi.

Essayez de choisir des asperges très fraîches, qui sont relativement épaisses ; les asperges minces supportent mal le gril.

1 botte (environ 20 pointes) d'asperges fraîches	Sel casher
Huile d'olive extra vierge	½ citron

Laver et parer les asperges, puis bien les assécher avec un essuie-tout. Les transférer dans un grand bol ou un plat. Préchauffer le gril à chaleur vive jusqu'à ce que la température de la chambre atteigne plus de 260 °C (500 °F). Arroser les asperges d'huile d'olive et les saupoudrer de sel casher. Remuer les pointes avec les mains pour les enrober uniformément d'huile et de sel.

Placer les pointes d'asperges sur le gril chaud en prenant soin de les mettre en travers de la grille pour qu'elles ne tombent pas. Fermer le couvercle et faire cuire de 1 à 2 minutes. Tourner les pointes avec des pinces et refermer le couvercle, puis les faire cuire 1 ou 2 minutes de plus. Elles deviendront d'un beau vert et elles auront de belles petites marques de la grille.

Transférer les pointes dans le bol et presser immédiatement le citron sur le dessus, en remuant pour les enrober de jus. Les servir immédiatement comme hors-d'œuvre ou comme plat d'accompagnement, ou les laisser refroidir et les ajouter à un plat de légumes. Les asperges grillées se marient extrêmement bien avec des mayonnaises assaisonnées (voir pages 68-69)

Tous les accompagnements : légumes, pommes de terre, haricots, riz et plus

MAÏS EN ÉPI GRILLÉ, EXTRA BEURRE

SECRET POUR LE
⤳ BARBECUE ⤳

Le maïs rôti est excellent avec du beurre nature ramolli et saupoudré d'un peu de mélange d'épices à frotter simple, fait de 1 partie de sel casher et de 1 partie de poudre de piment ancho.

Si vous voulez en faire un peu plus, vous pouvez descendre jusqu'à la base les feuilles de chaque épi et les attacher avec de la corde. Il sera ainsi plus facile de tourner les épis sur le gril et les invités auront une poignée pour tenir l'épi lorsqu'ils le mangeront.

Rien n'accompagne mieux la viande grillée ou cuite sur barbecue qu'un épi de maïs, et c'est si facile à préparer. Il est aussi facile d'en faire un peu plus en lui donnant une saveur plus soutenue de beurre.

1 épi de maïs, non épluché, par invité	Beurre aux fines herbes ou beurres assaisonnés (voir page 67)
	Sel casher

Faire tremper l'épi entier, non épluché, dans l'eau froide pendant 1 heure. Préparer le gril pour une chaleur directe vive. Retirer l'épi de l'eau et le placer sur le gril. Faire cuire pendant 30 minutes en le tournant régulièrement. Ne pas s'en faire si les feuilles deviennent brunes ou noires ; le maïs, à l'intérieur, sera protégé. Retirer l'épi du gril et le laisser refroidir assez longtemps pour pouvoir le manipuler, enlever les feuilles, et le servir avec du beurre aux fines herbes et du sel casher. (Pour un maïs un peu plus rustique qui a une saveur et un aspect noircis, l'éplucher avant de le faire cuire, puis le faire griller de 10 à 15 minutes en le surveillant pour qu'il noircisse , mais qu'il ne brûle pas.)

COURGETTES GRILLÉES À LA FLORIDIENNE

DONNE 4 PORTIONS

Pourquoi la Floride? En 1990, dans la revue *Gourmet*, un article a paru sur la façon de préparer un dîner en Floride. C'était au sujet de la cuisine à faible teneur en calories pour les retraités, qui sont soucieux de leur diète. C'est tout ce dont je me rappelle, sauf ces courgettes grillées, très simples à préparer et délicieuses. Cette année-là, je les ai préparées pour accompagner la dinde rôtie à l'Action de grâce. Ma femme avait travaillé dur pendant des jours pour le repas et avait fait une recette de dinde élaborée et compliquée. Lorsque le repas a été servi, ce sont les courgettes qui ont eu les éloges des convives. (Pas moi. Vrai, chérie?)

1 grosse gousse d'ail, émincée et réduite en pâte avec 2 ml (½ c. à thé) de sel casher

25 ml (2 c. à soupe) de jus de citron frais

5 ml (1 c. à thé) de vinaigre de vin blanc

50 ml (¼ tasse) d'huile végétale

Poivre noir fraîchement moulu

2 courgettes, chacune d'environ 4 cm (1½ po) de diamètre

Fouetter ensemble la pâte d'ail, le jus de citron, le vinaigre, l'huile et le poivre. Verser le mélange dans un grand plat allant au four. Couper les courgettes en 2 dans le sens de la longueur et les déposer dans la marinade, en s'assurant qu'elles sont bien enrobées. Couvrir et réfrigérer toute la nuit, en les tournant plusieurs fois.

Préparer le gril à chaleur moyenne. Faire griller les courgettes de 4 à 5 minutes, le côté coupé vers le bas. Les tourner, les badigeonner de marinade et les faire griller de 4 à 5 minutes de plus, ou jusqu'à ce qu'elles soient tout juste tendres. Transférer les courgettes sur une planche à découper et les couper diagonalement, puis les servir. C'est un plat idéal à préparer lorsqu'une grosse pièce de viande est cuite et qu'elle repose hors du gril.

RATATOUILLE

DONNE 8 PORTIONS D'ACCOMPAGNEMENT

La riche saveur de viande du barbecue est bien compensée par ce traditionnel plat d'accompagnement européen. Cette recette m'a été donnée par mon amie franco-canadienne, Michèle Allaire. Elle est délicieuse avec l'agneau ou le porc.

1 aubergine, pelée et coupée en cubes de 2,5 cm (1 po)

5 ml (1 c. à thé) de sel casher

25 ml (2 c. à soupe) d'huile d'olive extra vierge, divisée

4 gousses d'ail, hachées grossièrement

1 gros oignon (blanc ou rouge), haché grossièrement

1 poivron rouge ou vert, coupé en dés de 2,5 cm (1 po)

2 courgettes moyennes, coupées en cubes de 2,5 cm (1 po)

2 tomates italiennes mûres, hachées grossièrement

Sel casher et poivre noir fraîchement moulu, au goût

15 ml (1 c. à soupe) de thym frais ou 5 ml (1 c. à thé) de thym séché

15 ml (1 c. à soupe) de romarin frais ou 5 ml (1 c. à thé) de romarin séché

Mettre les cubes d'aubergine dans une passoire et les saupoudrer avec 5 ml (1 c. à thé) de sel. Bien les mélanger et mettre la passoire dans un bol ou dans l'évier pendant au moins 2 heures. (L'eau se retirant des aubergines les rendra plus faciles à cuire sans qu'elles absorbent trop d'huile.) Les rincer dans l'eau froide et les assécher avec des essuie-tout.

Verser 15 ml (1 c. à soupe) d'huile dans une grande poêle. Ajouter l'ail haché à l'huile froide et faire chauffer à feu moyen, pour que l'huile absorbe graduellement la saveur de l'ail. Ajouter l'oignon et le poivron, puis faire sauter jusqu'à ce qu'ils soient ramollis et luisants. Incorporer l'aubergine et les 15 ml (1 c. à soupe) restant de l'huile. Faire sauter les aubergines pendant quelques minutes, puis ajouter les courgettes. Faire cuire les légumes pendant 8 minutes de plus, jusqu'à ce qu'ils soient tous ramollis. Les retirer du feu et les transférer dans une casserole à fond épais. La placer sur un feu moyen et ajouter les tomates. Saler et poivrer le mélange, et ajouter les fines herbes. Porter à ébullition puis réduire à feu doux. Laisser mijoter la ratatouille, à découvert, pendant au moins 1 heure, en la brassant fréquemment pour permettre aux jus de réduire un peu. Servir chaud ou froid.

PURÉE DE POMMES DE TERRE À L'ANETH

DONNE 4 À 6 PORTIONS

L'aneth frais et la muscade rehaussent la sucrosité du beurre et des pommes de terre dans ce plat traditionnel. Ce sont de vrais aliments réconfortants qui se marient très bien avec toutes les viandes grillées et les poissons. Si vous aimez l'ail, pressez-y quelques gousses d'ail rôti ou saupoudrez un peu de sel d'ail avant de les réduire en purée.

1 kg (2 lb) de petites pommes de terre rouges

125 ml (½ tasse) de beurre, à la température ambiante

5 ml (1 c. à thé) d'oignon déshydraté

1 ml (¼ c. à thé) de muscade fraîchement râpée

25 ml (2 c. à soupe) d'aneth frais, haché

1 pincée de piment de Cayenne

Ail rôti (facultatif, voir page 68)

Sel casher et poivre noir fraîchement moulu, au goût

Enlever toutes les imperfections des pommes de terre, tout en laissant la pelure, puis les couper en 2 ou en 4 pour avoir des morceaux de 5 cm (2 po). Dans une grande casserole d'eau froide à feu vif, placer les pommes de terre et porter à ébullition. Réduire à feu moyen, et les faire bouillir de 10 à 15 minutes, ou jusqu'à ce qu'une fourchette traverse facilement un morceau. Les égoutter et les retourner dans la casserole, en réduisant à feu doux. Ajouter le beurre, l'oignon déshydraté, la muscade, l'aneth, le piment de Cayenne, et l'ail rôti, si désiré. Les réduire en demi-purée. Saler et poivrer, et servir immédiatement.

POMMES DE TERRE FARCIES
CUITES SUR PLANCHE

DONNE 5 PORTIONS

Ces pommes de terre sont cuites au four et terminées sur planche, ce qui donne une saveur de fumée qui est plus prononcée si vous utilisez du gouda fumé au lieu du cheddar. (Mes enfants disent que la saveur du gouda fumé est trop prononcée, mais moi, je l'aime.)

1 planche de bois de feuillus (l'aulne, l'érable ou le chêne sont les meilleurs choix ici), trempée pendant toute la nuit, ou au moins pendant 1 heure

3 pommes de terre pour cuisson au four

15 ml (1 c. à soupe) de sel casher (ou même du plus gros sel comme Maldon ou de la fleur de sel)

½ oignon moyen, haché

2 gousses d'ail, émincées

50 ml (¼ tasse) de beurre, divisé

50 ml (¼ tasse) de crème à fouetter

2 ml (½ c. à thé) de muscade fraîchement râpée

250 ml (1 tasse) de fromage cheddar ou de gouda fumé, râpé

125 ml (½ tasse) de fromage parmesan râpé

15 ml (1 c. à soupe) d'huile d'olive extra vierge

Paprika

Crème sure

Ciboulette hachée

Préchauffer le four à 200 °C (400 °F). Laver et brosser les pommes de terre à l'eau froide, et à l'aide d'une fourchette, les piquer à quelques endroits. Pendant que les pommes de terre sont encore humides, bien les enrober de sel; en garder 5 ml (1 c. à thé) pour assaisonner ultérieurement. Les faire cuire pendant environ 1 heure.

Dans une casserole à feu moyen, faire sauter l'oignon et l'ail dans 25 ml (2 c. à soupe) de beurre jusqu'à ce qu'ils soient tendres et transparents, pendant environ 5 minutes.

Lorsque les pommes de terre ont assez refroidi pour être manipulées, les couper dans le sens de la longueur. Les laisser refroidir encore quelques minutes. En essayant de ne pas briser la pelure, retirer la pulpe en laissant 0,6 cm (¼ po) de la pomme de terre sur la pelure. Jeter la pelure endommagée, ou la garder pour la manger. (Une planche régulière ne peut contenir que 5 demi-pommes de terre, ainsi, la sixième demie servira à ajouter à la farce.)

Dans un bol moyen, combiner la pulpe des pommes de terre, les légumes sautés, le reste du beurre, la crème, la muscade et les 5 ml (1 c. à thé) restant de sel. Réduire le tout en purée jusqu'à l'obtention d'un mélange homogène. Ajouter

(suite à la page 136)

Le barbecue et ses secrets — édition de luxe

Pommes de terre farcies cuites sur planche *(suite)*

le cheddar ou le gouda, puis, à l'aide d'une cuillère en bois, mélanger les pommes de terre jusqu'à ce que le fromage soit à peine mélangé à la purée. Ajouter du lait ou de la crème si le mélange semble trop sec. Déposer le mélange dans les pommes de terre et les recouvrir de parmesan râpé, puis ,si elles ont tendance à s'affaisser, leur redonner leur forme délicatement avec les mains. Arroser chaque pomme de terre avec un peu d'huile d'olive et saupoudrer le dessus avec 1 pincée de paprika.

Préchauffer le gril à moyen-vif de 5 à 10 minutes, ou jusqu'à ce que la température de la chambre atteigne plus de 260 °C (500 °F). Rincer la planche qui trempait et la placer sur les grilles. Fermer le couvercle et faire chauffer 4 ou 5 minutes, jusqu'à ce que la planche commence à fumer et à craqueler un peu. Réduire le feu à moyen-doux. Déposer les pommes de terre sur la planche et les faire cuire de 10 à 15 minutes, ou jusqu'à ce que le fromage soit doré et bouillonne. Servir avec de la crème sure et de la ciboulette hachée.

PURÉE DE POMMES DE TERRE AU WASABI

Vous n'avez pas à toujours servir du riz avec des plats asiatiques. Cette recette de purée de pommes de terre est facile à préparer et elle cache un goût surprenant. Vous pouvez acheter du wasabi dans les épiceries de spécialité asiatique.

1,5 kg (3 lb) de pommes de terre à chair jaune	50 ml (¼ tasse) de beurre, à la température ambiante
175 ml (¾ tasse) de crème ou de lait entier	Sel casher et poivre noir fraîchement moulu
15 ml (1 c. à soupe) de pâte wasabi	

Peler les pommes de terre et les couper en quatre. Les placer dans une grande casserole remplie d'eau froide et les couvrir. Porter à ébullition à feu vif, puis réduire à feu moyen pendant 15 à 20 minutes ou jusqu'à ce qu'une fourchette transperce facilement un morceau. Les égoutter, en réservant 125 ml (½ tasse) d'eau, et les remettre dans la casserole. Les réduire en purée jusqu'à ce qu'elles soient onctueuses. Dans un petit bol, combiner la crème et le wasabi, et bien mélanger jusqu'à l'obtention d'une consistance onctueuse. Ajouter ce mélange et le beurre aux pommes de terre, et réduire en purée, en ajoutant du liquide réservé, si nécessaire, jusqu'à ce que le tout soit bien onctueux et crémeux. Saler et poivrer, et servir.

Tous les accompagnements : légumes, pommes de terre, haricots, riz et plus

GRIL

POMMES DE TERRE
À LA MENTHE EN PAPILLOTE

DONNE 4 À 6 PORTIONS

Il est facile de brûler le fond d'une papillote,

SECRET POUR LE
⌐ BARBECUE ⌐

Il est facile de brûler le fond d'une papillote, mais il est difficile de tout rater lorsque vous utilisez cette technique. Assurez-vous d'utiliser du papier d'aluminium épais, et doublez-en l'épaisseur. Badigeonnez-le d'huile ou de beurre, et déposez n'importe quel ingrédient qui supportera bien la chaleur directe, comme les oignons et le bacon, en premier. Déposez ensuite le reste des ingrédients en ordre de vulnérabilité à la chaleur directe et selon leur temps de cuisson — les pommes de terre ensuite, les poivrons, et ainsi de suite, jusqu'aux herbes fraîches sur le dessus. Terminez la papillote avec quelques noix de beurre ou un trait d'huile, fermez-la hermétiquement et placez-la sur une chaleur directe moyenne. Si la couche inférieure d'oignons ou de bacon carbonise, la saveur en sera rehaussée. Pour éviter complètement le risque de carbonisation, faites cuire les papillotes sur une chaleur indirecte vive.

Pourquoi, oh pourquoi, avons-nous oublié les splendeurs de la menthe fraîche dans la cuisine de l'Amérique du Nord? Elle est délicieuse et rafraîchissante, et son arôme n'a pas d'égal. Ce plat est tellement facile à faire, et la combinaison des pommes de terre avec la menthe surprendra vos invités. Comme cette recette demande une chaleur indirecte, vous pouvez utiliser l'autre côté de la grille, très chaude, pour faire cuire vos biftecks et griller vos légumes.

6 pommes de terre Yukon Gold moyennes	Huile d'olive extra vierge, pour arroser
10 ml (2 c. à thé) de menthe séchée	25 ml (2 c. à soupe) de feuilles de menthe fraîche, finement hachées
1 gros oignon jaune	
125 g (¼ lb) de beurre, à la température ambiante	Sel casher

Prendre 1,8 m (6 pi) de papier d'aluminium épais et très large, et le plier en deux. Le placer sur le comptoir et le graisser avec ¼ du beurre, laissant une marge d'environ 10 cm (4 po) sur tous les côtés du rectangle.

Peler l'oignon et le trancher en rondelles de 0,6 cm (¼ po). Séparer les rondelles en anneaux et les disposer de façon à couvrir la partie beurrée du papier d'aluminium. Couper les pommes de terre en tranches de 1 cm (½ po) tout en laissant la pelure, et les déposer en couche sur les oignons, en prenant soin de saupoudrer de la menthe séchée et du sel entre chaque couche. Recouvrir les pommes de terre de quelques noisettes de beurre, en réservant la moitié pour terminer le plat.

Remonter le papier d'aluminium sur les bords et refermer la papillote pour en faire un cylindre semblable à un pain. Vous assurer de bien refermer les joints tout au tour.

Préparer le gril à chaleur indirecte moyenne-vive. Placer la papillote sur le gril (loin de la chaleur directe), et laisser cuire de 15 à 20 minutes.

Laisser reposer la papillote pendant au moins 5 minutes. La placer sur une assiette à l'épreuve de la chaleur, ouvrir le papier d'aluminium, saupoudrer avec la menthe et ajouter quelques noisettes de beurre. Remuer délicatement et servir.

PURÉE DE COURGE MUSQUÉE À L'ÉRABLE

DONNE 8 À 10 PORTIONS

Ce plat de courge, tiré du magnifique livre de recettes *American Bistro*, de Diane Rossen Worthington, se marie bien avec toutes les viandes. Vous pouvez même le faire tôt le matin si vous préparez un grand dîner, comme celui de l'Action de grâce. Faites-le réchauffer légèrement au four à micro-ondes. Je conseille des carottes biologiques parce qu'elles ont normalement beaucoup plus de saveur.

2 courges musquées, pelées, épépinées et coupées en tranche de 2,5 cm (1 po) (environ 1,5 kg [3 lb] de chair au total)

6 carottes, pelées

5 ml (1 c. à thé) de gingembre moulu (ou au goût)

5 ml (1 c. à thé) de sirop d'érable

45 ml (3 c. à soupe) de beurre

25 ml (2 c. à soupe) d'huile d'olive

Sel casher et poivre noir fraîchement moulu

15 ml (1 c. à soupe) de persil frais, finement haché, pour garnir

Placer la courge et les carottes dans une marguerite à l'intérieur d'une grande casserole contenant 8 cm (3 po) d'eau bouillante, et les faire cuire à la vapeur jusqu'à ce qu'elles soient tendres, de 15 à 30 minutes. Vérifier la cuisson des légumes en les piquant avec un couteau. Lorsqu'ils sont bien cuits et tendres, les transférer dans un bol pour les laisser refroidir.

Dans un robot culinaire, combiner les légumes cuits à la vapeur avec tous les ingrédients sauf le persil. Réduire le mélange en purée en raclant les parois du bol au besoin, et ajouter un peu d'eau chaude si nécessaire. Vérifier l'assaisonnement de la purée. Saupoudrer de persil et servir chaud.

Tous les accompagnements : légumes, pommes de terre, haricots, riz et plus

MUFFINS AU MAÏS AVEC PACANES RÔTIES

DONNE 12 MUFFINS

Ces muffins légèrement sucrés, avec leur riche saveur de pacanes rôties et leur tendre texture de grains de maïs rôtis, dont la recette nous vient du gourou de l'alimentation Mark Miller, sont un parfait accompagnement. Essayez-les avec de la viande cuite au barbecue, du chili, ou des œufs brouillés... et ne lésinez pas sur le beurre !

Huile végétale pour cuisson en vaporisateur

175 ml (¾ tasse) de pacanes

160 ml (⅔ tasse) de maïs en grains frais ou décongelés

375 ml (1½ tasse) de farine tout usage non blanchie

375 ml (1½ tasse) de semoule de maïs

75 ml (⅓ tasse) de sucre

15 ml (1 c. à soupe) de levure chimique

3 ml (¾ c. à thé) de sel casher

3 gros œufs, séparés

375 ml (1½ tasse) de lait

75 ml (⅓ tasse) de miel

75 ml (¼ tasse + 2 c. à soupe) de beurre non salé, fondu

25 ml (2 c. à soupe) de thym frais, haché (facultatif)

Préchauffer le four à 190 °C (375 °F). Vaporiser un moule à 12 muffins avec de l'huile en aérosol. Faire griller les pacanes sur une grille à cuisson jusqu'à ce qu'elles soient bien dorées, environ 3 à 4 minutes. Les transférer dans une assiette et les laisser refroidir. Dans une poêle à feu doux, faire cuire le maïs en le brassant fréquemment, jusqu'à ce qu'il soit doré et légèrement sec, de 6 à 8 minutes. Le transférer dans une assiette pour qu'il refroidisse. (Une autre façon : faire rôtir l'épi de maïs sur une chaleur directe pour en faire noircir les grains et puis les couper de l'épi.)

Dans un grand bol, mélanger la farine, la semoule de maïs, le sucre, la levure chimique et le sel. Dans un autre bol, battre les blancs d'œufs jusqu'à ce qu'ils soient fermes mais non secs. Dans un autre bol, combiner les jaunes d'œufs, le lait, le miel et le beurre fondu ; brasser pour bien mélanger.

Faire un puits au milieu des ingrédients secs et y verser le mélange de lait, de même que les pacanes et le maïs ; remuer pour mélanger un peu. Incorporer les blancs d'œufs battus et le thym en pliant. Déposer la pâte dans le moule préparé et faire cuire pendant 20 à 25 minutes, jusqu'à ce qu'un cure-dents ou la lame d'un couteau en ressorte propre. Laisser les muffins refroidir pendant quelques minutes dans le moule puis les tourner sur une grille pour refroidir.

HARICOTS ROUGES TEXANS

DONNE ENVIRON 10 PORTIONS

Voici comment la mère de mon amie texane Amy Walker prépare les haricots. C'est une recette simple à faire, mais qui demande une certaine attention ; ainsi, il est préférable de la faire lorsque vous avez d'autres tâches dans la cuisine ou dans l'arrière-cour. Elle en vaut vraiment la peine !

750 ml (3 tasses) de haricots pinto secs	250 g (½ lb) de 1 morceau de petit salé coupé en 2

Dans un grand bol non réactif, faire tremper les haricots dans l'eau pendant toute la nuit ou au moins 5 heures. Les égoutter et les rincer, puis jeter l'eau. Placer les haricots dans une grande casserole, ajouter assez d'eau pour les couvrir et porter à ébullition. Baisser à feu doux et laisser mijoter pendant environ 2 heures, ou jusqu'à ce qu'ils soient tendres. Les brasser occasionnellement afin qu'ils n'adhèrent pas au fond de la casserole, et ajouter de l'eau bouillante, si nécessaire, parce que les haricots absorbent l'eau. (Conseil : Garder une bouilloire d'eau chaude sur la cuisinière, ainsi lorsque vous aurez besoin d'ajouter de l'eau, les haricots continueront à bouillir.)

Pendant la deuxième heure, vérifier la tendreté en écrasant quelques haricots sur les parois de la casserole avec la cuillère. Laisser les haricots écrasés dans la casserole, car ils contribueront à donner une consistance épaisse. Vérifier également de temps à autre pour voir s'ils ont ramolli. Durant la deuxième heure, ajouter le petit salé. (S'assurer de ne pas l'ajouter trop tôt, car les haricots seront durs.) Durant les 15 dernières minutes, écraser encore quelques haricots sur les parois de la casserole pour en épaissir le jus. Ajouter un peu de piment de Cayenne, si désiré.

SECRET POUR LE BARBECUE

Faites fumer vos haricots ! Votre recette favorite de haricots prendra une toute nouvelle dimension si vous mettez la casserole de haricots à découvert dans le fumoir pendant environ 1 heure, au-dessus du bois de hickory (ou de tout autre bois). C'est particulièrement pratique lorsque vous faites cuire des côtes. Lorsque ces dernières sont enveloppées dans du papier d'aluminium et achèvent de cuire sur la grille du bas, les haricots peuvent être fumés sur la grille du haut.

TRADITIONNELLES
FÈVES AU LARD POUR UN GROUPE

DONNE 14 PORTIONS

Cette recette traditionnelle de haricots, inventée par mon amie et traiteuse, Margie Gibb, est un accompagnement parfait pour les pointes de poitrine et les côtes sur barbecue, ou n'importe quoi, en fait!

2 conserves de 398 ml (14 oz) de chacun : haricots rouges, blancs et noirs

500 g (1 lb) de bacon fumé à l'ancienne, coupé en gros dés

2 gros oignons, coupés en dés de 0,6 cm (¼ po)

4 gousses d'ail, émincées

15 ml (1 c. à soupe) d'assaisonnement au chile

5 ml (1 c. à thé) de cumin fraîchement moulu

10 ml (2 c. à thé) de piments jalapenos en sauce adobo, en conserve, finement hachés

300 ml (1¼ tasse) de cassonade foncée, bien tassée

45 ml (3 c. à soupe) de mélasse douce

1 bouteille de 355 ml (12 oz) de bière foncée

Sel casher et poivre noir fraîchement moulu, au goût

Rincer et égoutter les haricots, les placer dans un faitout ou une casserole résistant aux flammes, et réserver.

Dans une poêle à fond épais, faire cuire le bacon jusqu'à ce qu'il soit croustillant. Enlever le bacon, le placer sur des essuie-tout et réserver.

Jeter tout le gras du bacon, sauf 45 ml (3 c. à soupe). Ajouter les oignons et les faire cuire à feu doux, en brassant jusqu'à ce qu'ils soient ramollis mais non dorés, environ 10 minutes. (Si le gras de bacon est insuffisant, ajouter de l'huile d'olive au besoin.)

Ajouter l'ail, l'assaisonnement au chile, le cumin et les jalapenos au mélange d'oignons ; faire cuire pendant 5 minutes, jusqu'à ce que les saveurs se mélangent bien. Mettre le mélange d'oignons, le sucre, la mélasse et la bière dans les haricots, et porter à ébullition.

Réduire à feu moyen, et faire cuire les haricots, couverts, en brassant de temps à autre, pendant environ 1 heure. Incorporer le bacon, et saler et poivrer. Servir chaud.

Ce plat sera meilleur s'il est fait une journée à l'avance. Réfrigérer les haricots toute la nuit, puis les réchauffer lentement.

RIZ ET HARICOTS À LA JAMAÏCAINE

DONNE 6 À 8 PORTIONS

En Jamaïque, c'est un plat de base. Les Jamaïcains l'appellent riz et pois, mais il contient souvent des haricots rouges, c'est pourquoi j'ai changé son nom pour éviter la confusion. La richesse douce et crémeuse du lait de coco fait que ce plat est un bon complément au poulet jamaïcain ou à la viande épicée et grillée.

2 tranches épaisses de bacon fumé à l'ancienne, haché

2 conserves de 398 ml (14 oz) de haricots rouges, égouttés et rincés

1 conserve 398 ml (14 oz) de lait de coco non sucré

1 oignon vert haché

2 brindilles de thym frais

1 piment habanero (entier ; ne pas hacher !)

500 ml (2 tasses) d'eau bouillante

500 ml (2 tasses) de riz blanc à long grain

Sel casher et poivre noir fraîchement moulu

Dans un plat à sauter, faire sauter le bacon haché jusqu'à ce qu'il commence à brunir mais ne soit pas encore croustillant. Égoutter l'excès de gras.

Dans une grande casserole, combiner les haricots, le lait de coco, le bacon, l'oignon vert, le thym et le habanero. Cuire à feu moyen-vif pour faire mijoter le tout. Ajouter l'eau bouillante et incorporer le riz en brassant. Bien couvrir la casserole, réduire à feu doux et faire cuire le riz sans y toucher pendant 25 minutes, jusqu'à ce que le liquide soit absorbé et que les grains soient tendres. Défaire le riz à l'aide d'une fourchette avant de servir et ne pas oublier d'enlever le habanero pour ne pas surprendre les convives !

RIZ CONFETTI

DONNE 8 PORTIONS

Ce plat très coloré est l'aliment réconfortant par excellence. Comment peut-on surpasser une combinaison de riz et de beurre? Les dés de poivron et la coriandre leur donnent un air de fête et un arôme merveilleux. L'utilisation des tiges de coriandre — qui sont étonnamment tendres et savoureuses — en fait un plat particulièrement délicieux.

500 ml (2 tasses) de riz à grain court
(le riz pour sushi est le meilleur)

750 ml (3 tasses) d'eau froide

125 ml (½ tasse) de poivron rouge, coupé en dés

25 ml (2 c. à soupe) de tiges de coriandre fraîches, finement hachées

25 ml (2 c. à soupe) de beurre

Feuilles de coriandre fraîches, hachées grossièrement, pour garnir

Plus de beurre, à la température ambiante, pour garnir (facultatif)

Dans une casserole à feu vif, porter le riz et l'eau à ébullition. Aussitôt que l'eau commence à bouillir, ajouter le poivron, les tiges de coriandre et le beurre, puis brasser pour bien incorporer. Lorsque le mélange commence à bouillir, couvrir la casserole et baisser à feu doux. Faire cuire le riz pendant 15 minutes (ne pas lever le couvercle!). Le transférer dans un bol de service, le défaire à la fourchette et le servir garni de feuilles de coriandre fraîche, hachées. Pour faire comme moi, ajouter un peu plus de beurre.

RIZ CITRONNÉ À L'ANETH

DONNE 8 PORTIONS

Ce riz collant qui embaume est un accompagnement parfait pour presque tout.

25 ml (2 c. à soupe) de beurre

1 échalote, finement hachée

1 l (4 tasses) de bouillon de poulet à faible
    teneur en sel, fait maison ou en conserve

500 ml (2 tasses) de riz à grain court

Zeste de 2 citrons, finement hachés

50 ml (¼ tasse) de jeunes pousses d'aneth

2 ml (½ c. à thé) de sel casher

1 ml (¼ c. à thé) de poivre noir ou blanc

25 ml (2 c. à soupe) de jus de citron frais

Feuilles d'aneth fraîches et quartiers de
    citron pour garnir

Dans une poêle à sauter à feu moyen-doux, faire chauffer la moitié du beurre. Ajouter l'échalote et faire cuire jusqu'à ce qu'elle soit tendre, en brassant fréquemment, pendant environ 2 minutes. Réserver.

Dans une casserole à feu vif, porter le bouillon à ébullition. Ajouter le riz et porter à ébullition de nouveau. Aussitôt que le bouillon commence à bouillir, réduire à feu doux. Ajouter l'échalote sautée, le zeste de citron, l'aneth, le sel, le poivre et le reste du beurre. Mélanger délicatement avec le riz pour distribuer uniformément les ingrédients. Couvrir la casserole et faire cuire le riz pendant 15 minutes. Ajouter le jus de citron et défaire à la fourchette, puis transférer dans un plat de service, garnir avec de l'aneth et du citron, et servir.

GALETTES DE RIZ GRILLÉES

DONNE 3 À 5 PORTIONS

On trouve souvent ces croquettes de riz japonaises classiques farcies, au thon ou au saumon, aux comptoirs japonais de commandes à emporter. Lorsqu'elles sont grillées, elles deviennent délicieusement croustillantes et tendres, puis accompagnent toute viande, de saveur asiatique, grillée ou cuite au barbecue. J'ai appris à les préparer en lisant le livre de recettes *Asian Tapas and Wild Sushi*, du chef Trevor Hooper de Vancouver. Vous pouvez trouver de nos jours du riz pour sushi dans presque tous les supermarchés. Si ne pouvez pas en trouver là, allez au marché asiatique ou dans une épicerie de produits naturels.

750 ml (3 tasses) de riz pour sushi

925 ml (3¾ tasses) d'eau

Huile à saveur neutre, comme l'huile d'arachide ou de Canola

Sauce teriyaki complexe mais délicieuse (voir page 60)

Dans une casserole moyenne à feu vif, porter le riz et l'eau à ébullition. Faire bouillir le riz pendant 2 minutes, puis couvrir et réduire à feu moyen. Laisser cuire pendant 5 minutes de plus, puis réduire à feu doux et faire cuire pendant un autre 15 minutes. Ne pas soulever le couvercle. Fermer le feu et laisser reposer pendant 10 minutes, avec le couvercle.

Verser le riz dans un bol et le laisser reposer pendant 5 minutes, ou jusqu'à ce qu'il soit assez refroidi pour être manipulé avec les mains. Avoir à la portée de la main un bol d'eau froide, pour mouiller les mains avant de former chaque galette de riz.

Mouiller les mains et prendre environ 125 ml (½ tasse) de riz. Bien le presser, en plaçant les mains de façon à former un triangle de la taille d'une petite pointe de tarte avec le riz. Bien presser pour que le riz colle ensemble lorsqu'il sera grillé. Lorsqu'environ 10 pointes seront faites, les galettes pourront être recouvertes et réfrigérées pendant 1 jour ou 2 avant de les faire griller.

Pour faire cuire les galettes, badigeonner chacune d'elles d'huile avec un pinceau. Les faire griller à chaleur directe vive jusqu'à ce qu'elles soient croustillantes et bien dorées, avec de belles zébrures. Arroser chaque galette de sauce teriyaki. En servir au moins 2 par personne.

GRIL

LES HAMBURGERS DE ⌒ L'ÉTÉ ⌒

par Kate Zimmerman

Mon épouse, Kate Zimmerman, écrit dans le journal local des histoires humoristiques, et très souvent, elle se moque de moi et de mes manières en ce qui a trait au barbecue. Voici une de mes histoires favorites.

Nous en sommes déjà à ce temps de l'année, la saison durant laquelle je dois me souvenir que je dors avec le meilleur expert en hamburger du Canada.

Sur le continent, chaque femme mariée dit la même chose, parce qu'elle sait ce qui est bon pour elle. Les hommes sont fiers de leurs hamburgers, qu'ils soient bons ou non, et ils veulent que leur bien-aimée soit de leur avis. Alors si une femme ne peut pas arriver à complimenter son mari pour ses sandwichs au bœuf haché, elle sera obligée de le faire pour ceux de son père.

Pouvoir aplatir une petite quantité de viande en une galette savoureuse est un aspect important de la masculinité. Par conséquent, lorsqu'un gars ne peut pas se vanter, en gardant son sérieux, que son hamburger est le *numero uno*, il pourrait trouver difficile de vivre avec lui-même.

Les personnes les plus malveillantes forceront même leur famille à manger les galettes congelées des supermarchés. Les femmes font la même chose avec la dinde de Noël. Celles qui ne peuvent pas les faire cuire les commandent de chez PFK.

Inutile de dire que mon champion marche en se pavanant depuis son triomphe au concours de hamburgers de Whistler. Rockin' a toujours fait un redoutable hamburger, mais pour le concours, il a décidé de l'améliorer. Sa croquette de viande, qui lui a valu le premier prix, contenait au centre du beurre aux fines herbes avec un mélange de poivrons rouges rôtis, des oignons caramélisés et du fromage de chèvre. L'objectif premier était que le hamburger ne dégouline pas sur le menton des juges. Mission accomplie.

Mon père aussi se vantait d'être une déité du barbecue lorsqu'il s'en occupait les samedis soirs d'été. Aussi loin que je puisse me rappeler, sa recette consistait en de la viande hachée et de la poudre d'ail, mais il a toujours recherché impudemment les compliments, tout en brandissant sa spatule en guise de sceptre.

Mon oncle croyait probablement aussi qu'il était le grand maître du hamburger, même si ses croquettes étaient de la taille d'une balle de golf, qu'elles étaient toujours noircies, pas cuites au centre et répugnantes pour tous les enfants affamés du groupe.

Le phénomène du hamburger est bizarre. Que quelqu'un soit un cuisinier accompli ou non, cela importe peu : les passionnés de viande — en particulier les hommes — ne se lassent jamais du peu de défi qu'est le fait de glisser un morceau de vache cuite dans un petit pain.

Un peu de viande hachée n'est essentiellement que très peu de chose. Pourquoi les *hombres* amateurs de viande rouge s'enorgueillissent-ils en disant : « Je fais rôtir un scone menaçant » ? Faire des hamburgers demande un peu plus d'effort que d'étendre du beurre chaud

> **Les vaches sacrées font les meilleurs hamburgers.**
> **– Mark Twain**

sur du pain chaud, mais leur saveur est grandement variée grâce aux assaisonnements et autres aliments, allant des œufs, à la chapelure et aux flocons de maïs. C'est pourquoi, à l'approche de l'été, les hommes commencent à nettoyer leur barbecue et à polir leurs pinces. Je gagerais que les ventes de bœuf haché font des bonds comme Steve Nash, de la NBA.

Malheureusement, l'aspect de la viande du hamburger — du moins, les hamburgers servis au public — a subi une transformation radicale au cours des 23 dernières années, à cause de la bactérie E. coli. En 1982, une dangereuse souche de bactéries E. coli a contaminé certains hamburgers de McDonald's aux États-Unis, rendant malades des douzaines de personnes. En 1993, une autre vague, qui provenait de hamburgers pas assez cuits de chez Jack-in-the-Box, durant laquelle, selon le *L.A. Times*, plus de 700 personnes ont été malades, 170 ont été hospitalisées et 4 sont mortes.

Depuis lors, les cuisiniers en Amérique du Nord, dans les maisons et les établissements commerciaux se méfient de servir de la viande hachée qui n'a pas été cuite à l'extrême.

Ceux qui préparent les hamburgers ont depuis lors diversifié leur viande. Aujourd'hui, vous pouvez trouver des croquettes faites d'agneau, de volaille, de saumon, d'huîtres, de bison, d'autruche et même de légumes mélangés avec des flocons d'avoine et des noix — les variations vont de délicieuses à dégoûtantes.

Et les garnitures ont également beaucoup changé. Ceci n'est peut-être pas évident dans les restaurants à service rapide, mais dans les restaurants plus sophistiqués et dans les foyers, les garnitures se sont beaucoup améliorées depuis les deux dernières décennies. Depuis la tranche de fromage Kraft, le ketchup, la moutarde, la relish, la tomate, la laitue iceberg, l'oignon, et le cornichon à l'aneth qui constituaient un hamburger divin, nous utilisons maintenant du gorgonzola, du brie, du cheddar fumé au bois de pommier, des mayonnaises assaisonnées, des laitues qui sortent de l'ordinaire, des variétés anciennes de tomates, des pains ciabatta, de la moutarde à l'ancienne et des ketchups faits maison.

> **Lorsque nous mangeons un hamburger, nous recherchons le saint Graal des aliments réconfortants.**

J'avais l'habitude de manger un hamburger au bœuf à un des restaurants qui les servait recouverts de beurre d'arachide et de bacon. Ce mélange peut sembler capable de tuer Elvis, mais il était divin. Plus tard, nous pouvions même avoir nos hamburgers recouverts de foie gras, recette du chef Rob Feenie, de Vancouver, un des grands chefs du continent, qui le servait à un de ses restaurants Feenie ; si vous aimez bien manger à ce point, vous pouvez trouver que 25 $ n'est pas trop cher payé. Un des chefs de New York a même vu son nom dans les journaux, car sa version du hamburger coutait 50 $ et contenait des bouts des côtes et des truffes tranchées finement, et le tout était servi sur des pains aux graines de sésame. Prends ça, Big Mac.

Ces décorations sont intéressantes, mais n'ont rien à voir avec le fait que, lorsque nous mangeons un hamburger, nous recherchons le saint Graal des aliments réconfortants. Il doit en quelque sorte ressembler à celui que notre père préparait (ou notre mère, dans le cas improbable où elle en était responsable) — mais, si possible, meilleur.

Malheureusement, ce qui nous échappe souvent en ces jours où la faible teneur en gras est importante, et le fait que le bœuf doit être bien cuit, est ce qui nous attire dans un hamburger fait maison en premier lieu — le contraste de l'extérieur croustillant et à moitié brûlé avec un centre humide, viandeux — idéalement juteux.

Par contre, il y a une chose à laquelle on peut se fier. Que ce soit un père souriant, un mari, un copain, un ami, un frère ou un fils qui nous sert un hamburger, il nous demandera, avec un empressement à peine caché, comment nous l'aimons.

À cette question, la réponse doit toujours être : «C'est le meilleur qu'il m'ait été donné de manger.»

Tous les hamburgers

LE RESTE DE CE LIVRE EST DIVISÉ EN CATÉGORIES selon la sorte de viande ou de fruits de mer, mais pour les chefs d'arrière-cour, les hamburgers ont leur propre catégorie. Aujourd'hui, les hamburgers sont omniprésents. Il n'y a presque pas de menu sans hamburger, et l'écart va d'un hamburger sans goût et pas cher des chaînes de restauration rapide au hamburger scandaleux à 100 $, farci aux bouts de côtes et aux truffes, des cuisines les plus branchées de New York.

Comme nous avons pu retracer l'origine du barbecue aux immigrants européens venus en Amérique, nous avons également pu déterminer la racine des hamburgers, eh oui, à Hambourg, en Allemagne, où les coupes de viande bon marché étaient hachées, assaisonnées et servies, cuites ou crues, aux classes les plus basses. Le «Bifteck de Hambourg» est apparu en premier sur un menu à New York au milieu des années 1800, et à la fin du XIXᵉ siècle, on le servait dans les restaurants aussi loin que Walla Walla, dans l'État de Washington. Il est beaucoup plus difficile de déterminer quels résidents de quel état ont eu l'idée de faire un sandwich avec ce bifteck haché afin de créer le hamburger que nous connaissons et que nous aimons aujourd'hui — il y en a au moins cinq qui réclament être les premiers, du Wisconsin au Texas. Ce que nous savons c'est que le hamburger a fait un saut réussi de la cuisine de restaurant aux grils d'arrière-cour.

Même si nous ne savons pas qui exactement a fait cuire le premier hamburger, chacun sait qui fait les meilleurs hamburgers au monde — votre père, naturellement! Jusqu'à maintenant, c'est le cas. Fort de cette collection de recettes de hamburgers, petite mais puissante, je vous assure que vous penserez devenir une légende — et peut-être même en serez-vous une dans tout le voisinage. Que vous fassiez le plus simple hamburger ou le plus exotique, comme le hamburger aux huîtres, vous trouverez dans ce livre quelque chose que vous aimerez.

HAMBURGER FURTIF
AU FROMAGE ET AU BACON

DONNE 4 GROS HAMBURGERS

Ce simple et délicieux hamburger, créé par mon ami et coéquipier de barbecue Vince Gogolek, est fait avec du bacon de dos au lieu des lanières frites que l'on retrouve habituellement dans la plupart des hamburgers des restaurants. La partie furtive, c'est que le bacon et le fromage sont cachés à l'intérieur du hamburger. Le fromage fond en se mariant avec le bœuf, le rendant plus juteux et salissant — «Une bonne chose, si le Service de santé de la côte ouest vous oblige à utiliser du bœuf haché très maigre», dit Vince.

GALETTES DE VIANDE

1 kg (2 lb) de bœuf haché très maigre

15 ml (1 c. à soupe) de poudre de soupe à l'oignon

1 ml (¼ c. à thé) de piment de Cayenne

1 œuf

50 ml (¼ tasse) d'eau froide

4 tranches de 1 cm (½ po) d'épais de bacon de dos

Tranches minces de fromage cheddar moyen

Mélange d'épices à frotter pour le championnat de barbecue (facultatif, voir page 50)

ACCOMPAGNEMENTS

4 gros pains kaiser

Moutarde

Oignons caramélisés (voir page 160)

Poivrons rouges rôtis (voir l'encadré page 118), pelés et déchirés en quartiers

Tapisser une plaque à pâtisserie avec du papier ciré.

Dans un grand bol, combiner le bœuf, la poudre de soupe, le piment de Cayenne, l'œuf et l'eau, et mélanger délicatement avec les mains, sans trop manipuler la viande. Mouiller les mains dans l'eau froide et donner au mélange la forme de 8 galettes minces, chacune d'au moins 2,5 cm (1 po) de diamètre de plus grand que le bacon de dos. Sur 4 des 8 galettes, placer des tranches minces de fromage pour couvrir la même grandeur que celle du bacon de dos. Mettre une tranche de bacon sur le fromage et ajouter du fromage tranché mince sur le bacon de dos.

Déposer une autre galette sur le dessus et sceller les bords. Enrober chaque galette avec de la moutarde et saupoudrer de Mélange d'épices à frotter pour le championnat de barbecue, si désiré.

Préparer le gril pour une chaleur directe moyenne. Faire griller les hamburgers de 12 à 15 minutes, en les retournant 1 ou 2 fois. Si le fromage commence à couler, c'est qu'il est prêt. Placer les galettes sur les pains avec les accompagnements et déguster.

NOTE : Pour un goût différent, faire l'expérience avec des fromages assaisonnés, comme le Jack au jalapeno ou le havarti au carvi, au lieu du cheddar.

PAPABURGER TRADITIONNEL DE LUXE

DONNE 12 À 16 GALETTES, SELON LA GROSSEUR DÉSIRÉE

Cette recette suffit pour nourrir une foule, ou 4 adolescents. Vous pouvez facilement diviser la recette en deux. Si vos enfants sont comme les miens et n'aiment pas les morceaux d'ail et d'oignons, substituez les oignons et l'ail frais par 5 ml (1 c. à thé) chacun de d'oignon et d'ail déshydratés.

GALETTES DE HAMBURGER

2,7 kg (6 lb) de bœuf haché (ou bœuf haché et porc haché en parties égales)

1 oignon moyen, finement haché

1 tête d'ail rôtie (voir page 68), les gousses pressées et réduites en purée à l'aide d'une fourchette

15 ml (1 c. à soupe) d'huile de sésame rôti

25 ml (2 c. à soupe) de sauce soja foncée, de sauce Worcestershire, ou d'un mélange

2 ml (½ c. à thé) de muscade fraîchement râpée

1 ml (¼ c. à thé) de piment de Cayenne (ou plus, pour plus de piquant)

Poivre noir fraîchement moulu en quantité

2 œufs

125 ml (½ tasse) d'eau froide

ACCOMPAGNEMENTS

Sauce barbecue

12 à 16 tranches de fromage (facultatif)

12 à 16 pains à hamburger

Tapisser une plaque à pâtisserie avec du papier ciré.

Dans un grand bol, combiner les ingrédients pour le hamburger et mélanger délicatement avec les mains, sans trop manipuler la viande. Mouiller les mains dans l'eau froide avant de faire des boules de la taille de balles de tennis. Les aplatir en galettes et les placer sur une plaque à pâtisserie. Chaque galette devra peser environ 250 g (½ lb) avant la cuisson. Placer les galettes au congélateur pendant 1 heure pour qu'elles raffermissent.

Préchauffer votre gril à chaleur directe moyenne. Sortir les galettes du congélateur et les faire griller 6 minutes de chaque côté, ou jusqu'à ce qu'elles soient souples au toucher, puis les arroser de sauce barbecue des deux côtés. Recouvrir chaque galette d'une tranche de fromage durant les dernières minutes de cuisson. Les servir sur les pains avec vos garnitures préférées.

LISTE DES ⇒ ACCOMPAGNEMENTS ⇐ POUR HAMBURGER

Nous sommes tellement habitués à utiliser de la laitue iceberg, du ketchup, de la mayonnaise, de la moutarde, de la relish verte, des oignons tranchés et des tomates dans nos hamburgers que nous ne les voyons plus. Essayez ces garnitures qui sortent de l'ordinaire pour un changement et faites votre propre combinaison.

- Champignons de Paris sautés et finement tranchés avec une gousse d'ail écrasée dans du beurre et de l'huile d'olive
- Beurre d'arachide croquant, bacon, oignons crus et laitue
- Œuf tourné, légèrement frit au beurre avec une feuille de laitue iceberg et un peu de mayonnaise
- Tranches d'avocats, bacon et salsa
- Oignons caramélisés (voir page 160), poivron rouge rôti (voir l'encadré page 118) et fromage de chèvre
- Tranches de tomates, oignon rouge finement tranché et roquette fraîche
- Pâte d'olives noires, mayonnaise et tranches de 1 œuf cuit dur
- Fromage brie ou gorgonzola

SECRET POUR LE ⇒ BARBECUE ⇐

La viande hachée est meilleure et plus sécuritaire lorsqu'elle est cuite le même jour qu'elle est hachée. Apprenez à connaître votre boucher et demandez-lui de la viande hachée fraîche, celle qui a la meilleure saveur pour les hamburgers.

HAMBURGER AU BŒUF FARCI
AU BEURRE AUX PIMENTS AVEC GUACAMOLE ET MAYONNAISE AU JALAPENO ET À L'AIL RÔTI

DONNE 4 GROS HAMBURGERS

Mise en garde : Cette recette n'est pas simple à faire et demande de la préparation. Le beurre aux piments et la mayonnaise doivent être faits à l'avance, alors vous devez planifier. Farcir une galette de hamburger avec un disque surgelé de beurre assaisonné demande un peu d'exercice, mais le résultat surprendra vos invités. Assurez-vous de ne pas tourner les galettes avant qu'elles commencent à être fermes et surveillez les flambées.

BEURRE AUX PIMENTS

250 g (½ lb) de beurre

1 tête d'ail rôtie (voir page 68)

2 piments jalapeno en sauce adobo, en conserve

25 ml (2 c. à soupe) de poudre de piment ancho

2 ml (½ c. à thé) de sel casher

GALETTES DE HAMBURGER

750 g à 1 kg (1½ à 2 lb) de bœuf haché maigre

50 ml (¼ tasse) d'eau froide

2 ml (½ c. à thé) de sel d'ail

2 ml (½ c. à thé) de sel d'oignon

GUACAMOLE

2 gros avocats mûrs mais encore fermes

2 tomates mûres

25 ml (2 c. à soupe) de jus de citron ou de lime frais

1 gousse d'ail, finement émincée

25 ml (2 c. à soupe) de coriandre fraîche, hachée

3 piments verts en conserve, rincés, épépinés et hachés

1 jalapeno ou piment serrano, finement émincé (facultatif)

Sel casher

ACCOMPAGNEMENTS

15 ml (1 c. à soupe) de moutarde préparée

Ail déshydraté

Mélange d'épices à frotter pour le championnat de barbecue (voir page 50) ou votre mélange d'épices à frotter favori pour le gril

50 ml (¼ tasse) de Mayonnaise au jalapeno et à l'ail rôti de Margie (voir page 68)

4 tranches de fromage Jack (facultatif)

4 pains à hamburger

Pour préparer le beurre aux piments, combiner tous les ingrédients dans un robot culinaire et mélanger jusqu'à ce que le tout soit homogène. Le mettre dans une feuille de plastique et former un tube de 4 cm (1½ po) de diamètre. Tourner les extrémités du tube pour bien fermer et placer au congélateur pendant au moins 2 heures, préférablement toute la nuit. (C'est une bonne idée de préparer

(suite à la page 156)

**COMMENT INSÉRER UN
➤ DISQUE DE BEURRE ➤
DANS UNE GALETTE**

Hamburger au bœuf farci au beurre aux piments avec guacamole et mayonnaise au jalapeno et à l'ail rôti *(suite)*

la mayonnaise en même temps que le beurre aux piments, car les deux s'amélioreront lorsque les saveurs se seront mélangées.)

Le guacamole ne se conserve pas bien, ainsi, il devrait être préparé pas plus d'une heure avant de mettre les galettes sur le gril. Pour le préparer, peler les avocats et enlever les noyaux. Trancher grossièrement les tomates et les avocats. (Les avocats peuvent être réduits en purée, mais je préfère le guacamole avec des morceaux.) Ajouter en mélangeant le jus de citron ou de lime, l'ail, la coriandre, les piments verts et les piments forts, si désiré. Saler le guacamole au goût. Couvrir et réserver dans un endroit frais.

Dans un grand bol non réactif, combiner les ingrédients des galettes. Mélanger légèrement les ingrédients avec les mains, en ne manipulant pas trop le bœuf. Diviser en 4 portions égales et former des boules. Sortir le beurre du congélateur et le trancher en 4 disques de 0,6 cm (¼ po). Faire un trou avec le pouce dans chaque boule et y insérer un disque de beurre aux piments. Reformer une galette de 2 cm (¾ po) d'épais avec la viande autour du beurre en s'assurant que le beurre ne puisse pas couler. Réserver le reste du beurre aux piments afin qu'il ramollisse.

Couvrir légèrement les galettes de moutarde et saupoudrer d'un peu d'ail déshydraté, puis d'un peu de mélange d'épices à frotter.

Préchauffer le gril à chaleur moyenne-vive de 5 à 10 minutes, ou jusqu'à ce que la température de la chambre atteigne plus de 260 °C (500 °F). Placer les galettes sur le gril, fermer le couvercle, et réduire à chaleur moyenne. Faire cuire pendant environ 5 minutes, tout en surveillant les flambées. Les tourner délicatement et les faire cuire de 5 à 8 minutes de plus ou jusqu'à ce que les galettes deviennent fermes, mais pas dures au toucher. Si désiré, pour ajouter du fromage, placer 1 tranche sur le dessus de chaque galette environ 2 minutes avant la fin de la cuisson.

Placer les galettes dans une assiette de service. Les recouvrir de papier d'aluminium et les laisser reposer de 2 à 3 minutes.

Pendant ce temps, tartiner chaque moitié de pain avec du beurre aux piments, les saupoudrer d'un peu d'ail déshydraté, et les faire rôtir de 30 à 60 secondes sur le gril.

Étaler une généreuse portion de mayonnaise au jalapeno. Placer les galettes sur les pains et recouvrir chacune d'une bonne quantité de guacamole. Couvrir les galettes avec l'autre moitié du pain et servir.

NOTE : Avertir les invités que le centre de la galette contient du beurre fondu, ou ils pourraient être très surpris! De toute façon, prévoir beaucoup de serviettes de table. Ce sont des hamburgers très juteux.

HAMBURGER DE BŒUF FARCI
AU BEURRE AUX FINES HERBES
AVEC OIGNONS CARAMÉLISÉS

DONNE 4 GALETTES

C'est cette recette qui a remporté le prix de la catégorie des hamburgers au Canadian National Barbecue Championships à Whistler, en Colombie-Britannique, à l'été 2003. Plus qu'un hamburger, c'est l'équivalent d'un beigne à la confiture de la diète Atkins (si vous omettez le pain). C'est une expérience marquante qui devrait probablement être accompagnée d'un message pour les 14 ans et plus. Choisissez les convives à qui vous les servez — ils pourraient vous poursuivre jusqu'à ce que vous leur en serviez à nouveau.

GALETTES DE HAMBURGER

750 g à 1 kg (1½ à 2 lb) de bœuf haché maigre

2 ml (½ c. à thé) de muscade fraîchement râpée

4 disques de 1 cm (½ po) de Beurre méditerranéen congelé (voir page 67)

ACCOMPAGNEMENTS

15 ml (1 c. à soupe) de moutarde de Dijon

Mélange d'épices à frotter pour le championnat de barbecue (voir page 50)

4 pains à hamburger

Beurre méditerranéen ramolli, pour les pains

Ail déshydraté

125 ml (½ tasse) de fromage de chèvre (crémeux), à la température ambiante

2 gros poivrons rouges rôtis (voir l'encadré page 118, déchirés en quartiers)

Oignons caramélisés (voir page 160)

Dans un grand bol non réactif, combiner le bœuf et la muscade. Mélanger les épices et la viande avec les mains, en ne manipulant pas trop le bœuf. Diviser en 4 portions égales et former des boules. Faire un trou avec le pouce dans chaque boule et y insérer un disque de beurre de fines herbes. Reformer une galette de 2 cm (¾ po) d'épais avec la viande autour du beurre en s'assurant que le beurre ne puisse pas couler. (Il sera peut-être préférable de mouiller les mains assez souvent pour que la viande ne colle pas.)

Couvrir légèrement les galettes avec de la moutarde et les saupoudrer d'un peu de mélange d'épices à frotter. Préchauffer le gril

(suite à la page suivante)

Hamburger de bœuf farci au beurre aux fines herbes avec oignons caramélisés *(suite)*

à chaleur moyenne. Vaporiser les galettes d'huile végétale ou vaporiser la grille d'huile. Placer les galettes sur la grille et les faire cuire de 4 à 5 minutes par côté, ou jusqu'à ce qu'elles soient fermes mais pas dures au toucher.

Retirer les galettes du feu, les couvrir d'un papier d'aluminium et les laisser reposer pendant 4 à 5 minutes. Pendant ce temps, tartiner les pains avec du beurre aux fines herbes ramolli, les saupoudrer d'ail déshydraté et les faire rôtir de 30 à 60 secondes sur le gril.

Déposer sur les galettes un peu de fromage de chèvre, 1 ou 2 morceaux de poivron rouge et 1 cuillérée d'oignons caramélisés. Humer.

NOTE : Avertir les invités que le centre de la galette contient du beurre fondu, ou ils pourraient être très surpris! De toute façon, prévoir beaucoup de serviettes de table. Ce sont des hamburgers très juteux.

OIGNONS CARAMÉLISÉS
DONNE ENVIRON 250 ML (1 TASSE)

C'est une délicieuse garniture pour les hamburgers, mais c'est aussi un condiment qui va avec tout. Essayez-les dans les omelettes ou comme garniture pour les côtelettes de porc. Mélangez-les avec du chèvre et tartinez-en des craquelins, et vous aurez des hors-d'œuvre acidulés et sucrés. Ils sont aussi excellents comme garniture pour un brie cuit sur planche.

25 ml (2 c. à soupe) de beurre, d'huile d'olive, ou d'une combinaison des deux	2 ml (½ c. à thé) de sel casher
4 oignons moyens, pelés et coupés en rondelles	5 ml (1 c. à thé) de sucre
	2 ml (½ c. à thé) de cannelle moulue
	1 pincée de piment de Cayenne

Dans une grande poêle à feu moyen, faire chauffer le beurre ou l'huile d'olive. Ajouter les rondelles d'oignon et le sel, et les faire sauter jusqu'à ce qu'elles ramollissent, environ 5 minutes. Ajouter le sucre, la cannelle et le piment de Cayenne. Continuer à faire sauter les oignons, en remuant régulièrement, jusqu'à ce qu'ils deviennent luisants et dorés (environ 15 minutes), en prenant soin de ne pas les faire brûler (ajouter un peu d'eau si nécessaire, pour les empêcher de brûler).

HAMBURGER DE BŒUF À LA THAÏ
AVEC SHIITAKES SAUTÉS

DONNE 4 HAMBURGERS

Cette recette, adaptée du livre *Big Book of Grilling* de Weber, met en vedette des shiitakes légèrement sautés et n'a pas besoin d'autres condiments pour lui donner une saveur exotique.

GALETTES DE HAMBURGER

750 g (1 ½ lb) de morceaux de bœuf haché (20 % de gras)

25 ml (2 c. à soupe) de basilic italien ou thaï frais, finement haché

15 ml (1 c. à soupe) de jus de lime frais

10 ml (2 c. à thé) de sauce au poisson thaï

2 gousses d'ail, finement émincées

5 ml (1 c. à thé) de zeste de lime râpé ou finement haché

5 ml (1 c. à thé) de gingembre frais, râpé

2 ml (½ c. à thé) de poivre noir fraîchement moulu

CHAMPIGNONS

45 ml (3 c. à soupe) de beurre non salé

25 ml (2 c. à soupe) d'huile de Canola ou d'arachide

1 petite échalote, finement hachée

10 ml (2 c. à thé) de gingembre frais, râpé

250 g (8 oz) de shiitakes frais, les tiges enlevées, coupés en tranches de 0,6 cm (¼ po)

Quelques gouttes d'huile de sésame

1 ml (¼ c. à thé) de sel casher

1 ml (¼ c. à thé) de poivre noir fraîchement moulu

POUR TERMINER

4 pains à hamburger, légèrement beurrés et saupoudrés d'oignon déshydraté

5 ml (1 c. à thé) de graines de sésame rôties

Tapisser une plaque à pâtisserie avec du papier ciré. Dans un grand bol, mélanger délicatement les ingrédients pour le hamburger avec les mains, en prenant soin de ne pas trop manipuler la viande. Mouiller les mains et former 4 galettes d'environ 2 cm (¾ po) d'épais. Couvrir les galettes et les réfrigérer pendant au moins 30 minutes, et jusqu'à 4 heures.

Préparer le gril pour une chaleur directe moyenne. Pendant que le gril réchauffe, préparer les champignons. Dans un plat à sauter à feu moyen, faire fondre le beurre avec l'huile, et ajouter l'échalote et le gingembre. Ajouter les champignons et faire cuire le tout jusqu'à ce que les champignons soient tendres, de 4 à 6 minutes. Verser l'huile de sésame, ajouter le sel et le poivre, puis bien mélanger. Réserver les champignons au chaud.

(suite à la page suivante)

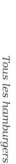

Tous les hamburgers

Hamburger de bœuf à la thaï avec shiitakes sautés *(suite)*

Badigeonner d'huile les galettes de hamburger et les faire griller sur chaleur directe moyenne de 4 à 5 minutes de chaque côté, ou jusqu'à ce que la température interne atteigne 71 °C (160 °F). Les retirer du feu. Faire rôtir les pains de 30 à 60 secondes, le côté beurré sur la grille, jusqu'à ce qu'ils soient bien grillés. Servir les galettes chaudes sur les pains grillés, puis recouvrir de champignons et d'un peu de graines de sésame.

HAMBURGER D'AGNEAU
FARCI AU CHÈVRE FONDU

DONNE 4 HAMBURGERS

Nous, les Nord-Américains, mangeons tellement de bœuf haché que nous avons presque oublié le goût du bœuf. Lorsque vous mangez un hamburger d'agneau, vous goûtez vraiment l'agneau et vous vivez une expérience bien différente lors de la cuisson sur gril. La farce au fromage de chèvre ajoute un côté orgiaque. N'oubliez pas de faire congeler le fromage de chèvre!

TZATZIKI

5 ml (1 c. à thé) de cumin moulu

250 ml (1 tasse) de yogourt grec nature, et gras

15 ml (1 c. à soupe) de menthe fraîche, finement hachée

⅓ de 1 long concombre anglais, finement râpé

GALETTES DE HAMBURGER

750 g (1½ lb) d'agneau haché

125 ml (2 c. à soupe) de menthe fraîche, hachée

5 ml (1 c. à thé) d'origan séché

2 ml (½ c. à thé) de sel casher

Poivre noir fraîchement moulu

90 g (3 oz) de fromage de chèvre (crémeux), congelé et tranché en disques de 1 cm (½ po)

Sel casher et poivre noir fraîchement moulu, au goût

25 ml (2 c. à soupe) de Beurre méditerranéen ramolli (voir page 67)

ACCOMPAGNEMENTS

2 gros pitas frais

Tomates tranchées

½ oignon rouge, tranché très finement

1 botte de roquette fraîche, lavée et asséchée

Pour préparer le tzatziki, faire rôtir le cumin moulu dans une poêle antiadhésif sèche à feu moyen pendant 30 secondes, ou jusqu'à ce qu'il parfume et devienne légèrement doré. Transférer le cumin de la poêle chaude dans un bol. Ajouter le yogourt, la menthe et le concombre, bien mélanger le tout, couvrir le tzatziki, et le réfrigérer jusqu'au moment de servir.

Dans un bol non réactif, mélanger délicatement avec les mains l'agneau, la menthe, l'origan, le sel et un peu de poivre du moulin. Diviser la viande en 4 portions égales et former des boules. À l'aide du pouce, faire une ouverture dans chaque boule et y insérer un disque de fromage de chèvre congelé. Bien refermer l'ouverture et aplatir la boule en une galette de 2 cm (¾ po) d'épais, en s'assurant de bien recouvrir le fromage avec la viande. Saler et poivrer l'extérieur des

(suite à la page suivante)

Hamburger d'agneau farci au chèvre fondu *(suite)*

galettes. Les badigeonner légèrement d'huile d'olive et les faire griller à chaleur directe moyenne de 4 à 5 minutes de chaque côté, ou jusqu'à ce que la température interne atteigne 71 °C (160 °F).

Retirer les hamburgers du gril et en badigeonner le dessus de beurre aux fines herbes (à défaut d'avoir du beurre aux fines herbes, les arroser légèrement avec un peu d'huile d'olive — juste assez pour les rendre luisants). Les laisser reposer de 3 à 4 minutes. Juste avant de les servir, faire rôtir les pitas sur la grille de 10 à 15 secondes de chaque côté. Couper les pitas en 2, les ouvrir et y déposer les galettes. Les garnir de tomates, d'oignons, de roquette et de tzatziki.

HAMBURGER DE POULET À L'ASIATIQUE

DONNE 4 HAMBURGERS

Ce hamburger au poulet a une texture légère et duveteuse, et le goût des aliments de réconfort que nous associons aux mets chinois pour emporter. Servez-le avec une bière asiatique froide comme la Tsingtao, la Kingfisher ou la Kirin.

SAUCE

125 ml (½ tasse) de mayonnaise

5 ml (1 c. à thé) de sauce asiatique aux piments forts (comme la Sriracha)

2 ml (½ c. à thé) de jus de lime frais

2 ml (½ c. à thé) d'huile de sésame

GALETTES DE HAMBURGER

750 g (1½ lb) de poulet haché frais

250 ml (1 tasse) de chapelure fraîche

50 ml (¼ tasse) d'oignon vert, émincé

50 ml (¼ tasse) de coriandre fraîche, finement hachée

1 gros œuf, légèrement battu

15 ml (1 c. à soupe) de sauce aux huîtres

15 ml (1 c. à soupe) de sauce hoisin

15 ml (1 c. à soupe) de sauce soja

15 ml (1 c. à soupe) de miel liquide

10 ml (2 c. à thé) de moutarde de Dijon

5 ml (1 c. à thé) d'huile de sésame rôti

2 ml (½ c. à thé) de sel casher

2 ml (½ c. à thé) de poivre noir fraîchement moulu

ACCOMPAGNEMENTS

15 ml (1 c. à soupe) d'huile sans saveur (comme l'huile de Canola ou de maïs)

4 pains à hamburger, légèrement beurrés et saupoudrés d'ail déshydraté

Sauce barbecue à l'asiatique (voir page 61)

4 feuilles de laitue

4 tranches de 1 cm (½ po) d'ananas grillées (facultatif)

Dans un bol moyen non réactif, combiner les ingrédients pour la sauce. Couvrir et réfrigérer (elle peut être faite 1 journée à l'avance).

Tapisser une plaque à pâtisserie avec du papier ciré. Avec les mains, mélanger délicatement tous les ingrédients pour les galettes. Mouiller les mains dans l'eau froide et former 4 galettes de 2 cm (¾ po) d'épais. Les placer sur la plaque à pâtisserie, couvrir et réfrigérer pendant au moins 1 heure.

Préparer le gril pour une chaleur directe moyenne. Badigeonner les galettes avec de l'huile et les faire griller jusqu'à ce qu'elles soient bien cuites (une température interne de 71 °C [160 °F]), environ 5 à 6 minutes de chaque côté. Transférer les galettes dans une assiette, les couvrir de papier d'aluminium et les laisser reposer de 4 à 5 minutes. Faire rôtir légèrement les pains sur la grille. Tartiner généreusement les pains avec la sauce, mettre les galettes et les recouvrir de laitue et de 1 tranche d'ananas grillée, puis servir.

Tous les hamburgers

HAMBURGER DE DINDE
PRÉFÉRÉ DES ENFANTS, CRÉÉ PAR CATHY

DONNE 5 À 6 HAMBURGERS

De temps à autre, sans m'y attendre, je reçois un courriel de quelqu'un qui appré-cie un de mes livres de recettes et qui veut partager avec moi une recette. Terry Kelly de Presque Isle, dans le Maine, m'a fait parvenir cette recette facile et déli-cieuse qui avait été créée par sa femme, Cathy.

GALETTES DE HAMBURGER

500 à 750 g (1 à 1½ lb) de dinde hachée (à 15 % de gras)

1 œuf

2 ml (½ c. à thé) de poivre noir fraîchement moulu

1 ml (¼ c. à thé) de sel casher

25 ml (2 c. à soupe) de vinaigrette en bouteille (française ou Catalina)

1 petit oignon jaune, finement haché

2 ml (½ c. à thé) d'ail déshydraté

160 ml (⅔ tasse) de chapelure à l'italienne

15 ml (1 c. à soupe) d'huile sans saveur (comme l'huile de Canola ou de maïs)

ACCOMPAGNEMENTS

Tranches de fromage

4 pains à hamburger

Condiments pour hamburgers — Terry aime les oignons rouges tranchés, le ketchup et la mayonnaise Miracle Whip; les mayonnaises assaisonnées (voir page 68) sont également bonnes

Dans un bol, mélanger la dinde, l'œuf, le poivre, le sel, la vinaigrette, l'oignon, l'ail et la chapelure, et former 5 à 6 galettes.

Préparer le gril pour une chaleur directe moyenne.

Badigeonner les galettes avec un peu d'huile et les placer sur le gril. Faire cuire de 3 à 5 minutes, les tourner avec précaution et cuire 3 à 5 minutes de plus, ou jusqu'à ce que les galettes soient souples au toucher. Déposer 1 tranche de fro-mage sur chaque galette et continuer à les faire cuire de 1 à 2 minutes. Les retirer du gril et les servir immédiatement avec vos accompagnements favoris.

HAMBURGER AUX HUÎTRES
DU WAKEFIELD INN

DONNE 4 HAMBURGERS

Il y a plusieurs années, le Wakefield Inn, un pub de la Sunshine Coast de la Colombie-Britannique, a crée le hamburger suprême — et il n'est pas grillé. Pour avoir la bonne texture, vous devez faire sauter les huîtres. Le Wakefield Inn utilise de la farine assaisonnée pour enrober les huîtres, mais je préfère le croustillant de la semoule de maïs. Servir le hamburger avec un cornichon à l'aneth et une grande chope de bière froide. Malheureusement, le Wakefield Inn a été démoli pour faire place à des condominiums, et tout ce qui en reste est la belle vue... et cette recette.

5 ml (1 c. à thé) de cumin moulu	**ACCOMPAGNEMENTS**
5 ml (1 c. à thé) de poudre de piment ancho	50 ml (¼ tasse) de sauce tartare du commerce (ou de Mayonnaise au jalapeno et à l'ail rôti de Margie, page 68)
5 ml (1 c. à thé) de poivre noir fraîchement moulu	4 pains à hamburger grillés et beurrés
125 ml (½ tasse) de semoule de maïs	Feuilles de laitue verte
15 ml (1 c. à soupe) de beurre	4 tranches de bacon croustillantes
15 ml (1 c. à soupe) d'huile d'olive extra vierge	1 tomate mûre tranchée finement
12 huîtres fraîches moyennes, de la côte ouest, déjà ouvertes (elles peuvent être achetées en pots)	Tranches de cornichons et brindilles de persil frais, pour garnir

Dans un petit bol, combiner le cumin, la poudre de piment ancho, le poivre et la semoule de maïs. Bien mélanger et verser dans une assiette. Dans une poêle à fond épais à feu moyen-vif, faire chauffer le beurre et l'huile jusqu'à ce que le beurre grésille. Enrober légèrement les huîtres dans le mélange de semoule, et les faire frire dans l'huile et le beurre jusqu'à ce qu'elles soient croustillantes à l'extérieur et bien cuites à l'intérieur, de 2 à 3 minutes de chaque côté.

Tartiner 15 ml (1 c. à soupe) de sauce tartare sur chaque pain grillé et beurré. Ajouter 1 ou 2 feuilles de laitue, 3 huîtres frites, 1 tranche de bacon croustillante (cassée en 2), et 1 ou 2 tranches de tomates. Saler et poivrer. Recouvrir de l'autre moitié de pain, et garnir avec 1 cornichon et 1 brindille de persil.

HAMBURGER AU SAUMON STYLE CÔTE OUEST

DONNE 4 HAMBURGERS

Les restaurants White Spot, connus pour leurs excellents hamburgers traditionnels, font partie du décor en Colombie-Britannique. Depuis quelques années,
ils ont ajouté des plats haut de gamme, des plats pour gourmets, à leur liste de
plats traditionnels, ce qui inclut un phénoménal hamburger au saumon. Le chef
cuisinier Chuck Curry n'aime pas partager ses recettes, ainsi, j'ai dû recréer ce
plat, selon mon souvenir, après l'avoir mangé, mais j'y suis presque arrivé. Si vous
n'avez pas le temps ou le goût de préparer l'aïoli, la remplacer par la mayonnaise
ordinaire commerciale assaisonnée avec du basilic frais, finement haché, un trait
de jus de citron et du poivre noir fraîchement moulu.

AÏOLI AU BASILIC

2 gros jaunes d'œufs

25 ml (2 c. à soupe) de jus de citron frais

300 ml (1¼ tasse) d'huile d'olive extra vierge

50 ml (¼ tasse) de feuilles de basilic frais,
   bien tassées

Sel casher et poivre noir fraîchement
   moulu, au goût

GALETTES DE HAMBURGER

4 filets de 250 g (8 oz) de saumon sauvage
   de la C.-B., sans arêtes, sans peau
   (le saumon d'élevage fera l'affaire,
   mais il n'est pas aussi bon)

Sel casher

Poivre noir fraîchement moulu

Huile d'olive extra vierge

ACCOMPAGNEMENTS

4 gros pains à hamburger aux graines de
   sésame

Beurre

1 grosse tomate cœur de bœuf, parfaitement mûre, coupée en 4 tranches

1 oignon rouge, finement tranché

Laitue à feuilles vertes

Combiner les jaunes d'œufs avec le jus de citron dans un robot culinaire ;
mélanger pendant 5 secondes. Alors que le robot est en marche, verser l'huile
d'olive par l'ouverture en un flot lent et régulier, jusqu'à ce que le mélange soit
homogène. Hacher grossièrement le basilic et l'ajouter au mélange. Faire fonctionner le robot à nouveau pour incorporer le basilic à l'aïoli. Saler et poivrer, réserver.
Il peut se conserver jusqu'à 3 jours au réfrigérateur.

Préparer le gril pour une chaleur directe moyenne. Saler et poivrer les filets
de saumon, et les arroser d'un peu d'huile d'olive. Bien vous assurer que la grille a

(suite à la page 170)

Hamburger au saumon style côte ouest *(suite)*

été brossée et qu'elle est propre. Bien l'huiler avant d'y déposer le saumon. Placer les filets de saumon, fermer le couvercle, et faire cuire de 3 à 4 minutes de chaque côté, ou jusqu'à ce que la température interne des filets atteigne 55 °C (130 °F).

Retirer les saumons de la grille et les recouvrir lâchement avec du papier d'aluminium. Pendant ce temps, beurrer les pains, les placer sur la grille, le côté beurré en dessous, fermer le couvercle et les faire rôtir environ 30 secondes, en prenant soin de ne pas les faire brûler.

Badigeonner les deux côtés du pain grillé avec l'aïoli au basilic. Placer les filets de saumon dans les pains et les recouvrir de tomates, d'oignons et de laitue. Servir les hamburgers avec une bière froide ou un verre de vin blanc fruité et frais.

NANOOK LE PORC

➤ Grillades d'hiver ↝

En 1992, j'ai acheté mon premier fumoir, un petit appareil en forme de balle, conçu pour imiter ce qui se passait dans un grand foyer de barbecue. Cette année-là, je suis devenu un fou du barbecue, allumant mon petit Brinkman toutes les fois que je pouvais. J'ai tout fumé, des côtelettes de porc et du saumon aux œufs durs et aux cœurs d'agneau.

Rien ne pouvait m'arrêter, au grand désespoir de ma femme. Pas même le dur hiver de Calgary, où un après-midi ensoleillé de janvier peut se transformer en l'espace d'une heure en un violent blizzard. Lorsque la température baissait à -4 °C (-20 °F), j'avais du mal à garder une température élevée dans le fumoir. J'ai pris mon courage à deux mains et j'ai fouillé pour retrouver un vieux chandail de curling, puis j'en ai recouvert le fumoir. Avec ses deux bras de laine tombant de chaque côté, c'était un mélange de John Candy et de R2-D2. Mais ça a fonctionné comme un charme. Et la fermeture éclair me permettait de vérifier les briquettes.

Je continue à cuisiner dehors pendant l'hiver, et je ne suis pas le seul. Tous les weekends, en Amérique du Nord, quelle que soit la température, une armée de grillardins d'extérieur s'aventure de façon précaire sur des patios glacés pour jeter les biftecks du samedi soir sur le gril, qui semblent grésiller en désapprobation comme pour dire : «Retourne donc à la maison, imbécccccccccile!»

Mais nous continuons quand même. Nous le faisons parce que c'est pratique. Nous le faisons avec

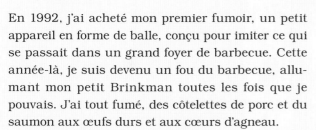

J'ai pris mon courage à deux mains et j'ai fouillé pour retrouver un vieux chandail de curling, puis j'en ai recouvert le fumoir. Avec ses deux bras de laine tombant de chaque côté, c'était un mélange de John Candy et de R2-D2. Mais ça a fonctionné comme un charme.

rapidité. Nous le faisons parce que, zut, nous aimons faire cuire sur le gril. L'odeur du gras coulant sur le feu est encore plus appétissante lorsque les narines sont presque gelées. Et, vous ne pouvez pas avoir la même saveur dans une poêle à sauter. De plus, les compliments que vous recevez de vos invités — la raison première pour laquelle les hommes cuisinent — diminuent de beaucoup si vous ne cuisinez pas sur le gril. («Ça alors, Stanley. Tu sais réellement comment faire gratiner une pomme de terre à la dauphinoise!» Non.)

Le sondage annuel GrillWatch de Weber sur la cuisson en plein air démontre que les trois quarts des foyers possèdent des grils extérieurs ou des fumoirs, et que plus de la moitié d'entre eux les utilisent pendant toute l'année. Et puis le tiers d'entre eux ont admis avoir cuisiné pendant une tempête de neige.

Il n'en a pas toujours été ainsi. Au début des années 1950, la cuisson dans l'arrière-cour se faisait dans un brasero ouvert, avec des briquettes de charbon de bois qui ne fonctionnait que par une température chaude et sans vent. Vint notre héros, George Stephen, un soudeur travaillant pour Weber Brothers Metal Works à Chicago. George fabriquait des bouées rondes en métal pour la Garde côtière des États-Unis. Frustré par la cuisine en plein air dans la Ville des vents, il a conçu en quincaillerie ce qui pourrait se comparer à un changement de sexe, en transformant une bouée en un gril. La grande innovation : l'invention de George était munie d'un couvercle, alors les aliments étaient à l'abri des intempéries et le gril gardait sa chaleur. Aujourd'hui, le gril à charbon de bois Weber est un symbole aussi connu que les Arches dorées.

Au début des années 1960, un autre inventeur de l'Illinois, Walter Koziol, a fait une autre importante découverte en ce qui a trait à la cuisson sur gril en toute saison. La compagnie de Walter, Modern Home Products, a mis en marché de l'éclairage décoratif au gaz pour les arrière-cours de banlieues. Dans ses recherches pour mettre en marché d'autres appareils au gaz, Walter a inventé le premier gril extérieur recouvert, chauffant au gaz, ce qui a amené le concept de George Steven à un niveau supérieur. Cette simple façon d'allumage et la commodité du gaz ont changé la cuisine en plein air pour toujours. En 2007 seulement, plus de dix millions de grils au gaz couverts ont été vendus en Amérique du Nord.

Mais ce n'est pas le gril qui fait la cuisson. Ça prend beaucoup de courage pour utiliser le gril pendant tout l'hiver.

Mais ce n'est pas le gril qui fait la cuisson. Ça prend beaucoup de courage pour utiliser le gril pendant tout l'hiver. Voici quelques conseils afin de rendre la tâche plus facile et plus sécuritaire :

1. Pour l'amour de Dieu, ne vous servez pas de votre gril à l'intérieur. La fumée pourrait vous tuer.
2. Placez votre gril à l'abri du vent pour conserver la chaleur et vous protéger du froid. Même si le couvercle est fermé, des courants d'air peuvent réduire de beaucoup l'efficacité de votre cuiseur.
3. Enlevez la neige pour que le préchauffage se fasse plus rapidement et qu'il n'y ait pas d'eau qui fonde sous le gril, ce qui pourrait créer une patinoire dangereuse.
4. Fermez le couvercle et ne vérifiez pas la viande trop souvent. Rappelez-vous, si vous regardez, la cuisson ne se fera pas.

5. Faites cuire des viandes qui ne demandent à être tournées qu'une ou deux fois, ou bien faites griller de gros rôtis qui ne demandent pas beaucoup d'attention.
6. Choisissez un gril avec un nombre élevé de BTU (50 000 et plus serait idéal) pour obtenir la température adéquate plus rapidement. Aussi, choisissez un gril muni de grilles en fonte épaisses, qui retiennent la chaleur beaucoup mieux que celles qui sont enrobées de porcelaine.
7. À environ -4 °C (-20 °F), les poignées gèlent. Ainsi que vos mains. Manipulez-les délicatement sinon, elles se briseront.
8. Ayez un bon éclairage sur le patio ; ainsi, vous pourrez voir si votre viande brûle. De même, vous pouvez acheter des lumières fonctionnant avec piles, qui peuvent s'attacher aux poignées du couvercle de votre gril.
9. Ayez un bon thermomètre à viande et faites la cuisson selon la température interne au lieu de vous fier au temps de cuisson.
10. Faites chauffer votre assiette de service ; ainsi, votre viande restera chaude lorsque vous la retirerez du gril.

UNE DERNIÈRE NOTE : Vous pouvez faire cuire ce que vous voulez sur votre gril durant l'hiver, mais il est plus divertissant de faire cuire des aliments saisonniers comme la dinde, la venaison, la courge, les carottes, les pommes et les poires. Utilisez la chaleur indirecte pour faire rôtir lentement presque tout. Tout ce que vous avez à faire est de préchauffer votre gril, de fermer 1 brûleur et de placer votre viande sur la grille directement au-dessus de ce dernier. Pour les grosses coupes, placez un bac d'égouttement en dessous pour recueillir les égouttures.

Cet article a paru tout d'abord dans la revue Toro.

Un hommage au cochon : le porc

IL FUT UN TEMPS, DANS LES ANNÉES 1990, où les éleveurs de porc ont décidé que le public voulait éviter la consommation d'aliments gras; ainsi, ils ont nourri et élevé leurs cochons à tel point qu'ils faisaient compétition aux poitrines de poulet sans peau pour avoir une place dans l'assiette des jeunes professionnels, conscients de leur diète. Ils avaient oublié un des secrets les plus importants du barbecue, la formule qui affirme : ALIMENT + GRAS = SAVEUR.

Et de tous les gras, le gras de porc est le plus savoureux. Dieu merci, les papilles gustatives américaines ont repris leurs sens et les aliments plus riches sont, encore une fois, acceptés socialement. Les éleveurs de porc ont répondu favorablement à cette tendance en offrant des coupes qui valent la peine d'être mangées. Lorsque vous choisissez du porc chez votre boucher ou au supermarché, recherchez une couche de gras autour de la viande et une texture riche et persillée dans le tissu musculaire. Le gras est ce qui provoque le grésillement lors de la cuisson sur le gril, et sans lui, votre porc goûterait le carton.

Le gras n'est pas que savoureux, il est extrêmement nutritif. La viande de porc a nourri les premiers colons en Amérique du Nord, et comme source économique de protéines remplies d'énergie, elle a toujours été la nourriture de base des travailleurs sur le continent. Et, naturellement, le porc est la viande la plus populaire lors de compétitions de barbecue, et l'image d'un porc souriant est synonyme du monde du barbecue. Rendons tous hommage au cochon, notre nourriture à tous.

CHICHEKÉBABS DE PORC ET DE POMMES

DONNE 8 PORTIONS DE HORS-D'ŒUVRE OU 4 À 6 PORTIONS DE REPAS

C'est un merveilleux plat de fin d'été. Utilisez les pommes de la nouvelle récolte les plus acidulées et les plus fermes que vous pourrez trouver. Servez ces chicheké-babs comme hors-d'œuvre ou avec les Asperges grillées (page 129) et la Purée de pommes de terre à l'aneth (page 133) comme repas principal.

8 longues brochettes en métal, ou 12 bro-chettes en bambou trempées pendant 15 à 30 minutes

1 kg (2 lb) de longe de porc désossée

MARINADE

50 ml (¼ tasse) de vinaigre de cidre

1 gousse d'ail, passée au presse-ail

15 ml (1 c. à soupe) de romarin frais

5 ml (1 c. à thé) de romarin séché

5 ml (1 c. à thé) d'oignon déshydraté

2 ml (½ c. à thé) de piment de la Jamaïque

1 ml (¼ c. à thé) de muscade fraîchement râpée

1 pincée de piment de Cayenne

1 pincée de clous de girofle

CHICHEKÉBABS

6 pommes, pelées, étrognées et coupées en petits morceaux de 1 bouchée

Sel casher et poivre noir fraîchement moulu, au goût

Huile d'olive extra vierge

Couper le porc en petits morceaux de 1 bouchée. Combiner tous les ingrédients de la marinade dans un bol non réactif, y ajouter le porc et bien mélanger. Laisser mariner le porc pendant environ 1 heure à la température ambiante, ou de 2 à 3 heures au réfrigérateur.

Préparer le gril pour une chaleur directe moyenne. Enfiler les morceaux de porc sur les brochettes en alternant avec les morceaux de pomme. Les faire cuire de 3 à 4 minutes de chaque côté, ou jusqu'à ce que le porc soit bien cuit. Saler et poivrer, et arroser avec un peu d'huile d'olive. Servir chaud.

Un hommage au cochon : le porc

175

TRANCHES DE PALETTE DE PORC
EN CROÛTE ÉPICÉE

DONNE 6 PORTIONS

J'ai créé cette recette pour mes amis de la revue *Food & Wine* pour leur numéro de barbecues de l'été 2005. J'aime les tranches de palette, car elles sont économiques, très savoureuses et très difficiles à rater. Les graines de cumin ajoutent un goût terreux et acidulé, ainsi qu'une texture intéressante à ces tranches de porc riches, savoureuses et tendres. Servez-les avec vos accompagnements estivaux favoris.

MÉLANGE D'ÉPICES À FROTTER

25 ml (2 c. à soupe) de poudre de piment ancho ou de toute autre poudre de piment

15 ml (1 c. à soupe) d'ail déshydraté

15 ml (1 c. à soupe) d'oignon déshydraté

5 ml (1 c. à thé) de poivre noir fraîchement moulu

5 ml (1 c. à thé) de poudre de piment jalapeno ou de piment de Cayenne

5 ml (1 c. à thé) d'origan séché

5 ml (1 c. à thé) de persil séché

TRANCHES DE PALETTE

15 ml (1 c. à soupe) de graines de cumin

6 tranches de palette de 250 à 300 g (8 à 10 oz)

Sel casher

25 ml (2 c. à soupe) de moutarde de Dijon ou de moutarde préparée ordinaire

Huile d'olive extra vierge

Dans un petit bol, combiner tous les ingrédients pour le mélange d'épices à frotter et réserver.

Dans un plat à sauter sec à feu moyen, faire rôtir les graines de cumin jusqu'à ce qu'elles commencent à parfumer et à dorer. Retirer du plat et réserver.

Saler généreusement les tranches de palette. À l'aide du dos d'une cuillère ou d'un pinceau, badigeonner les tranches d'une fine couche de moutarde. Saupoudrer les graines de cumin sur les 2 côtés des tranches et les presser pour qu'elles collent à la moutarde. Déposer une généreuse couche de mélange d'épices à frotter sur les tranches et les arroser d'un peu d'huile d'olive. (Il vous restera du mélange d'épices à frotter, ce qui est bon pour faire griller presque n'importe quoi.)

Préparer le gril pour une chaleur directe vive, placer les tranches sur la grille, fermer le couvercle et réduire immédiatement à chaleur moyenne.

(suite à la page 178)

Tranches de palette de porc en croûte épicée *(suite)*

Faire cuire les tranches de 8 à 10 minutes en les tournant 1 ou 2 fois, ou jusqu'à ce qu'elles soient souples au toucher. Les retirer du gril et les envelopper dans du papier d'aluminium, puis laisser reposer pendant 5 minutes. Les arroser avec un peu d'huile d'olive et servir.

MISE EN GARDE : Ces tranches de palette sont très juteuses et contiennent beaucoup de gras, alors faites attention aux flambées.

CÔTELETTES DE PORC AVEC POMMES
GRILLÉES ET FEUILLES DE SAUGE FRAÎCHE

DONNE 4 PORTIONS

Cette combinaison classique de saveurs est un repas parfait pour la fin de l'été. Servez-les avec la Purée de courge musquée à l'érable (page 139).

CÔTELETTES

4 côtelettes de porc, d'environ 4 cm (1½ po) d'épais chacune

Sel casher et poivre noir fraîchement moulu

15 ml (1 c. à soupe) de moutarde de Dijon

1 pincée de piment de Cayenne

5 ml (1 c. à thé) d'oignon déshydraté

5 ml (1 c. à thé) de Mélange d'épices à frotter méditerranéen aux fines herbes séchées (voir page 52)

Huile d'olive extra vierge

8 grandes feuilles de sauge fraîche

Brindilles de sauge fraîche pour garnir

POMMES

4 grosses pommes acidulées et fermes (Granny Smith ou Rome Beauty feront l'affaire)

1 citron

Sel casher ou poivre noir fraîchement moulu

15 ml (1 c. à soupe) de romarin frais, haché

50 ml (¼ tasse) de miel

25 ml (2 c. à soupe) d'huile d'olive extra vierge

25 ml (1 c. à soupe) de calvados (eau-de-vie de pomme, de France), facultatif

Saler et poivrer le porc. Le badigeonner avec une fine couche de moutarde. Combiner le piment de Cayenne, l'oignon déshydraté et le Mélange d'épices à frotter aux fines herbes, et saupoudrer uniformément le mélange sur les côtelettes. Arroser les côtelettes d'un peu d'huile d'olive et mettre un peu de pression pour les rendre assez humides et luisantes. Mettre les feuilles de sauge dans votre main et serrer légèrement. Ceci écrase les feuilles et elles dégagent leur arôme. Coller 1 feuille sur chaque côté des côtelettes, en la pressant sur la surface. Elles devraient adhérer facilement. Laisser reposer les côtelettes pendant 1 heure, à la température ambiante, ou les mettre au réfrigérateur pendant plusieurs heures ou pendant toute la nuit.

Trancher les pommes en rondelles de 1 cm (½ po) d'épais. Ne pas les peler. (Pour les plus exigeants, utiliser un vide-pomme pour étrogner la pomme avant de la trancher.) Presser ½ citron sur les pommes, et saler et poivrer. Dans un bol, combiner le jus de l'autre ½ citron avec le romarin haché, le miel, l'huile d'olive et le calvados, si désiré, et délicatement y incorporer les pommes pour bien les enrober. Réserver le bol de pommes.

(suite à la page suivante)

Un hommage au cochon : le porc

179

Côtelettes de porc avec pommes grillées et feuilles de sauge fraîche *(suite)*

Préparer le gril pour une chaleur directe moyenne. Faire griller les côtelettes de porc de 4 à 6 minutes de chaque côté, ou jusqu'à ce que la température interne atteigne environ 55 °C (130 °F) dans la partie la plus épaisse. Les feuilles de sauge peuvent brûler ou tomber durant la cuisson, mais ne pas s'en faire ; elles auront déjà aromatisé les côtelettes. Transférer les côtelettes dans une assiette de service et les envelopper lâchement dans du papier d'aluminium.

Pendant que les côtelettes reposent, augmenter la chaleur à moyenne-vive. Retirer les pommes du mélange de miel et réserver le liquide. Faire griller les tranches de pomme de 1 à 2 minutes de chaque côté, ou jusqu'à ce qu'elles aient de belles marques de grilles et qu'elles aient ramolli un peu. Il est possible de les badigeonner avec un peu de marinade de pommes en les retournant.

Pour servir, mettre les tranches de pomme sur le dessus des côtelettes et les arroser avec le reste du mélange de miel. Garnir le plat avec des feuilles de sauge fraîche et servir.

CÔTES LEVÉES TROMPE-L'ŒIL

DONNE 4 PORTIONS

Les ultraconservateurs du barbecue ne veulent même pas considérer cette technique, qui va à l'encontre de tous les principes et
valeurs de la culture du barbecue. Ces côtes levées ne sont peut-
être pas fumées, elles ne sont peut-être pas aussi savoureuses que
les vraies côtes levées au barbecue, mais elles sont merveilleusement tendres, leur goût est délicieux et elles ne mettent pas toute
une journée à cuire.

**SECRET POUR LE
BARBECUE**

Pour savoir si les côtes sont cuites, faites
l'essai par traction. Prenez les côtes de
chaque bout avec les pouces et les index, et
tirez délicatement. Si la chair ne se détache
pas, c'est que les côtes ne sont pas cuites.
Par contre, si la viande se défait facilement,
c'est que les côtes doivent êtres enlevées
du cuiseur.

- 2 carrés de côtes levées de côté ou de dos, parés par le boucher
- 1 oignon moyen, pelé et coupé en 2
- 5 ml (1 c. à thé) de grains de poivre
- 3 ou 4 clous de girofle entiers
- 25 ml (2 c. à soupe) de moutarde préparée
- 2 ml (½ c. à thé) d'ail déshydraté
- 50 ml (¼ tasse) environ de Mélange d'épices à frotter pour le championnat de barbecue (voir page 50)
- 250 ml (1 tasse) de sauce barbecue, la plus sucrée et la plus acidulée possible

Retirer la membrane des côtes, si le boucher ne l'a pas déjà fait.
Remplir une grande casserole d'eau froide et y plonger les côtes.
Ajouter l'oignon, les grains de poivre et les clous de girofle. Porter
à ébullition. À l'aide d'une cuillère ou d'une louche, écumer rapidement la mousse qui se forme sur le dessus de l'eau, et réduire à feu
doux. Laisser mijoter doucement les côtes pendant environ 1 heure
15 minutes, ou jusqu'à ce qu'elles passent l'essai par traction (voir
l'encadré). Retirer les côtes de l'eau et les laisser refroidir sur une
plaque à pâtisserie jusqu'à ce qu'elles puissent être manipulées.

Préparer le gril pour une chaleur directe moyenne. Recouvrir
les côtes de moutarde, les saupoudrer d'ail déshydraté et ajouter le
mélange d'épices à frotter. Laisser reposer jusqu'à ce que le mélange
d'épices à frotter commence à être luisant, environ 10 minutes. Faire
griller les côtes de 3 à 4 minutes de chaque côté, et les badigeonner
de sauce barbecue en les tournant, jusqu'à ce que la sauce soit
bien caramélisée et que les côtes commencent à noircir à certains
endroits. Les retirer du gril et les laisser reposer quelques minutes,
puis couper chaque côte et servir avec les accompagnements traditionnels du barbecue — maïs en épi, salade de chou, haricots, etc.

VRAIES CÔTES LEVÉES AU BARBECUE

DONNE 2 À 4 PORTIONS

Pour obtenir le vrai goût des côtes levées au barbecue, vous devez les faire cuire lentement, de la façon traditionnelle, dans un fumoir à l'eau ou dans un barbecue, à basse température. C'est de cette façon que nous faisons cuire les côtes levées dans les compétitions. Vous pouvez obtenir des résultats semblables en utilisant de la chaleur indirecte douce sur votre gril au charbon de bois ou au gaz, couvert.

2 carrés de côtes levées de côté, coupe St-Louis (avec le milieu de la poitrine attaché)

25 ml (2 c. à soupe) de moutarde préparée

5 ml (1 c. à thé) environ d'ail déshydraté

125 ml (½ tasse) de Mélange d'épices à frotter pour le championnat de barbecue (voir page 50)

Jus de pomme dans une bouteille munie d'un vaporisateur

Trempette très substantielle de Ron (voir page 57) ou votre sauce favorite de style Kansas City

SECRET POUR LE BARBECUE

La membrane des côtes de porc est glissante et frustrante à enlever si vous n'utilisez pas cette technique : détachez un coin de la membrane des côtes avec un couteau affûté. Utilisez un essuie-tout sec pour avoir une bonne prise, saisissez le coin libre de la membrane et détachez-la des côtes avec une traction constante, en la ressaisissant bien au fur et à mesure qu'elle se détache. Lorsque vous l'aurez enlevée, coupez le gras et les particules restantes de membrane sur les côtes.

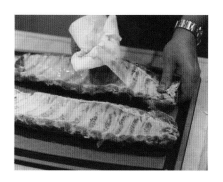

Préparer votre fumoir pour le barbecue en amenant la température entre 95 et 100 °C (200 et 220 °F). Couper le long de la partie cartilagineuse des côtes pour séparer chaque carré de la poitrine. Retirer la membrane luisante située à l'intérieur des côtes.

Enrober les côtes uniformément avec de la moutarde de chaque côté. Saupoudrer légèrement d'ail, puis ajouter une bonne couche de mélange d'épices à frotter, en commençant par le côté convexe (intérieur), puis le tourner et recommencer de l'autre côté (ce qui empêchera le mélange d'épices à frotter de se répandre).

Laisser reposer les côtes pendant au moins 15 minutes ou jusqu'à ce que le mélange d'épices à frotter commence à faire suinter la viande et qu'elle soit luisante.

Placer les côtes sur la grille, le côté convexe sur le dessus (⌒), ou sur le support pour les côtes. Faire cuire de 5 à 7 heures, selon la grosseur des côtes, en les vaporisant de jus de pomme après 3 heures de cuisson, et toutes les heures par la suite.

Au début de la dernière heure de cuisson, badigeonner les côtes avec de la sauce barbecue.

(suite à la page suivante)

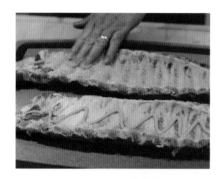

Vraies côtes levées au barbecue *(suite)*

Trente minutes avant la fin du temps de cuisson, vérifier si les côtes sont cuites. Si elles passent l'essai par traction (voir l'encadré à la page 181), les enrober à nouveau de sauce, les envelopper dans du papier d'aluminium et les remettre dans le fumoir pendant 30 minutes.

Retirer les côtes du fumoir et les laisser reposer de 20 à 45 minutes. Les développer, couper chaque côte, et servir avec vos accompagnements favoris.

CÔTES LEVÉES DE RAVENSWOOD

DONNE 4 À 6 PORTIONS

Le Zinfandel est un des meilleurs vins que vous pouvez boire avec des aliments grillés ou au barbecue, et Ravenswood, le vinificateur californien, en fait un des plus savoureux et des plus populaires des environs. Le chef cuisinier de Ravenswood, Eric Lee, a eu la gentillesse de partager cette recette avec moi. Cette combinaison polyvalente de mélange d'épices à frotter/épongeage se prête bien aux autres coupes de porc, comme au bœuf et à l'agneau.

NOTE : J'ai utilisé ma technique des Vraies côtes levées au barbecue pour cette recette, mais vous pouvez aussi utiliser la technique des Côtes levées trompe-l'œil (voir page 181).

CÔTES

2 carrés de côtes levées de dos, parés par le boucher

Quelques morceaux de bois de pommier

MÉLANGE D'ÉPICES À FROTTER

15 ml (1 c. à soupe) de sel casher

12 ml (2½ c. à thé) de poudre d'ail

7 ml (1½ c. à thé) d'origan séché

7 ml (1½ c. à thé) de thym séché

7 ml (1½ c. à thé) de poudre d'oignon

7 ml (1½ c. à thé) de paprika

3 ml (¾ c. à thé) de graines de fenouil, rôties et moulues

3 ml (¾ c. à thé) d'assaisonnement au chile

2 ml (½ c. à thé) de graines de cumin, rôties et moulues

2 ml (½ c. à thé) de graines de moutarde, rôties et moulues

2 ml (½ c. à thé) de poivre noir fraîchement moulu

1 ml (¼ c. à thé) de piment de Cayenne

1 ml (¼ c. à thé) de sucre

0,5 ml (⅛ c. à thé) de gingembre moulu

‹ ÉPONGEAGE ›

½ bouteille (375 ml [1½ tasse]) de vin Zinfandel de Ravenswood

250 ml (1 tasse) de cidre de pomme pétillant

25 ml (2 c. à soupe) d'huile d'olive extra vierge

25 ml (2 c. à soupe) de sirop de maïs foncé Karo*

15 ml (1 c. à soupe) de mélasse

22 ml (1½ c. à soupe) de sel casher

7 ml (1½ c. à thé) de poudre d'ail

1 ml (¼ c. à thé) de muscade moulue

1 ml (¼ c. à thé) de clous de girofle moulus

0,5 ml (⅛ c. à thé) de cannelle moulue

1 feuille de laurier

---

*Ce produit n'est pas offert au Québec, mais il peut être remplacé par le sirop de maïs doré de Crown.

(suite à la page suivante)

Un hommage au cochon : le porc

185

Côtes levées de Ravenswood *(suite)*

Retirer la membrane des côtes si le boucher ne l'a pas déjà fait (voir Secret pour le barbecue à la page 183).

Préparer le fumoir pour le barbecue en amenant la température entre 95 et 100 °C (200 et 220 °F).

Dans un bol moyen, combiner tous les ingrédients du mélange d'épices à frotter et bien mélanger. Réserver.

Combiner tous les ingrédients de l'«épongeage» dans une casserole moyenne. Faire mijoter pendant 15 minutes à feu moyen-doux, à découvert.

Enduire généreusement les côtes de mélange d'épices à frotter des 2 côtés. Les laisser reposer pendant au moins 15 minutes, ou jusqu'à ce que le mélange d'épices à frotter commence à faire suinter la viande et qu'elle soit luisante.

Placer les côtes sur la grille, le côté convexe sur le dessus (⌒), ou les placer sur un support à côtes. Déposer un morceau de bois de pommier sur les briquettes. Faire cuire les côtes pendant 5 ou 6 heures, selon leur grosseur, en ajoutant le mélange pour l'«épongeage» toutes les 30 minutes et en ajoutant un morceau de bois de pommier environ 1 heure avant la fin de la cuisson.

Trente minutes avant la fin du temps de cuisson, vérifier si les côtes sont cuites. Si elles passent l'essai par traction (voir l'encadré à la page 181), les enrober à nouveau de sauce, les envelopper dans du papier d'aluminium et les remettre dans le fumoir pendant 30 minutes.

Retirer les côtes du fumoir et les laisser reposer de 20 à 45 minutes. Les développer, couper chaque côte, et servir avec vos accompagnements favoris, incluant, naturellement, du vin Zinfandel de Ravenswood.

TECHNIQUES DE FILET SAVOUREUX
SUR PLANCHE

Lorsque j'ai commencé à faire de la recherche pour mon deuxième livre, *Planking Secrets*, je savais que cette technique se prêtait bien à la cuisson du poisson et des fruits de l'été comme les pêches et les poires, mais je n'avais aucune idée que cette technique de cuisson était parfaite pour les filets de porc. Ces petits filets de porc en forme de cylindre, tendres et juteux, sont la base de la cuisine chinoise, et ils sont délicieux sur le gril, mais ils sont parfaits pour la cuisson sur planche. Leur taille permet d'en placer 2 ou 3 sur une planche, et la surface de cuisson est idéale pour une cuisson rapide sans perte des jus. Vous pouvez utiliser toutes les sortes de fumées, du cèdre au prosopis. Et ils absorbent très bien les marinades et les mélanges d'épices à frotter. Voici quelques techniques de base et quelques idées au sujet de la façon d'aromatiser les filets de porc, mais utilisez votre imagination et expérimentez avec vos mélanges d'épices à frotter, marinades et sauces à badigeonner favoris.

TECHNIQUES

1. Faites mariner ou assaisonnez le filet de porc avec votre mélange d'épices à frotter et préparez-le avant d'allumer votre gril. (Trois filets sont normalement suffisants pour 4 portions.)

2. Préchauffez le four à feu moyen-vif de 5 à 10 minutes, ou jusqu'à ce que la température de la chambre atteigne plus de 260 °C (500 °F). Rincez la planche trempée et placez-la sur la grille. Fermez le couvercle et faites chauffer la planche de 4 à 5 minutes, ou jusqu'à ce qu'elle commence à fumer ou à craqueler.

3. Réduisez à chaleur moyenne, et placez le filet sur la planche. Faites-le cuire pendant 10 minutes, tournez-le et continuez la cuisson pendant 5 à 10 minutes, en le badigeonnant, si désiré, jusqu'à ce que le porc soit souple au toucher ou que la température interne atteigne 60 °C (140 °F). (Vous aurez un filet de porc juteux cuit à point. La température interne augmentera légèrement lorsque la viande reposera.)

4. Si vous le désirez, lorsque le filet sera cuit, vous pouvez le transférer de la planche à la grille pour noircir l'extérieur ou pour le caraméliser, si vous l'avez enrobé de sauce barbecue.

5. Retirez le filet du gril et enveloppez-le lâchement dans du papier d'aluminium, puis laissez-le reposer quelques minutes avant de le servir. Tranchez le filet en médaillons de 1 à 2,5 cm (½ à 1 po) d'épais, et ajoutez-y la sauce et les garnitures voulues.

(suite à la page suivante)

Un hommage au cochon : le porc

Techniques de filet savoureux sur planche *(suite)*

Barbecue traditionnel Enduire le filet de porc de moutarde ordinaire et de Mélange d'épices à frotter pour le championnat de barbecue (page 50). Le faire cuire sur une planche de hickory jusqu'à ce qu'il soit presque cuit, et terminer en le badigeonnant de la Trempette très substantielle de Ron, (page 57). Servir avec plus de sauce comme accompagnement.

Asiatique facile Faire mariner le filet de porc dans la marinade du Bifteck le plus savoureux et le plus simple (page 231) et terminer avec une couche de Sauce barbecue à l'asiatique (page 61).

En croûte épicée Saler et poivrer le filet, l'arroser d'huile, et l'enrober avec de l'ail émincé, des graines de fenouil et de cumin rôties, et d'un peu de cannelle. Le servir avec de la coriandre hachée et votre chutney favori.

Balsamique Enrober le filet avec une réduction balsamique (voir l'encadré page 242). Faire mariner pendant toute la nuit. Avant la cuisson, le saupoudrer de romarin frais, haché, et d'ail déshydraté. Servir le filet avec un peu plus de réduction balsamique et de la menthe fraîche hachée.

Moisson d'automne Saler et poivrer le filet, et l'enduire d'un mélange d'épices à frotter fait de cassonade légère, de gingembre en poudre, d'un peu de muscade fraîchement râpée, d'une pincée de clou de girofle et d'un peu de piment de Cayenne. Le badigeonner avec de la gelée de pommes fondue.

Sud-Ouest Aromatiser le filet avec le Mélange d'épices à frotter pour gril de Rockin' Ronnie (page 51) et le servir avec un peu de salsa et de pain de maïs.

NOTE : J'aime faire cuire des filets de porc sur planche, mais naturellement, ils sont également délicieux cuits de 8 à 10 minutes sur le gril. Ils cuisent aussi très bien dans un fumoir, où le filet moyen est mi-saignant après 1 à 1 heure 30 minutes de cuisson.

Photo : Filet de porc en croûte épicée

RÔTI DE LONGE DE PORC SUR PLANCHE
AVEC GLAÇAGE AU WHISKEY ET À L'ABRICOT

DONNE 4 À 6 PORTIONS

Dans cette recette, la saveur légèrement astringente, aromatique et piquante de la fumée de bois de cèdre complémente agréablement la douceur et la richesse du porc. Le secret pour faire cuire un gros rôti sur planche est de régler le gril à chaleur vive ou moyenne-vive, puis le baisser à moyen dès que vous y déposez la viande. Servez les tranches de porc avec des légumes rôtis comme accompagnement et, si désiré, avec de la Purée de courge musquée à l'érable (page 139).

1 planche de cèdre, trempée toute la nuit ou pendant au moins 1 heure

1 longe de porc de 1,5 kg (3 lb) avec une couche de gras de 0,3 cm (⅛ po)

Sel casher et poivre noir fraîchement moulu

GLAÇAGE/SAUCE

1 conserve de 398 ml (14 oz) d'abricots en moitiés dans un sirop léger

50 ml (¼ tasse) de whiskey du Tennessee Jack Daniel's

50 ml (¼ tasse) de moutarde de Dijon

50 ml (¼ tasse) de cassonade

50 ml (¼ tasse) de confiture d'abricot

1 pincée de piment de Cayenne

Brindilles de persil ou de thym frais, pour garnir

Égoutter le sirop de la conserve d'abricots dans une casserole moyenne; réserver les fruits. Ajouter le Jack Daniel's, la moutarde, la cassonade, la confiture d'abricot et le piment de Cayenne au sirop. Porter le mélange à ébullition et faire mijoter doucement, à feu moyen, en brassant pour faire fondre le sucre et la confiture. Lorsque le mélange ressemble à une sauce assez épaisse et homogène (ce qui prend environ 5 minutes), retirer du feu et déposer la casserole dans un bol rempli de cubes de glace pour refroidir.

À l'aide d'un couteau bien aiguisé, tracer, sans trop peser, des motifs en forme de diamants sur la couche de gras de la longe de porc. Saler et poivrer, puis déposer la viande sur une feuille de papier d'aluminium épais. À la cuillère, déposer la moitié du mélange moutarde-whiskey sur la longe et l'étendre sur toute la surface. Envelopper la longe avec le papier d'aluminium, la scellant du mieux possible. Placer la longe enveloppée dans le tiroir à viande de votre réfrigérateur. La laisser reposer pendant quelques heures, au moins, et si possible, pendant toute la nuit.

Combiner le reste de la sauce avec les abricots réservés, couvrir et réfrigérer.

(suite à la page suivante)

Un hommage au cochon : le porc

Rôti de longe de porc sur planche avec glaçage au whiskey et à l'abricot *(suite)*

Préchauffer le gril à une température moyenne-vive pendant 5 à 10 minutes, ou jusqu'à ce que la température dans la chambre atteigne plus de 260 °C (500 °F). Rincer la planche et la placer sur la grille. Fermer le couvercle et faire chauffer la planche de 4 à 5 minutes, ou jusqu'à ce qu'elle commence à fumer un peu et à craqueler légèrement. Réduire à chaleur moyenne-douce.

Placer la longe de porc marinée sur la planche, le gras sur le dessus. Fermer le couvercle et faire cuire la viande pendant 1 heure, en vérifiant régulièrement les flambées.

Après 1 heure, prendre les abricots réservés de la sauce et les déposer sur la planche, autour du rôti. Badigeonner le porc avec un peu de la sauce et faire cuire pendant 10 minutes de plus, jusqu'à ce que la température interne du porc atteigne 60 °C (140 °F). Retirer le rôti de la chaleur et le recouvrir lâchement de papier d'aluminium.

Transférer les moitiés d'abricots sur une planche à découper et les hacher grossièrement. Faire chauffer le reste de la sauce sur la cuisinière ou au four à micro-ondes, et y ajouter les abricots hachés. Laisser reposer le rôti pendant au moins 15 minutes (pendant ce temps, faire griller des légumes sur le gril). Faire des tranches de rôti de 1 cm (½ po) et servir sur une assiette chaude, recouvertes d'une grosse cuillérée d'abricots et de sauce. Garnir avec des brindilles de persil et de thym.

SANDWICHS AU PORC BARBECUE
TRADITIONNELS DE LA CAROLINE DU NORD

DONNE 18 À 24 PORTIONS

L'idée ici est de faire cuire un rôti de soc de porc (quelquefois appelé «Boston butt») pendant plusieurs heures dans une chambre enfumée jusqu'à ce qu'il se défasse littéralement. Un des tests que les compétiteurs font pour voir si le rôti est cuit est de vérifier si l'os du rôti de soc s'enlève facilement; le porc est alors prêt à être déchiqueté et être servi. Ceci est le vrai barbecue, comme nous le préparons lors des compétitions, et la façon dont on mange le porc dans les états du Sud-Est. Si vous n'avez pas le temps de préparer un mélange d'épices à frotter, vous pouvez en prendre un que vous avez déjà sous la main, mais le meilleur est le Mélange d'épices à frotter de soc de la Butt Shredder Kathy Richardier! Dans cette recette, on a besoin de deux socs, car, si vous devez surveiller votre fumoir pendant une si longue période, aussi bien le remplir. Le soc de porc se congèle très bien, ainsi, si vous n'avez pas à nourrir plusieurs personnes, enveloppez l'autre soc dans du papier d'aluminium et faites-le congeler pour une utilisation ultérieure.

MÉLANGE D'ÉPICES À FROTTER DU SOC DE KATHY

50 ml (¼ tasse) de paprika

25 ml (2 c. à soupe) de sucre granulé

25 ml (2 c. à soupe) de cassonade

25 ml (2 c. à soupe) de poivre noir fraîchement moulu

25 ml (2 c. à soupe) de cumin moulu

25 ml (2 c. à soupe) d'assaisonnement au chile (comme le mélange Chimayo, Nouveau-Mexique, ou ancho)

15 ml (1 c. à soupe) de sel casher

Jusqu'à 15 ml (1 c. à soupe) de piment de Cayenne

SANDWICHS

2 rôtis de soc de porc d'environ 2,7 à 4 kg (6 à 9 lb) chacun, avec l'os

250 ml (1 tasse) de moutarde préparée

15 ml (1 c. à soupe) de sel d'ail

Jus de pomme, sirop d'érable et Jack Daniel's mélangés dans une bouteille munie d'un vaporisateur (voir Secret pour le barbecue à la page 28)

500 ml (2 tasses) ou plus de la Trempette très substantielle de Ron (voir page 57)

250 ml (1 tasse) de Sauce vinaigrée style Caroline du Nord (voir page 58)

24 petits pains blancs frais, légers

Salade de chou de la côte (voir page 112)

Dans un bol, combiner les ingrédients du mélange d'épices à frotter et réserver.

Badigeonner les socs de moutarde, les saupoudrer d'ail déshydraté et les enduire généreusement de mélange d'épices à frotter. Les laisser reposer pendant 30 minutes, jusqu'à ce que les jus de la viande rendent le mélange d'épices à frotter humide et luisant.

(suite à la page suivante)

✂ VARIATION ✂

Méthode de cuisson au gril couvert Vous
pouvez faire cuire des socs de porc au
barbecue sur votre gril au charbon de bois
ou au gaz. Suivez cette recette à la lettre,
mais utilisez la chaleur indirecte douce
(cette méthode est plus facile sur un gril
au gaz, car pour maintenir un feu doux sur
un gril au charbon de bois, vous aurez à
ajouter des briquettes toutes les heures
ou toutes les 2 heures, pendant toute la
journée). Utilisez des copeaux ou des morceaux de bois trempés, enveloppés dans du
papier d'aluminium, et perforez le papier à
l'aide d'une fourchette pour créer un peu
de fumée. Les socs ne seront pas exactement fumés comme ils l'auraient été sur un
vrai barbecue traditionnel, mais ils seront
quand même bons! Un des avantages de
cette méthode est qu'il vous sera possible
de sauver quelques heures de cuisson.

Le barbecue et ses secrets — édition de luxe

194

Sandwichs au porc barbecue traditionnels de la Caroline du Nord *(suite)*

Préparer le fumoir pour le barbecue en amenant la température entre 95 et 100 °C (200 et 220 °F). Tapisser le bac d'égouttement de votre fumoir avec une double ou triple épaisseur de papier d'aluminium et la remplir de jus de pomme. (Afin que les socs aient une croûte plus croustillante, tapisser le bac d'égouttement et ne pas ajouter de liquide.) Faire cuire les socs de 1 heure 30 minutes à 2 heures par 500 g (1 lb) (environ 10 à 14 heures ou jusqu'à une température interne de 85 °C [185 °F]), en ajoutant des briquettes et des morceaux de bois de feuillus lorsque nécessaire. Un mélange de bois fruitier, de hickory et de prosopis est utilisé en compétition.

Tourner les socs à la mi-temps de la cuisson et les arroser du mélange de jus de pomme. Faire de même aux trois quarts de la cuisson. Deux heures avant la fin prévue de la cuisson, tourner encore les socs et les badigeonner généreusement avec de la sauce barbecue. En même temps, jeter quelques morceaux de bois de feuillus sur les briquettes. Une heure avant la fin prévue de la cuisson, tourner les socs, les badigeonner et les envelopper dans une double feuille d'aluminium. Les laisser pendant 1 heure de plus dans le fumoir, puis les retirer. Les laisser reposer pendant au moins 30 minutes (en compétition, les socs reposent enveloppés dans l'aluminium, puis enveloppés dans une couverture, et ils sont placés dans une glacière isolée pendant aussi longtemps que 4 heures).

Développer les socs et les placer sur une grande plaque à rôtir ou dans une lèchefrite renforcée. Déchiqueter le porc en utilisant 2 fourchettes, des «pattes d'ours» ou les mains recouvertes de gants de caoutchouc, en mélangeant les morceaux de croûte extérieure avec la viande blanche juteuse et tendre. Arroser la viande déchiquetée de sauce vinaigrée et d'un peu de sauce barbecue, puis mélanger le tout.

Pour servir, empiler le porc déchiqueté sur les pains, l'arroser d'un peu plus de votre sauce barbecue favorite, et le recouvrir de salade de chou pour un gros sandwich barbecue juteux, croustillant et salissant. Prenez une bouchée et vous saurez ce que goûte le vrai barbecue!

PORC FUMÉ
FAVORI DE RON EADE

DONNE 8 PORTIONS ET PLUS, AVEC DES RESTES

SECRET POUR LE
⌒ BARBECUE ⌒

Arrosez votre viande périodiquement pour lui donner un aspect luisant. Vers la mi-temps de la cuisson, arrosez le poulet, les côtes, la pointe de poitrine ou le soc de porc avec un mélange constitué de 2 parties de jus de pomme pour 1 partie de Jack Daniel's et 1 partie de sirop d'érable.

Ron Eade est le critique gastronomique du *Ottawa Citizen*, et il est un mordu intransigeant du barbecue. Il a généreusement partagé cette recette simple et facile de porc déchiqueté qui élimine la plupart des difficultés associées à la cuisson au barbecue.

J'aime son approche minimaliste pour le mélange d'épices à frotter : « Mon mélange d'épices à frotter maison consiste à aller au magasin à un dollars et à acheter plusieurs assaisonnements sans sel que je mélange et que je garde au congélateur. Je prends de la poudre d'ail et d'oignon, du paprika doux, du poivre noir, de l'assaisonnement au chile, du cumin moulu, une poignée de cassonade, une petite poignée de sel, du thym séché, de l'origan, peut-être du basilic, 15 ml (1 c. à soupe) de piment de Cayenne — tout ce que vous voulez. Ça vous en donne une bonne quantité, que vous pouvez garder dans un contenant de yogourt au congélateur. »

1 rôti de soc de porc de 2,2 à 3 kg (5 à 7 lb), avec l'os et la peau (ce rôti devra peut-être être commandé, car normalement, il est vendu sans la peau)

125 ml (½ tasse) de votre mélange d'épices à frotter barbecue sec favori

Environ 4 morceaux de bois de pommier, pour le fumoir, trempés dans l'eau pendant 24 heures

375 ml (1½ tasse) de jus d'ananas

375 ml (1½ tasse) de cidre de pomme

375 ml (1½ tasse) de votre sauce barbecue préférée

12 pains blancs à croûte souple

Le matin de la veille du souper, bien enduire le rôti de porc avec votre mélange d'épices à frotter sec favori, particulièrement la surface sans peau. Le placer dans un sac de plastique pour aliments et le réfrigérer pendant environ 12 heures.

Vers 10 heures, le soir, la veille du dîner, allumer le fumoir et maintenir une chaleur constante de 95 à 100 °C (200 à 220 °F) à l'intérieure de la chambre. Pendant que le fumoir chauffe, préparer un mélange à injecter fait de jus d'ananas et de cidre de pomme. Avant de placer le rôti dans le fumoir, le déposer, le côté de la peau en dessous, sur un support en forme de V, à au moins 2,5 cm (1 po) du bac d'égouttement. À l'aide d'une seringue à injection pour barbecue, injecter le mélange ananas-cidre complètement dans la partie exposée, en faisant attention de ne pas perforer la peau, qui sert de bol pour recueillir le liquide. («Il est surprenant de voir combien de liquide un rôti peut contenir», dit Ron.)

Placer le rôti dans le fumoir. Dans le bac d'égouttement, verser environ 2,5 cm (1 po) d'eau bouillante. Fermer le couvercle, déposer un morceau de bois de pommier sur les briquettes et aller au lit seulement lorsque la température est constante aux environs de 95 à 100 °C (200 à 220 °C). Régler l'alarme à 5 heures du matin. À ce moment-là, vérifier le fumoir, ajouter des briquettes pour maintenir la température optimale et ajouter un morceau de bois de pommier.

Vers 10 heures, dans la matinée, le rôti de porc étant dans le fumoir depuis 12 heures, la température interne devrait être d'au moins 85 °C (185 °F).

«Le bon côté de cette recette, dit Ron, est qu'après avoir fumé mon rôti toute la nuit dans mon gros foyer vert ovale, je le retire du feu à 10 heures le matin le jour suivant, et je l'arrose généreusement de ma sauce à barbecue préférée. Puis, je l'enveloppe dans une double ou triple épaisseur de papier d'aluminium et je le place sur une plaque à pâtisserie que je mettrai dans le four à 95 °C (200 F°) pendant tout l'après-midi, sans avoir peur qu'il ne sèche ou qu'il ne soit pas prêt à temps pour mon souper. Ce qui me laisse plusieurs heures pour préparer les plats d'accompagnement — fèves au lard et salade de chou. De cette façon, mes invités et moi pouvons manger lorsque nous le voulons, sans être bousculés.»

Une heure avant de servir, retirer le rôti du four et le placer dans une glacière en mousse de polystyrène vide pour le laisser reposer.

Pour servir, enlever l'os du centre, puis défaire le porc avec deux grosses fourchettes à découper. Servir sur des pains avec de la sauce barbecue, si désiré, mais résister à la tentation de trop arroser, car cela masquera trop le goût de la viande. Les plats d'accompagnement parfaits sont la salade de chou et les fèves au lard.

TOUT CE QUE J'AI VRAIMENT BESOIN DE SAVOIR, JE L'AI APPRIS DU BARBECUE

➤ avec mes excuses à Robert Fulghum ≈

La majorité de ce que je dois savoir au sujet de la façon de vivre, de ce que je dois faire et de comment je dois être, je l'ai appris en faisant la cuisine sur barbecue. La sagesse n'est pas la chose la plus importante dans le monde culinaire, mais on la retrouve sur le gril et dans le foyer de barbecue. Voici ce que j'ai appris.

Mettez de la moutarde et du mélange d'épices à frotter sur tout. N'utilisez pas de glutamates de sodium. N'allumez pas les briquettes avec des produits chimiques. Faites en sorte que la fumée de votre barbecue n'aille pas chez les voisins. Huilez le gril avant d'y déposer la viande. Ne prenez pas le crédit pour les recettes que ne sont pas les vôtres. Excusez-vous lorsque les côtelettes ne sont pas assez cuites. Lavez vos mains avant de trancher la pointe de poitrine. Buvez beaucoup. Les salades de chou et les fèves sont bonnes pour vous. Partagez bien votre temps entre le travail, la famille et le barbecue. Faites cuire, mangez et buvez, riez, chantez, dansez, amusez-vous et utilisez votre gril ou votre fumoir tous les jours.

➤ ≈

Faites une sieste entre le moment où vous vaporisez et celui où vous tournez votre soc de porc. Lorsque vous préparez la viande pour les juges, utilisez de la laitue fraîche, présentez 6 portions et ne mettez pas trop de sauce. Soyez conscient de la température interne. Vous rappelez-vous de la trempette dans une petite tasse de plastique? La viande y est trempée, elle est mangée et personne ne sait comment et pourquoi. C'est ça le barbecue.

➤ ≈

Et puis, rappelez-vous du livre sur les secrets du barbecue, de la première viande que vous avez fait cuire sur le barbecue et que le bois de feuillus le plus savoureux de tous est le HICKORY! Tout ce que vous avez besoin de connaître sur le barbecue est là, quelque part. Lentement, doucement, fumée, sucré, salé, aigre, amer et piquant, gras et protéine, et la beauté d'une viande parfaitement cuite.

➤ ≈

Pensez combien la vie serait agréable si tous les hommes du monde mangeaient du barbecue, buvaient des daiquiris aux pêches vers trois heures chaque après-midi pour ensuite faire une sieste la tête appuyée sur un sac de briquettes. Ou si nous avions une politique de base dans notre pays (ou partout dans le monde) de toujours faire cuire de bons barbecues et de bien nettoyer le gril après chaque usage.

➤ ≈

Et c'est encore vrai, quel que soit votre âge, lorsque vous participez à un championnat de barbecue, il est toujours mieux de ne pas manger avant.

Pour l'amour des gloussements : la volaille

LE POULET EST OMNIPRÉSENT DANS LES CUISINES MODERNES NORD-AMÉRICAINES, à tel point qu'il en est devenu presque invisible, faisant partie des bruits de fond de la cuisine qui prend beaucoup d'espace sur les menus des établissements à restauration rapide et fait que la cuisine à la maison présente peu d'intérêt. Nous aggravons la situation en insistant pour qu'il soit cuit à des températures extrêmes, mais il devient sec, filandreux et caoutchouteux, et l'on ne peut pratiquement plus le qualifier d'aliment.

Aux championnats de barbecue, le poulet est un des plats les plus difficiles à réussir. La peau peut devenir caoutchouteuse dans la chambre du cuiseur, ou il peut trop cuire au point de devenir granuleux et avoir un goût trop prononcé de fumée.

Mais, lorsqu'il est cuit de façon adéquate sur le gril, ou cuit au barbecue à la perfection, il peut surpasser cette volaille, dont l'existence est si ordinaire, et nous amener au point de rencontre des aliments réconfortants et de l'expérience culinaire.

Une chose encore. Ça vaut la peine d'acheter des poulets biologiques, élevés en plein air, car ils ont une meilleure saveur que les poulets ordinaires. J'aime ceux qui sont nourris au maïs, ils ont une peau plus jaune et leur chair est un peu orangée.

POULET RÔTI À LA MÉDITERRANÉENNE

DONNE 4 PORTIONS

C'est une façon superbe de faire rôtir le poulet. N'utilisez pas trop de bois de feuillus pour faire fumer, car il masquera le goût des fines herbes du mélange d'épices à frotter. Servez le poulet avec vos légumes rôtis favoris et la Purée de pommes de terre à l'aneth (page 133).

(page 133)

1 poulet de 2,2 kg (5 lb)

Sel casher, au goût

15 ml (1 c. à soupe) de moutarde de Dijon

25 ml (2 c. à soupe) de Mélange d'épices à frotter méditerranéen aux fines herbes séchées (voir page 52)

15 ml (1 c. à soupe) de romarin frais, grossièrement haché

5 ml (1 c. à thé) de poivre noir fraîchement moulu

5 ml (1 c. à thé) d'ail déshydraté

5 ml (1 c. à thé) d'oignon déshydraté

2 ml (½ c. à thé) de piment de Cayenne

125 ml (½ tasse) d'huile d'olive extra vierge

5 ml (1 c. à thé) de jus de citron frais

(voir page 52)

Préparer le gril pour une chaleur indirecte moyenne en ayant soin de déposer un bac d'égouttement sous la grille du côté qui ne chauffe pas. Rincer le poulet sous l'eau froide et l'éponger avec des essuie-tout. Saler généreusement et recouvrir de moutarde. Dans un petit bol, combiner le mélange d'épices à frotter, le romarin, le poivre, l'ail, l'oignon et le piment de Cayenne. Enrober le poulet de ce mélange en pressant avec les mains pour qu'il adhère bien. Arroser avec 15 ml (1 c. à soupe) de l'huile d'olive. Placer le poulet du côté de la grille qui ne chauffe pas, la poitrine sur le dessus.

Dans un petit bol, combiner le reste de l'huile avec le jus de citron.

Faire cuire le poulet pendant 1 heure, en utilisant une petite quantité de bois fruitier comme le pommier ou le cerisier pour aromatiser, le badigeonnant toutes les 20 minutes environ avec le mélange huile/jus de citron, jusqu'à ce que la température interne atteigne 71 °C (160 °F). Enlever le poulet du gril, le recouvrir de papier d'aluminium, et laisser reposer de 10 à 15 minutes. Couper et servir immédiatement.

SECRET POUR LE ⌐ BARBECUE ⌐

Pour augmenter la saveur lorsque vous faites griller, placez des copeaux de bois de feuillus sur les briquettes. Dans un gril au gaz, placez un morceau de bois de feuillus sous la grille.

POULET VRAIMENT SIMPLE

DONNE 6 À 8 PORTIONS

Lors des championnats de barbecue, un des plus grands défis est de trouver une façon de faire cuire le poulet pour que la peau ne soit pas caoutchouteuse. Ici, cette recette simple est basée sur la technique mise au point par quelques compétiteurs de barbecue et qui fait que la peau du poulet fond dans la bouche des juges. Le secret : l'acidité de la vinaigrette ramollit la peau pendant que le poulet marine.

2 poulets coupés en morceaux, ou 12 cuisses de poulet	1 bouteille de 475 ml (16 oz) de vinaigrette italienne épicée, achetée
Sel casher et poivre noir fraîchement moulu	

Réserver 125 ml (½ tasse) de vinaigrette italienne. Saler et poivrer les morceaux de poulet, et les placer dans un très grand sac pour congélation. Ajouter le reste de la vinaigrette, en s'assurant que tous les morceaux soient bien enrobés, et laisser mariner le poulet au réfrigérateur pendant toute la nuit.

Préparer le gril pour une chaleur indirecte moyenne. Pour les grils au gaz propane, ceci signifie chauffer le gril à chaleur vive, et fermer le brûleur sous la grille où la viande sera déposée, et puis ajuster les autres brûleurs à chaleur moyenne.

Placer les morceaux de poulet sur la grille, la peau sur le dessus, en laissant un peu d'espace entre chaque morceau pour assurer une bonne circulation d'air. Faire cuire le poulet en le tournant et le badigeonnant régulièrement avec la vinaigrette réservée, de 25 à 35 minutes, ou jusqu'à ce que la température interne de la partie la plus épaisse de la poitrine indique 71 °C (160 °F). Transférer le poulet du gril à une assiette de service et le recouvrir de papier d'aluminium de 5 à 10 minutes environ. Servir avec vos accompagnements favoris.

MÉTHODE ALTERNATIVE : Cette recette est aussi très bonne cuite sur une planche de bois de feuillus, comme l'érable ou le hickory. Attention aux flambées.

SI VOUS DÉCIDEZ DE FAIRE ~ CUIRE VOTRE POULET ~ SUR PLANCHE

Il est arrivé à tout le monde d'avoir à éteindre des flambées et de vrais feux de gril, provoqués par le gras de poulet. La cuisson sur planche réduit ce danger de feu causé par le gras de poulet, mais pas totalement. Rappelez-vous que plus la température est basse, moins grand est le danger d'avoir des flambées.

Les planches donnent vraiment une bonne saveur de fumée, mais vous n'aurez pas de belles marques de grille. Si vous le désirez, retirez le poulet de la planche quelques minutes avant qu'il ne soit prêt, enlevez la planche, et mettez le poulet directement sur la grille pour que la peau devienne croustillante et qu'elle caramélise.

Ce que vous devez savoir au sujet de la cuisson de la volaille sur planche, c'est qu'il est préférable d'utiliser du bois de feuillus plutôt que du cèdre. Pour une raison qui nous est inconnue, le goût astringent du cèdre ne convient pas vraiment au goût délicat du poulet. Le hickory et le bois fruitier lui donnent une saveur de fumée de barbecue traditionnelle, et la température plus douce de la cuisson sur planche assure une viande juteuse et succulente.

Pour l'amour des gloussements : la volaille

203

POULET BARBECUE DU CHAMPIONNAT

DONNE 6 À 8 PORTIONS

Cette recette a tout d'abord été créée par mon amie et coéquipière Butt Shredder Ann Marie «Amo» Jackson, et elle nous a valu des trophées au cours des années. Les sauces sont basées sur les recettes de Paul Kirk, le seul et unique baron du barbecue. Le secret de cette recette est de faire cuire le poulet à une basse température et de le badigeonner souvent pour garder la peau humide et tendre. Il vous restera beaucoup de sauce barbecue. Elle se garde indéfiniment au réfrigérateur.

2 poulets de 1,8 à 2,2 kg (4 à 5 lb), coupés en 4 et l'échine enlevée

1 recette de Saumure à l'asiatique pour la volaille (voir page 56)

SAUCE BARBECUE

500 ml (2 tasses) de ketchup

250 ml (1 tasse) de vinaigre blanc

250 ml (1 tasse) de cassonade foncée, bien tassée

125 ml (½ tasse) de jus d'ananas

25 ml (2 c. à soupe) de sauce soja

5 ml (1 c. à thé) de sel casher

5 ml (1 c. à thé) de poudre de piment jalapeno ou de piment de Cayenne

SAUCE POUR BADIGEONNER

175 ml (¾ tasse) de jus d'ananas

50 ml (¼ tasse) de beurre, fondu

25 ml (2 c. à soupe) de jus de lime frais

25 ml (2 c. à soupe) de sauce soja

25 ml (2 c. à soupe) de miel de trèfle

15 ml (1 c. à soupe) de persil frais, finement haché

1 gousse d'ail, écrasée ou passée au presse-ail

2 ml (½ c. à thé) de sel casher

Dans un bol non réactif, faire mariner le poulet avec la saumure au réfrigérateur, de 2 à 4 heures.

Préparer la sauce barbecue en mélangeant tous les ingrédients dans une casserole. Porter à ébullition, et laisser mijoter de 15 à 20 minutes, en brassant occasionnellement. Laisser refroidir complètement.

Préparer la sauce pour badigeonner en combinant tous les ingrédients dans une casserole. Faire chauffer juste assez pour que le beurre fonde. Garder au chaud. La sauce est meilleure lorsqu'on vient de la faire, mais elle peut être conservée dans un contenant non réactif couvert jusqu'à 1 semaine au réfrigérateur.

Retirer les morceaux de poulet de la saumure et bien les éponger. À ce moment-là, ils peuvent être recouverts d'un peu de mélange d'épices à frotter barbecue , mais ce n'est pas nécessaire.

Préparer le fumoir pour la cuisson au barbecue en amenant la température entre 95 et 100 °C (200 et 220 °F). Tapisser le bac d'égouttement du fumoir avec une double épaisseur de papier d'aluminium et le remplir de jus de pomme.

Placer les morceaux de poulet dans le fumoir. Fermer le couvercle et faire cuire le poulet pendant environ 1 heure 30 minutes à 2 heures, en le badigeonnant avec la sauce aux 15 minutes, jusqu'à ce que la température interne du joint de la cuisse atteigne 71 °C (160 °F). Badigeonner à nouveau le poulet de sauce barbecue et faire cuire 5 minutes de plus. Le transférer sur une assiette de service, le recouvrir lâchement de papier d'aluminium, puis laisser reposer de 5 à 10 minutes. Servir le poulet avec un accompagnement de sauce barbecue pour tremper.

POITRINES DE POULET AU ROUCOU GRILLÉES
AVEC LAITUES VARIÉES

DONNE 4 À 6 PORTIONS

Le roucou est une pâte de couleur rouille faite de graines de rocou, un ingrédient grandement utilisé dans la cuisine mexicaine. Vous pouvez en trouver dans les épiceries latino-américaines ou dans les épiceries gourmet spécialisées. Le roucou ajoute une saveur distincte inhabituelle et une superbe couleur aux aliments grillés, et il est fantastique avec le poulet et les crevettes. Servir avec le Riz confetti (page 144).

6 poitrines de poulet de 150 g (5 oz) chacune, désossées et sans peau

MARINADE

2 gousses d'ail

2 ml (½ c. à thé) de sel casher

50 g (1¾ oz) de pâte de roucou (½ paquet de pâte de taille régulière)

5 ml (1 c. à thé) de cumin moulu

5 ml (1 c. à thé) d'origan séché

2 ml (½ c. à thé) d'oignon déshydraté

15 ml (1 c. à soupe) de miel

125 ml (½ tasse) de jus d'orange fraîchement pressé

15 ml (1 c. à soupe) de jus de lime

15 ml (1 c. à soupe) d'huile d'olive extra vierge

SALADE

45 ml (3 c. à soupe) d'huile d'olive infusée à l'orange (que l'on trouve dans la plupart des supermarchés)

15 ml (1 c. à soupe) de vinaigre de riz ou de vinaigre de champagne

5 ml (1 c. à thé) de moutarde de Dijon

1 échalote, finement émincée

Sel casher et poivre noir fraîchement moulu

1 sac de 150 g (5 oz) de salades variées

1 avocat mûr, pelé et coupé en morceaux de 1 bouchée

12 tomates cerise, coupées en 2

Coriandre hachée, pour garnir

Peler les gousses d'ail et les hacher; les placer dans un grand bol. Saupoudrer de sel l'ail haché et réduire en une pâte homogène à l'aide du dos d'une fourchette. Placer la pâte d'ail dans un bol et ajouter la pâte de roucou, le cumin, l'origan, l'oignon déshydraté et le miel. Mouiller les ingrédients avec du jus d'orange et bien mélanger pour en faire une pâte onctueuse. Ajouter le reste du jus d'orange, le jus de lime et l'huile d'olive, et bien mélanger. Placer les poitrines de poulet dans le bol et les tourner pour les enrober de la marinade. Laisser mariner le poulet, couvert, au réfrigérateur pendant au moins 2 heures ou pendant toute la nuit, le tournant 1 ou 2 fois pour l'enrober.

(suite à la page 208)

Photographié avec le Riz confetti (page 144)

Poitrines de poulet au roucou grillées avec laitues variées *(suite)*

Dans un bol à salade, préparer la vinaigrette en fouettant l'huile, le vinaigre, la moutarde et l'échalote. Saler et poivrer la vinaigrette au goût, et réserver.

Préparer le gril pour une chaleur directe moyenne. Retirer les poitrines de poulet de la marinade et les faire griller de 4 à 5 minutes, en les tournant toutes les 2 minutes, jusqu'à ce qu'un thermomètre inséré dans la partie la plus épaisse de la poitrine atteigne 71 °C (160 °F). Transférer le poulet sur une planche à découper, et laisser reposer, recouvert de papier d'aluminium, pendant 5 minutes.

Pendant ce temps, mélanger les salades, l'avocat et les tomates avec la vinaigrette, et faire un lit de salade dans chaque assiette. Trancher le poulet en morceaux de 1 bouchée et les déposer sur le nid de salade. Garnir avec de la coriandre hachée, et saler et poivrer légèrement.

CLUB SANDWICH AU POULET GRILLÉ
DU SUD-OUEST

DONNE 2 À 4 PORTIONS

Vous ne retournerez probablement pas chez Subway après avoir mangé ce tendre et juteux club sandwich au poulet, un grand repas après le golf du samedi.

4 grosses poitrines de poulet désossées et sans peau, le filet enlevé

MÉLANGE D'ÉPICES À FROTTER

15 ml (1 c. à soupe) de sel casher

15 ml (1 c. à soupe) d'ail déshydraté

15 ml (1 c. à soupe) d'oignon déshydraté

15 ml (1 c. à soupe) de coriandre moulue

15 ml (1 c. à soupe) de cumin rôti, moulu

5 ml (1 c. à thé) de piment de Cayenne

5 ml (1 c. à thé) de poivre noir fraîchement moulu

SANDWICHS

Huile d'olive extra vierge

4 pains à sous-marins blancs moelleux

Beurre ramolli

Ail déshydraté

1 citron

Sel casher et poivre noir fraîchement moulu, au goût

250 ml (1 tasse) de Mayonnaise au jalapeno et à l'ail rôti de Margie (voir page 68)

1 botte de roquette fraîche, lavée et épongée

2 grosses tomates mûres, finement tranchées

1 oignon rouge, pelé et finement tranché

Dans un bol moyen, combiner tous les ingrédients du mélange d'épices à frotter et réserver. Préparer le gril pour une chaleur directe moyenne.

Placer les poitrines de poulet dans un grand sac en plastique refermable, et les marteler avec un maillet pour obtenir une épaisseur uniforme de 1 cm (½ po). Les placer dans une assiette, les saupoudrer généreusement avec le mélange d'épices à frotter, des 2 côtés, et les arroser avec de l'huile d'olive pour humidifier le mélange d'épices à frotter.

Trancher les pains en 2, les beurrer et les saupoudrer d'ail déshydraté. Lorsque le gril est chaud, placer les poitrines sur la grille, le côté huilé en dessous, fermer le couvercle et les faire cuire pas plus de 1 à 2 minutes de chaque côté. Après avoir tourné les poitrines, mettre les pains sur le gril, le côté beurré en dessous. Lorsque les poitrines sont presque prêtes et que les pains sont grillés, les déposer dans 2 assiettes. Arroser les poitrines avec l'huile d'olive et le jus de 1 citron pressé, saler et poivrer.

Étendre généreusement la mayonnaise sur les pains grillés et faire un lit de roquette sur la partie inférieure de chaque pain. Recouvrir des poitrines de poulet, de tranches de tomates et d'oignons, saler et poivrer. Fermer les sandwiches, les couper en 2 et servir.

Pour l'amour des gloussements : la volaille

POULETS DE CORNOUAILLES GRILLÉS
À LA TOSCANE

DONNE 2 PORTIONS DE REPAS PRINCIPAL OU 4 PORTIONS D'UN REPAS À PLUSIEURS SERVICES

C'est une façon délicieuse de déguster des poulets de Cornouailles. J'ai adapté cette recette qui m'a été donnée par mon frère Allan, un mordu de l'Italie. Les servir avec des légumes grillés et avec votre choix de risotto, de polenta ou de pâtes.

2 poulets de Cornouailles

¼ d'oignon moyen

2 grosses gousses d'ail

50 ml (¼ tasse) de feuilles de basilic frais, bien tassées

5 ml (1 c. à thé) de Mélange d'épices à frotter méditerranéen aux fines herbes (page 52)

15 ml (1 c. à soupe) de romarin frais, haché

4 tranches de pancetta, hachées (environ 60 g [2 oz])

75 ml (5 c. à soupe) de vinaigre balsamique de bonne qualité

15 ml (1 c. à soupe) d'huile d'olive extra vierge

Sel casher et poivre noir fraîchement moulu, au goût

125 à 250 ml (½ à 1 tasse) de vin blanc sec

125 ml (½ tasse) d'huile d'olive extra vierge

Brindilles de romarin, de persil ou de thym frais, pour garnir

Laver les poulets et les assécher avec des essuie-tout. Émincer les oignons, l'ail, les fines herbes fraîches et séchées, et la pancetta, manuellement ou au robot culinaire. Mélanger 10 ml (2 c. à thé) de vinaigre avec 15 ml (1 c. à soupe) d'huile et l'ajouter au mélange. Saler et poivrer.

Couper l'échine et bien ouvrir les poulets, le côté de la peau sur le dessus. Bien presser les poitrines pour les aplatir. Farcir avec presque tout le mélange de fines herbes sous la peau des cuisses, des pilons et des poitrines. Enrober la peau des poulets avec le reste du mélange de fines herbes. Réfrigérer de 1 à 2 heures.

Préparer le gril pour une chaleur indirecte moyenne, et placer un bac d'égouttement sous la grille. Combiner le vin avec 125 ml (½ tasse) d'huile. Lorsque le gril est prêt, déposer les poulets sur la grille, la peau sur le dessus. Les faire griller pendant 20 minutes, puis les badigeonner avec le mélange de vin et les tourner. Les faire cuire 20 minutes de plus, les badigeonnant et les tournant toutes les 5 minutes, jusqu'à ce que la température interne à la base de chaque cuisse atteigne 71 °C (160 °F). Si les poulets ne sont pas bien dorés, la peau deviendra croustillante si on les fait cuire à chaleur directe pendant quelques minutes, la peau en dessous, mais il faut surveiller les flambées.

Envelopper lâchement les poulets dans du papier d'aluminium et laisser reposer pendant 5 minutes. Arroser d'huile, saler et poivrer, et garnir de fines herbes.

*Photographié avec la Salade de nouilles à l'asiatique
avec mayonnaise au sésame (page 119)*

CUISSES DE POULET SAVOUREUSES
À L'ASIATIQUE DE KATE

DONNE 4 À 6 PORTIONS

Les cuisses de poulet savoureuses et piquantes viennent du livre de recettes *Terrific Pacific Cookbook* d'Anya Von Bremzen et de John Welchman. Elles accompagnent bien la Salade de nouilles à l'asiatique avec mayonnaise au sésame (page 119). Cette recette est conçue pour le gril, mais vous pouvez également en faire la cuisson au fumoir pour obtenir un plat inoubliable et ensuite rendre la peau croustillante sur un gril chaud. Parce que cette recette est un peu compliquée à préparer, Kate aime doubler la recette et en congeler la moitié pour plus tard.

12 cuisses de poulet, avec l'os et la peau (environ 1,6 kg [3½ lb])

10 ml (2 c. à thé) de coriandre moulue

5 ml (1 c. à thé) de poivre noir fraîchement moulu

5 ml (1 c. à thé) de sel casher

MARINADE

22 ml (1½ c. à soupe) de pâte de tamarin (la pâte thaïlandaise est la meilleure)

75 ml (⅓ tasse) de bouillon de poulet, bouillant

6 piments rouges asiatiques séchés, chacun de 5 à 8 cm (2 à 3 po) de long

4 grosses gousses d'ail, hachées

45 ml (3 c. à soupe) d'échalotes hachées

10 ml (2 c. à thé) de gingembre frais, haché

15 ml (1 c. à soupe) de citronnelle fraîche, hachée, ou 10 ml (2 c. à thé) de zeste de lime, râpé

22 ml (1½ c. à soupe) d'huile végétale

45 ml (3 c. à soupe) de sauce soja foncée

45 ml (3 c. à soupe) de cassonade légère, tassée

22 ml (1½ c. à soupe) de vinaigre de riz

22 ml (1½ c. à soupe) de ketchup

125 ml (½ tasse) de basilic frais, haché finement

SECRET POUR LE BARBECUE

Une couronne de fumée peut se développer dans les cuisses de poulet cuites avec de la fumée de bois, ce qui rendra la viande proche de l'extérieur d'un rose caractéristique. Des invités inexpérimentés peuvent quelquefois croire qu'il s'agit de volaille pas assez cuite. Rassurez-les en vérifiant la température interne de la viande durant la cuisson et en la retirant de la chaleur seulement lorsqu'elle aura atteint les 71 °C (160 °F) voulus dans la partie la plus épaisse.

Rincer les morceaux de poulet sous l'eau froide et bien les assécher avec les essuie-tout. À l'aide d'une fourchette, piquer la peau à plusieurs endroits. Dans un petit bol, combiner la coriandre, le poivre et le sel, puis en enrober les morceaux de poulet. Réserver.

(suite à la page suivante)

Cuisses de poulet savoureuses à l'asiatique de Kate *(suite)*

Ajouter la pâte de tamarin au bouillon bouillant, retirer du feu et laisser tremper pendant 15 minutes. Brasser le mélange et l'écraser avec une fourchette pour que la pâte de tamarin se dissolve. Le passer dans un fin tamis au-dessus d'un bol, en pressant les morceaux avec le dos d'une cuillère en bois pour en extraire tout le liquide. Jeter la pâte qui reste dans le tamis et réserver le liquide.

Enlever les tiges des piments, les secouer pour en enlever les graines. À l'aide de ciseaux, couper les piments en morceaux de 0,6 cm (¼ po). Les faire tremper dans assez d'eau pour les couvrir, pendant 10 minutes. Bien égoutter. Combiner les piments, le liquide de tamarin, l'ail, les échalotes, le gingembre, la citronnelle ou le zeste de lime, l'huile, la sauce soja, le sucre, le vinaigre, le ketchup et le basilic dans un robot culinaire, et réduire en purée. Déposer le poulet dans un grand plat peu profond et verser la marinade. Couvrir et réfrigérer pendant au moins 2 heures, mais de préférence toute la nuit.

Retirer les morceaux de poulet de la marinade et la verser dans une casserole. Porter à ébullition et laisser mijoter pendant 10 minutes. Goûter et rectifier l'assaisonnement. Retirer du feu et transférer dans un bol.

Préparer le gril pour une chaleur indirecte moyenne, et déposer un bac d'égouttement sous le côté du gril qui ne chauffera pas. Placer le poulet sur les grilles et faire cuire pendant 20 à 25 minutes, ou jusqu'à ce que la température interne atteigne 71 °C (160 °F), en le badigeonnant toutes les 5 minutes avec la marinade. Durant la dernière minute, transférer les cuisses de poulet sur le côté chaud du gril et les tourner pour que la peau devienne croustillante, en prenant soin de ne pas faire brûler. Placer le poulet dans un plat de service, verser le reste de la sauce à badigeonner et servir immédiatement.

CUISSES DE POULET BARBECUE
À LA THAÏ DE BIG DADDY

Ian «Big Daddy» Baird, qui a voyagé en Asie, fait partie de temps à autre des Butt Shredder. Il m'a dit que la meilleure viande qui lui a été donnée de manger était une cuisse de poulet avec le pilon qu'il avait achetée d'un marchand ambulant alors qu'il avait ouvert la fenêtre du train dans lequel il se trouvait en attendant de traverser la frontière entre la Thaïlande et la Malaisie. Il a maintes fois essayé de reconstituer cette recette, et il y est presque arrivé lorsqu'il a utilisé la technique du barbecue. Servez ce poulet avec de la bière froide.

10 à 12 cuisses de poulet, avec l'os et la peau

MARINADE

90 ml (6 c. à soupe) de jus de lime frais

50 ml (¼ tasse) de jus d'orange fraîchement pressé

50 ml (¼ tasse) de sauce au poisson thaï

50 ml (¼ tasse) d'huile d'arachide ou de Canola

50 ml (¼ tasse) de sucre brut ou de cassonade légèrement tassée

50 ml (¼ tasse) de basilic frais, émincé

50 ml (¼ tasse) d'oignons verts

50 ml (¼ tasse) de coriandre fraîche

5 à 10 gousses d'ail, finement émincées

25 ml (2 c. à soupe) de gingembre frais, finement émincé

15 ml (1 c. à soupe) de sauce chili asiatique

MÉLANGE POUR BADIGEONNER

125 ml (½ tasse) d'huile d'arachide

15 ml (1 c. à soupe) de jus de lime frais

Enlever le surplus de gras des cuisses de poulet. Mélanger tous les ingrédients de la marinade et les mettre dans un sac de plastique refermable. Déposer le poulet, enlever l'air du sac et le refermer. Faire mariner le poulet au réfrigérateur pendant au moins 2 heures, ou jusqu'à 8 heures.

Préparer le fumoir pour le barbecue, en amenant la température entre 95 et 100 °C (200 et 220 °F). Préparer le mélange pour badigeonner en combinant l'huile d'arachide et le jus de lime dans un bol.

Jeter la marinade et déposer le poulet dans le fumoir pendant 2 heures 30 minutes, le tournant et le badigeonnant toutes les heures. Si désiré, faire saisir la peau rapidement dans le gril à température vive pour qu'elle devienne croustillante. Recouvrir lâchement de papier d'aluminium et laisser reposer pendant 5 minutes avant de servir.

AILES DE POULET : LISTE DE VARIATIONS

Il est si facile de faire griller des ailes de poulet ou de les faire cuire au barbecue. Pour les préparer, vous n'avez qu'à couper le bout des ailes et les jeter. J'aime laisser les ailes et les petits pilons ensemble, mais vous pouvez les séparer, si vous préférez. Assaisonnez les ailes avec votre choix de marinade ou de mélange d'épices à frotter.

Sur le gril, faire cuire les ailes de 8 à 12 minutes, sur une chaleur directe moyenne-vive, en les tournant régulièrement, jusqu'à ce qu'elles soient presque noircies, en les badigeonnant avec votre sauce barbecue favorite pendant les dernières minutes de cuisson.

Au barbecue, préparer le fumoir en amenant la température entre 95 et 100 °C (200 et 220 °F). Faire cuire les ailes pendant 1 heure environ, sur du bois de hickory, de prosopis ou fruitier comme agent aromatisant, puis faire saisir la peau sur le gril pour qu'elle devienne croustillante, si désiré. Elles sont merveilleuses recouvertes d'une couche de moutarde, puis de Mélange d'épices à frotter pour le championnat de barbecue (page 50), mais vous pouvez essayer ces variations.

Ailes de poulet très épicées du Sud-Ouest Préparer un mélange d'épices à frotter simple avec 1 partie de poudre de piment jalapeno, 1 partie de poudre de piment ancho et 1 partie de sel d'ail. Faire griller les ailes jusqu'à ce qu'elles soient croustillantes, puis terminer en ajoutant 1 trait d'huile d'olive, 1 pincée de sel casher et un peu de jus de citron.

Ailes de poulet teriyaki Faire mariner les ailes dans la sauce teriyaki pendant 2 heures. Les faire griller jusqu'à ce qu'elles soient croustillantes, en les badigeonnant avec plus de sauce. Terminer avec un peu plus de sauce et les saupoudrer de graines de sésame rôties.

Ailes de poulet grillées buffalo Faire fondre 50 ml (¼ tasse) de beurre et ajouter 125 ml (½ tasse) de sauce piquante de style Louisiane (Tabasco, etc.). Saler et poivrer les ailes et les faire griller jusqu'à ce qu''elles soient croustillantes. Les retirer du gril et les tourner immédiatement dans le mélange beurre/sauce piquante. Les servir avec une vinaigrette au fromage bleu, et des bâtonnets de céleri et de carottes.

Ailes de poulet au citron, à la moutarde de Dijon et au romarin Saler et poivrer les ailes, et les enrober de moutarde de Dijon. Les saupoudrer avec du romarin séché et une très légère couche de piment de Cayenne. Faire griller jusqu'à ce qu'elles soient croustillantes, et saler et poivrer un peu plus, puis presser 1 citron sur les ailes juste avant de les servir.

Ailes de poulet aux graines de cumin Assaisonner les ailes de poulet, étendre une couche de moutarde et les enrober légèrement avec des graines de cumin. Faire griller jusqu'à ce qu'elles soient croustillantes, arroser d'huile d'olive, puis saler et poivrer de nouveau.

Photo : Ailes de poulet très épicées du Sud-Ouest et Ailes de poulet au citron, à la moutarde de Dijon et au romarin

POULET À LA JAMAÏCAINE

DONNE 4 À 6 PORTIONS

J'ai eu le plaisir de visiter la côte nord de la Jamaïque en 2007 et j'ai goûté des plats fantastiques à Montego Bay et à Ocho Rios, y compris le poulet à la jamaïcaine fumé, dont le goût se rapproche le plus du goût original du *barbacòa*. Les Jerk Centers — des restaurants locaux — se retrouvent partout, et chacun a son propre style. Les saveurs que l'on retrouve partout sont excessivement brûlantes avec un goût intense de fumée — le goût piquant provient du piment habanero, extrêmement fort, ou du piment Scotch Bonnet, et la fumée vient du bois de piment, qui a un fort arôme comme le prosopis. Les baies de cet arbre sont connues à l'extérieur de la Jamaïque comme piment de la Jamaïque, qui est une des saveurs prédominantes de tous les assaisonnements en Jamaïque.

J'utilise souvent des cuisses de poulet sans peau pour cette recette, parce que la technique de cuisson lente tend à rendre la peau du poulet caoutchouteuse. Si vous laissez la peau sur les cuisses, terminez le plat en faisant cuire à chaleur directe moyenne les morceaux de poulet, afin que la peau devienne croustillante.

NOTE : Les habaneros rendent ce plat très piquant. Si vous désirez une saveur moins forte, utilisez moins de piment ou substituez-les par des jalapenos ou des serranos. Dans tous les cas, portez des gants de vinyle lorsque vous les manipulez et attention à ne pas vous en mettre dans les yeux!

1,8 kg (4 lb) de cuisses de poulet sans peau (ou 1 poulet entier, coupé en morceaux)

MARINADE

2 oignons moyens, hachés grossièrement

375 ml (1½ tasse) d'oignons verts, parés et coupés grossièrement

250 ml (1 tasse) d'eau

1 ou 2 piments habaneros, hachés

22 ml (1½ c. à soupe) de thym frais (ou 5 ml [1 c. à thé] de thym séché)

10 ml (2 c. à thé) de piment de la Jamaïque entier, légèrement rôti dans une casserole à sauter sèche, puis finement moulu (ou utiliser du piment de la Jamaïque moulu pour ne pas se donner cette peine)

10 ml (2 c. à thé) de sucre

5 ml (1 c. à thé) de poivre noir fraîchement moulu

5 ml (1 c. à thé) de muscade fraîchement râpée

5 ml (1 c. à thé) de sel casher

5 ml (1 c. à thé) de cannelle moulue

45 ml (3 c. à soupe) d'huile à cuisson neutre, comme l'huile de Canola ou de maïs

25 ml (2 c. à soupe) de vinaigre de cidre

5 ml (1 c. à thé) d'agent de brunissage (caramel liquide — pour le remplacer, utiliser 15 ml [1 c. à soupe] de sauce soja foncée ou d'assaisonnement liquide pour sauce comme le Kitchen Bouquet ou le Bovril)

1 trait de rhum foncé Appleton Estate

Dans un mélangeur ou un robot culinaire, combiner tous les ingrédients de la marinade et bien mélanger. Réserver environ ⅓ du mélange.

Déposer le poulet dans un plat à lasagne ou dans un grand plat allant au four, et verser 250 ml (1 tasse) de marinade. Tourner les morceaux de poulet pour bien les recouvrir. Couvrir les morceaux de poulet d'une pellicule de plastique et les réfrigérer pendant au moins 3 à 4 heures ou toute la nuit, en les tournant 2 ou 3 fois pour qu'ils soient enrobé uniformément.

Préparer le fumoir pour le barbecue en amenant la température entre 95 et 100 °C (200 et 220 °F). Juste avant d'y mettre le poulet, jeter un morceau de prosopis (ou de bois de piment s'il est possible d'en avoir) sur les briquettes. Placer les morceaux de poulet sur la grille et faire fumer de 1 heure 30 minutes à 2 heures, en les badigeonnant régulièrement avec le reste de la marinade, jusqu'à ce que la température dans la partie la plus épaisse du plus gros morceau soit à 71 °C (160 °F). (À ce moment-ci, si du poulet avec de la peau est utilisé, il est possible de faire griller la peau sur un gril à chaleur moyenne.)

Enlever le poulet du fumoir et le laisser reposer lâchement enveloppé dans du papier d'aluminium, pendant 5 minutes. Le garnir avec une Saumure à l'oignon rouge, à la mangue verte et au jalapeno (page 312) ou de Salsa tropicale (page 63), et servir avec des Haricots et riz à la jamaïcaine (page 143) et de la Salade de chou à la jamaïcaine (page 113).

MÉTHODE ALTERNATIVE : Pour faire cuire le poulet sur un gril au gaz ou aux briquettes de charbon de bois, le préparer pour une chaleur indirecte moyenne-douce (environ 120 °C [250 °F]) et le faire cuire comme décrit ci-dessus en utilisant du prosopis comme agent aromatisant, si désiré. À la fin du temps de cuisson, augmenter la température du gril à moyenne pour faire griller la peau des morceaux de poulet pendant quelques minutes, à chaleur directe.

BROCHETTES DE POULET
AU YOGOURT À L'ANETH

DONNE 12 PORTIONS DE HORS-D'ŒUVRE OU 4 À 6 PORTIONS DE PLAT PRINCIPAL

Le mélange yogourt-aneth agit merveilleusement bien sur le poulet. Utiliser des cuisses au lieu de la viande de poitrine de poulet ajoutera aux brochettes une certaine richesse. Servez-les comme hors-d'œuvre ou comme plat principal avec de la Verdure des champs à l'huile de noix et aux graines de citrouille grillées (page 116) et du Riz citronné à l'aneth (page 145).

8 brochettes en métal, ou 12 en bambou prétrempées

1 kg (2 lb) de cuisses de poulet, désossées et sans peau, coupées en morceaux de 1 bouchée

MARINADE

250 ml (1 tasse) de yogourt gras nature

125 ml (½ tasse) d'aneth frais, haché

2 ml (½ c. à thé) d'aneth séché

15 ml (1 c. à soupe) d'oignon déshydraté

2 gousses d'ail, passées au presse-ail

5 ml (1 c. à thé) de jus de citron frais

1 pincée de piment de Cayenne

Un peu de poivre noir moulu

BROCHETTES

2 oignons blancs sucrés, moyens, coupés en quartiers et séparés en morceaux de 1 bouchée (ou utiliser un bulbe de fenouil, ou une combinaison des 2)

Sel casher et poivre noir fraîchement moulu, au goût

Huile d'olive extra vierge pour arroser

1 citron, coupé en quartiers

Combiner le yogourt, l'aneth frais et séché, l'oignon déshydraté, l'ail, le jus de citron, le piment de Cayenne et le poivre dans un contenant non réactif. Ajouter les morceaux de poulet et réfrigérer pendant au moins 2 heures ou toute la nuit.

Enfiler des morceaux de poulet sur les brochettes, en alternant la viande avec les morceaux d'oignons (ou de fenouil). Préparer le gril pour une chaleur directe moyenne. Placer les brochettes sur la grille et faire cuire de 3 à 5 minutes de chaque côté, ou jusqu'à ce qu'elles soient bien cuites. Retirer du gril, saler et poivrer, arroser avec un peu d'huile d'olive et servir immédiatement. Les garnir de quartiers de citron.

BROCHETTES DE POULET TIKKA

DONNE 4 PORTIONS

La mère de mon ami Jagreet, un grand chef cuisinier à la maison des Indes orientales, a partagé avec moi cette recette de marinade pour le poulet, et maintenant je la partage avec vous. Servez ces brochettes sur un lit de riz basmati avec votre chutney favori.

8 brochettes de bambou, trempées dans l'eau froide pendant au moins 30 minutes

4 grosses poitrines de poulet, désossées et sans peau, coupées en morceaux de 1 bouchée

MARINADE

250 ml (1 tasse) de yogourt nature

45 ml (3 c. à soupe) d'huile neutre, comme de l'huile de Canola ou d'arachide

45 ml (3 c. à soupe) de gingembre frais, émincé

45 ml (3 c. à soupe) d'ail émincé

5 ml (1 c. à thé) de sel casher

25 ml (2 c. à soupe) de jus de lime frais

15 ml (1 c. à soupe) de pâte tandouri

15 ml (1 c. à soupe) de garam massala

1 gros oignon rouge, pelé et coupé en morceaux

1 lime

BROCHETTES

Huile d'olive extra vierge ou de Canola

Sel casher, au goût

1 lime

Pour préparer la marinade, combiner le yogourt, l'huile, l'ail, le gingembre, le sel, le jus de lime, la pâte tandouri et le garam massala dans un grand bol non réactif, et bien mélanger tous les ingrédients. Ajouter les morceaux d'oignons et de poulet, couvrir avec une pellicule de plastique et laisser mariner le poulet toute la nuit, au réfrigérateur.

Préparer votre gril pour une chaleur directe moyenne. Enfiler les morceaux de poulet et les morceaux d'oignons marinés sur les brochettes. Faire griller de 4 à 6 minutes, en les tournant 2 ou 3 fois. (Ne pas trop faire cuire le poulet, car il aura une texture granuleuse!) Retirer les brochettes du gril, arroser avec un peu d'huile, saler, presser du jus de lime frais sur chaque brochette et servir immédiatement.

DINDE FUMÉE AUX POMMES
AVEC FARCE SAVOUREUSE AUX FRUITS D'AMO

DONNE 12 À 14 PORTIONS

Amo Jackson est une cuisinière hors pair et elle est membre des Butt Shredder depuis longtemps. Elle aime faire cuire sa dinde durant la nuit, car il faut 1 heure de cuisson par 500 g (1 lb). Planifiez bien et notez qu'il vous faudra 9 kg (20 lb) de briquettes de charbon de bois, et une bonne quantité de morceaux de bois de pommier de la grosseur d'un poing. Il vous faudra aussi une bouteille à vaporiser et un support pour la dinde, que vous pourrez trouver dans les magasins où l'on vend des équipements pour la cuisine.

DINDE

1 dinde fraîche de 6,75 à 9 kg (15 à 20 lb) (rincée à l'eau froide et bien asséchée)

240 ml (1 tasse) de moutarde jaune

Ail déshydraté

6 l (24 tasses) de cidre de pomme ou de jus de pomme pour le bac de mouillage

8 lanières de bacon

MÉLANGE D'ÉPICES À FROTTER

250 ml (1 tasse) de sucre

50 ml (¼ tasse) de sel de céleri

50 ml (¼ tasse) de sel d'ail

50 ml (¼ tasse) de sel d'oignon

50 ml (¼ tasse) de sel assaisonné

50 ml (¼ tasse) d'assaisonnement pour volaille

75 ml (⅓ tasse) d'assaisonnement au chile

75 ml (⅓ tasse) de poivre noir fraîchement moulu

75 ml (⅓ tasse) de paprika fumé

FARCE

2 pommes, coupées en 8

1 oignon, coupé en 8

1 orange, coupée en 8

1 citron, coupé en 8

1 botte de thym frais

3 brindilles de romarin frais

3 brindilles de sauge fraîche

7 gousses d'ail entières, pelées

ÉPONGEAGE

500 ml (2 tasses) de jus de pomme

125 ml (½ tasse) de sirop d'érable

Dans un bol moyen, combiner tous les ingrédients du mélange d'épices à frotter

Mettre ensemble tous les ingrédients de la farce avec 50 ml (¼ tasse) du mélange d'épices à frotter dans un grand bol. Remplir les 2 cavités de la dinde avec la farce sans presser. Couvrir la grande ouverture (près des cuisses) avec deux épaisseurs d'étamine. La faire tenir à la peau de la dinde avec des brochettes en bois. L'étamine retient la farce, tout en permettant à la fumée du bois de pommier de pénétrer dans la cavité.

Dans un autre bol moyen, combiner tous les ingrédients de l'épongeage, puis verser le mélange dans une bouteille munie d'un vaporisateur.

Enduire la dinde de moutarde. Saupoudrer d'ail déshydraté et ensuite du mélange d'épices à frotter sur le côté de la poitrine en premier. Tourner et répéter le processus de l'autre côté. Couvrir la dinde avec des lanières de bacon. L'envelopper lâchement avec du papier d'aluminium ou une pellicule plastique, mettre au réfrigérateur et laisser reposer pendant au moins 1 heure, ou toute la nuit.

Planifier à l'avance de façon à avoir le temps de faire cuire la dinde 1 heure par 500 g (1 lb) et la laisser reposer après la cuisson. Une heure avant de mettre la dinde dans le fumoir, remplir le panier à briquettes avec 6,5 kg (15 lb) de briquettes de charbon de bois. Ajouter 5 morceaux de bois de pommier et les mélanger avec les briquettes.

Allumer une cheminée d'allumage à moitié remplie de briquettes. Lorsque les briquettes sont blanches, les verser sur les briquettes froides du fumoir pour créer un feu de semences. Fermer le fumoir. Tapisser le bac de mouillage avec du papier d'aluminium, le remettre dans le fumoir et le remplir avec du cidre ou du jus de pomme.

Transférer la dinde sur son support directement du réfrigérateur au gril, juste au-dessus du bac de mouillage.

S'assurer que la température du fumoir est constante entre 95 et 100 °C (200 et 220 °F); ajuster les grilles d'aération au besoin.

Aller au lit!

Environ 6 à 8 heures plus tard, remplir de nouveau de briquettes et de morceaux de bois. Remplir le bac de mouillage aussi avec du cidre de pomme et commencer à vaporiser la dinde avec l'épongeage. Vaporiser la dinde toutes les 1 ou 2 heures, jusqu'à ce que la température interne atteigne 71 °C (160 °F) au centre de la partie la plus épaisse de la poitrine ou au joint de la cuisse.

Enlever la dinde et le support et les placer sur une plaque à pâtisserie munie d'un rebord; vaporiser la dinde avec l'épongeage une autre fois et bien l'envelopper dans du papier d'aluminium.

Laisser la dinde reposer pendant au moins 1 heure avant d'enlever la farce pour la trancher.

SAUCE AUX CANNEBERGES ⌐ ET AUX BAIES D'AMO ⌐

DONNE ENVIRON 1,5 L (6 TASSES) DE SAUCE

Amo fait toujours cette sauce pour accompagner sa juteuse dinde fumée.

1 sac de canneberges de 375 g (12 oz) (environ 750 ml [3 tasses])
500 ml (2 tasses) de baies fraîches (toute combinaison de mûres, de framboises et de bleuets, ou durant les mois d'été, des pêches fraîches, hachées)
375 ml (1½ tasse) de jus d'orange
175 ml (¾ tasse) de sucre
125 ml (½ tasse) de sirop d'érable

Dans une casserole moyenne à feu moyen, combiner tous les ingrédients. Porter à ébullition, puis diminuer à feu doux, et laisser mijoter le mélange pendant 30 minutes, à découvert. Servir chaud ou froid.

DINDE MÉDITERRANÉENNE
RAPIDE FUMÉE ET GRILLÉE

DONNE ASSEZ POUR SERVIR AU MOINS 15 PERSONNES

Mon ami et amateur de bonne bouffe Don Genova est une personnalité canadienne bien connue dans le monde des communications. Il est l'hôte d'un blogue populaire (http ://blog.dongenova.com [en anglais seulement]) et son balado «All You Can Eat» est constamment parmi les plus populaires balados sur iTunes. Je lui ai demandé de partager une de ses recettes favorites avec nous. Voici ce qu'il nous propose. Le secret de cette merveilleuse recette est de commencer à faire cuire la dinde dans un fumoir très chaud et de terminer la cuisson sur un gril chaud pour que la peau soit croustillante.

NOTE : C'est la seule recette de ce livre qui demande une température plus élevée dans le fumoir que la normale, 95 à 100 °C (200 à 220 °F). Don utilise un fumoir électrique Traeger, qui utilise des boulettes de bois de feuillus pour faciliter une température de cuisson plus élevée. J'ai adapté cette recette en supposant que vous utilisiez un fumoir à eau standard de style «balle» comme le Weber Smoky Mountain Cooker.

1 dinde de 4,5 à 5,5 kg (10 à 12 lb)	Paprika fumé, sel de mer et poivre noir fraîchement moulu, au goût
250 ml (1 tasse) d'huile d'olive extra vierge	60 à 90 ml (4 à 6 c. à soupe) de jus de citron frais
125 ml (½ tasse) d'origan et de romarin frais, hachés	
4 à 5 gousses d'ail, finement hachées	

Dans un petit bol, mélanger l'huile, les fines herbes, l'ail, les épices et le jus de citron.

Couper le bout des ailes de la dinde et les garder pour préparer le bouillon. Puis, couper les cuisses avec les pilons, tout en les gardant en un morceau. Enlever l'épine dorsale et la garder pour le bouillon, puis couper la poitrine en papillon en l'écrasant à plat, la peau sur le dessus.

Huiler et étendre le mélange de fines herbes sur tous les morceaux de la dinde, en le faisant sous la peau lorsque possible, faire mariner et réfrigérer pendant au moins 1 heure, ou pendant toute la nuit.

Laisser reposer la dinde à la température ambiante pendant environ 1 heure avant de commencer la cuisson.

Retirer les morceaux de dinde de la marinade et la réserver pour badigeonner.

Préparer le fumoir pour le barbecue en portant la température entre 120 et 150 °C (250 et 300 °F). Pour atteindre cette température élevée dans un fumoir à l'eau, ne pas mettre de liquide dans le bac de mouillage, commencer avec une cheminée d'allumage remplie de briquettes, et s'assurer que toutes les aires de ventilation soient complètement ouvertes.

Mettre les morceaux de dinde dans le fumoir pendant au moins 2 heures, le côté de la peau sur le dessus, utilisant comme agent aromatisant du hickory ou du bois de pommier. Retirer les morceaux de dinde du fumoir et réserver. (Pour éviter le gaspillage de briquettes, des tomates, des oignons, des noix, etc., peuvent être cuits comme décrit à la page 104, ou tout simplement fermer les aires de ventilation et éteindre le feu.)

Préparer le gril pour une chaleur directe moyenne. Faire griller les morceaux de dinde pendant environ 30 minutes, en les tournant régulièrement, jusqu'à ce que la peau soit croustillante, que les jus soient clairs et qu'un thermomètre à viande inséré dans la partie la plus charnue de la cuisse indique 71 °C (160 °F). Retirer les morceaux du gril et laisser reposer, recouvert de papier d'aluminium, pendant environ 30 minutes. Couper les morceaux de dinde en tranches et les servir avec vos accompagnements favoris.

LE VIEIL HOMME
⤳ ET LE BŒUF ⤶

par Kate Zimmerman

(Voici un article d'humour classique de mon épouse adorée et sarcastique, Kate. — R. S.)

Il est vrai que dans ce monde, il y a des hommes qui cuisinent, bien ou moins bien, et qui n'attendent pas d'éloges. Il y a également des femmes comme ça. Mais d'après ma propre expérience, un homme prépare un repas d'une façon bien différente de celle de la femme.

Il ne perçoit pas le besoin de tout nettoyer et de tout ranger. Il ne s'en fait pas avec les détails désagréables du nettoyage de la salle de bain, de la préparation de trois services qui se complètent bien, ou de préparer la table avec des serviettes de table bien repassées au lieu des essuie-tout.

Au lieu de ça, il choisit la tâche la plus spectaculaire, s'inquiète des plus petits détails et puis recueille les accolades non seulement parce qu'il a préparé le plat, mais parce qu'il est un homme et qu'il est capable de préparer ce plat — et qu'il le veut bien !

C'est à ce genre d'homme et à sa compagne que je dédie cet article.

Lorsqu'un homme, n'importe quel homme, mais aux fins de cette histoire, Tout homme, entre dans la cuisine, il le fait avec l'attitude d'un matador.

Il doit se pavaner, faire claquer son tablier comme une cape devant les renâclements du four et il doit (préférablement aux accords de «Toréador» de *Carmen* de Bizet) aiguiser son couteau dans les airs, avec un style dramatique.

Parce qu'IL va préparer le PLAT PRINCIPAL.

Les repas que préparent les hommes ne sont jamais ordinaires. S'ils l'étaient, les hommes ne s'abaisseraient pas à les préparer.

Ce ne sera pas un plat principal ORDINAIRE. Les repas que préparent les hommes ne sont jamais ordinaires. S'ils l'étaient, les hommes ne s'abaisseraient pas à les préparer. Ils préféreraient ne pas participer à la préparation du souper de fête plutôt que de faire quelque chose d'ordinaire, ou pire que tout, un repas végétarien.

Cet extraordinaire plat principal nécessitera la mort d'un animal, peut-être le plus féroce des animaux. Si ce n'est pas un taureau, ce sera alors une vache très vache. Une vache extrêmement vache qui est maintenant devenue un épais bifteck d'aloyau juteux.

Le matador connait sa tâche, et c'est une tâche merveilleuse et excellente. Il torturera ce bifteck, le fera légèrement brûler et en fera une fête pour laquelle la foule l'acclamera et les femmes lui jetteront les fleurs qu'elles portent dans leurs longs cheveux.

Aujourd'hui, n'importe quel jour, mais aux fins de cette histoire, un samedi, on n'entend rien dans l'arène. D'une pièce lointaine, le brave matador peut entendre le bruit de l'aspirateur comme la picador se prépare pour son rôle d'une minute dans son drame.

Le matador garde son sang froid. Il approche la viande épaisse et persillée, comme s'il voulait devenir son ami en murmurant en espagnol. Avec ses deux énormes mains, il l'enrobe lentement avec du sel et du poivre noir qu'il vient tout juste de moudre avec force à l'aide d'une bouteille de champagne vide. Délicatement, il glisse la brute dans une casserole à griller. Puis, il la laisse dormir.

Le matador doit maintenant conserver ses forces. Il laisse la cuisine et entre dans la chambre

Le barbecue et ses secrets — édition de luxe

à coucher, où il y a des bruits très irritants, car la picador est en train d'épousseter et de ramasser les bas du matador, ses souliers et ses revues qui traînent sur le plancher.

Il s'étend sur son lit dans la fraîcheur de l'après-midi et il s'endort.

Plusieurs heures plus tard, il est réveillé par des bruits de tintement que fait la picador en essayant, tant bien que mal, de mettre le couvert dans le vaste et encore poussiéreux espace de la maison.

Jurant en lui-même contre cette interruption, le matador se lève et sent le besoin de se rafraîchir en prenant une douche. Il sort nu de la vapeur qui s'élève en tourbillons, comme un orgueilleux danseur de flamenco et se pavane dans la maison en chantant : «Carmen, toi qui es ma femme maintenant.» Il est encore confus, après un long sommeil.

Le matador se tourne la tête. Il sait qu'il doit faire fondre du beurre sur la cuisinière ; il sait qu'il doit ajouter de l'estragon haché au beurre. Et il doit le faire maintenant.

Il passe à côté de la picador dans le couloir, alors qu'il se dirige résolument à grands pas vers la cuisine. La picador lui lance un regard furieux comme s'il était habité par l'esprit du taureau.

Mais le matador ne peut pas être distrait. Il écarte l'évidence de l'ingérence de la picador. Dans la cuisine, des bols et des casseroles non lavés provenant de projets non importants de la picador encombrent les comptoirs.

Le matador pousse un long et profond soupir de martyr. Il pousse de côté les bols, dans lesquels le chien sauvage ira lécher les substances qui s'y sont déposées.

Il ne peut pas être distrait de sa tâche. À l'autre bout de l'arène, le matador reste, sans bouger, la tête baissée. Soudainement, il gonfle le torse et se pavane avec fierté vers le centre de l'arène. En faisant un sourire éblouissant à son chien, il déploie son tablier rouge sang, jette un regard rapide à l'horloge et s'approche du monstre dormant, recouvert de poivre.

Le matador et la bête doivent maintenant attendre. Ils se regardent l'un et l'autre avec prudence, mais aussi avec intensité. Le matador tourne

autour du taureau — tâche difficile, car ce dernier repose sur le comptoir.

Il entend alors la sonnerie de la porte d'entrée. Le matador regarde sa proie avec colère. La picador répond à la porte, accueille la foule à voix basse et invite les hommes et les femmes à s'installer autour de l'arène.

Ils attendent debout en silence ; ils n'ont pas droit à des cubes de glace dans leur boisson. Ils ne veulent pas faire peur au taureau ou faire enrager le matador. La picador, elle aussi, le sait mieux que personne. Elle sait aussi que le matador ne s'est pas préoccupé de préparer de la glace.

Le matador se tourne la tête. Il sait qu'il doit faire fondre du beurre sur la cuisinière ; il sait qu'il doit ajouter de l'estragon haché au beurre. Et il doit le faire maintenant.

Il frappe les talons ensemble. Il fait claquer ses castagnettes. Il allume le bruleur de devant et y dépose une petite casserole. Le beurre commence à grésiller. La foule a le regard fixé sur lui et le regarde avec émerveillement. Personne ne dit mot. Ces gens ne sont pas stupides. Même le matador, si orgueilleux et si arrogant, est d'accord avec ça.

La picador n'a pas fait son ouvrage. Le four n'est pas encore aussi chaud que le coucher de soleil de Madrid. Encore une fois, le matador pousse un long et profond soupir de martyr. Avec un mouvement habile, il tourne le bouton du four et une furieuse lumière rouge s'allume.

C'est le temps. Il fait claquer ses castagnettes trois fois, brusquement, de telle façon qui suggère immédiatement du sang, la mort, la résurrection et le Clapper. La foule a arrêté de respirer. La picador se demande si elle doit faire le 9-1-1. Elle sait que le matador ne le permettrait pas.

Maintenant, il prend la bête gisant dans sa casserole à griller et s'approche du four lugubre. Comme il ouvre la porte, la fumée se met à tournoyer dans la cuisine. Il a le sourire du diable. Il glisse la casserole si près de l'élément du haut qu'il semble que le taureau va exploser. L'odeur de la viande roussie et des grains de poivre rôtis remplit l'arène.

Il fait une pause, puis à l'aide d'une allumette, il touche la liqueur. Elle s'enflamme.

Mais quand même, la foule sait qu'elle ne doit pas pousser même un petit « bravo ». Le beurre d'estragon bout dans la casserole. Le matador saisit une bouteille de calvados, de couleur caramel, et la porte à ses lèvres. Il en prend une gorgée, puis essuie sa bouche avec sa manche, d'un air méprisant. La picador ne montre pas son dégout habituel, qui est le dégoût d'être la cohôtesse et celui de la femme qui souffre depuis longtemps. Elle attend. Tout le monde attend.

La foule surveille le matador verser généreusement du calvados dans une autre petite casserole, tourner le bouton et déposer la casserole sur le feu.

Il recule. Il se penche et jette un coup d'œil au four. Il voit une bête noircie, une bête sauvage maintenant brisée. Il tourne la viande et la remet sous le gril de la cuisinière. Le moment de vérité est proche. Deux minutes ont passées. La bête est de nouveau retirée de four, cette fois, pour être dramatiquement passée au sabre, pour être défaite en lanières saignantes et retournée dans le four une autre fois.

Maintenant, le matador remonte son tablier et l'utilise pour protéger ses grosses mains en retirant le monstre conquis du four. La picador entre alors en action et invite la foule à s'asseoir. Le matador apporte la bête sur la table en se pavanant. Il retourne dans l'arène en saluant bien bas d'une façon dramatique et revient en tenant le calvados chaud. Il fait une pause, puis à l'aide d'une allumette, il touche la liqueur. Elle s'enflamme.

Puis, comme la foule contemple, fascinée, le matador verse le calvados enflammé sur son trophée.

Il entend un rugissement. Est-ce que le taureau féroce est revenu à la vie? Pendant un moment, et c'est la première fois de puis très longtemps, le matador a peur. Puis alors, il réalise que les hurlements viennent de la foule, qui s'est levée pour crier son approbation. Les femmes jettent par terre les roses qu'elles portaient dans leurs cheveux. La picador aussi semble vaguement impressionnée, même si ses hors-d'œuvre ont été oubliés.

Le matador éteint les flammes avec le beurre d'estragon. Il s'assoit. Il salue de la tête. Il ne bouge pas. Il attend d'autres acclamations. Il sait que ce jour-là, il est devenu une légende.

Cet article a d'abord paru dans la revue City Palate.

Pensez bœuf

QUE PEUT-ON DIRE SUR LE BŒUF, le Roi des Viandes? Que ne peut-on pas dire? Cette viande nous offre tellement de variations, tellement de saveur, et en plus, elle est facile à faire cuire. Le sel et le poivre puis un bon feu, c'est tout ce dont vous avez besoin pour vivre une profonde expérience avec le bœuf. Cette section du livre est mon humble contribution à ce qui est, finalement, mon aliment préféré entre tous.

La plupart des chefs barbecue utilisent un thermomètre à viande pour surveiller étroitement la température interne des grosses coupes de viande, mais la plupart du temps, il est facile de savoir si un bifteck ou une poitrine de poulet est cuit, simplement en appliquant une légère pression avec votre index. Si la viande ne rebondit pas, c'est qu'elle est encore assez crue. Si vous sentez une douce souplesse, c'est qu'elle est mi-saignante et on peut la retirer du feu. Si vous la pressez et qu'elle est ferme et rigide, c'est qu'elle est trop cuite.

Voici une bonne façon d'apprendre à lire avec vos mains. Tenez votre main gauche devant votre poitrine, la paume vers le bas. Touchez la peau entre votre pouce et votre index. C'est le toucher de la viande saignante. Maintenant, étendez vos doigts uniformément, comme si vous faisiez le signe «Arrêtez immédiatement». Pressez au même endroit que celui décrit plus haut et vous sentirez ce qu'est la viande mi-saignante. Maintenant, serrez votre poing, et pressez de nouveau. Voilà une viande bien cuite, et si votre viande a cette consistance, vous devriez vous servir du coup de poing que vous venez de faire pour vous donner un coup sur la tête.

BIFTECK LE PLUS SIMPLE ET
LE PLUS SAVOUREUX

DONNE 4 PORTIONS

J'ai fait griller des biftecks ayant trempé dans cette marinade, depuis plus de 25 ans, et je n'ai pas trouvé de façon de l'améliorer. Elle est si simple et ajoute tellement de saveur que chaque chef de cuisine en plein air devrait l'avoir dans son répertoire. Ces biftecks sont bons avec n'importe quel accompagnement. Je les aime avec des petites pommes de terre rôties et des asperges grillées. La marinade est également délicieuse avec des côtelettes de porc, aussi bien qu'avec des poissons riches et bien en chair, comme le saumon, le flétan, le thon et l'espadon.

4 biftecks de côte de bœuf, bien persillés, d'environ 4 cm (1½ po) d'épais

MARINADE

250 ml (1 tasse) de sauce soja foncée

2 gousses d'ail, finement émincées

15 ml (1 c. à soupe) de gingembre frais, finement haché ou râpé

15 ml (1 c. à soupe) de jus de citron frais, ou 50 ml (¼ tasse) de mirin (vin de riz sucré japonais)

5 ml (1 c. à thé) d'huile de sésame rôti

15 ml (1 c. à soupe) de fécule de manioc (la fécule de maïs fera également l'affaire)

Poivre noir fraîchement moulu

Dans un plat non réactif allant au four, combiner tous les ingrédients de la marinade. Ajouter la viande, la tourner pour l'enrober et laisser mariner de 10 à 30 minutes, en la tournant 1 ou 2 fois. Ne pas la faire mariner toute la nuit, car c'est une marinade assez salée.

Préparer le gril pour une chaleur directe moyenne. Placer les biftecks sur la grille et les faire cuire pendant environ 4 minutes. Les tourner, et encore verser un peu de marinade sur le dessus, puis les faire cuire pendant 4 minutes de plus pour une cuisson à point. Laisser reposer pendant environ 4 minutes et servir.

Pensez bœuf

BIFTECKS POUR COWBOY

DONNE 4 PORTIONS

Ce bifteck goûte presque comme mon bifteck favori. Le goût de terre des graines de cumin, le goût piquant du poivre concassé, la sucrosité de l'oignon et de l'ail déshydratés, et le fait de mordre dans une bouchée de jalapeno, fumé et suret, créent une explosion de saveurs. Servez les biftecks entiers avec des haricots, une tranche de pain de maïs et un peu de salade de chou. Voici une alternative pour le service de ce plat : tranchez les biftecks cuits et servez-les en fajitas avec de la salsa, du guacamole et du fromage Jack râpé, et des tortillas.

4 gros faux-filets, avec l'os, d'environ 4 cm (1½ po) d'épais

125 ml (½ tasse) de grains de poivre noir

Sel casher (ou un autre gros sel de meilleure qualité comme le sel Maldon ou la fleur de sel) au goût

15 ml (1 c. à soupe) d'oignon déshydraté

15 ml (1 c. à soupe) d'ail déshydraté

5 ml (1 c. à thé) de poudre de piment jalapeno (si elle est introuvable, utiliser la même quantité de piment de Cayenne)

15 ml (1 c. à soupe) de graines de cumin rôties

Huile d'olive extra vierge

Placer les biftecks dans un plat ou sur une grande planche à découper pour qu'ils deviennent à la température ambiante (environ 1 heure). Utiliser un moulin à épices ou un pilon avec un mortier pour moudre grossièrement les grains de poivre, ou bien les placer dans un sac de plastique puis les frapper avec un marteau ou un rouleau à pâte jusqu'à ce qu'ils aient atteint la consistance désirée. Ils ne devraient pas être poudreux, mais un peu comme des gros grains de sable. Saler et poivrer les biftecks généreusement. Dans un bol, combiner l'oignon et l'ail déshydratés, la poudre de piment jalapeno et les graines de cumin. Recouvrir les biftecks d'un côté avec le mélange, en le pressant bien pour qu'il adhère. Arroser les biftecks d'un peu d'huile d'olive, les tourner, et répéter avec l'assaisonnement, presser pour qu'il adhère et l'arroser avec un peu d'huile.

Préparer le gril pour une chaleur directe moyenne et faire cuire les biftecks de 4 à 6 minutes de chaque côté pour qu'ils soient mi-saignants. Si un gril au charbon de bois est utilisé, ajouter quelques morceaux de prosopis (ou une poignée de copeaux de bois) aux briquettes, juste avant la cuisson. Avec un gril au gaz, utiliser des copeaux trempés, enveloppés dans du papier d'aluminium troué à l'aide d'une fourchette.

S'assurer de ne pas trop faire cuire les biftecks. Ils continueront à cuire après avoir été retirés du feu. Les retirer du feu et laisser reposer de 4 à 5 minutes avant de servir.

Pensez bœuf

GRIL

BIFTECK À L'ITALIENNE

DONNE 4 PORTIONS

Le restaurant Ruby Lake de la Sunshine Coast de la Colombie-Britannique sert de grands plats italiens dans un environnement rustique. La légende veut que quelquefois, les propriétaires des restaurants déposent un poisson frais sur une souche près du patio du restaurant et qu'un aigle à tête blanche des environs donne un spectacle en descendant en piqué et en prenant le poisson dans ses griffes. J'ai déjà mangé, à ce restaurant, un juteux bifteck d'aloyau qui m'a prouvé que quelquefois, la préparation la plus simple est souvent la meilleure lorsque vous faites griller un bifteck.

4 biftecks d'aloyau, bien persillés, d'au moins 2,5 cm (1 po) d'épais	Origan grec séché
Sel casher ou Maldon et poivre noir grossièrement moulu, au goût	Huile d'olive extra vierge, de la meilleure qualité
1 botte de roquette fraîche, lavée et séchée	Quartiers de citron

Amener les biftecks à la température ambiante en les laissant sur le comptoir pendant 1 heure. Saler et poivrer généreusement sur les 2 côtés. Les arroser légèrement d'huile d'olive. Préparer le gril pour une chaleur directe moyenne. Faire griller les biftecks de 4 à 6 minutes de chaque côté, ou jusqu'à ce qu'ils soient cuits comme désiré (je suggère de les retirer du feu lorsque la viande rebondit légèrement au toucher, c'est-à-dire lorsque la température interne atteint 52 °C [125 °F]). Retirer les biftecks du gril et les laisser reposer, recouverts lâchement de papier d'aluminium, pendant 4 à 5 minutes.

Faire un nid de roquette dans chaque assiette et y déposer les biftecks. Émietter un peu d'origan sur chacun et les arroser d'huile d'olive, puis les saler et les poivrer un peu plus. Les garnir de quartiers de citron. Les sucs et l'huile des biftecks ainsi que le jus de citron créeront une sauce naturelle délicieuse pour la roquette, légèrement amère.

BAVETTE DE FLANCHET
AUX FINES HERBES CITRONNÉES

DONNE 4 PORTIONS

Dans ce plat, on utilise une vinaigrette citronnée pour faire mariner le bifteck de même que pour l'arroser. Les saveurs simples et pures sont parfaites pour un repas estival. Servez-le avec des Asperges grillées (page 129) en accompagnement.

1 gros bifteck de hampe ou bavette de flanchet, d'environ 750 g à 1 kg (1½ à 2 lb)

Sel casher et poivre noir fraîchement moulu

MARINADE

125 ml (½ tasse) d'huile d'olive infusée au citron

15 ml (1 c. à soupe) de zeste de citron finement râpé

45 ml (3 c. à soupe) de vinaigre balsamique blanc

15 ml (1 c. à soupe) de moutarde de Dijon

2 gousses d'ail, pelées et finement émincées

125 ml (½ tasse) de fines herbes fraîches, finement hachées (l'origan, le thym et le persil sont des bons choix)

Sel casher et poivre noir fraîchement moulu, au goût

GARNITURE

Quartiers de citron

Brindilles de fines herbes fraîches

Placer la bavette de flanchet dans un plat allant au four, et saler et poivrer les 2 côtés. L'amener à la température ambiante pendant environ 30 minutes.

Combiner les ingrédients de la marinade dans un bol et bien les mélanger. Diviser le mélange en 2 et en réserver la moitié pour terminer le plat.

Enrober la bavette avec le reste du mélange. Couvrir le plat allant au four avec une pellicule de plastique et laisser mariner pendant 2 heures ou toute la nuit.

Préparer le gril pour une chaleur directe vive. Retirer la bavette de la marinade et l'éponger. La placer sur la grille et faire griller pendant 30 secondes de chaque côté, à température vive, juste assez longtemps pour avoir de belles marques de grille sur la viande. Réduire à feu moyen et faire cuire en la tournant 1 ou 2 fois, pendant environ 4 à 6 minutes de chaque côté, ou jusqu'à ce que la partie la plus épaisse de la bavette ait une température interne de 52 °C (125 °F). Transférer la bavette sur une planche à découper et la laisser reposer, enveloppée lâchement dans du papier d'aluminium, de 5 à 10 minutes.

Pour la servir, la trancher finement en sens transversal et disposer dans une assiette de service. Saler et poivrer légèrement, et à l'aide d'une cuillère, verser un peu de la vinaigrette réservée. Garnir avec des quartiers de citron et des brindilles de fines herbes.

FAJITAS DE BAVETTE DE FLANCHET
EN SAUCE ADOBO AVEC SALSA
DE MANGUES ET DE FRAISES

DONNE 4 PORTIONS

Cette recette, qui m'a fait gagner un nouveau gril dans un concours, utilise de la bavette de flanchet, qui est une des coupes les plus dures et les plus maigres du bœuf, mais de loin la plus savoureuse. Le secret avec la bavette de flanchet est de vous assurer de ne pas trop la faire cuire, de la laisser reposer avant de la trancher, et de faire des tranches minces en sens transversal. La marinade épicée et la salsa contrastent avec la bavette de flanchet. Les fajitas vont bien avec la bière mexicaine ou un vin rouge léger comme le Beaujolais.

1 gros bifteck de hampe ou bavette de flanchet, d'environ 750 g à 1 kg (1½ à 2 lb)

MARINADE

2 ml (½ c. à thé) de sel casher

50 ml (¼ tasse) de jus de lime frais

10 ml (2 c. à thé) d'huile végétale

15 ml (1 c. à soupe) de cumin moulu

15 ml (1 c. à soupe) de poudre de piment ancho ou du Nouveau-Mexique

6 gousses d'ail, pelées

2 conserves de piments jalapeno en sauce adobo

Poivre noir fraîchement moulu, au goût

SALSA DE MANGUES ET DE FRAISES

2 mangues mûres (mais pas trop mûres), pelées, dénoyautées et grossièrement hachées

125 ml (½ tasse) de fraises mûres mais fermes, équeutées et grossièrement hachées

1 jalapeno, épépiné et finement haché

25 ml (2 c. à soupe) de jus de lime frais

2 ml (½ c. à thé) de sel casher

2 ml (½ c. à thé) de sucre

1 ou 2 traits de sauce piquante de style Louisiane

Poivre noir fraîchement moulu, au goût

FAJITAS

12 tortillas à la farine, enveloppées dans le papier d'aluminium et réchauffées dans un four à 120 °C (250 °F)

1 botte de coriandre fraîche, grossièrement hachée

Dans un robot culinaire, bien mélanger tous les ingrédients de la marinade jusqu'à l'obtention d'une pâte onctueuse. Placer la bavette dans un bol non réactif allant au four, et verser la marinade à l'aide d'une cuillère pour l'en recouvrir des 2 côtés. Recouvrir la bavette avec une pellicule plastique et réfrigérer pendant au moins 6 heures ou toute la nuit, en la tournant 1 ou 2 fois.

Trente minutes avant le début de la cuisson de la bavette, combiner les ingrédients de la salsa dans un bol et les mélanger. Assaisonner au goût et réfrigérer.

Préparer le gril pour une chaleur directe vive. Placer la bavette de flanchet sur le gril. La tourner après 3 minutes et l'arroser avec 15 à 25 ml (1 à 2 c. à soupe) de la marinade. Faire cuire pendant 3 minutes de plus et la tourner de nouveau. Faire griller pendant encore 1 minute pour qu'elle soit saignante ; de 1 à 2 minutes de plus de chaque côté pour une viande mi-saignante. Déposer la bavette sur une planche à découper, la recouvrir lâchement de papier d'aluminium et laisser reposer pendant au moins 5 minutes.

Trancher très finement la bavette en sens transversal pour avoir des lanières de viande juteuses, et les placer dans un plat de service chaud. Sortir la salsa, la coriandre et les tortillas chaudes. Les convives peuvent se servir en plaçant quelques tranches de viande avec 1 cuillérée de salsa et un peu de coriandre sur une tortilla, puis en la repliant.

BIFTECK AU POIVRE GRILLÉ
DE TURKEY HILL

DONNE 4 PORTIONS

Cette recette de bifteck au poivre nous vient du gourmand constructeur de chalets de bois rond John Boys, qui l'avait lui-même reçue de quelqu'un qui vivait dans un endroit appelé Turkey Hill. La recette originale est celle qui a inspiré l'histoire *Le vieil homme et le bœuf* racontée à la page 226 de ce livre. J'ai adapté cette recette, qui demandait d'être grillée dans la cuisinière, pour la cuisson sur le gril. Les accompagnements traditionnels sont les pommes de terre à la normande et les pois, mais les Asperges grillées (page 129) et la Purée de pommes de terre à l'aneth (page 133) seront également délicieuses.

1 bifteck d'aloyau de 1 kg (2 lb), d'environ 5 à 6 cm (2 à 2½ po) d'épais	250 g (½ lb) de beurre
Sel casher, au goût	15 ml (1 c. à soupe) d'estragon frais, haché
125 ml (½ tasse) grains entiers de poivre noir	125 ml (½ tasse) de calvados (le brandy aux pommes français)

Retirer le bifteck du réfrigérateur au moins 1 heure avant la cuisson, et saler généreusement des 2 côtés, en tapotant pour que le sel adhère bien. Broyer légèrement les grains de poivre au moulin à épices, ou les mettre dans un sac de papier et frapper avec un maillet plat. Recouvrir généreusement de poivre le bifteck déjà salé. Laisser reposer le bifteck à la température ambiante environ 30 minutes de plus.

Faire chauffer lentement le beurre dans une petite casserole pour le faire fondre, sans qu'il grésille. Ajouter l'estragon, le mettre de côté, et le garder au chaud sur la cuisinière. Préchauffer le gril pour une chaleur directe vive, et allumer le four à 95 °C (200 °F) pour garder 4 assiettes et l'assiette de service au chaud.

Faire chauffer légèrement le calvados dans une petite casserole en prenant soin qu'il ne vienne pas en contact avec une flamme ou qu'il ne bouille pas. Garder le calvados et le beurre à l'estragon au chaud.

Faire griller le bifteck environ 3 minutes de chaque côté, jusqu'à ce que les grains de poivre diffusent une odeur épicée. Fermer 1 brûleur du gril et faire cuire les biftecks sur une chaleur indirecte pendant 3 minutes de plus de chaque côté, ou jusqu'à ce que le bifteck ne soit plus tout à fait saignant (il devrait avoir une température interne d'environ 50 °C [120 °F]). Transférer le bifteck sur une assiette chaude et le couvrir lâchement de papier d'aluminium.

Après que le bifteck a reposé pendant au moins 5 minutes, couper la viande de l'os et la trancher en lanières de 1 cm (½ po). Placer les tranches de bifteck sur une assiette chaude, et l'apporter avec le calvados et le beurre à l'estragon sur la table. Comme les invités regardent, impressionnés, verser le calvados chaud sur les tranches de bifteck et faire flamber immédiatement. Remuer les tranches de viande jusqu'à ce que les flammes s'éteignent et verser le beurre à l'estragon en tournant de nouveau les tranches de bifteck avant de servir. S'assurer de verser la sauce au beurre sur chaque portion.

BIFTECK DE FILET DE BŒUF
AVEC BEURRE AU GORGONZOLA

DONNE 6 PORTIONS

Cette recette est très simple et vraiment délicieuse. Assurez-vous de ne pas trop faire cuire! Servez le filet avec vos accompagnements favoris.

6 biftecks de filet (filets mignons) de 175 g (6 oz), d'environ 5 cm (2 po) d'épais

Sel casher et poivre noir grossièrement moulu

Huile d'olive extra vierge

Beurre au gorgonzola (voir page 67), à la température ambiante

Réduction balsamique (voir l'encadré page 242)

Saler et poivrer les biftecks généreusement. Les laisser reposer pendant 1 heure pour qu'ils soient à la température ambiante.

Préparer le gril pour une chaleur directe moyenne. Arroser les biftecks avec un peu d'huile et les placer sur la grille. Faire cuire de 2 à 4 minutes de chaque côté (selon le degré de cuisson désiré). Retirer du gril et envelopper lâchement dans du papier d'aluminium pour faire reposer pendant quelques minutes. Servir avec un peu de beurre au gorgonzola et quelques gouttes de réduction balsamique.

BIFTECK D'ALOYAU
AVEC MARINADE BALSAMIQUE AU ROMARIN

DONNE 4 PORTIONS

BALSAMIQUE

Ce sirop incroyablement acidulé, sucré et riche a plusieurs usages. Il bonifie toute vinaigrette. Il est délicieux dans les marinades (ou comme marinade), et vous pouvez même en arroser la crème glacée ou les fruits.

Dans une petite casserole à feu moyen-vif, versez une bouteille de 300 ml (10 oz) de vinaigre balsamique bon marché (vous pouvez en utiliser plus ou moins, selon vos besoins ; c'est une quantité pratique à préparer) et porter à ébullition. Laissez mijoter doucement, en surveillant attentivement, jusqu'à ce que le vinaigre ait réduit d'environ ⅓ de son volume original (10 à 15 minutes). Lorsqu'il est prêt, vous devriez avoir un sirop épais qui colle au dos de la cuillère. Réserver pour le laisser refroidir. Le transférer dans une bouteille en plastique souple et l'entreposer dans un endroit frais et sec. Il se garde indéfiniment.

Bon sang, comme j'aime ça un bon bifteck d'aloyau. Dans un sens, c'est le bifteck ultime, car il combine la coquille d'aloyau et le filet dans une coupe (les deux vivent en harmonie de chaque côté de l'os). L'ingrédient principal dans cette recette est la réduction balsamique, qui pénètre dans le bifteck et donne une saveur distincte et éclatante.

2 biftecks d'aloyau de 500 à 625 g (16 à 20 oz), d'environ 5 cm (2 po) d'épais

Sel casher

Piment de Cayenne

15 ml (1 c. à soupe) de romarin frais, haché

2 gousses d'ail, écrasées ou passées au presse-ail

75 ml (⅓ tasse) de réduction balsamique (voir l'encadré)

Sel casher et poivre noir fraîchement moulu

50 ml (¼ tasse) de persil frais, finement haché

Huile d'olive extra vierge

Retirer les biftecks du réfrigérateur et les déposer dans un plat non réactif. Les assaisonner de sel et de 1 pincée de piment de Cayenne de chaque côté. Étendre uniformément le romarin et l'ail sur les biftecks. Réserver la moitié de la réduction balsamique et verser le reste sur les biftecks, en les tournant pour en enrober les 2 côtés. Les réfrigérer à découvert pendant au moins 2 heures ou toute la nuit, en les tournant 1 ou 2 fois.

Préparer le gril pour une chaleur directe moyenne. Faire griller les biftecks de 4 à 6 minutes de chaque côté, ou jusqu'à ce que la température interne soit de 52 °C (125 °F).

Retirer les biftecks du gril et les laisser reposer, enveloppés lâchement dans du papier d'aluminium, pendant environ 5 minutes. À l'aide d'un couteau d'office, enlever l'os et faire des tranches de 1 cm (½ po) d'épais. Partager les tranches dans 4 assiettes et les arroser du reste de la réduction balsamique. Terminer avec un peu de sel, de poivre, de persil haché et un filet d'huile d'olive.

Le barbecue et ses secrets — édition de luxe

FAUX-FILETS À LA CORÉENNE

DONNE 6 PORTIONS

Les Coréens aiment leurs marinades un peu aigres-douces, et moi aussi. Dans cette recette, on retrouve les saveurs du barbecue coréen, mais avec des coupes et des portions nord-américaines. On peut accompagner ces faux-filets avec de la Salade de chou à l'asiatique (page 114), de la Purée de pommes de terre au wasabi (page 137) et des Asperges grillées (page 129).

3 faux-filets de 500 g (16 oz) chacun, d'environ 5 cm (2 po) d'épais, avec l'os

MARINADE

250 ml (1 tasse) de sauce soja

50 ml (¼ tasse) de vinaigre de riz

75 ml (⅓ tasse) d'oignons verts hachés

25 ml (2 c. à soupe) de miel liquide

25 ml (2 c. à soupe) d'ail finement émincé

25 ml (2 c. à soupe) de gingembre frais, finement émincé

5 ml (1 c. à thé) d'huile de sésame rôti

5 ml (1 c. à thé) de sauce piquante vietnamienne

GARNITURE

1 oignon vert, haché

Graines de sésame rôties

Dans une casserole ou un bol non réactif, combiner les ingrédients de la marinade. Déposer les biftecks dans la marinade et les tourner pour les enrober. Les réfrigérer à découvert pendant au moins 1 heure, et jusqu'à 2 heures, en les tournant 1 ou 2 fois. Les retirer de la marinade et les éponger. Transférer la marinade dans une petite casserole à feu moyen-vif et porter à ébullition. Réduire la chaleur à feu moyen-doux et laisser mijoter pendant 5 minutes. Réserver.

Préparer le gril pour une chaleur directe moyenne. Faire cuire les biftecks de 4 à 6 minutes de chaque côté, ou jusqu'à ce qu'ils atteignent une température interne de 52 °C (125 °F). Les retirer du gril et laisser reposer, enveloppés lâchement dans du papier d'aluminium, pendant environ 5 minutes.

À l'aide d'un couteau d'office, enlever l'os et faire des tranches de 1 cm (½ po) d'épais. Répartir les tranches dans les quatre assiettes et les arroser d'un peu de sauce. Garnir la viande avec des oignons verts hachés et des graines de sésame. Verser le reste de la sauce dans une saucière pour que les convives puissent se servir.

Pensez bœuf

243

CULOTTE DE BŒUF RÔTIE SUR LE GRIL

DONNE 6 À 8 PORTIONS

La culotte est la partie inférieure du rôti de surlonge. Cette partie est comme une mini pointe de poitrine, mais elle est plus tendre et ne nécessite pas autant de cuisson parce qu'elle est assez maigre et ne comporte pas beaucoup de tissus conjonctifs.

1 rôti de culotte de 1,5 kg (3 lb) bien persillé (bas de surlonge)

Sel casher, au goût

3 gousses d'ail, pelées et hachées grossièrement

2 grosses échalotes

2 ml (½ c. à thé) de flocons de piment rouge séché, émiettés

15 ml (1 c. à soupe) de romarin frais

5 ml (1 c. à thé) d'origan séché

15 ml (1 c. à soupe) de poivre noir grossièrement moulu

50 ml (¼ tasse) d'huile d'olive extra vierge

Sortir le rôti du réfrigérateur et le laisser reposer de 30 minutes à 1 heure pour qu'il soit à la température ambiante. Préparer le gril pour une chaleur indirecte moyenne.

Placer le reste des ingrédients dans le robot culinaire et bien les mélanger, mais ne pas en faire une purée. En enrober le rôti, en réservant 25 ml (2 c. à soupe) pour badigeonner, et laisser reposer le rôti jusqu'à ce que le gril soit prêt.

Faire griller de 45 minutes à 1 heure sur le côté du gril qui ne chauffe pas, en utilisant du bois de hickory comme agent aromatisant. Tourner le rôti 1 ou 2 fois en le badigeonnant avec la pâte réservée. Lorsqu'il est presque cuit — on commence à sentir la souplesse au toucher, ou la température dans la partie la plus épaisse atteint environ 55 °C (130 °F) pour une viande mi-saignante —, le placer sur le côté chaud du gril, hausser la température au plus vif, et faire saisir, quelques minutes de chaque côté, pour avoir une belle croûte. Retirer le rôti du gril, le recouvrir lâchement de papier d'aluminium et laisser reposer pendant au moins 30 minutes.

Faire des tranches de rôti aussi fines que possible, en sens transversal, saler légèrement et servir avec les accompagnements de votre choix.

CULOTTE DE BŒUF GRILLÉE
À L'HAWAIIENNE

DONNE 6 À 8 PORTIONS

J'aime tout ce qui est d'Hawaii. Cette recette évoque des souvenirs de chaudes brises marines et de couchers de soleil tropicaux. Cette recette est basée sur une recette d'un célèbre chef hawaiien, Sam Choy. Servez-la avec la Salsa tropicale (page 63) et des Galettes de riz grillées (page 146).

1 rôti de culotte de 1,5 kg (3 lb) bien persillé (bas de surlonge)

MARINADE

25 ml (2 c. à soupe) de sauce soja japonaise (ou de shoyu hawaiien s'il est possible d'en trouver)

25 ml (2 c. à soupe) de cassonade

15 ml (1 c. à soupe) d'ail frais, finement émincé, ou 5 ml (1 c. à thé) d'ail déshydraté

15 ml (1 c. à soupe) de gingembre frais, râpé

15 ml (1 c. à soupe) de sel de mer (ou de sel rouge hawaiien s'il est possible de s'en procurer)

15 ml (1 c. à soupe) de grains de poivre noir, broyés

5 ml (1 c. à thé) de poivre noir fraîchement moulu

5 ml (1 c. à thé) d'oignon déshydraté

Plus de sel pour terminer le plat

Dans un grand bol non réactif, combiner tous les ingrédients de la marinade. Déposer le rôti de culotte dans le bol et bien l'enrober de marinade. Couvrir le bol et le placer au réfrigérateur de 1 à 2 heures, en tournant le rôti régulièrement.

Préparer le gril pour une chaleur indirecte moyenne. Faire griller le rôti de 45 minutes à 1 heure sur le côté du gril qui ne chauffe pas, en utilisant du bois fruitier comme le pommier ou le cerisier comme agent aromatisant. Tourner la viande 1 ou 2 fois. Lorsqu'il est presque cuit — on commence à sentir la souplesse au toucher, ou la température dans la partie la plus épaisse atteint environ 55 °C (130 °F) pour une viande mi-saignante —, le placer sur le côté chaud du gril, hausser la température au plus vif, et faire saisir, quelques minutes de chaque côté, pour avoir une belle croûte. Retirer le rôti du gril, le recouvrir lâchement de papier d'aluminium et laisser reposer pendant au moins 30 minutes.

Faire des tranches de rôti aussi fines que possible, en sens transversal, et le saupoudrer légèrement de sel.

CULOTTE DE BŒUF AU GINGEMBRE,
STYLE CALGARY

DONNE 6 À 8 PORTIONS

À Calgary, en Alberta, la plupart des restaurants chinois servent une adaptation spéciale du bœuf au gingembre — des lanières de bœuf qui sont légèrement panées, frites, et puis confites à la sauce sucrée, collante et acidulée qui est très piquante. J'ai été inspiré par de très bons souvenirs de ce plat lorsque j'ai créé cette succulente recette de culotte de bœuf grillée.

1 rôti de culotte de bœuf de 1,5 kg (3lb) bien persillé (bas de surlonge)

MÉLANGE D'ÉPICES À FROTTER

25 ml (2 c. à soupe) de sucre

15 ml (1 c. à soupe) de gingembre moulu

15 ml (1 c. à soupe) d'ail déshydraté

15 ml (1 c. à soupe) de sel casher

5 ml (1 c. à thé) de cumin moulu

5 ml (1 c. à thé) de paprika

5 ml (1 c. à thé) de poivre noir fraîchement moulu

2 ml (½ c. à thé) de poudre chinoise cinq-épices

2 ml (½ c. à thé) de piment de Cayenne

GLAÇAGE DE FINITION

1 pot de 335 ml (12 oz) de marmelade d'orange sucrée

45 ml (3 c. à soupe) de concentré de jus d'orange surgelé

50 ml (¼ tasse) de sauce soja

125 ml (½ tasse) de vinaigre de cidre de pomme

1 gousse d'ail, finement émincée

10 ml (2 c. à thé) de gingembre frais, râpé

5 ml (1 c. à thé) de flocons de piment fort séché, écrasés

Combiner tous les ingrédients pour le mélange d'épices à frotter dans un bol et réserver.

Dans une casserole à feu moyen, faire mijoter les ingrédients du glaçage en brassant occasionnellement. Réserver.

Saupoudrer généreusement le mélange d'épices à frotter sur la culotte de bœuf (il en restera). Laisser reposer pendant environ 30 minutes ou jusqu'à ce que le rôti commence à être luisant.

Préparer le gril pour une cuisson indirecte moyenne. Faire griller le rôti pendant 45 minutes à 1 heure, sur le côté du gril qui ne chauffe pas. Le tourner 1 ou 2 fois. Lorsqu'il est presque cuit — on commence à sentir la souplesse au toucher, ou la température dans la partie la plus épaisse atteint environ 55 °C (130 °F) pour une viande mi-saignante —, le déplacer sur le côté qui est chaud, augmenter la chaleur à vive, mettre généreusement du glaçage, en le tournant et l'enrobant jusqu'à ce qu'il soit collant et caramélisé (il ne faut pas faire brûler).

Retirer le rôti du gril, l'envelopper lâchement dans du papier d'aluminium, et le laisser reposer pendant au moins 30 minutes. Le trancher, en sens transversal, aussi finement que possible et le servir en l'arrosant avec le reste du glaçage.

Le barbecue et ses secrets — édition de luxe

CÔTES DE VEAU AUX FINES HERBES DE VINCE

DONNE 4 PORTIONS

Vince Gogolek fait partie des Butt Shredder, et c'est lui qui a perfectionné cette recette de côtes de veau. Normalement, elles ne sont pas offertes dans les supermarchés, mais si vous pouvez les trouver dans une boucherie, elles sont une délicieuse solution de remplacement aux côtes de porc ou de bœuf (qui peuvent très bien être utilisées dans cette recette). Elles sont relativement bon marché (pour le veau, en tout cas). Cette recette utilise un mélange d'épices à frotter aux fines herbes, qui agit comme marinade, en infusant une saveur de fines herbes dans la viande. Servir les côtes avec des légumes grillés et les Pommes de terre à la menthe en papillote (page 114).

1 carré de côtes de veau de 1 à 1,5 kg (2 à 3 lb)

MÉLANGE D'ÉPICES À FROTTER AUX FINES HERBES

50 ml (¼ tasse) de romarin frais, finement haché

50 ml (¼ tasse) de persil frais, finement haché

25 ml (2 c. à soupe) d'origan frais, finement haché

4 feuilles de sauge fraîche, finement hachées

2 feuilles de basilic frais, finement hachées

2 gousses d'ail, finement émincées

125 ml (½ tasse) d'huile d'olive extra vierge

25 ml (2 c. à soupe) de sel casher

25 ml (2 c. à soupe) de poivre noir grossièrement moulu

Retirer la membrane luisante du dos des côtes. Dans un bol moyen, combiner tous les ingrédients du mélange d'épices à frotter aux fines herbes et en enduire les côtes, en s'assurant que toutes les cavités soient couvertes afin qu'il s'infiltre dans la viande comme une marinade. Réfrigérer les côtes toute la nuit.

Préparer le gril pour une chaleur directe moyenne. Faire griller les côtes en les tournant souvent, de 45 minutes à 1 heure, utilisant la chaleur directe moyenne pour les faire brunir et pour qu'elles aient des marques de grille, puis les déplacer à chaleur indirecte pendant 30 minutes de cuisson de plus, après qu'elles aient bruni.

MÉTHODE ALTERNATIVE : Pour une saveur additionnelle, et au lieu de les faire griller, mettre les côtes dans un fumoir pendant 5 heures, en utilisant du bois d'arbres fruitiers comme agent aromatisant.

Pensez bœuf

247

BOUTS DE CÔTES DE BŒUF BARBECUE
AVEC MÉLANGE SEC D'ÉPICES À FROTTER ASIATIQUE

DONNE 6 PORTIONS

J'aime les bouts de côtes, car ils contiennent beaucoup de gras et de tissus conjonctifs. Une cuisson lente et un peu de fumée les transforment en morceaux riches, succulents, qui se défont à la fourchette, pour les mordus de viande. Ce plat est délicieux avec des Galettes de riz grillées (page 146) et de la Salade de chou à l'asiatique (page 114).

6 morceaux de bouts de côtes de 300 g (10 oz) d'au moins 5 cm (2 po) d'épais, préférablement avec l'os

MÉLANGE SEC D'ÉPICES À FROTTER

15 ml (1 c. à soupe) de sel casher

5 ml (1 c. à thé) de poivre noir fraîchement moulu

5 ml (1 c. à thé) d'ail déshydraté

2 ml (½ c. à thé) de gingembre moulu

2 ml (½ c. à thé) de poudre chinoise cinq-épices

POUR TERMINER

Moutarde préparée

Huile végétale

Sauce barbecue à l'asiatique (voir page 61)

Dans un petit bol, combiner tous les ingrédients du mélange d'épices à frotter. Étendre une fine couche de moutarde sur les côtes. Les enduire légèrement avec l'assaisonnement et les arroser avec un peu d'huile, en les tapotant jusqu'à ce qu'elles soient luisantes. Réserver.

Préparer le fumoir pour le barbecue en amenant la température à environ 95 à 100 °C (200 à 220 °F). S'assurer de tapisser le bac de mouillage avec une double épaisseur de papier d'aluminium très grand et le remplir de jus de pomme.

Déposer les côtes dans le fumoir. Couvrir et faire cuire de 4 à 5 heures. Utiliser des morceaux de hickory ou de bois de pommier comme agent aromatisant. Les côtes sont prêtes lorsque la viande se détache de l'os et qu'elle a une consistance de gélatine molle. Les glacer avec la sauce, 1 ou 2 fois pendant les dernières 30 minutes de cuisson. Les retirer du fumoir et les laisser reposer, enveloppées dans du papier d'aluminium, pendant 10 minutes. Les servir avec un peu plus de sauce comme accompagnement pour tremper.

CÔTES DE BŒUF RÔTIES SUR PLANCHE

DONNE 6 À 8 PORTIONS

C'est une nouvelle façon de faire cuire une traditionnelle coupe de bœuf, parce qu'elle donne une saveur de fumée inattendue (encore plus particulière si vous utilisez une planche de cèdre). Le secret avec de telles pièces de viande est de ne pas trop les faire cuire.

1 planche, selon votre préférence, trempée toute la nuit ou au moins pendant 1 heure

1 rôti de côte de bœuf de 2,2 kg (5 lb), avec les os

MÉLANGE SEC D'ÉPICES À FROTTER

15 ml (1 c. à soupe) d'ail déshydraté ou de poudre d'ail

15 ml (1 c. à soupe) d'oignon déshydraté ou de poudre d'oignon

15 ml (1 c. à soupe) de poivre noir grossièrement moulu

15 ml (1 c. à soupe) de romarin séché

1 à 2 ml (¼ à ½ c. à thé) de piment de Cayenne

Sel casher

25 ml (2 c. à soupe) de moutarde de Dijon

15 ml (1 c. à soupe) de romarin frais, haché grossièrement

Huile d'olive extra vierge

4 ou 5 brindilles de romarin frais, de 12 cm (5 po) de long chacune

Dans un petit bol, combiner tous les ingrédients pour le mélange d'épices à frotter et réserver.

Sortir le rôti du réfrigérateur et le laisser à la température ambiante pendant 1 heure. L'assaisonner de sel casher sur tous les côtés. L'enrober de moutarde. Saupoudrer le romarin uniformément sur le rôti, puis le saupoudrer généreusement du mélange sec d'épices à frotter (il en restera). L'arroser d'huile d'olive et presser pour imprégner le rôti de romarin et du mélange d'épices à frotter.

Préchauffer le gril à chaleur moyenne-vive pendant 5 à 10 minutes, ou jusqu'à ce que la température de la chambre atteigne plus de 260 °C (500 °F). Rincer la planche qui a déjà trempé et la placer sur la grille. Fermer le couvercle et faire chauffer la planche de 4 à 5 minutes, ou jusqu'à ce qu'elle commence à fumer et à craqueler légèrement. Réduire à une chaleur moyenne-douce.

(suite à la page 252)

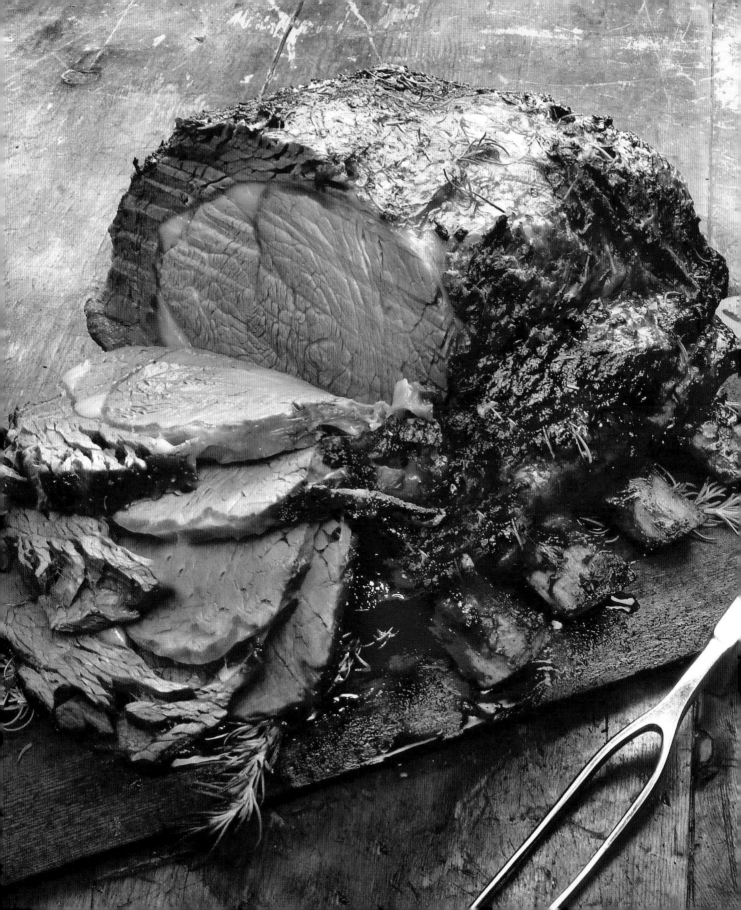

Côtes de bœuf rôties sur planche *(suite)*

Étendre les brindilles de romarin en travers de la planche comme pour faire un lit pour le rôti.

Placer le rôti sur le romarin et fermer le couvercle. Faire cuire de 1 heure 30 minutes à 2 heures, jusqu'à ce que la température au centre du rôti indique 52 °C (125 °F) pour une viande mi-saignante. Retirer le rôti du gril, le couvrir lâchement avec un papier d'aluminium, et laisser reposer de 30 minutes à 1 heure avant de le servir avec vos accompagnements favoris. Le long temps de repos vous donne amplement le temps de faire griller des légumes.

MÉTHODE ALTERNATIVE : Ce rôti peut aussi être cuit sur un gril, au gaz ou au charbon de bois, à une chaleur indirecte moyenne.

CÔTES DE BŒUF BRONTOSAURESQUES

DONNE 4 À 6 PORTIONS

Ce sont ces côtes qui ont fait capoter la bagnole de Fred Caillou. Vous pouvez utiliser le mélange d'épices à frotter sur tout, mais il est exceptionnel avec ce plat.

2 carrés de côtes de bœuf, 6 à 8 os par carré

MÉLANGE D'ÉPICES À FROTTER

15 ml (1 c. à soupe) de grains de poivre noir

15 ml (1 c. à soupe) de champignons séchés (les bolets, les morilles ou les chanterelles sont un bon choix)

5 ml (1 c. à thé) de graines de cumin

15 ml (1 c. à soupe) de poudre de piment ancho

2 ml (½ c. à thé) de poudre de piment jalapeno ou de piment de Cayenne

Sel casher

Huile d'olive extra vierge

Moudre le poivre, les champignons séchés et les graines de cumin dans un moulin à épices ou un moulin à café électrique, jusqu'à ce qu'ils aient la consistance de gros grains de sable.

Dans un bol, combiner le mélange avec les poudres de piment ancho et jalapeno. Saler les côtes généreusement et les arroser légèrement d'huile. Enrober libéralement de mélange d'épices à frotter. Laisser reposer jusqu'à 30 minutes, ou jusqu'à ce que le mélange d'épices à frotter commence à luire.

Préparer le gril pour une chaleur indirecte moyenne, en mettant un bac d'égouttement. Faire griller les côtes de 1 heure à 1 heure 30 minutes, en les tournant aux 15 minutes environ et en les badigeonnant d'huile d'olive, jusqu'à ce que la température interne dans la partie la plus épaisse des côtes atteigne 60 °C (140 °F). Pendant les 10 dernières minutes de cuisson, mettre les côtes à chaleur directe pour qu'elles noircissent et deviennent croustillantes. Il est possible de terminer en ajoutant une sauce barbecue, mais je les préfère comme telles. Les servir avec les accompagnements traditionnels pour barbecue.

MÉTHODE ALTERNATIVE : Pour une tout autre saveur, faire fumer les côtes pendant 4 à 5 heures, en utilisant du chêne ou du prosopis comme agent aromatisant, et terminer la cuisson sur le gril.

FILET DE BŒUF
AVEC SAUCE À LA MOUTARDE D'ALBERTA ET MÉLANGE D'ÉPICES À FROTTER À LA SAUCE DU CHEF ALLEMEIER

DONNE ASSEZ POUR 1 ASSIETTE GAGNANTE À SERVIR AUX 6 JUGES POUR LE CHAMPIONNAT DE BARBECUE

Michael Allemeier est le chef cuisinier à la Mission Hill Family Estate, un des vignobles les plus visités au monde. Michael est aussi un fanatique du barbecue et un membre honoraire des Butt Shredder. Il a pris part deux fois au Jack Daniel's World Championship Invitational Barbecue, et lors de sa deuxième participation, il a gagné le trophée baril de chêne si convoité de Jack Daniel's pour ce plat, qui était son entrée en première place au concours «Home Cookin' from the Homeland», une opportunité pour les équipes internationales de faire des compétitions dans une catégorie indéfinie. Il est photographié ici avec la Reine de la Fumée, Sharma Christie.

ATTENTION : C'est une recette excessivement élaborée qui est conçue pour gagner un concours international de barbecue; alors, si vous voulez la préparer, lisez les instructions attentivement. Pour moi, c'est une agréable lecture et une façon de savoir ce que pense un chef mondialement reconnu.

FILET DE BŒUF

- 1 filet de bœuf entier
- 12 gousses d'ail, hachées
- 20 grandes feuilles de sauge fraîche, tranchées en lanières très fines (les chefs l'appellent une chiffonnade)
- 2 citrons et leur zeste râpé
- 5 ml (1 c. à thé) de poivre noir fraîchement moulu
- 100 ml (⅓ tasse + 2 c. à soupe) d'huile d'olive extra vierge

Pour préparer le filet, le parer en enlevant la chaînette et la tête. Parer cette dernière et l'utiliser pour autre chose comme des filets mignons ou des brochettes. Équarrir le reste du filet pour en faire un gros chateaubriand. On peut hacher le reste des parures et de la chaînette pour autre utilisation. Dans un bol, bien mélanger l'ail, la sauge, le zeste de citron, le poivre et l'huile d'olive. Étendre une grande pellicule de plastique et placer le bœuf dessus. L'enduire du mélange de fines herbes pour bien le couvrir. Envelopper *hermétiquement* le filet dans le plastique et réfrigérer toute la nuit. Le lendemain, retirer la viande du réfrigérateur et l'amener à la température ambiante. Préchauffer le gril au charbon de bois à 200 °C (400 °F). Déposer la viande et fermer le couvercle. Tourner le filet toutes les 5 minutes pour bien le saisir. Réduire la chaleur à 160 °C (325 °F) et faire cuire le filet jusqu'à ce que la température interne atteigne 50 °C (120 °F). Le retirer du gril et le laisser reposer dans un endroit chaud pendant 30 minutes.

4 oignons moyens pour cuisson

Morceaux de bois de chêne

Pour faire cuire les oignons fumés, préparer le fumoir pour le barbecue en amenant la température entre 95 et 100 °C (200 et 220 °F). Faire fumer les oignons avec la pelure pendant environ 1 heure 30 minutes, ou jusqu'à ce qu'ils soient al dente. Utiliser du chêne comme agent aromatisant et du jus de pomme dans le bac de mouillage. Laisser les oignons refroidir. Les peler délicatement et les couper en 2. Enlever la partie centrale en ne laissant que 2 ou 3 couches qui deviendront des bols pour y mettre la sauce pour le filet. Hacher la partie centrale et la réserver pour utilisation avec les champignons sautés.

CHAMPIGNONS PORTOBELLO GRILLÉS

8 champignons portobello, la tige enlevée
    et les lamelles nettoyées

125 ml (½ tasse) d'huile d'olive extra vierge

75 ml (5 c. à soupe) d'huile de Canola

75 ml (5 c. à soupe) de vinaigre balsamique

45 ml (3 c. à soupe) de romarin frais, haché

Sel casher et poivre fraîchement moulu

Pour préparer les champignons grillés, combiner dans un bol l'huile d'olive, l'huile de Canola, le vinaigre et le romarin. Ajouter les champignons dans la marinade et remuer. Les couvrir et les réfrigérer toute la nuit. Préparer le gril pour une chaleur directe moyenne. Faire griller les champignons environ 3 minutes de chaque côté ou jusqu'à ce qu'ils soient tendres et luisants, et saler et poivrer. Couper chaque champignon en une forme parfaitement ronde et ajouter ce que vous venez de couper dans le sauté de champignons.

CHAMPIGNONS SAUTÉS

10 tranches de bacon épaisses, coupées
    en dés

Morceaux d'oignons fumés, provenant de
    la partie centrale des oignons fumés,
    hachés

3 gousses d'ail, émincées

500 g (1 lb) de champignons variés, coupés
    en quartiers

1 botte d'oignons verts, finement tranchés

Sel casher et poivre noir fraîchement moulu

Pensez bœuf

(suite à la page suivante)

Filet de bœuf avec sauce à la moutarde d'Alberta et mélange d'épices à frotter à la sauge du chef Allemeier *(suite)*

Pour faire sauter les champignons, mettre le bacon en dés dans une casserole à sauter chaude et le faire cuire jusqu'à ce qu'il soit croustillant. Retirer le bacon et réserver. Ajouter les oignons fumés hachés au gras du bacon et faire sauter jusqu'à ce qu'ils soient tendres. Ajouter l'ail émincé et faire cuire jusqu'à ce qu'il parfume. Ajouter les champignons et les faire sauter jusqu'à ce qu'ils soient tendres. Ajouter les oignons verts tranchés et le bacon réservé à la dernière minute. Rectifier l'assaisonnement avec du sel et du poivre.

SAUCE À LA MOUTARDE

225 g (7 oz) de beurre fondu, les parties solides enlevées (clarifié)

200 ml (¾ tasse + 2 c. à soupe) de vinaigre d'estragon

2 grosses échalotes, coupées en petits dés

5 brindilles d'estragon frais

2 ml (½ c. à thé) de poivre noir fraîchement moulu

350 ml (1⅓ tasse + 2 c. à soupe) de vin blanc sec

4 jaunes d'œufs

45 ml (3 c. à soupe) de moutarde à l'ancienne

25 ml (2 c. à soupe) de crème à fouetter

Tabasco

Sauce Worcestershire

Sel casher

Pour faire la sauce à la moutarde, préparer le beurre clarifié et réserver (garder au chaud). Dans une petite casserole en acier inoxydable, placer le vinaigre d'estragon, les échalotes, l'estragon frais et le poivre noir. Faire réduire le vinaigre lentement, à feu moyen, jusqu'à ce que le mélange soit presque sec, en prenant soin de ne pas le faire brûler. Ajouter le vin blanc et faire réduire le mélange de moitié. Retirer la sauce du feu et laisser macérer pendant 30 minutes. Passer le mélange au tamis fin. Placer la réduction dans un bol en acier inoxydable qui s'ajuste sur une casserole remplie d'eau frémissante. Ajouter les jaunes d'œufs dans le bol avec la réduction et le mettre sur la casserole d'eau frémissante. Faire cuire la sauce, en fouettant constamment, jusqu'à ce qu'elle soit épaisse, semblable à un ruban. Ne pas trop faire cuire. Ajouter le beurre, goutte à goutte, en fouettant constamment. Incorporer la moutarde et la crème, et rectifier l'assaisonnement avec le tabasco, la sauce Worcestershire et le sel. Garder la sauce chaude jusqu'à l'utilisation.

Liste des choses à faire

La veille :
- Nettoyer et faire mariner le filet de bœuf ;
- Faire fumer les oignons ;
- Faire mariner les champignons de Paris.

Le jour du concours :
- Amener la viande à la température ambiante ;
- Préparer les oignons — les peler et les nettoyer ;
- Faire la réduction pour la sauce à la moutarde ;
- Faire fondre le beurre et le garder chaud jusqu'à l'utilisation ;
- Préparer le gril pour le bœuf ;
- Faire cuire le bœuf et préparer la sauce pendant ce temps ;
- Lorsque le bœuf repose, faire griller les champignons portobello et en faire la coupe ;
- Faire sauter les champignons en utilisant la partie centrale hachée des oignons fumés et ce qui a été coupé des champignons ;
- Faire chauffer une assiette de service ;
- Placer les champignons sautés en une ligne sur un côté de l'assiette. Disposer les champignons portobello grillés près des champignons sautés. Faire chauffer rapidement et prudemment les oignons sur le gril pour les réchauffer, puis les déposer sur les champignons comme si ces derniers étaient des bols que l'on dépose sur des petites soucoupes. Couper le bœuf en tranches de 1 cm (½ po) et les placer sur les champignons sautés. Assaisonner le bœuf avec du sel de mer et du poivre noir. À l'aide d'une cuillère, verser avec précaution la sauce dans les moitiés d'oignons fumés, et garnir avec des oignons verts tranchés ;
- Remettre l'assiette et attendre que les juges vous fassent goûter à la gloire du barbecue !

LA REINE DU BARBECUE :
LA POINTE DE POITRINE DE BŒUF

DONNE DE 10 À 16 PORTIONS, SELON LA GROSSEUR DE LA POINTE DE POITRINE ET DES APPÉTITS

Cette coupe de viande grasse et tendineuse n'est pas une coupe que l'on retrouve souvent dans la section des viandes des supermarchés, mais c'est une des plus savoureuses, et c'est le choix traditionnel des barbecues au Texas. Plus grosse est la pointe de poitrine, plus juteuse elle sera. Les coupes plus petites peuvent, à la fin, être très sèches. Faire cuire une pointe de poitrine requiert un engagement à long terme. Planifier le faire toute la nuit ou pendant une journée durant laquelle il vous faudra travailler dans l'arrière-cour ou regarder du sport à la télévision. Ce que je viens de vous décrire est assez près de ce nous faisons lors des compétitions. Le résultat final est succulent et les tranches de viande, qui se défont à la fourchette, n'ont pas besoin d'accompagnement, mais si vous insistez, servez-les avec un peu de sauce pour tremper, un peu de salade de chou, des haricots et des oignons marinés.

Pour les grosses coupes, comme le soc ou la pointe de poitrine de porc, la règle générale est de les faire cuire pendant 1 heure 30 minutes par 500 g (1 lb). Ce qui veut dire qu'une pointe de poitrine de 4,5 kg (10 lb) prendra de 15 à 20 heures à cuire, alors vous devez réellement commencer la cuisson la veille du jour où vous la servirez. Le temps de cuisson n'a pas nécessairement à être exact, ainsi, vous ne devriez pas avoir à vous lever à 3 heures du matin pour faire cuire la pointe de poitrine (normalement, je commence à faire cuire une grosse pointe de poitrine juste avant d'aller au lit). Bien recouverte de papier d'aluminium et enveloppée dans une couverture (ou dans un four à 71 °C [160 °F]), une pointe de poitrine cuite peut reposer pendant plusieurs heures avant d'être servie.

(suite à la page suivante)

SECRET POUR LE BARBECUE

Pour des raisons inconnues, la congélation aide à rendre plus tendre une pointe de poitrine. Je fais souvent congeler des pointes de poitrine et je les fais décongeler au réfrigérateur pendant au moins 2 jours avant la cuisson. Une fois décongelée, la garder au réfrigérateur.

Lorsqu'une poitrine est cuite, elle ressemble à un météorite — tellement foncée et croûtée, que vous ne pouvez pas voir les fibres de la viande. Les compétiteurs de barbecue font des marques sur la pointe de poitrine avant de la faire cuire pour faciliter le découpage. Avant de commencer la préparation de la pointe de poitrine pour la cuisson, coupez un morceau de viande de 90 ou 125 g (3 ou 4 oz) de l'extrémité plate de la pointe de poitrine, perpendiculairement aux fibres de la viande. C'est une marque qui vous permettra de savoir où commencer à couper.

La croûte grasse et noircie de la pointe de poitrine peut être coupée et hachée grossièrement pour faire des « bouts roussis » qui sont très bons, soit dans du pain, soit dans les fèves au lard, ce qui leur donnera une saveur plus prononcée de fumée et de gras.

---

1 pointe de poitrine de bœuf entière de 4,5 à 6,4 kg (10 à 14 lb), avec une belle couche de gras

3 l (12 tasses) de jus de pomme

250 ml (1 tasse) de moutarde préparée

15 ml (1 c. à soupe) d'ail déshydraté

375 ml (1½ tasse) de Mélange d'épices à frotter pour le championnat de barbecue (voir page 50) ou de Mélange d'épices à frotter texan (voir page 51)

500 ml (2 tasses) de jus de pomme mélangé avec du Jack Daniel's et du sirop d'érable dans une bouteille à vaporiser (voir Secret pour le barbecue à la page 28)

500 ml (2 tasses) de la Trempette très substantielle de Ron (voir page 57)

La Reine du Barbecue : la pointe de poitrine de bœuf *(suite)*

Sortir la pointe de poitrine décongelée du réfrigérateur et la laisser reposer de 1 à 2 heures pour qu'elle commence à être à la température ambiante. Préparer le fumoir pour le barbecue en amenant la température entre 95 et 100 °C (200 et 220 °F). S'assurer de tapisser le bac de mouillage d'une double épaisseur de papier d'aluminium très large et de le remplir de jus de pomme. Utiliser autant de briquettes de charbon de bois ou de bois de feuillus que le fumoir ou barbecue peut en contenir. Un bon fumoir à l'eau peut contenir jusqu'à 6,75 kg (15 lb) de briquettes qui brûleront pendant presque 24 heures. (Vous devriez bien connaître votre fumoir avant de faire cuire une pointe de poitrine.)

Il devrait y avoir une belle couche de gras sur la pointe de poitrine. Enlever le surplus de gras à l'aide d'un couteau tranchant, de façon à ce qu'il reste une couche d'environ 0,3 à 0,6 cm (⅛ à ¼ po) d'épais.

Enrober la pointe de poitrine avec de la moutarde. Saupoudrer les 2 côtés d'une fine couche d'ail déshydraté. Enduire uniformément les 2 côtés de la pointe de poitrine avec beaucoup de mélange d'épices à frotter barbecue.

Laisser la pointe reposer 30 minutes, jusqu'à ce que le mélange d'épices à frotter commence à suinter et à être collant — le sel dans le mélange d'épices à frotter fait sortir les sucs du rôti, ce qui donnera une belle croûte. Mettre la pointe de poitrine le côté gras sur le dessus dans le fumoir et placer quelques morceaux de hickory ou de prosopis sur le dessus des briquettes. Faire cuire la pointe de poitrine 1 heure 30 minutes par 500 g (1 lb).

La température interne de la pointe de poitrine devrait s'élever très lentement tout le temps de la cuisson, atteignant une température finale d'environ 82 °C (180 °F). Si un thermomètre à viande est utilisé, le garder dans le rôti — ne pas utiliser de thermomètre qu'il faut piquer à chaque utilisation dans la viande, parce que les sucs s'échapperont du rôti. À la mi-cuisson (la première chose à faire le matin), tourner la pointe de poitrine et la vaporiser des 2 côtés avec le mélange jus de pomme/Jack Daniel's. À ce moment-là, s'assurer d'ajouter quelques morceaux de bois de feuillus et de l'eau chaude dans le bac de mouillage. Aussi, s'assurer qu'il reste beaucoup de briquettes, et en ajouter au besoin.

Aux ¾ du temps de cuisson, retourner la pointe de poitrine et la vaporiser à nouveau. Environ 2 heures avant de la retirer du fumoir, la tourner et l'enrober avec beaucoup de sauce barbecue des 2 côtés. Faire cuire la pointe de poitrine pendant 30 minutes de plus, juste assez pour que la sauce adhère. Enduire la pointe de poitrine d'une autre couche de glaçage, la retirer de la grille et l'envelopper dans une double épaisseur de papier d'aluminium (le très large est préférable). Remettre la pointe de poitrine enveloppée dans le fumoir pour 1 heure additionnelle de cuisson.

Retirer la pointe de poitrine et la laisser reposer pendant au moins 1 heure. En compétition, nos pointes de poitrine reposent souvent pendant aussi longtemps que 3 ou 4 heures, enveloppées dans une couverture et déposées dans une glacière.

Retirer la pointe de poitrine du papier d'aluminium et la couper perpendiculairement aux fibres, en tranches de 0,3 à 0,6 cm (⅛ à ¼ po) d'épais. Servir telle quelle, dans une assiette, avec un peu de sauce barbecue pour tremper.

J'AIME. LE. BIFTECK.

Un hommage délicieux au roi de la viande grillée, le splendide bifteck.

Comme j'écris cet article, l'immense faux-filet que je viens tout juste de finir de dévorer étire agréablement mon estomac bien rempli, qui vibre joyeusement en commençant la digestion de cette glorieuse quantité de viande.

Je ressens encore les suites de ce bifteck vraiment délicieux. J'ai les lèvres graisseuses, les dents pleines de fibres, et mes papilles gustatives gardent encore le souvenir familier du poivre.

En léchant mes lèvres, j'ai un souvenir nostalgique de bifteck.

Tranché voilà seulement cinq minutes. Le voici, luisant dans l'assiette, dégageant l'arôme traditionnel du gras roussi, de la fumée de prosopis et des épices noircies. Sur le dessus de la pièce fumante, il y a une croûte de beurre au gorgonzola qui fond lentement. Le bifteck, cette masse foncée, est entouré de belles tranches de tomates rouges, bien mûres, de quelques pointes d'asperges grillées, d'une poignée de petites pommes de terre rôties, le tout arrosé d'huile d'olive fruitée additionnée de jus de citron frais et saupoudré d'un peu de sel Maldon.

Cette bouchée. Cette première bouchée! Coupée d'un bout du bifteck, avec mon couteau dentelé, la surface fraîchement exposée reluit de jus alors que je la porte à ma bouche. Son centre rouge et chaud est comme de la soie sur ma langue, et les autres couches, tendres et croustillantes, mettent mes dents à très bonne contribution.

Je libère une autre tranche luisante de la belle pièce de viande et, avec cérémonie, je la traîne dans mon assiette, dans ce mélange de jus, de beurre savoureux et d'huile d'olive. La prochaine bouchée en sera une d'un morceau de tomate acidulée. La suivante, une petite quantité de pommes de terre crémeuses. Puis, une bouchée citronnée d'asperge qui rafraîchit le palais.

Oh, oui, j'ai presque oublié le vin. Un bon shiraz fruité, naturellement. Une gorgée de ce vin et puis, on retourne au bifteck, qui attend dans l'assiette, le rebord maintenant déchiqueté comme l'intérieur d'une mine, attendant d'être coupé de nouveau.

Après plusieurs bouchées et plusieurs gorgées de vin, j'ai atteint la destination finale — l'os de la côte avec ses formes familières. Laissant de côté mes ustensiles, je saisis l'os avec mes mains nues et je le ronge, découvrant les bouchées les plus riches, les plus grasses et les plus délicieuses, mes joues étant toutes luisantes.

Finalement, il n'y avait plus de viande sur l'os. L'ouvrage était fait, tout ce qu'il restait à faire était de faire un bon rot et de desserrer ma ceinture. Alléluia.

Maintenant vous savez ce que je fais lorsque ma femme s'absente le weekend.

Je saisis l'os avec mes mains nues et je le ronge, découvrant les bouchées les plus riches, les plus grasses et les plus délicieuses, mes joues étant toutes luisantes.

Une introduction au bifteck

Maintenant je vous donnerai quelques conseils sur la façon d'obtenir des expériences de bifteck satisfaisantes semblables à la maison (avec votre femme, ou non).

Très bien. En premier, et probablement la chose la plus importante, il faut vous procurer une pièce de viande parfaite, bien vieillie et bien persillée. Ma coupe favorite, comme vous venez juste de le voir, est le faux-filet, avec son os. Je l'apprécie, car c'est une coupe avec beaucoup de gras et également avec de délicieux tissus conjonctifs qui donnent une texture très agréable (et donne des biftecks que souvent les enfants n'aiment pas).

Voici une liste de bonnes coupes que vous voudrez considérer :

Le faux-filet, le roi des biftecks grillés, c'est une des coupes les plus persillées et les plus délicieuses. Elle est riche et juteuse, et parce qu'elle a beaucoup de gras, il est difficile de trop la faire cuire. Elle est encore meilleure avec l'os, que l'on appelle souvent le «faux-filet du cowboy» dans certains milieux.

Bavette de flanchet/bifteck de hampe/onglet, provenant du diaphragme de l'animal, c'est la partie la plus savoureuse du bœuf, à mon avis. Cette viande est meilleure lorsqu'elle a mariné toute la nuit, qu'elle est saisie rapidement sur un gril, dont la cuisson ne doit pas être plus que mi-saignante, et qu'elle est servie style fajitas, avec des tortillas chaudes et tous les accompagnements habituels.

La coquille d'aloyau, c'est la coupe traditionnelle d'un restaurant. Il est très difficile de ruiner une telle coupe avec sa forme parfaite et son fin rebord de gras. Pas de traitements compliqués ; tout ce dont vous avez besoin est d'un mélange d'épices à frotter sec ou humide ou d'un bain rapide dans une marinade ayant comme base de la sauce soja. Ou peut-être seulement du gros sel et du poivre fraîchement concassé.

Le filet mignon, c'est la coupe la plus chère. Ce bifteck très maigre est le favori des dames. Sa saveur douce pourrait profiter d'un enrobage de bacon, d'un beurre composé ou d'une sauce riche, mais, comme avec tous les biftecks, il est aussi délicieux avec seulement du sel et du poivre. Trop cuit, il devient farineux.

Le bifteck de surlonge, c'est la coupe la moins chère. Comme la bavette de flanchet, ce puissant bifteck a beaucoup de saveur, mais il est relativement maigre. C'est un bifteck parfait pour le petit déjeuner, coupé mince, frit et servi recouvert d'œufs sur le plat.

Le bifteck d'aloyau est glorieusement complexe, avec une longe tendre et savoureuse d'un côté de l'os et un filet de l'autre. C'est un bifteck qui est riche. J'aime le faire couper à 8 cm (3 po) d'épais, le faire cuire à feu moyen et puis découper la viande de l'os et le trancher à l'avance pour mes invités.

Le bifteck de ronde, c'est la partie du bœuf que j'aime le moins. Elle est extrêmement maigre, dure, et n'a pas beaucoup de saveur. C'est une coupe acceptable si on ne la fait presque pas cuire, et comme la surlonge, elle est acceptable pour le petit déjeuner.

La palette, ce n'est pas une partie à faire cuire sur le gril, mais dans cette délicieuse coupe, le tissu musculaire est traversé de gras et de tissus conjonctifs. Faites-la cuire à feu doux sur la cuisinière ou très longtemps au four, et elle acquerra des propriétés magiques. Mais ne vous préoccupez pas de cette partie durant l'été.

Gardez votre réputation

Bien faire cuire un bifteck est facile — presque aussi facile que de le rater. Écoutez-moi bien pour éviter l'émasculation en ce qui a trait au gril :

Diminuez la chaleur Une chaleur vive est importante pour faire griller de bons biftecks, parce qu'elle aide à faire de belles marques de grille, ce qui donne un bon goût de fumée au bifteck et le rend appétissant. Alors, préchauffez votre gril à chaleur vive, attendez que votre viande ait de belles marques de grille durant les premières minutes de la cuisson, puis diminuez la chaleur à moyenne-vive ou même seulement à chaleur

moyenne. Votre bifteck cuira plus uniformément, il n'aura pas de croûte brûlée, ni d'intérieur cru et froid.

Surveillez bien Je l'ai dit et je le répète. Ne quittez pas le gril. Ou si vous devez vous absenter un moment, utilisez une minuterie de cuisine pour vous rappeler que vous devez retourner à votre gril. La plupart des biftecks demandent 3 ou 4 minutes de chaque côté, ce qui veut dire que si vous voulez bien surveiller, ça ne demandera que 8 minutes de votre journée. L'autre choix : allez regarder la télévision et revenez lorsque votre bifteck sera ruiné.

Ne mettez pas trop de sauce J'utilise rarement de la sauce barbecue sur les biftecks, parce que je préfère le goût du bifteck comme tel. Mais si vous en utilisez, ajoutez-en durant les deux dernières minutes comme glaçage. Badigeonnez-en les biftecks au début, et ils seront foncés avec un goût de sucre brûlé.

Laissez reposer Voici la règle générale : S'il est parfaitement cuit sur le gril, il est trop cuit dans l'assiette. Retirez votre bifteck du gril lorsqu'il est presque cuit, et laissez-le reposer recouvert lâchement de papier d'aluminium, pendant au moins 4 ou 5 minutes avant de le servir. Ceci permet à la chaleur résiduelle de compléter la cuisson, puis aux jus de se redistribuer dans la viande afin qu'ils ne giclent pas lorsque vous commencez à la trancher.

Épais est préférable à mince La plupart des biftecks que vous achetez au supermarché sont trop minces. Demandez à votre boucher de vous préparer des biftecks de 4 à 5 cm (1½ à 2 po) d'épais, faites-les cuire un peu plus longtemps à chaleur moins vive, et vous aurez comme résultat une viande plus juteuse et plus succulente. Je pourrais continuer. Mais, faire cuire un bon bifteck est vraiment très facile. Suivez ces conseils et vous aurez d'agréables rétrospectives qui vous feront vous lécher les lèvres pendant plusieurs jours.

Cet article a tout d'abord paru dans une grande revue d'alimentation de Calgary, le City Palate.

Écoutez votre côté nature : l'agneau et le gibier

J'AIME LA SAVEUR GÉNIALE QUE DONNENT L'AGNEAU ET LE GIBIER. Le poulet, le bœuf et le porc sont des viandes d'animaux domestiques délicieuses, mais nous, carnivores des Temps modernes, en mangeons tellement que nous en arrivons à oublier que chaque sorte de viande a son goût distinct. Il n'en est pas de même avec l'agneau et le gibier, dont la saveur légèrement sauvage nous aide à joindre notre côté animal. Lorsque nous mordons dans un morceau d'agneau en brochette ou dans une côte de gibier, il y a une partie de nous qui est ramenée loin en arrière, nous rappelant que nos ancêtres travaillaient fort pour chasser ou rassembler des animaux afin d'avoir leur prochain bon repas.

Le bon côté de l'élevage moderne de l'agneau et du gibier sur les fermes est que leur saveur, bien qu'elle soit distincte, n'est pas aussi prononcée au point d'en être désagréable. Elle supporte certainement les techniques de la cuisson en plein air sur gril, sur planche et au barbecue, et leur saveur est grandement améliorée part des fines herbes et des épices relevées.

Pour que les meilleures coupes d'agneau ou de gibier soient délicieuses, elles ne doivent pas être trop cuites ; la viande est tellement maigre que pour retenir son goût savoureux, elle doit être saignante ou mi-saignante.

CHICHEKÉBABS D'AGNEAU TANDOURI

La pâte de tandouri est offerte dans la section des aliments indiens dans la plupart des supermarchés, et c'est une bonne chose d'en avoir toujours dans le réfrigérateur. Elle ajoute une saveur intense au poulet et à l'agneau, et si vous pouvez prévoir faire mariner la viande toute la nuit, cette pâte a également comme effet d'attendrir la viande. Servez ces brochettes d'agneau avec du riz basmati vapeur, un cari de légumes et votre chutney préféré.

8 brochettes en bambou de 18 cm (7 po) de long, trempées pendant au moins 1 heure

1 gigot d'agneau de 1,5 kg (3 lb) désossé, coupé en morceaux de 1 bouchée

MARINADE

125 ml (½ tasse) de pâte tandouri

75 ml (⅓ tasse) de yogourt

25 ml (2 c. à soupe) de jus de citron frais

45 ml (3 c. à soupe) de coriandre fraîche, hachée

CHICHEKÉBABS

1 gros oignon espagnol, coupé en morceaux de 1 bouchée

90 g (3 oz) de beurre

Quartiers de citron et brindilles de coriandre fraîche, pour garnir

Dans un plat non réactif moyen, mélanger la pâte tandouri, le yogourt, le jus de citron et la coriandre. Ajouter les morceaux d'agneau et les enrober de marinade. Réfrigérer l'agneau toute la nuit si possible ou au moins pendant 1 heure.

Enfiler les morceaux d'agneau sur les brochettes, en alternance avec les morceaux d'oignons. Dans une petite casserole, faire chauffer le beurre jusqu'à ce qu'il ait fondu. Réserver et garder au chaud.

Préparer le gril pour une chaleur directe moyenne. Placer les chichekébabs sur les grilles et les faire cuire de 6 à 8 minutes, ou jusqu'à ce que les morceaux d'agneau soient souples au toucher. Tourner et badigeonner de beurre les chichekébabs toutes les 2 minutes (s'assurer d'avoir une bouteille avec vaporisateur à portée de main ; le beurre peut provoquer des flambées). Retirer les chichekébabs du gril et les servir garnies de quartiers de citron et de brindilles de coriandre.

CHICHEKÉBABS DE BOULETTES D'AGNEAU
AVEC GLAÇAGE À LA GELÉE DE MENTHE

DONNE 4 PORTIONS DE REPAS PRINCIPAL OU 8 DE HORS-D'ŒUVRE

La combinaison des pignons avec les fines herbes séchées et fraîches donne à ces brochettes une riche saveur avec une texture tendre de noix. Servez-les comme hors-d'œuvre ou comme plat principal avec du Riz citronné à l'aneth (page 145), du Taboulé de Mimi (page 120) et quelques légumes grillés.

8 brochettes de bambou de 18 cm (7 po), trempées pendant au moins 1 heure

125 ml (½ tasse) de gelée de menthe

50 ml (¼ tasse) d'eau

125 ml (½ tasse) de pignons

500 g (1 lb) d'agneau haché

125 ml (½ tasse) de chapelure fraîche

1 œuf, légèrement battu

50 ml (¼ tasse) de coriandre fraîche, hachée

50 ml (¼ tasse) de persil plat italien frais, haché

50 ml (¼ tasse) de menthe fraîche, hachée

2 ml (½ c. à thé) de menthe séchée

15 ml (1 c. à soupe) de ciboulette fraîche, hachée

2 ml (½ c. à thé) d'origan séché

1 ml (¼ c. à thé) de muscade fraîchement râpée

2 ml (½ c. à thé) de sel casher

Généreuse portion de poivre noir fraîchement moulu

2 ou 3 petites courgettes, coupées en rondelles de 2 cm (¾ po) d'épais

10 tomates cerise mûres

10 champignons de Paris, plutôt petits, ou 5 gros coupés en 2

Dans une petite casserole, combiner la gelée de menthe et l'eau, puis faire chauffer le mélange en brassant, jusqu'à ce que la gelée ait fondu. Réserver.

Dans une poêle à frire sèche à feu moyen, faire griller les pignons jusqu'à ce qu'ils soient bien dorés. Laisser refroidir et hacher grossièrement. Dans un bol non réactif, mélanger délicatement mais complètement l'agneau haché, les pignons, la chapelure, l'œuf, la coriandre, le persil, les menthes séchée et fraîche, la ciboulette, l'origan, la muscade, le sel et le poivre.

Mouiller les mains pour empêcher la viande d'y adhérer, faire environ 25 boulettes d'environ 2,5 cm (1 po) chacune avec le mélange d'agneau. Enfiler les boulettes sur les brochettes en alternance avec la courgette, les tomates cerise et les champignons. À ce moment-ci, les brochettes peuvent être réfrigérées, enveloppées dans une pellicule de plastique, de 1 à 2 heures.

Préparer le gril pour une chaleur directe moyenne et huiler la grille. Vaporiser les chichekébabs avec un enduit antiadhésif ou les badigeonner d'huile et les placer sur le gril. Les faire cuire de 4 à 5 minutes de chaque côté, ou jusqu'à ce que les boulettes soient bien cuites, en les badigeonnant avec le glaçage à la gelée de menthe durant la cuisson.

Photographié avec du Riz citronné à l'aneth (page 145)

CHICHEKÉBABS À L'IRANIENNE
DE BŒUF ET D'AGNEAU HACHÉS
AVEC RIZ AU SAFRAN ET TOMATES GRILLÉES

DONNE 4 PORTIONS

Je vis à Vancouver Nord, où il y a beaucoup d'immigrants iraniens. Ce plat, appelé *Kebab Kubideh*, est la base de la cuisine iranienne que l'on fait cuire à la maison lors de festivités et que l'on retrouve sur les menus de la plupart des restaurants iraniens. La viande des chichekébabs, qui est normalement faite d'un mélange d'agneau et de bœuf haché, est traditionnellement pressée sur des brochettes, particulièrement longues, plates et en acier, que l'on tourne au-dessus d'un feu de gaz ou de charbon de bois. Pour maintenir la viande sur les brochettes, on doit avoir de la dextérité. Basé sur mes propres efforts, il semble que seulement les Iraniens peuvent maîtriser cette technique. Ayant mon incompétence à l'esprit, j'ai adapté cette recette sans les brochettes, pour qu'elle soit facile à cuire sur un gril régulier recouvert. Des remerciements spéciaux à mon amie de barbecue Reza Mofakham pour avoir partagé cette recette avec moi.

BROCHETTES

1 oignon moyen, finement râpé

250 g (½ lb) d'agneau haché

250 g (½ lb) de bœuf haché

50 ml (¼ tasse) de chapelure fine

1 œuf

5 ml (1 c. à thé) de sel casher

2 ml (½ c. à thé) de poivre noir fraîchement moulu

RIZ AU SAFRAN

375 ml (1½ tasse) de riz basmati

1 l (4 tasses) d'eau

25 ml (2 c. à soupe) de sel casher

25 ml (2 c. à soupe) de beurre fondu

1 ml (¼ c. à thé) de safran, dissout dans 25 ml (2 c. à soupe) d'eau chaude

Huile d'olive ordinaire

8 petites tomates mûres

5 ml (1 c. à thé) de sumac (une épice terreuse et aigre que l'on trouve dans la plupart des épiceries où l'on vend des produits du Moyen-Orient — si elle est introuvable, le plat sera quand même délicieux)

4 noisettes de beurre, à la température ambiante

Mettre l'oignon râpé dans un linge à vaisselle propre et presser pour en extraire le liquide. Avec les mains, bien mélanger dans un bol tous les ingrédients pour les brochettes. Couvrir et réfrigérer le mélange pendant au moins 2 heures.

Environ 1 heure avant de manger, rincer le riz plusieurs fois dans l'eau chaude. Verser l'eau et le sel dans une grande casserole et porter à ébullition. Ajouter le riz et faire cuire de 5 à 10 minutes. Égoutter dans un grand tamis. Couvrir le fond de la casserole avec la moitié du beurre environ. Remettre le riz égoutté dans la casserole avec précaution, en le versant au centre pour qu'il ne touche pas les côtés de la casserole. Ajouter l'eau infusée au safran et le reste du beurre fondu. Couvrir le dessous du couvercle avec un linge à vaisselle et le déposer sur la casserole. Faire cuire le riz à feu assez doux, jusqu'à ce qu'il soit tendre et qu'une croûte dorée se soit formée dans le fond, environ 30 à 35 minutes.

Pendant que le riz est en train de cuire, préparer le gril pour une chaleur directe moyenne. Diviser la viande en 4 portions. Sur une feuille de papier d'aluminium ou parchemin, donner à chaque portion une forme ovale de 4 cm (1½ po) d'épais, de 8 cm (3 po) de large et d'environ 15 à 20 cm (6 à 8 po) de long, comme une longue galette de hamburger. Verser un filet d'huile d'olive sur les galettes. En utilisant le papier d'aluminium ou parchemin, les transférer sur le gril, le côté huilé vers le bas. Les faire griller environ 4 minutes de chaque côté, en prenant soin de ne pas les défaire en les tournant (2 spatules pourraient être nécessaires). À la mi-cuisson, déposer les tomates sur la grille et les faire griller en les tournant régulièrement. Retirer les galettes et les tomates du gril et laisser reposer pendant quelques minutes.

À l'aide d'une cuillère, verser du riz dans les assiettes. Verser de l'eau froide pour recouvrir le fond de la casserole de riz. Ceci vous aidera à dégager la croûte dorée du fond. Retirer et réserver.

Couper chaque galette en morceaux de 1 bouchée et trancher les tomates en 2. Servir les boulettes et les tomates tranchées sur un lit de riz, et les saupoudrer d'un peu de sumac moulu. Déposer une noisette de beurre et un morceau de la croûte dorée, appelée *tah-dig*, sur chaque portion.

GIGOT D'AGNEAU SUR PLANCHE
AVEC RÉDUCTION DE VIN ROUGE

DONNE 4 À 6 PORTIONS

Oui, vous pouvez faire cuire un gigot d'agneau sur planche. Et il est surprenant de voir comme le bois de cèdre donne un bon résultat, bien que tous les bois de feuillus, en particulier le pommier ou le cerisier, soient aussi excellents.

1 planche, trempée toute la nuit, ou pendant au moins 1 heure

1 gigot d'agneau de 2,7 kg (6 lb), avec l'os

Sel casher et poivre noir fraîchement moulu

Huile d'olive extra vierge

16 gousses d'ail

15 ml (1 c. à soupe) de moutarde sèche

12 brindilles de thym frais

RÉDUCTION DE VIN ROUGE

1 bouteille de 750 ml (25 oz) de cabernet-sauvignon ou autre vin rouge

250 ml (1 tasse) de bouillon de poulet

3 grosses échalotes, finement hachées

Saler et poivrer l'agneau, et l'arroser avec de l'huile d'olive. Utiliser les mains pour huiler uniformément le gigot. Passer 4 des gousses d'ail au presse-ail et les étendre uniformément sur le gigot. Le saupoudrer de moutarde sèche et masser pour bien l'imprégner. Écraser légèrement le reste des gousses d'ail avec le côté plat d'un couteau et réserver.

Préchauffer le gril à chaleur moyenne-vive pendant 5 à 10 minutes, ou jusqu'à ce que la température de la chambre atteigne plus de 260 °C (500 °F). Rincer la planche et la placer sur la grille. Fermer le couvercle et faire chauffer la planche de 4 à 5 minutes, ou jusqu'à ce qu'elle commence à fumer et à craqueler légèrement. Réduire la chaleur à moyenne-douce.

Sur la planche, faire un lit avec l'ail écrasé réservé et la moitié des brindilles de thym. Déposer le gigot, le côté avec le gras sur le dessus, et recouvrir du reste des brindilles de thym, en les pressant pour qu'elles adhèrent à la viande. Faire cuire le gigot pendant environ 1 heure 30 minutes, ou jusqu'à ce que la température interne indique 52 °C (125 °F) dans la partie la plus épaisse du rôti.

Pendant que l'agneau rôtit, verser le vin et le bouillon de poulet dans une casserole à fond épais, et ajouter les échalotes. Porter le mélange à ébullition moyenne, puis réduire le feu jusqu'à ce qu'il vous reste environ une bonne tasse de sauce sirupeuse. Réserver et garder au chaud.

Lorsque l'agneau est prêt, le retirer du gril et le recouvrir lâchement de papier d'aluminium. Laisser reposer de 30 à 45 minutes. Trancher l'agneau à table et faire circuler la sauce parmi les convives.

CARRÉS D'AGNEAU AFFRIOLANTS
À LA MENTHE, POUR DEUX

DONNE 2 PORTIONS

Mon ami Arnold Smith dit que cette recette est une des plus séduisantes. Sa femme, Yvette, appelle ce repas «Je te veux maintenant», ce qui signifie que lorsqu'il prépare cette recette, c'est lui le dessert.

2 carrés d'agneau préparés à la française, par le boucher (parés pour découvrir les côtes et pour retirer la membrane grisâtre)

125 ml (½ tasse) de menthe fraîche, finement hachée

125 ml (½ tasse) de cassonade foncée

15 ml (1 c. à soupe) de vinaigre de vin blanc

Combiner la menthe, la cassonade et le vinaigre, puis mélanger jusqu'à l'obtention d'une pâte épaisse et humide, en ajoutant un peu de vinaigre si elle semble trop épaisse. Préparer le gril pour une chaleur directe moyenne. Enrober généreusement les carrés avec la pâte et les faire griller de 8 à 12 minutes, ou jusqu'à ce que la température interne atteigne 55 °C (130 °F) pour une cuisson mi-saignante. Tourner l'agneau toutes les 2 minutes pour permettre à la cassonade sur les deux côtés du carré de caraméliser légèrement et pour que la saveur de la menthe s'intensifie. S'assurer de laisser reposer les carrés pendant au moins 5 minutes avant de les servir avec les accompagnements favoris.

CARRÉS D'AGNEAU À L'ASIATIQUE SUR PLANCHE

DONNE 4 PORTIONS DE REPAS OU 8 DE HORS-D'ŒUVRE

Trop souvent, nous utilisons la menthe et le romarin avec l'agneau, alors qu'il est excellent avec des saveurs asiatiques. La cuisson sur planche est une très bonne façon de faire cuire les carrés d'agneau, parce que les saveurs multiples sont préservées par la cuisson à feu doux. Je me suis inspiré de la recette de Nathan Fong, styliste culinaire, pour élaborer cette recette.

1 planche de bois de cèdre ou fruitier, trempée toute la nuit ou pendant au moins 1 heure

4 carrés d'agneau préparés à la française, par le boucher (parés pour découvrir les côtes et pour retirer la membrane grisâtre)

Sel casher

MARINADE/SAUCE

125 ml (½ tasse) de sauce hoisin

25 ml (2 c. à soupe) de beurre d'arachide crémeux

25 ml (2 c. à soupe) de sauce soja

25 ml (2 c. à soupe) de xérès sec

25 ml (2 c. à soupe) de jus d'orange fraîchement pressé

5 ml (1 c. à thé) de zeste d'orange, finement haché ou râpé

5 ml (1 c. à thé) de gingembre frais, finement haché ou râpé

2 ml (½ c. à thé) d'huile de sésame rôti

2 gousses d'ail, écrasées ou passées au presse-ail

2 ml (½ c. à thé) de flocons de piment fort, écrasés

POUR TERMINER

125 ml (½ tasse) d'arachides grillées à sec, hachées grossièrement

50 ml (¼ tasse) d'oignons verts hachés

Dans un bol moyen, fouetter ensemble les ingrédients de la marinade/sauce. Diviser en 2 portions égales et en mettre 1 au réfrigérateur. Saler légèrement les carrés d'agneau. Les enrober avec 1 portion de marinade. Les couvrir et les réfrigérer pendant au moins 2 heures ou pendant toute la nuit.

Préchauffer le gril à chaleur moyenne-vive pendant 5 à 10 minutes, ou jusqu'à ce que la température de la chambre atteigne plus de 260 °C (500 °F). Rincer la planche et la placer sur la grille. Fermer le couvercle et faire chauffer la planche de 4 à 5 minutes, ou jusqu'à ce qu'elle commence à fumer et à craqueler légèrement. Réduire la chaleur à moyenne-douce.

Placer les carrés d'agneau par 2 sur la planche, se faisant face, pour que les côtes s'entrecroisent comme les doigts. Les faire cuire de 15 à 20 minutes, ou jusqu'à ce que la température interne atteigne 52 °C (125 °F). Retirer la viande du gril et l'envelopper lâchement dans du papier d'aluminium, puis la laisser reposer de 5 à 10 minutes. Trancher les carrés en côtelettes et les servir avec les arachides et les oignons verts hachés.

CARRÉ D'AGNEAU
AVEC RÉDUCTION BALSAMIQUE

DONNE 4 PORTIONS DE REPAS OU 8 DE HORS-D'ŒUVRE

C'est une façon délicieuse de faire griller les carrés d'agneau. La réduction balsamique, avec sa saveur incroyablement sucrée et acidulée, compense l'arôme terreux des fines herbes séchées et fait ressortir la saveur de la viande. Servez les carrés d'agneau coupés en côtelettes en hors-d'œuvre ou comme plat principal avec la Salade de riz sauvage de Pauline (page 117).

4 carrés d'agneau, préparés à la française par le boucher (parés pour découvrir les côtes et pour retirer la membrane grisâtre)

Sel casher, au goût

MARINADE

25 ml (2 c. à soupe) de jus de citron frais

125 ml (½ tasse) d'huile d'olive extra vierge

25 ml (2 c. à soupe) de moutarde de Dijon

15 ml (1 c. à soupe) de romarin frais, haché

2 ml (½ c. à thé) de poivre noir fraîchement moulu

2 gousses d'ail, écrasées ou passées au presse-ail

RÉDUCTION BALSAMIQUE

250 ml (1 tasse) de vinaigre balsamique

POUR FAIRE GRILLER

25 ml (2 c. à soupe) de moutarde de Dijon

15 ml (1 c. à soupe) d'ail déshydraté

15 ml (1 c. à soupe) d'oignon déshydraté

2 ml (½ c. à thé) de piment de Cayenne

125 ml (½ tasse) de Mélange d'épices à frotter méditerranéen aux fines herbes séchées (voir page 52)

15 ml (1 c. à soupe) d'huile d'olive

Brindilles de menthe fraîche pour garnir

Une ou deux heures avant de faire cuire les carrés d'agneau, les saler légèrement. Dans un plat non réactif allant au four ou dans un sac de plastique refermable, combiner tous les ingrédients de la marinade. Ajouter les carrés, en les tournant 1 ou 2 fois, pour qu'ils soient exposés uniformément à la marinade.

Pendant que l'agneau marine, verser le vinaigre balsamique dans une petite casserole à feu moyen-vif et porter à ébullition . Faire cuire en surveillant attentivement, jusqu'à ce que le vinaigre ait réduit de moitié (10 à 15 minutes). Le sirop devrait napper le dos d'une cuillère. Réserver pour laisser refroidir.

Préparer le gril pour une chaleur directe moyenne. Retirer l'agneau de la marinade, éponger les carrés avec des essuie-tout, et les badigeonner avec les

(suite à la page 278)

Carrés d'agneau avec réduction balsamique *(suite)*

25 ml (2 c. à soupe) restant de la moutarde. Dans un petit bol, combiner l'ail et l'oignon déshydratés, et le piment de Cayenne, puis en saupoudrer légèrement les carrés. Enrober généreusement du Mélange d'épices à frotter aux fines herbes, en pressant avec les mains, pour qu'il adhère à la viande. Arroser avec de l'huile d'olive et tapoter dans le mélange d'épices à frotter.

Utilisant du bois de cerise comme agent aromatisant, faire griller les carrés de 4 à 5 minutes de chaque côté, ou jusqu'à ce que la température interne, dans la partie la plus épaisse, atteigne de 57 à 60 °C (135 à 140 °F). Pour servir, couper les carrés en côtelettes individuelles, les disposer dans les assiettes et les arroser avec la réduction balsamique. Garnir l'agneau avec des brindilles de menthe fraîche.

FILET DE VENAISON GRILLÉ
AVEC SAUCE CUMBERLAND

DONNE 4 PORTIONS

J'aime le goût de gibier et la texture soyeuse du filet de venaison, que l'on doit faire cuire soit saignant, soit mi-saignant. Cette recette est très simple pour de la venaison, mais je la rehausse avec une délicieuse sauce anglaise composée, vieille école, que j'ai trouvée dans *The Joy of Cooking*. Servez ce plat comme un repas en soi ou sur de la Purée de courge musquée à l'érable (page 139).

1 filet de venaison de 500 g (1 lb)

Sel casher et poivre noir grossièrement moulu

Huile d'olive extra vierge

SAUCE CUMBERLAND

125 ml (½ tasse) d'amandes en julienne

5 ml (1 c. à thé) de moutarde sèche

15 ml (1 c. à soupe) de cassonade

1 ml (¼ c. à thé) de gingembre moulu

1 pincée de piment de Cayenne

1 ml (¼ c. à thé) de sel casher

1 ml (¼ c. à thé) de clous de girofle moulus

375 ml (1½ tasse) de porto

125 ml (½ tasse) de raisins secs dorés sans pépins

10 ml (2 c. à thé) de fécule de maïs

25 ml (2 c. à soupe) d'eau froide

50 ml (¼ tasse) de gelée de groseilles rouges

7 ml (1½ c. à thé) de zeste d'orange finement râpé

7 ml (1½ c. à thé) de zeste de citron finement râpé

50 ml (¼ tasse) de jus d'orange

25 ml (2 c. à soupe) de jus de citron frais

25 ml (2 c. à soupe) de Grand Marnier

Pour préparer la sauce, faire rôtir délicatement les amandes dans une casserole à sauter à feu moyen, en prenant soin de ne pas les brûler. Réserver.

Dans une casserole à feu moyen, combiner la moutarde, le sucre, le gingembre, le piment de Cayenne, le sel, les clous de girofle, le porto, les raisins secs et les amandes rôties, et porter le mélange à ébullition. Réduire à feu doux et laisser mijoter de 8 à 10 minutes.

Combiner parfaitement la fécule de maïs avec l'eau froide et verser dans la sauce. Laisser mijoter pendant environ 2 minutes. Ajouter, en brassant, la gelée de groseilles rouges, les zestes d'orange et de citron avec les jus d'orange et de citron jusqu'à ce que le mélange soit onctueux et lustré. Réserver la sauce (elle peut être servie chaude ou froide).

(suite à la page suivante)

Filet de venaison grillé avec sauce Cumberland *(suite)*

Préparer le gril pour une chaleur directe vive. Saler et poivrer le filet de venaison, et l'humidifier avec un peu d'huile d'olive. Le faire griller en le tournant souvent, pendant quelques minutes seulement, jusqu'à ce que l'extérieur soit bien noirci et que la température interne ne soit pas plus élevée que 50 °C (120 °F). Retirer du gril et réserver, enveloppé lâchement dans du papier d'aluminium, pendant 5 minutes.

Pendant que le filet repose, faire chauffer la sauce et ajouter le Grand Marnier en brassant, juste avant de servir.

Trancher le filet en médaillons de 2 cm (¾ po) d'épais et les déposer dans les assiettes. Verser de la sauce et servir.

Photographié avec la Purée de courge musquée à l'érable (page 139)

UN VOYAGE À LA MAISON ANCESTRALE DE LA ➤ CUISSON SUR PLANCHE ➤

Durant l'été 1986, ma femme, Kate, et moi sommes venus en vacances sur la côte ouest de la Colombie-Britannique avec ses parents qui cherchaient un endroit pour leur retraite, aussi éloigné que possible des redoutables hivers d'Ottawa. Nous sommes tombés amoureux d'une petite ville appelée Sechelt, sur la Sunshine Coast, à une courte traversée au nord de Vancouver. Durant ce voyage, mon beau-père, Bill, et moi avons loué une embarcation de 3 m (10 pi) pour aller à la pêche au saumon. Munis d'une simple canne à pêche et d'un seau rempli de harengs vivants comme appât, nous nous sommes rendus à un groupe de petites îles et avons tendu nos lignes.

En très peu de temps, nous avions pris quelques très beaux saumons cohos sauvages, qui se débattaient incroyablement alors que nous essayions de les ramener vers nous, luisant au soleil alors qu'ils sortaient de l'eau. C'est la pêche la plus excitante qu'il m'avait été donné de faire. Mais le plus mémorable de tout est le goût de ce poisson fraîchement pêché que nous avons mangé quelques heures plus tard. Enveloppé dans du papier d'aluminium et cuit avec seulement un peu de sel, de poivre et de jus de citron, il était succulent et délicieux — incomparable à ce que nous avions mangé auparavant.

Nous devions éventuellement tous déménager sur la côte, mes beaux-parents à Sechelt, et Kate et moi à Vancouver. Comme un pêcheur allemand m'a dit un jour, m'expliquant pourquoi il avait immigré en Colombie-Britannique : «Je suis venu attraper le saumon. Mais c'est lui qui m'a attrapé.»

Le saumon m'a attrapé aussi — mais pas seulement comme aliment. J'ai commencé à m'intéresser au rôle que le saumon a joué dans la riche histoire des peuples des Premières Nations. Avant l'arrivée des colons européens, des milliers d'aborigènes de plusieurs tribus différentes vivaient le long de la côte, en faisant l'exploitation de l'incroyable abondance des fruits de mer et des plantes le long des fjords et des bras de rivières sur le côté ouest de la forêt tropicale de la côte. Les histoires anciennes nous racontent que les rivières étaient tellement remplies de saumon frayant qu'un homme pouvait traverser la rivière sur leur dos.

Avec autant de nourriture et un climat modéré, ils avaient du temps pour construire de très belles huttes, des bateaux, des totems, et travailler le bois pour en faire de très jolies boîtes, des bols et des ustensiles — de même que pour mettre au point des techniques très sophistiquées de pêche et de cuisson.

Les gens des Premières Nations ont fabriqué des hameçons pour la pêche avec du bois plié et des os, et des lignes à pêche avec l'écorce de cèdre ; ils ont également conçu des râteaux spéciaux pour balayer les bancs de harengs dans les canots et ont construit des pièges élaborés et ingénieux à l'embouchure des ruisseaux pour capturer le saumon.

Je suis venu attraper le saumon. Mais c'est lui qui m'a attrapé.

Le saumon était et est encore aujourd'hui le cœur de la culture aborigène de la côte ouest. Le saumon nourrit les gens pendant l'hiver, et le premier saumon qui retourne aux rivières pour frayer marque le début d'une autre année prospère. Les saumons étaient conservés et cuits de plusieurs façons, incluant le séchage au vent, le fumage, l'ébullition et le rôtissage dans un foyer. Le premier saumon de la saison, préparé en filets et attaché à un poteau de cèdre puis rôti sur un feu d'aulnes sur la plage est l'ancêtre en ligne directe du saumon que vous faites cuire sur planche dans le barbecue de votre arrière-cour aujourd'hui.

Comme je faisais des recherches sur l'histoire de la cuisson sur planche pour mon second livre, *Planking Secrets*, j'ai réalisé que pour devenir un expert en cuisson sur planche, je me devais d'essayer moi-même cette ancienne technique aborigène de barbecue. J'ai alors visité un endroit où cette technique traditionnelle est encore amplement pratiquée par les descendants du peuple Quw'utsun' de l'île de Vancouver.

Les historiens estiment que les Quw'utsun' ont vécu dans le sud de la Colombie-Britannique et dans le Upper Puget Sound pendant plus de 4500 ans. Lorsque les premiers colons européens sont arrivés durant les années 1800, il y avait près de 6000 Quw'utsun' vivant dans 13 villages. Aujourd'hui, ils sont environ 3500 à vivre dans la vallée Cowichan sur l'île de Vancouver. Depuis 1990, ils ont fait connaître leur culture au monde, à travers le Centre Culturel Quw'utsun', établissement de style campus près de Duncan, en Colombie-Britannique. Le centre offre aux invités des tours guidés, des démonstrations de l'art traditionnel, et des opportunités, pour les personnes non aborigènes, de goûter à leur nourriture traditionnelle. L'évènement culinaire principal est le barbecue de saumon.

⌇ ⌇

Un jour pluvieux de l'automne 2005, je fais un pèlerinage dans la Vallée de la Cowichan pour visiter le Riverwalk's Café du centre, où je suis accueilli par la chef cuisinière Bev Antoine. Elle est en train de préparer un gros barbecue au saumon pour un groupe de touristes japonais. Chef Antoine cuisine à ce centre depuis 1991 et a su s'entourer d'une grande équipe dans sa cuisine. Le sous-chef, Raymond Johnston, est désigné pour m'enseigner les techniques de barbecue pour le saumon.

J'arrive deux heures avant que le repas soit servi, et Raymond est en train de préparer le saumon. Il a de très beaux cohos frais, d'environ 2,3 à

2,7 kg (5 à 6 lb) chacun. Je le regarde préparer un des poissons. Il coupe la tête, puis enlève les arêtes, tout en gardant le poisson entier intact, comme un immense filet en forme de papillon. Il enlève avec précaution le reste des arêtes avec une pince à bec effilé.

Maintenant, il est temps d'allumer le feu. Je vais avec lui à la remise derrière le restaurant, où, chacun notre tour, nous fendons de l'aulne que nous apportons dans le foyer, tout près. Le bois est un peu vert et nous avons un peu de difficulté à le faire brûler, mais en  peu de temps, nous avons un bon feu qui crépite. La nature est de notre côté et il a cessé de pleuvoir.

De retour à la cuisine, où Raymond attache les filets de poisson sur des bâtons effilés — de grosses pinces en bois faites de pieux de cèdre que l'on a coupés au centre, comme d'anciennes épingles à linge. Raymond fait des incisions de la longueur d'un doigt le long du côté extérieur de chaque filet et les place entre les pinces. Pour garder le poisson droit et à plat, il insère adroitement 4 bâtons en cèdre dans les incisions, sur la largeur du filet. La dernière étape est de fermer les pinces avec du fil, en forçant fermement les bâtons contre le saumon.

Les histoires anciennes nous racontent que les rivières étaient tellement remplies de saumon frayant qu'un homme pouvait traverser la rivière sur leur dos.

Lorsque Raymond a terminé le montage de tous les saumons cohos sur leurs bâtons, le feu s'est éteint et nous avons un lit parfait de briquettes d'aulne chaudes. Il se dégage une odeur tellement particulière — la douce fumée semble nous transporter des milliers d'années en arrière, alors que nous plaçons les pieux dans les cavités qui bordent le foyer. Nous surveillons le saumon, en le tournant toutes les 15 minutes environ, pendant que nos invités, qui commencent à arriver pour le lunch, se rassemblent autour du feu pour prendre des photos et bavarder. En moins de 1 heure, la chair rouge du coho est devenue d'un rose orangé et luit des jus chauds du saumon.

Il est temps de servir le lunch. Raymond et moi sortons les pieux de leurs cavités et apportons le saumon à la cuisine. Il coupe les filets en deux et les place sur de longues planches de cèdre à côté

Je ferme les yeux en mastiquant, en pensant aux sentiments que les gens pouvaient avoir en mangeant du saumon si délicieux après un long hiver, en n'ayant subsisté qu'avec de la nourriture conservée.

des bols de pommes de terre rôties et de légumes vapeur, et d'une salade verte locale arrosée d'une vinaigrette aux mûres. Je me suis joint aux employés de la cuisine et nous travaillons en paires pour transporter les planches dans la salle à manger afin de les présenter de façon spectaculaire aux invités. Les Japonais, qui ne sont pas habitués à voir le saumon de cette façon, sont impressionnés.

De retour dans la cuisine, je prends une fourchette et je retire un morceau de chair d'un des filets. La saveur du saumon a été légèrement affectée par la fumée de l'aulne. La chair est juteuse et vraiment succulente, et elle a beaucoup de saveur, même si le poisson n'a pas été salé. Je ferme les yeux en mastiquant, en pensant aux sentiments que les gens pouvaient avoir en mangeant du saumon si délicieux après un long hiver, en n'ayant subsisté qu'avec de la nourriture conservée.

Ce festin a dû être plus qu'un repas; c'était une célébration du renouveau de la nature et la reconnaissance du retour de ce cadeau qu'est le saumon pour les peuples de la côte. Dans un livre appelé *Indian Fishing : Early Methods on the North West Coast*, l'auteure Hilary Stewart cite une prière qui aurait été dite lors de l'arrivée du saumon :

Bienvenue ami nageur,
Nous nous rencontrons encore en bonne santé.
Bienvenue, toi, être surnaturel,
Toi, qui prolonge la vie,
Par ta venue, tu me diriges encore dans la bonne
*   direction*
Comme tu le fais toujours.

Lorsque vous faites la cuisson en utilisant les recettes de ce livre et que vous goûtez aux aliments qui ont été améliorés par la fumée d'une planche, pensez à votre famille, à vos amis, à votre santé, à votre travail et au délicieux repas que vous êtes en train de déguster, et prenez un moment pour bien remercier pour tout ce que vous avez.

Saumon et autres fruits de mer spectaculaires

SAUMON

Comme les hamburgers, le saumon mérite d'avoir sa propre section dans ce livre, en reconnaissance du statut toujours grandissant de ce poisson noble comme étant une des meilleures choses que vous pouvez faire cuire à l'extérieur — spécialement lorsque vous utilisez une planche en bois, ce qui explique que la plupart des recettes qui suivent sont des variations de saumon sur planche.

Qu'est-ce qu'il y a de si particulier au sujet du saumon? Tout d'abord, il est excellent pour votre cœur à cause ses acides gras et de ses protéines nourrissantes. Ensuite, sa couleur corail et la fine texture de sa chair font de très belles présentations dans les assiettes. Mais principalement, le saumon est tout simplement délicieux; riche sans trop l'être, très savoureux sans le goût de poisson. Et, lorsqu'il est cuit de la bonne façon — ce qui signifie peu ou très peu —, sa texture est soyeuse, relâchant les sensations primitives qu'un chasseur des temps ancestraux devait avoir en dévorant sa proie fraîche.

Le saumon est également merveilleux parce qu'il est tellement polyvalent. Il est délicieux grillé avec du sel, du poivre et du jus de citron, mais il peut être amélioré de plusieurs façons différentes — du goût fort de pin du romarin et du vinaigre balsamique, à l'arôme riche des épices indiennes, au goût simple du Jack Daniel's et du sirop d'érable.

J'adore le saumon, particulièrement le saumon sauvage. C'est le moment pour moi de proclamer mon support de longue date pour le saumon sauvage de la Colombie-Britannique, qui, à mon humble avis, est le meilleur saumon offert en Amérique du Nord. Pour en savoir plus, visitez www.bcsalmon.ca (en anglais seulement).

SAUMON BARBECUE
SUR PLANCHE DU CHEF DES POMPIERS

DONNE 4 À 6 PORTIONS

Le regretté David Veljacic fut le père du barbecue au Canada et il a fondé le championnat national canadien de barbecue. David était pompier, d'où son surnom «The Fire Chef». Il a reçu le diagnostic du cancer plusieurs années avant d'y succomber, et alors qu'il était en congé de maladie, il a écrit des livres de cuisine et a enseigné à une génération de chefs d'arrière-cour. Cette recette est la plus renommée, elle a été adaptée pour la cuisson sur planche.

1 planche d'aulne ou de hickory, trempée toute la nuit ou au moins pendant 1 heure

1 filet de saumon de 1,2 kg (2½ lb) désarêté, avec la peau

MARINADE

75 ml (⅓ tasse) de persil frais, finement haché

45 ml (3 c. à soupe) de tomates séchées au soleil conservées dans l'huile, finement hachées

15 ml (1 c. à soupe) d'huile des tomates séchées au soleil

75 ml (⅓ tasse) d'huile d'olive extra vierge

5 ml (1 c. à thé) de sel casher

1 tête d'ail rôtie (voir page 68), les gousses pressées hors de la peau

SECRET POUR LA CUISSON SUR PLANCHE

Pour les maniaques de la cuisson sur planche seulement : Percez de 8 à 10 trous de 1 cm (½ po) dans la planche avant de la faire tremper, créant ainsi plus d'aération, et donc plus de fumée. Si vous le faites, surveillez davantage les flambées.

Dans un petit plat, combiner les ingrédients de la marinade. Placer le filet de saumon dans un plat non réactif et recouvrir avec la marinade. Couvrir et réfrigérer toute la nuit.

Faire deux grandes incisions sur le côté du filet. Ne pas couper à travers tout le poisson. Écraser le sel avec l'ail rôti, et étendre le mélange sur le filet et dans les incisions. Enrober de nouveau le filet avec la marinade.

Préchauffer le gril à chaleur moyenne-vive pendant 5 à 10 minutes, jusqu'à ce que la température de la chambre atteigne plus de 260 °C (500 °F). Rincer la planche trempée, la placer sur la grille, fermer le couvercle et la faire chauffer jusqu'à ce qu'elle commence à fumer et à craqueler légèrement. Déposer le saumon sur la planche et réduire la chaleur à moyenne-douce. Faire cuire de 15 à 20 minutes, jusqu'à ce que la température interne atteigne 57 °C (135 °F). Retirer la planche et le saumon du gril et servir.

Saumon et autres fruits de mer spectaculaires

SAUMON SUR PLANCHE DE CÈDRE
AVEC GLAÇAGE AU WHISKEY
ET AU SIROP D'ÉRABLE

DONNE 6 À 8 PORTIONS

> **VARIÉTÉS DE SAUMON**

Pour les consommateurs de l'Amérique du Nord, il y a 5 variétés de saumon offertes sur le marché.

Saumon quinnat Souvent appelé le saumon roi ou saumon du printemps, c'est mon préféré, avec sa chair ferme, son contenu de bon gras et sa saveur exceptionnelle. Le plus exotique et le meilleur des saumons est le saumon blanc du printemps ou le saumon roi blanc, dont la chair est légèrement rosée et presque de la couleur de l'ivoire. Je pense que c'est le meilleur pour la cuisson sur planche, car c'est le plus grand des spécimens des saumons, ce qui veut dire que vous pouvez souvent obtenir des filets de 1,8 à 2,2 kg (4 à 5 lb) et même plus gros. À son plus frais, le saumon du printemps a une chair tellement ferme qu'elle me rappelle la chair du homard.

Saumon rouge Le saumon rouge est d'une couleur rouge-orange vive et sa chair est riche et savoureuse. C'est une espèce plus petite, dont les filets sont de 1 à 1,5 kg (2 à 3 lb). Il est délicieux, mais il est très facile de trop le faire cuire sur la planche, car il est plus petit.

Saumon coho C'est le plus combatif des poissons de la côte ouest, reconnu pour sauter hors de l'eau lorsqu'on le ramène. Si vous pouvez vous procurer un coho sauvage, achetez-le et essayez-le. Il est réellement succulent, et souvent, vous pouvez obtenir d'assez gros filets.

(suite à la page 290)

Cette recette est devenue une de mes recettes caractéristiques. Je l'ai préparée maintes fois au cours des dernières années, j'ai gagné des concours et j'ai souvent eu le commentaire suivant : «Ceci est le meilleur saumon qu'il m'ait été donné de manger.» La douce saveur de bois du Jack Daniel's et du sirop d'érable complète bien la richesse du saumon et l'arôme de cèdre dans ce plat de la côte ouest. J'aime le présenter sur la planche et le servir sur un lit de mesclun mélangé avec un peu d'huile de noix française, de sel casher et de graines de citrouille rôties.

---

1 planche de cèdre, trempée toute la nuit ou au moins pendant 1 heure

1 filet de saumon sauvage entier du Pacifique de 1,5 kg (3 lb), avec la peau, et les arêtes enlevées

glaçage au whiskey et au sirop d'érable

125 ml (½ tasse) de whiskey du Tennessee Jack Daniel's

250 ml (1 tasse) de sirop d'érable

5 ml (1 c. à thé) de flocons de piment fort, écrasés

15 ml (1 c. à soupe) de beurre, à la température ambiante

Sel casher et poivre noir fraîchement moulu

5 ml (1 c. à thé) d'oignon déshydraté ou de poudre d'oignon

2 citrons coupés en 2

Brindilles de persil frais, pour garnir

15 ml (1 c. à soupe) persil plat italien frais, finement haché

Préparer le glaçage en combinant le whiskey et le sirop d'érable dans une petite casserole. Porter à une douce ébullition et faire réduire le mélange de moitié, jusqu'à l'obtention d'un sirop épais qui nappe le dos d'une cuillère. Ajouter les piments et le beurre, puis bien mélanger la sauce. Réserver et garder au chaud sur la cuisinière.

Assaisonner le côté sans peau de sel, de poivre et d'oignon déshydraté. Laisser reposer le saumon de 10 à 15 minutes à la température ambiante, jusqu'à ce que l'assaisonnement s'humidifie.

Pendant que le saumon repose, préchauffer le gril à chaleur moyenne-vive de 5 à 10 minutes, ou jusqu'à ce que la température de la chambre s'élève à plus de 260 °C (500 °F). Rincer la planche et la placer sur les grilles. Fermer le couvercle et faire chauffer la

(suite à la page 290)

Saumon kéta Plus maigre et d'une couleur moins prononcée que ses cousins, le saumon kéta est délicieux, mais a une saveur plus douce que les plus grosses variétés.

Saumon rose J'aime le poisson rose frais, même s'il n'est pas aussi indiqué pour la cuisson sur planche, car c'est la variété la plus petite et la plus maigre des saumons. Mais sa saveur délicate et sa couleur peu prononcée en font un bon choix pour la friture et le rôtissage rapide.

Saumon sur planche de cèdre avec glaçage au whiskey et au sirop d'érable *(suite)*

planche de 4 à 5 minutes, ou jusqu'à ce qu'elle commence à fumer et à craqueler légèrement. Réduire la chaleur à moyenne-douce. Assaisonner la planche avec du sel casher et déposer le saumon, le côté de la peau en dessous.

Fermer le couvercle et faire cuire le saumon de 15 à 20 minutes, ou jusqu'à ce que le poisson ait une température interne de 57 °C (135 °F). Vérifier souvent pour s'assurer que la planche ne brûle pas, et vaporiser les bords brûlants avec de l'eau, s'il y a lieu, en s'assurant de fermer le couvercle ensuite.

Lorsque le saumon est cuit, presser ½ citron sur toute sa longueur et le transférer, avec la planche délicatement sur une assiette. Garnir avec des brindilles de persil et le reste du citron coupé en tranches. Arroser chaque portion de 1 cuillérée de sauce en servant, et saupoudrer avec un peu de persil haché.

SAUMON SUR PLANCHE DE HICKORY
AVEC SAUMURE À LA CASSONADE DU BARON DE KANSAS CITY

DONNE 8 À 10 PORTIONS

Qu'est-ce que je peux vous dire au sujet de Paul Kirk? Il est le seul et unique baron du barbecue de Kansas City, sept fois champion international et un vrai pionnier du barbecue. Il a été assez généreux pour adapter une de ses recettes favorites de saumon sur planche, spécialement pour ce livre. Si vous allez à New York ou Las Vegas, n'oubliez pas de visiter ses restaurants RUB (Righteous Urban Barbeque).

1 grosse planche de hickory, trempée dans l'eau ou le jus de pomme, toute la nuit ou au moins pendant 1 heure

1 filet de saumon de 2,2 kg (5 lb), les arêtes enlevées

MÉLANGE D'ÉPICES À FROTTER

250 ml (1 tasse) de cassonade foncée

15 ml (1 c. à soupe) de Tender Quick de Morton (un mélange de saumure offert dans les épiceries à la section des épices ou du sel)

15 ml (1 c. à soupe) d'assaisonnement Old Bay* ou d'Assaisonnement pour fruits de mer (voir recette à la page suivante)

10 ml (2 c. à thé) de poivre noir grossièrement moulu

10 ml (2 c. à thé) de sel casher

5 ml (1 c. à thé) d'ail déshydraté

125 ml (½ tasse) de moutarde de Dijon

250 ml (1 tasse) de cassonade foncée

SECRET POUR LA CUISSON SUR PLANCHE

La cuisson sur planche se fait aussi bien dans un gril au gaz ou au charbon de bois. Pourvu qu'il soit couvert, vous obtiendrez la saveur de fumée désirée de la planche qui se consume. Si vous utilisez un gril au charbon de bois pour votre cuisson sur planche, ajoutez quelques minutes au temps de cuisson. Les grils au charbon de bois couverts produisent une chaleur moins intense que les grils au gaz ou au propane.

Préparer le mélange d'épices à frotter en combinant tous les ingrédients dans un bol moyen et bien les mélanger.

Placer le saumon sur une grande pellicule de plastique. Saupoudrer le côté du filet avec la peau du mélange d'épices à frotter, puis le tourner et le couvrir avec le reste du mélange d'épices à frotter. Envelopper le filet dans une pellicule de plastique, le placer au réfrigérateur et le laisser mariner ou macérer pendant 2 heures.

Pour faire cuire le saumon, le retirer du réfrigérateur. À l'aide d'un pinceau, étendre la moutarde sur le filet et l'enrober avec de la cassonade.

Préchauffer le gril à chaleur moyenne-vive pendant 5 à 10 minutes, ou jusqu'à ce que la température de la chambre s'élève

* Ce produit n'est pas disponible au Canada.

(suite à la page suivante)

Saumon et autres fruits de mer spectaculaires

Saumon sur planche de hickory avec saumure à la cassonade du baron de Kansas City *(suite)*

à plus de 260 °C (500 °F). Rincer la planche et la placer sur la grille. Fermer le couvercle et faire chauffer la planche de 4 à 5 minutes, ou jusqu'à ce qu'elle commence à fumer et à craqueler légèrement. Réduire la chaleur à moyenne-douce.

Placer le saumon sur la planche et faire cuire de 20 à 25 minutes, ou jusqu'à ce que la température interne atteigne 57 °C (135 °F).

NOTE : Les instructions normales dans ce livre sont pour la cuisson sur planche avec un gril au gaz. Paul est un invétéré du charbon de bois et du bois de feuillus, et sa recette demande que ce plat soit cuit dans un gril à charbon de bois avec couvercle fermé. Il recommande un temps de cuisson de 35 à 40 minutes, avec quelques copeaux de hickory jetés sur le charbon de bois pour faire bonne mesure.

ASSAISONNEMENT POUR FRUITS DE MER
DONNE 50 ML (¼ TASSE)

Vous pouvez utiliser cet assaisonnement pour fruits de mer pour remplacer tout autre assaisonnement pour les fruits de mer. Il est délicieux sur le poulet aussi.

15 ml (1 c. à soupe) de feuilles de laurier moulues	3 ml (¾ c. à thé) de muscade moulue
12 ml (2½ c. à thé) de sel de céleri	2 ml (½ c. à thé) de clous de girofle moulus
7 ml (1½ c. à thé) de moutarde sèche	2 ml (½ c. à thé) de gingembre moulu
7 ml (1½ c. à thé) de poivre noir fraîchement moulu	2 ml (½ c. à thé) de paprika
	2 ml (½ c. à thé) de piment de Cayenne

Bien mélanger tous les ingrédients dans un bol moyen. Entreposer dans un contenant hermétique. (Il est meilleur lorsqu'il est fait quelques jours avant l'utilisation.)

SAUMON SUR PLANCHE
AVEC GLAÇAGE À LA MOUTARDE ET À L'ANETH DE STEVEN RAICHLEN

DONNE 4 PORTIONS

Steven Raichlen est le Zeus dans le panthéon des dieux de la cuisson sur barbecue, et je suis honoré d'inclure cette recette tirée de son livre *BBQ USA*. Sa technique est légèrement différente de la mienne, mais elle est aussi bonne.

1 planche de cèdre, trempée toute la nuit ou pendant au moins 1 heure

SAUMON

1 filet de saumon de 750 g (1½ lb) désarêté, avec ou sans peau, et idéalement, coupé près de la tête du poisson

Huile d'olive extra vierge pour badigeonner

Gros sel (casher ou de mer) et poivre noir fraîchement moulu

GLAÇAGE

125 ml (½ tasse) de mayonnaise (de préférence Hellmann)

75 ml (⅓ tasse) de moutarde à l'ancienne française

25 ml (2 c. à soupe) d'aneth frais, haché

2 ml (½ c. à thé) de zeste de citron, finement râpé

Sel casher et poivre noir fraîchement moulu

Si le saumon est avec la peau, badigeonner généreusement la peau avec de l'huile d'olive. S'il est sans peau, badigeonner un côté avec l'huile d'olive. Saler et poivrer les deux côtés. Déposer le saumon sur la planche, la peau en dessous (ou le côté huilé en dessous pour le saumon sans peau).

Dans un bol non réactif, placer tous les ingrédients du glaçage et les fouetter. Saler et poivrer au goût.

Préparer le gril pour une chaleur indirecte moyenne-vive. Pour la cuisson, étendre le glaçage uniformément sur le dessus et les côtés du saumon. Déposer la planche qui contient le saumon au centre de la grille, loin de la chaleur, et fermer le couvercle. Bien faire cuire le saumon jusqu'à ce que le glaçage soit bien doré. De 20 à 30 minutes.

Pour vérifier la cuisson, insérer un thermomètre à lecture instantanée dans le côté du saumon. La température interne devrait être de 57 °C (135 °F). Une autre façon de vérifier est d'insérer une mince brochette en métal dans le côté du filet pendant 20 secondes.

(suite à la page suivante)

SECRET POUR LA CUISSON SUR PLANCHE

Enlever la peau d'un filet de saumon est passablement facile si vous avez un couteau à filet aiguisé et flexible. Commencez par une incision près de la queue du filet. En coupant, tenez la peau vers le bas et gardez une pression vers le bas sur le couteau. La peau est assez dure ; vous ne couperez pas au travers. Si c'est une tâche trop difficile, demandez à votre poissonnier de le faire pour vous.

Saumon et autres fruits de mer spectaculaires

293

Pour plus de saveurs, faites un lit sur votre planche. Déposez-y des fines herbes, des oignons verts hachés ou une poignée de gousses d'ail avant de mettre la viande ou le poisson pour la cuisson.

Saumon sur planche avec glaçage à la moutarde et à l'aneth de Steven Raichlen *(suite)*

En la ressortant, elle devrait être très chaude au toucher. Transférer le poisson avec la planche sur un plateau de service à l'épreuve de la chaleur, et le trancher en diagonale, en portions individuelles. Servir le saumon sur la planche.

NOTE : Vous pouvez utiliser des filets de poisson avec ou sans peau — votre choix. (Bien que Steven aime la peau, sa femme trouve que le saumon avec la peau goûte le poisson. Il recommande cette recette pour d'autres filets riches et huileux comme le tassergal et le pompano.)

SAUMON SUR PLANCHE DU CHEF HOWIE

DONNE 4 PORTIONS

John Howie peut être considéré comme un pionnier de la cuisson sur planche. Comme chef cuisinier du restaurant Seastar & Raw Bar de Bellevue, à Washington, et fournisseur de délicieux fruits de mer, de planches pour la cuisson et d'assaisonnements (www.plankcooking.com [en anglais seulement]), il fait de la cuisson sur planche depuis plus de vingt ans, et il a expliqué ses techniques à l'émission de télévision *Martha Stewart Living*, à l'émission *Early Morning Show* de CBS, au *Best of* du Food Network, pour n'en nommer que quelques-uns. John a généreusement partagé sa recette signature de saumon sur planche avec moi. Vous pouvez commander le délicieux mélange sec d'épices à frotter de cette recette sur son site Internet. Il vous en restera; mais vous pourrez l'utiliser pour faire griller le poisson, le poulet et les légumes.

1 planche de cèdre, trempée toute la nuit
   ou pendant au moins 1 heure
4 filets de saumon frais de 175 g (6 oz),
   d'environ 5 cm (2 po) d'épais, sans peau

MÉLANGE SEC D'ÉPICES À FROTTER
15 ml (1 c. à soupe) de sel casher
15 ml (1 c. à soupe) de paprika

15 ml (2 c. à thé) de cassonade pâle
15 ml (2 c. à thé) de poivre au citron
5 ml (1 c. à thé) d'ail déshydraté
5 ml (1 c. à thé) d'estragon séché
5 ml (1 c. à thé) de basilic séché

2 citrons, coupés en 8 quartiers

Bien combiner tous les ingrédients du mélange d'épices à frotter dans un bol.

Placer les filets sur un papier ciré. Saupoudrer uniformément les 2 côtés du saumon avec 25 ml (2 c. à soupe) de mélange d'épices à frotter, en pressant bien pour qu'il puisse adhérer au saumon. Réfrigérer le saumon à découvert pendant au moins 2 heures, et jusqu'à 12 heures.

Préchauffer le gril à chaleur moyenne-vive de 5 à 10 minutes, ou jusqu'à ce que la température de la chambre s'élève au-dessus de 260 °C (500 °F). Rincer la planche et la placer sur la grille. Fermer le couvercle et faire chauffer la planche de 4 à 5 minutes, ou jusqu'à ce qu'elle commence à fumer et à craqueler légèrement. Réduire à chaleur moyenne.

Placer le saumon sur la planche et faire cuire de 8 à 10 minutes, ou jusqu'à ce que la température interne du poisson atteigne 57 °C (135 °F). (Cette température est ma mesure standard pour la cuisson du poisson. Le chef Howie préfère son saumon moins cuit et il le retire du gril à 50 °C [120 °F]). Transférer les morceaux de poisson dans les assiettes et servir avec des quartiers de citron.

SAUMON AUX AGRUMES
SUR PLANCHE DE FRED

DONNE 6 À 8 PORTIONS

Brian Misko est un enthousiaste du barbecue, et il a osé, avec son ami Glen Erho, organiser une équipe de barbecue appelée House of Q. Brian m'a donné cette recette qu'il a préparée plusieurs fois pour sa famille. «Elle a été originalement conçue en revenant d'une pêche au saumon à Tofino, avec mes beaux-parents, dit-il. Je n'avais jamais été pêcher en haute mer auparavant, de même que Fred Kraus, mon beau-père. Néanmoins, nous avons décoré un beau morceau de saumon pour le gril avec ce que nous avions dans le chalet.» Et depuis ce temps, il le prépare de cette façon.

1 planche d'aulne pour cuisson, trempée toute la nuit et au moins pendant 1 heure

1 filet entier de saumon sauvage du Pacifique de 1,5 kg (3 lb) désarêté, avec la peau

MARINADE

Les jus de 1 orange, 1 lime et 1 citron (réserver quelques tranches pour garnir)

5 ml (1 c. à thé) des zestes râpés des trois agrumes (facultatif)

2 gousses d'ail, finement émincées ou passées au presse-ail

50 ml (¼ tasse) d'huile d'olive extra vierge

Sel casher et poivre noir fraîchement moulu

Placer le saumon dans un plat non réactif, comme un plat à lasagne.

Dans un plat moyen, fouetter tous les ingrédients de la marinade et la verser sur le saumon. Faire mariner le poisson pendant au moins 1 heure, à la température ambiante.

Préparer le gril pour une chaleur moyenne-vive, de 5 à 10 minutes, ou jusqu'à ce que la température de la chambre s'élève au-dessus de 260 °C (500 °F). Rincer la planche et la placer sur la grille. Fermer le couvercle et faire chauffer la planche de 4 à 5 minutes, ou jusqu'à ce qu'elle commence à fumer et à craqueler légèrement. Réduire la chaleur à moyenne-douce.

Enlever le saumon de la marinade, et saler et poivrer. Le placer sur la planche et le faire cuire de 15 à 20 minutes, ou jusqu'à ce que la température interne du poisson atteigne 57 °C (135 °F). À la mi-cuisson, ajouter, à la cuillère, de la marinade sur le poisson. Lorsqu'il est cuit, le servir sur la planche et le garnir avec des tranches d'agrumes.

Saumon et autres fruits de mer spectaculaires

SAUMON SUR PLANCHE
AVEC PESTO

DONNE 6 PORTIONS

Cette recette est une autre façon traditionnelle de faire cuire le saumon sur planche. Servez-le avec une salade verte et des Courgettes grillées à la floridienne (page 131).

1 planche d'aulne pour cuisson, trempée toute la nuit et au moins pendant 1 heure

SAUMON

1 filet de saumon de 1,2 kg (2½ lb) désarêté, avec la peau

Sel casher et poivre noir fraîchement moulu

2 citrons, 1 pour le jus, 1 pour garnir

125 ml (½ tasse) d'huile d'olive extra vierge

PESTO

250 ml (1 tasse) de feuilles de basilic frais, lavées et séchées

6 gousses d'ail pelées

75 ml (⅓ tasse) de pignons

250 ml (1 tasse) de fromage parmesan râpé

175 ml (¾ tasse) d'huile d'olive extra vierge

Sel casher et poivre noir fraîchement moulu

Couper le filet de saumon en 6 parties égales. Saler et poivrer de tous les côtés. Combiner le jus de 1 citron avec l'huile d'olive, et verser sur le saumon. Laisser mariner à la température ambiante pendant environ 1 heure.

Dans un robot culinaire, réduire en purée le basilic, l'ail, les pignons et le fromage parmesan avec 25 à 45 ml (2 à 3 c. à soupe) d'huile d'olive. Le robot toujours en marche, ajouter lentement le reste de l'huile d'olive. Saler et poivrer le pesto.

Enrober généreusement les morceaux de saumon de pesto (il restera assez de pesto pour le mélanger à des pâtes, une autre fois; il se congèle bien, aussi).

Préparer le gril pour une chaleur moyenne-vive de 5 à 10 minutes, ou jusqu'à ce que la température de la chambre s'élève au-dessus de 260 °C (500 °F). Rincer la planche et la placer sur la grille. Fermer le couvercle et faire chauffer la planche de 4 à 5 minutes, ou jusqu'à ce qu'elle commence à fumer et à craqueler légèrement. Réduire la chaleur à moyenne-douce. Placer les portions de saumon sur la planche, laissant assez d'espace entre chacune pour que la chaleur circule. Faire cuire le poisson de 8 à 12 minutes, ou jusqu'à ce que la température interne soit à 57 °C (135 °F). Servir le saumon garni de quartiers de citron.

SAUMON SUR PLANCHE
AVEC VINAIGRETTE BALSAMIQUE AU ROMARIN

DONNE 6 PORTIONS

Le romarin et le saumon sont une combinaison classique. Dans cette recette, la vinaigrette balsamique au miel et la cassonade rehaussent la saveur. Ce plat est excellent avec des légumes grillés et des Tomates divines (page 115).

1 planche (le cèdre est un bon choix, mais tout autre bois fera l'affaire), trempée toute la nuit ou au moins pendant 1 heure

1 filet de saumon de 1,2 kg (2½ lb) désarêté, avec la peau

VINAIGRETTE

Sel casher et poivre noir fraîchement moulu

5 ml (1 c. à thé) d'ail déshydraté

15 ml (1 c. à soupe) de vinaigre balsamique

45 ml (3 c. à soupe) d'huile d'olive extra vierge

15 ml (1 c. à soupe) de miel liquide

1 échalote, pelée et finement hachée

5 ml (1 c. à thé) de moutarde à l'ancienne

2 ml (½ c. à thé) de romarin séché

3 à 4 brindilles de romarin frais

Huile d'olive extra vierge pour arroser

1 citron, coupé en quartiers

1 oignon vert finement haché, pour garnir

Réduction balsamique (facultatif, voir l'encadré page 242)

Dans un bol, combiner tous les ingrédients de la vinaigrette et bien les mélanger. Enrober le filet de saumon de vinaigrette et réserver.

Préparer le gril pour une chaleur moyenne-vive de 5 à 10 minutes, ou jusqu'à ce que la température de la chambre s'élève au-dessus de 260 °C (500 °F). Rincer la planche et la placer sur la grille. Fermer le couvercle et faire chauffer la planche de 4 à 5 minutes, ou jusqu'à ce qu'elle commence à fumer et à craqueler légèrement. Réduire la chaleur à moyenne-douce.

Placer les brindilles de romarin sur la planche et déposer le filet de saumon, le côté de la peau en dessous. Faire cuire pendant environ 15 minutes, ou jusqu'à ce que la température interne atteigne 57 °C (135 °F). Pendant la cuisson, surveiller les flambées et les éteindre avec l'eau d'une bouteille munie d'un vaporisateur.

Retirer la planche du gril et la transférer sur une assiette de service à l'épreuve de la chaleur, en couvrant lâchement le saumon de papier d'aluminium. Pour terminer, saler et poivrer un peu, arroser d'huile d'olive et servir chaque portion garnie de 1 quartier de citron, et saupoudrer d'oignons verts hachés. Pour un peu plus de fantaisie, tacheter l'assiette avec la réduction balsamique.

SAUMON SUR PLANCHE
AVEC SAUCE AU CRABE

DONNE 4 PORTIONS

Christine Hunt, qui réside sur la magnifique île Salt Spring, est membre de la Première Nation Kwakiutl et fait partie de la troisième génération de sa famille qui pêche dans les eaux du Pacifique de la côte de la Colombie-Britannique. C'est aussi une grande cuisinière. La recette de Christine, que j'ai adaptée pour la cuisson sur planche, est une combinaison riche et crémeuse pour les grandes occasions.

1 planche d'aulne ou de hickory, trempée toute la nuit

1 filet de saumon de 750 g (1½ lb), avec la peau, coupé en 4 morceaux

5 ml (1 c. à thé) de poivre de citron

SAUCE AU CRABE

25 ml (2 c. à soupe) de beurre

25 ml (2 c. à soupe) de farine tout usage

500 ml (2 tasses) de lait entier

5 ml (1 c. à thé) de poivre au citron

125 g (4 oz) de fromage à la crème léger, en cubes

25 ml (2 c. à soupe) de jus de citron frais

Zeste de 1 citron, râpé ou finement haché

1 oignon vert finement tranché

125 g (4 oz) de chair de crabe fraîche (ou 1 boîte de 125 ml [4½ oz], avec le jus)

Assaisonner les morceaux de saumon avec 5 ml (1 c. à thé) de poivre au citron, et réserver.

Préchauffer le gril à chaleur moyenne-vive.

Pendant que le gril est en train de chauffer, faire fondre le beurre dans une casserole à feu moyen-doux. Ajouter la farine et faire cuire le mélange pendant environ 1 minute. Ajouter graduellement le lait et le poivre au citron en fouettant. Faire cuire la sauce en brassant continuellement, jusqu'à ce qu'elle épaississe, environ 12 minutes. Incorporer le fromage à la crème jusqu'à ce qu'il fonde dans la sauce. Brasser de temps à autre pour qu'elle garde son velouté.

Pendant la cuisson de la sauce, rincer la planche et la placer sur la grille. Fermer le couvercle et faire chauffer la planche de 4 à 5 minutes, ou jusqu'à ce qu'elle commence à fumer et à craqueler légèrement. Réduire la chaleur à moyenne-douce. Placer les morceaux de saumon sur la planche. Ils seront cuits après 8 à 10 minutes environ, ou jusqu'à ce qu'ils soient souples au toucher.

Lorsque le saumon est presque cuit, le transférer dans une assiette et le couvrir lâchement de papier d'aluminium. (Pendant que le poisson repose, on peut faire griller rapidement quelques légumes.)

Terminer la sauce en ajoutant le jus et le zeste de citron, l'oignon vert et le crabe (incluant le jus si du crabe en conserve est utilisé). Disposer le saumon dans des assiettes, l'arroser de sauce au crabe et servir.

SAUMON SUR PLANCHE
AVEC SAUCE SOJA À L'ÉRABLE

DONNE 6 PORTIONS

L'Est rencontre le Nord dans cette recette traditionnelle de cuisson sur planche, recette qui m'a été envoyée par un courriel de Kim Peterson, dans laquelle elle met en contraste la sucrosité traditionnelle du sirop d'érable avec les saveurs asiatiques du gingembre et de la sauce soja.

1 planche de cèdre, d'aulne ou d'érable, trempée toute la nuit ou pendant au moins 1 heure

1 filet de saumon de 1 kg (2½ lb), avec la peau

Partie verte de 1 botte d'oignons verts, hachée

SAUCE SOJA À L'ÉRABLE

250 ml (1 tasse) de sirop d'érable

25 ml (2 c. à soupe) de gingembre frais, râpé

50 ml (¼ tasse) de jus de citron frais

45 ml (3 c. à soupe) de sauce soja

2 gousses d'ail, finement émincées

Sel casher et poivre noir fraîchement moulu

Préparer le glaçage dans une petite casserole en combinant le sirop d'érable, le gingembre, le jus de citron, moins 15 ml (1 c. à soupe), la sauce soja, l'ail, et le sel et poivre, au goût. Faire mijoter le mélange jusqu'à ce qu'il ait réduit à 250 ml (1 tasse), environ 30 minutes. Laisser refroidir. Saler et poivrer le saumon, et l'enrober avec environ la moitié de la sauce à l'aide d'un pinceau.

Préparer le gril pour une chaleur moyenne-vive, de 5 à 10 minutes, ou jusqu'à ce que la température de la chambre s'élève au-dessus de 260 °C (500 °F). Rincer la planche et la placer sur la grille. Fermer le couvercle et faire chauffer la planche de 4 à 5 minutes, ou jusqu'à ce qu'elle commence à fumer et à craqueler légèrement. Réduire la chaleur à moyenne-douce.

Placer rapidement les oignons verts hachés sur la planche; en réserver environ 15 ml (1 c. à soupe). Déposer le saumon sur les oignons verts. Faire cuire pendant environ 15 minutes, ou jusqu'à ce que la température interne atteigne 57 °C (135 °F). Pendant la cuisson, surveiller les flambées et les éteindre avec l'eau d'une bouteille munie d'un vaporisateur.

Retirer la planche du gril et transférer dans une assiette de service à l'épreuve de la chaleur, puis l'envelopper lâchement d'un papier d'aluminium. Terminer le reste de la sauce en ajoutant le jus de citron réservé et en la faisant réchauffer un peu. En arroser le saumon et servir immédiatement en le garnissant avec les oignons verts hachés réservés.

SAUMON SUR PLANCHE MARINÉ
AU MISO DE TOJO

DONNE 6 PORTIONS

Hidekazu Tojo est le propriétaire et le cuisinier de Tojo, un des restaurants japonais les plus réputés au monde. Vous avez déjà mangé un rouleau californien? Cette invention est de Tojo. Ses combinaisons de saveurs et de textures sont géniales. Ici, j'ai simplifié et adapté une de ses recettes de poisson pour la cuisson sur planche. Il utilise des filets de morue charbonnière au lieu du saumon, mais tout poisson riche et à chair ferme peut faire l'affaire. Vous pouvez trouver les ingrédients dans la section des produits asiatiques dans la plupart des supermarchés ou dans les épiceries japonaises spécialisées.

1 planche de cèdre, trempée toute la nuit ou au moins pendant 1 heure

SAUMON

6 filets de saumon de 175 g (6 oz)

Sel casher

MARINADE

125 ml (½ tasse) de pâte de miso

50 ml (¼ tasse) de mirin (vin de riz japonais, sucré)

50 ml (¼ tasse) de saké

5 ml (1 c. à thé) de sucre

1 ml (¼ c. à thé) de piment fort togarashi ou de piment de Cayenne

5 ml (1 c. à thé) de gingembre frais, finement émincé

GARNITURE

15 ml (1 c. à soupe) de ciboulette, finement hachée

125 ml (½ tasse) de daïkon (radis japonais) déchiqueté, mélangé avec quelques gouttes de vinaigre de riz, de Tamari et de mirin

Saler les morceaux de poisson des 2 côtés et les placer dans une casserole non réactive.

Dans un bol moyen, combiner le miso, le mirin, le saké, le sucre, le piment fort et le gingembre; le mélange sera assez épais. Verser la marinade sur le poisson et tourner les morceaux pour bien enrober. Le couvrir et le réfrigérer pendant au moins 2 heures, ou toute la nuit.

Préparer le gril pour une chaleur moyenne-vive, de 5 à 10 minutes, ou jusqu'à ce que la température de la chambre s'élève au-dessus de 260 °C (500 °F). Rincer la planche et la placer sur la grille. Fermer le couvercle et faire chauffer la planche de 4 à 5 minutes, ou jusqu'à ce qu'elle commence à fumer et à craqueler légèrement. Réduire la chaleur à moyenne-douce.

Placer les morceaux de poisson sur la planche et les faire cuire de 10 à 15 minutes, ou jusqu'à ce que la température interne du poisson atteigne 57 °C (135 °F). Lorsque le saumon est prêt, le transférer dans une assiette et le couvrir lâchement de papier d'aluminium, et laisser reposer de 3 à 4 minutes. Garnir avec la ciboulette et servir avec du daïkon déchiqueté.

Aussi photographié : Brochettes de crevettes au pistou (page 337)
et Pétoncles sur planche (page 338)

SAUMON TANDOURI SUR PLANCHE AVEC
CHUTNEY AUX PÊCHES ET YOGOURT À LA MENTHE

DONNE 6 PORTIONS

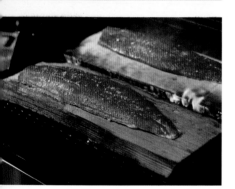

J'ai essayé de retracer l'origine de cette recette et je suis presque certain qu'elle provient du chef scandinave Christer Larsson, vivant à New York. C'est une des combinaisons de saveurs les plus remarquables que je puisse imaginer. Je l'ai adaptée pour la cuisson sur planche, qui ajoute une autre dimension à un plat qui est déjà superbe. Servez-le avec du riz basmati vapeur et quelques papadums grillés.

1 planche de cèdre ou d'aulne, trempée toute la nuit ou au moins pendant 1 heure

1 filet de saumon de 1,2 kg (2½ lb) désarêté, avec la peau

MÉLANGE D'ÉPICES À FROTTER

160 ml (⅔ tasse) d'huile d'olive extra vierge

1 gousse d'ail, finement hachée

15 ml (1 c. à soupe) de poudre tandouri ou de garam masala

Sel (préférablement la fleur de sel ou autre gros sel de mer)

CHUTNEY AUX PÊCHES

15 ml (1 c. à soupe) de sucre

50 ml (¼ tasse) de vinaigre de riz

4 pêches moyennes, pelées et coupées en dés de 1 cm (½ po)

25 ml (2 c. à soupe) de gingembre frais, finement râpé

YOGOURT À LA MENTHE

7 ml (1½ c. à thé) de miel

7 ml (1½ c. à thé) de menthe fraîche, finement hachée

1 pincée de cumin moulu

1 pincée de curcuma

250 ml (1 tasse) de yogourt nature à faible teneur en matière grasse

Sel casher et poivre noir fraîchement moulu

Dans un bol, combiner l'huile d'olive et l'ail. Frotter le mélange sur tout le saumon. Le saupoudrer de poudre tandouri ou de garam masala, et le saler légèrement. Couvrir et réfrigérer jusqu'à 2 heures.

Dans une casserole non réactive à feu moyen-vif, faire dissoudre le sucre dans le vinaigre. Porter à ébullition et faire cuire pendant 1 minute. Incorporer les pêches et le gingembre, et faire bouillir à nouveau le chutney. Réduire la chaleur et laisser mijoter, en brassant fréquemment, jusqu'à ce que les fruits soient tendres, environ 5 minutes. Transférer dans un bol.

(suite à la page 306)

Saumon tandouri sur planche avec chutney aux pêches et yogourt à la menthe *(suite)*

Dans un bol moyen, combiner le miel, la menthe, le cumin et le curcuma. Ajouter le yogourt en fouettant jusqu'à ce qu'il soit bien mélangé, saler et poivrer. Couvrir le bol et réfrigérer la sauce.

Préparer le gril pour une chaleur moyenne-vive de 5 à 10 minutes, ou jusqu'à ce que la température de la chambre s'élève au-dessus de 260 °C (500 °F). Rincer la planche et la placer sur la grille. Fermer le couvercle et faire chauffer la planche de 4 à 5 minutes, ou jusqu'à ce qu'elle commence à fumer et à craqueler légèrement. Réduire à chaleur moyenne.

Placer les filets de saumon sur la planche. Faire cuire de 10 à 15 minutes, ou jusqu'à ce que la température interne du poisson atteigne 57 °C (135 °F). Servir le saumon avec le chutney et la sauce au yogourt.

PIZZA AU SAUMON SUR PLANCHE

DONNE 4 PORTIONS

Mon ami Reza Mofakham aide à administrer une quincaillerie et est devenu dépendant du barbecue voilà quelques années. Il a appris à maîtriser la Cadillac des cuiseurs au charbon de bois, le Big Green Egg, qui est comme un mélange entre le gril couvert et le four tandour — ce qui veut dire que vous pouvez y faire cuire le saumon sur planche et une pizza. Ce plat s'est bien illustré dans la catégorie ouverte au championnat national canadien de barbecue en 2005, et je pense que vous l'apprécierez vous aussi. C'est une façon délicieuse d'utiliser les restes de saumon cuit sur planche. Pour vous éviter de préparer votre propre pâte à pizza, vous pouvez l'acheter surgelée dans la plupart des supermarchés.

SAUCE PESTO

500 ml (2 tasses) de basilic frais

50 ml (¼ tasse) de fromage parmesan fraîchement râpé

50 ml (¼ tasse) de pignons rôtis

2 gousses d'ail

5 ml (1 c. à thé) de sel casher

2 ml (½ c. à thé) de poivre noir fraîchement moulu

50 ml (¼ tasse) d'huile d'olive extra vierge

PÂTE À PIZZA

15 ml (1 c. à soupe) de sucre

375 ml (1½ tasse) d'eau ou de bière tiède

10 ml (2 c. à thé) de levure instantanée

1 l + 50 ml (4¼ tasses) de farine tout usage

5 ml (1 c. à thé) de sel casher

25 ml (2 c. à soupe) d'huile

GARNITURES

250 g (½ lb) de restes de saumon cuit sur planche, défait en morceaux de 1 bouchée

15 ml (1 c. à soupe) de câpres

125 g (4 oz) de fromage de chèvre

25 ml (2 c. à soupe) de tomates séchées au soleil, hachées grossièrement

Pour préparer le pesto, mettre dans un mélangeur le basilic, le parmesan, les pignons, l'ail, le sel et le poivre. Mélanger jusqu'à ce que le tout soit homogène, en ajoutant lentement l'huile jusqu'à l'obtention d'une sauce onctueux d'un vert pâle. Réserver.

Pour préparer la pâte à pizza, faire dissoudre le sucre dans 125 ml (½ tasse) d'eau ou de bière, saupoudrer la levure et laisser reposer pendant environ 5 minutes. Mettre la farine et le sel dans un robot culinaire. Ajouter le mélange de levure et l'huile, puis mettre le robot en marche. Verser le reste de l'eau ou de la bière par l'orifice d'alimentation alors que le robot est toujours en marche.

(suite à la page suivante)

Pizza au saumon sur planche *(suite)*

Mélanger jusqu'à la formation d'une boule sur le côté du bol. (Si une machine à pain est utilisée, préparer les ingrédients selon les instructions du fabricant.)

Retirer la pâte et la pétrir sur une surface légèrement farinée pendant quelques minutes. La transférer dans un bol et en huiler légèrement le dessus. Couvrir d'une pellicule plastique et laisser reposer dans un endroit chaud et à l'abri des courants d'air, pendant environ 40 minutes, jusqu'à ce que le volume ait doublé. Préchauffer le gril ou le four de 190 à 200 °C (350 à 400 °F). Presser la pâte uniformément sur une pierre à pizza ou dans une assiette à pizza, légèrement huilée. Étendre, uniformément le pesto sur la pâte, puis ajouter le saumon, les câpres, le fromage de chèvre et les tomates séchées au soleil. Faire cuire la pizza de 15 à 20 minutes, ou jusqu'à ce que la croûte soit dorée et que le fromage ait fondu.

SAUMON FUMÉ PIQUANT

DONNE 6 À 8 PORTIONS

Lorsqu'on fait cuire un saumon de bonne qualité au barbecue à feu doux sur du bois de hickory, d'aulne ou de prosopis comme agent aromatisant, le résultat est spectaculaire. C'est la méthode que je préfère pour faire cuire le saumon au barbecue.

1 filet de saumon sauvage entier de 750 g à 1 kg (1½ à 2 lb) (aussi appelé flanc)

Sel casher et poivre noir fraîchement moulu, au goût

15 ml (1 c. à soupe) d'huile de sésame rôti

5 ml (1 c. à thé) de flocons de piment fort, écrasés

50 ml (¼ tasse) de cassonade

1 citron, coupé en 2

Persil frais, haché, pour garnir

SECRETS POUR LE ⋟ BARBECUE ⋞

Une façon très simple de faire cuire le saumon au barbecue est de l'enduire de moutarde et de mélange d'épices à frotter. Vous n'avez qu'à étaler de la moutarde préparée sur le filet et le saupoudrer le Mélange d'épices à frotter pour le championnat de barbecue (page 50), et à le faire cuire entre 95 et 100 °C (200 et 220 °F) de 1 heure 30 minutes à 2 heures 30 minutes, selon la grosseur et l'épaisseur du filet, et selon votre cuisson préférée

Préparer votre fumoir pour le barbecue, portant la température entre 95 et 100 °C (200 et 220 °C). Mettre le saumon sur une plaque à pâtisserie ou sur une planche à découper, la peau en dessous. À l'aide d'une pince à bec effilé, retirer les arrêtes du filet. Saler et poivrer, et enrober d'huile de sésame. Saupoudrer uniformément de flocons de piment et ensuite de cassonade. Presser le jus de ½ citron sur le saumon sucré.

Laisser le poisson reposer pendant environ 15 minutes, jusqu'à ce que le sucre s'humidifie et devienne luisant.

Placer le filet sur la grille, mettre 1 ou 2 morceaux de bois de feuillus sur les briquettes, fermer le couvercle et faire cuire le saumon de 1 heure 30 minutes à 2 heures 30 minutes, ou jusqu'à ce que la température interne dans la partie la plus épaisse atteigne environ 60 °C (140 °F). À l'aide de 2 spatules très larges, retirer le saumon du fumoir. Le transférer dans une assiette chaude. Garnir de persil haché et du reste du ½ citron, coupé en quartiers.

Saumon et autres fruits de mer spectaculaires

SAUMON SAUVAGE DE LA C.-B.
AVEC SAUCE TARTARE MAISON ET SALADE DE TOMATES

DONNE 4 PORTIONS

Rob Clark, chef cuisinier du C Restaurant, du Nu Restaurant et du Raincity Grill, est le meilleur chef de fruits de mer à Vancouver, et ça veut tout dire. C'est sa recette que j'ai adaptée pour le gril. C'est une version sophistiquée d'une technique de grillage du saumon, que j'ai apprise voilà plusieurs années, qui est simple comme bonjour et aussi délicieuse qu'il est possible de l'être. L'idée est d'étendre de la mayonnaise sur un côté du saumon, de le déposer sur un gril chaud, la peau en dessous, et de le faire cuire jusqu'à la cuisson désirée et jusqu'à ce que la mayonnaise soit ferme sur le poisson, comme un pouding savoureux. L'accompagner de pinot noir ou de sauvignon blanc de la Colombie-Britannique.

SAUCE TARTARE

250 ml (1 tasse) de mayonnaise

10 ml (2 c. à thé) d'aneth séché

45 ml (3 c. à soupe) de cornichons finement hachés

15 ml (1 c. à soupe) d'olives vertes farcies, finement hachées

15 ml (1 c. à soupe) d'échalotes, finement hachées

15 ml (1 c. à soupe) de câpres, finement hachées

15 ml (1 c. à soupe) de persil frais, finement haché

25 ml (2 c. à soupe) de jus de citron frais

15 ml (1 c. à soupe) de moutarde de Dijon

SALADE DE TOMATES

25 ml (2 c. à soupe) d'huile d'olive extra vierge

10 ml (2 c. à thé) de vinaigre de vin de riz

5 ml (1 c. à thé) de moutarde de Dijon

15 ml (1 c. à soupe) d'échalotes, finement émincées

0,5 ml (⅛ c. à thé) de piment de Cayenne

Sel casher et poivre noir fraîchement moulu

4 tomates moyennes anciennes fraîches (les jaunes feront très bien)

SAUMON

4 filets de saumon sauvage de Colombie-Britannique de 175 g (6 oz) désarêté, sans peau (Rob préfère le saumon rose, mais le coho ou le saumon rouge fera l'affaire)

Sel de mer

Dans un petit bol, combiner tous les ingrédients de la sauce tartare et bien mélanger. Réserver.

Préparer la salade de tomates en fouettant ensemble tous les ingrédients, sauf les tomates. Couper les tomates en tranches de 0,6 cm (¼ po) d'épais. Mélanger délicatement les tranches avec la vinaigrette et diviser la salade dans 4 assiettes de service.

Saler les filets de saumon et laisser reposer pendant 10 minutes.

Préparer le gril pour une chaleur directe moyenne. Placer les filets de saumon sur la grille, la peau en dessous, et étendre sur chacun 15 ml (1 c. à soupe) de sauce tartare. Fermer le couvercle et faire cuire de 5 à 7 minutes, jusqu'à ce que la température interne des filets atteigne 57 °C (135 °F). Lorsqu'ils sont cuits, ils devraient s'enlever facilement du gril, tout en laissant la peau sur la grille.

Pour servir le saumon, placer les filets dans les assiettes, à côté de la salade, et terminer avec une bonne cuillérée de sauce tartare.

TACOS AU SAUMON GRILLÉ

DONNE 16 TACOS, ASSEZ POUR 4 À 6 PORTIONS DE REPAS, OU 16 DE HORS-D'ŒUVRE

Un des bons moments d'un séjour à Maui est que nous pouvions acheter, sur la plage, de fantastiques tacos au poisson. Ceci est ma façon de reproduire ce plat qui est fantastique avec le saumon comme choix de poisson. J'aime faire chauffer la peau sur le gril pour la rendre croustillante et l'offrir comme condiment avec les tacos (elle est croustillante et riche — le bacon de la mer), mais omettez cette étape si vous n'aimez pas la peau croustillante. Servir ce plat avec une bière américaine froide ou un verre de vin blanc frais et fruité.

SAUMURE À L'OIGNON ROUGE, À LA MANGUE VERTE ET AU JALAPENO

500 ml (2 tasses) de vinaigre de riz assaisonné

45 ml (3 c. à soupe) de jus de lime frais

15 ml (1 c. à soupe) de sel casher

1 oignon rouge moyen, coupé en 2 dans le sens de la longueur et coupé en diagonale en fines lanières

2 gros jalapenos, la tige enlevée, épépinés et coupés en fines lanières

1 mangue verte (pas mûre), pelée, dénoyautée et coupée en fines lanières

SAUCE

125 ml (½ tasse) de Mayonnaise au jalapeno et à l'ail rôti de Margie (voir page 68)

50 ml (¼ tasse) de crème sure ou de yogourt

15 ml (1 c. à soupe) de jus de lime frais

SAUMON

1 flanc de saumon rouge ou coho sauvage, avec la peau

Environ 5 ml (1 c. à thé) de Mélange d'épices à frotter pour gril de Rockin' Ronnie (voir page 51)

TACOS ET LE RESTE DES GARNITURES

16 tortillas blanches au maïs

1 recette de Guacamole aux morceaux de tomates fumées (voir page 65)

½ tête de laitue iceberg, hachée

125 ml (½ tasse) de coriandre fraîche, hachée

Sauce piquante de style Louisiane

Pour préparer la saumure, combiner dans une casserole le vinaigre de riz, le jus de lime et le sel, et faire chauffer le mélange à feu moyen-vif jusqu'à ce que le sel soit dissout et que le mélange commence à peine à bouillir. Dans un bol, déposer l'oignon, le jalapeno et les tranches de mangue, et verser le mélange chaud de vinaigre. Laisser la saumure reposer, à la température ambiante, pendant au moins 1 heure ou jusqu'à 8 heures. Transférer dans un contenant et réfrigérer.

Pour préparer la sauce, combiner tous les ingrédients et réfrigérer jusqu'à l'utilisation.

Préparer le gril pour une chaleur directe moyenne. Saupoudrer le saumon avec un peu de mélange d'épices à frotter. Le laisser reposer pendant quelques minutes, jusqu'à ce qu'il commence à luire. Placer le saumon sur la grille, la peau en dessous, et faire cuire de 8 à 12 minutes, jusqu'à ce qu'il soit souple au toucher et que la température interne soit d'environ 55 à 60 °C (130 à 140 °F).

Pendant que le saumon cuit, faire chauffer les tortillas de maïs dans une casserole à sauter chaude et sèche à feu moyen-vif, et faire rôtir de chaque côté. Garder la pile de tortillas au chaud en l'enveloppant avec un linge à vaisselle propre et humide.

À l'aide d'une longue spatule (ou de deux petites), retirer le flan de saumon du gril. La peau devrait rester sur la grille. Transférer le saumon sur une planche à découper et le laisser reposer, enveloppé lâchement dans du papier d'aluminium, pendant 5 minutes.

Pendant que le saumon repose, retourner au gril et essayer d'enlever la peau avec des pinces. Si elle s'enlève facilement, la tourner et la faire griller pas plus de 30 secondes (si elle ne s'enlève pas facilement, normalement j'enlève ce que je peux et le mange immédiatement sur place). Transférer la peau dans une assiette et réserver. En cuisant, elle deviendra très croustillante, comme du bacon.

Couper le saumon en lanières de 1 cm (½ po) (le poisson peut se briser en le coupant, mais ce n'est pas un problème) et les placer dans une assiette de service. Hacher grossièrement la peau du saumon et la mettre dans un petit bol de service.

Pour servir les tacos, mettre les tortillas, le saumon, la peau du saumon, la sauce, la saumure, le guacamole, la laitue hachée, la coriandre hachée et la sauce chaude sur la table, et laisser les invités se servir.

AUTRES FRUITS DE MER SPECTACULAIRES

C'EST TROP FACILE, lorsque vous allez faire vos courses pour votre prochain repas de grillades, d'acheter les côtelettes de porc ou des poitrines de poulet. De nos jours, il y a tellement de délicieux fruits de mer offerts que si vous n'en faites pas cuire au moins une fois par semaine, vous manquez un des bons plaisirs de la vie.

Quelques chefs d'arrière-cour sont intimidés par le poisson, car souvent, il colle aux grilles. Si c'est un problème majeur pour vous, choisissez la cuisson en papillote ; enveloppez le poisson dans du papier d'aluminium, c'est une méthode sans faille. D'autres s'en font car leurs enfants, très difficiles, lèvent le nez sur tout ce qui n'est pas hot-dog ou hamburger. Ce n'est pas une chose que j'aime dire, mais donnez à vos enfants ce qu'ils veulent et faites un effort supplémentaire pour votre femme et pour vous, puis faites cuire du délicieux poisson. Et d'autres encore sont concernés par la fraîcheur et la sécurité des aliments. La solution : trouvez un bon poissonnier, faites-vous ami avec lui et demandez-lui de vous enseigner la façon de distinguer un poisson frais d'un poisson dégoûtant. Après un certain temps, vous saurez ce qui est mieux, probablement le poisson local en saison.

Les recettes du chapitre suivant ont été choisies pour vous donner un vaste choix pour essayer différents fruits de mer et différentes techniques de cuisson. Foncez, et vous serez d'accord avec moi, à savoir que la vie est meilleure si vous profitez sur votre gril des générosités de la mer !

GRIL

FLÉTAN ET MORILLES EN PAPILLOTE

DONNE 4 PORTIONS INDIVIDUELLES

Ces papillotes sont réellement remplies de saveur, et leur arôme, lorsque vous ouvrez le papier d'aluminium, est hors du commun. Servez-les avec une simple salade verte et du bon pain français, pour éponger tous les riches jus.

4 filets de flétan de 250 g (8 oz)

Sel casher et poivre noir fraîchement moulu

4 tranches de bacon fumé à l'ancienne

1 gros oignon blanc

4 pommes de terre Yukon Gold moyennes

250 g (½ lb) de morilles fraîches, parées, bien lavées et asséchées

125 g (¼ lb) de beurre

125 ml (½ tasse) de persil plat italien frais, haché

125 ml (½ tasse) de riesling sec

250 ml (1 tasse) de crème à fouetter

Huile de truffe

50 ml (¼ tasse) de ciboulette fraîche, hachée

4 quartiers de citron

Saler et poivrer les filets de flétan. Couper les tranches de bacon en 2 et réserver. Trancher finement l'oignon et les pommes de terre, et réserver. Trancher les morilles en rondelles de 0,3 cm (⅛ po), et réserver.

Préparer 4 carrés d'environ 45 cm (18 po) de papier d'aluminium à double épaisseur. Beurrer légèrement chaque carré, laissant 10 cm (4 po) tout autour. Placer 2 demi-tranches de bacon au milieu de chaque feuille. Étendre une couche de tranches d'oignon, saler et poivrer, ajouter une couche de pommes de terre tranchées, et saler et poivrer à nouveau. Déposer les filets de flétan. Diviser les morilles en 4 portions égales et les déposer sur les filets. Saupoudrer chaque filet de persil haché.

Remonter le papier d'aluminium autour de chaque filet de façon à ce que rien ne se répande lorsque la crème et le vin seront versés. Verser quelques gouttes de riesling et 50 ml (¼ tasse) de crème dans chaque papillote. Arroser de quelques gouttes d'huile de truffe et mettre une noisette de beurre. Bien sceller chaque papillote.

Préparer le gril pour une chaleur directe moyenne. Placer les papillotes sur les grilles et faire cuire pendant 12 à 14 minutes. Retirer 1 papillote, l'ouvrir, et vérifier si les pommes de terre sont cuites. Si elles ne sont pas tendres, refermer la papillote et la remettre sur le gril de 3 à 4 minutes de plus. Les retirer du gril et laisser reposer pendant 5 minutes. Laisser les convives les ouvrir et ajouter eux-mêmes de la ciboulette hachée. Garnir avec des quartiers de citron.

Saumon et autres fruits de mer spectaculaires

315

FLÉTAN GRILLÉ À L'ANETH

DONNE 4 PORTIONS

SECRETS POUR LE ⤳ BARBECUE ⤳

Un des problèmes que l'on rencontre en faisant griller du poisson est que la chair délicate adhère aux grilles et qu'elle semble se défaire avant que vous puissiez l'enlever du gril. Mais les fours au gaz et au charbon de bois d'aujourd'hui cuisent d'une façon si uniforme que vous n'avez pas à tourner le poisson, même si vous faites la cuisson à chaleur directe. Pour les filets, les faire cuire la peau en dessous. La peau colle aux grilles, permettant ainsi au poisson de s'enlever facilement et proprement. Si vous faites cuire des darnes sans peau, assurez-vous d'huiler les grilles et de vaporiser le poisson avec un enduit antiadhésif avant de les mettre sur la grille.

Conseil supplémentaire : Ne perdez pas cette peau. La peau du saumon, en particulier, est excellente lorsqu'elle a été chauffée sur le gril. Après avoir retiré les filets de saumon, enlevez la peau de la grille et la faire griller pendant quelques minutes de plus. Retirez-la et saupoudrez-la d'un peu de sel. C'est un délice croustillant et délicieux pour le cuisinier !

Le flétan est un poisson à saveur si délicate que vous ne voulez pas trop la masquer. L'important ici est d'utiliser les ingrédients les plus frais. Ce plat est excellent avec votre salade verte favorite.

4 filets de flétan frais de 175 g (6 oz), avec la peau

Sel casher et poivre noir fraîchement moulu

50 ml (¼ tasse) d'aneth frais, haché (les tiges enlevées)

25 ml (2 c. à soupe) de jus de citron frais

Huile d'olive extra vierge

Quartiers de citron pour garnir

Placer les filets de poisson dans un plat non réactif ou dans une casserole allant au four. Saler et poivrer chaque filet des 2 côtés, et les enrober uniformément d'aneth. Presser un citron sur le poisson et arroser généreusement d'huile d'olive, puis tourner pour bien enrober. Laisser reposer pendant 15 minutes. Pendant ce temps, préparer le gril pour une chaleur directe moyenne.

Placer les morceaux de flétan sur la grille, la peau en dessous. Faire cuire pendant environ 6 minutes, jusqu'à ce qu'ils soient bien cuits, à une température interne d'environ 60 à 66 °C (140 à 150 °F). Les retirer du gril (la peau collera à la grille, mais devrait se séparer facilement du poisson) et laisser reposer pendant quelques minutes. Pour le servir, saler et poivrer légèrement, arroser d'huile d'olive et accompagner de quartiers de citron.

FLÉTAN AU SAFRAN SUR PLANCHE
AVEC SALSA D'AVOCAT ET DE FRUITS TROPICAUX

DONNE 4 À 6 PORTIONS

J'achète beaucoup de mes poissons à Westlynn Meats and Seafood dans la très belle Lynn Valley au cœur de la forêt tropicale de la Colombie-Britannique. Mike y travaille et il connaît son poisson. Sa recette originale, que j'ai adaptée pour la cuisson sur planche, jumelle l'intense saveur d'un flétan épicé avec la fraîcheur d'une salsa tropicale. Substituez le flétan par le vivaneau pour avoir une saveur encore plus intense. Le Riz confetti (page 144) accompagne très bien ce plat.

1 planche (de cèdre ou de bois fruitier), trempée toute la nuit ou pendant au moins 1 heure

1 recette de Salsa tropicale (voir page 36)

4 filets de flétan de 175 g (6 oz)

Sel casher et poivre noir fraîchement moulu

5 ml (1 c. à thé) de cumin moulu

2 ml (½ c. à thé) de curcuma

1 pincée de brindilles de safran, émiettés

1 pincée de piment de Cayenne

1 lime, coupée en 2

Huile d'olive extra vierge

Brindilles de coriandre fraîche pour garnir

Préparer la salsa et réserver.

Saler et poivrer les filets des 2 côtés. Dans un bol, combiner le cumin, le curcuma, le safran et le piment de Cayenne, et en saupoudrer légèrement le mélange sur les filets. Presser les moitiés de limes sur les filets et les arroser d'un peu d'huile d'olive. Faire mariner le poisson pendant 15 minutes.

Préchauffer le gril à chaleur moyenne-vive de 5 à 10 minutes, ou jusqu'à ce que la température de la chambre s'élève à plus de 260 °C (500 °F). Rincer la planche et la placer sur la grille. Fermer le couvercle et faire chauffer la planche de 4 à 5 minutes, ou jusqu'à ce qu'elle commence à fumer et à craqueler légèrement. Réduire la chaleur à moyenne-douce.

Placer les filets sur la planche et faire cuire de 15 à 20 minutes, ou jusqu'à ce que la température interne du poisson atteigne 57 °C (135 °F). Retirer le poisson du gril et l'envelopper lâchement dans du papier d'aluminium. Laisser reposer de 2 à 3 minutes.

Servir les filets recouverts d'une bonne cuillérée de salsa et garnis de 1 brindille de coriandre.

MORUE CHARBONNIÈRE GRILLÉE
AVEC SALADE CHAUDE DE TOMATES ET D'OIGNONS ROUGES

DONNE 4 PORTIONS

Le barbecue et ses secrets — édition de luxe

❧ COMMENT CHOISIR ET ❧ CONSERVER LE POISSON

Lorsque vous voulez acheter du poisson frais, choisissez un endroit où on en vend beaucoup ! Plus on en vend, plus il sera frais.

Et n'ayez pas peur d'acheter du poisson surgelé. Que préféreriez-vous : un poisson pêché en haute mer et surgelé sur place, ou un qui a été fraîchement pêché, qui est resté dans le bateau, puis dans un entrepôt, et enfin dans une poissonnerie ?

Décongelez le poisson en utilisant de l'eau froide. Le poisson fraîchement surgelé peut être facilement décongelé en le plaçant, avec son emballage, dans un évier rempli d'eau froide. Trente minutes dans cette eau et il sera décongelé et prêt pour la cuisson.

Recherchez un poisson dont la chair est ferme et luisante, et qui sent aussi frais qu'il en a l'air. Touchez au poisson. Il doit être ferme au toucher, avec un beau lustre, et devrait sentir frais et non le poisson.

Conservez votre poisson dans la glace. Pour garder le poisson le plus frais possible au réfrigérateur, le conserver dans un emballage scellé et entouré de glace.

Mon ami Steve Crescenzo, de Chicago, est un grand chef, et j'ai adapté cette recette d'une de ses recettes favorites de fruits de mer. J'aime la texture riche et soyeuse de la morue charbonnière, aussi connue sous le nom de morue noire. Vous pouvez la substituer par du flétan ou tout autre poisson blanc à chair ferme. Notez bien : pour préparer cette recette, vous aurez à changer de chaleur indirecte moyenne à chaleur directe moyenne-vive, ce qui est facile sur un gril au gaz, mais un peu plus compliqué avec un gril au charbon de bois.

SALADE

2 têtes d'ail rôties (voir page 68)

50 ml (¼ tasse) d'huile d'olive extra vierge

1 petit oignon rouge, finement tranché

1 feuille de laurier

2 ou 3 brindilles de thym frais

50 ml (¼ tasse) de vinaigre balsamique de haute qualité (âgé de 12 ans ou plus)

500 ml (2 tasses) de tomates cerise

POISSON

4 filets de morue charbonnière de 150 à 250 g (5 à 8 oz), avec la peau

Huile végétale ou de Canola, pour badigeonner

Sel casher et poivre noir fraîchement moulu

1 pincée de piment de Cayenne

1 poignée de ciboulette fraîche

Quartiers de citron

Préparer le gril pour une chaleur indirecte moyenne.

Dans une casserole pouvant aller au four, presser les têtes d'ail pour en extraire la pâte. Verser l'huile d'olive sur l'ail, ajouter les tranches d'oignons, la feuille de laurier et le thym, et bien mélanger. Placer la casserole sur le gril et faire cuire pendant environ 15 minutes, en brassant de temps à autre, jusqu'à ce que l'huile soit chaude et que l'oignon et l'ail commencent à grésiller.

Ajouter le vinaigre balsamique et les tomates dans la casserole. Bien mélanger. Fermer le couvercle du gril et faire rôtir le mélange dans la casserole, à découvert, en remuant délicatement toutes les 2 minutes, jusqu'à ce que les tomates commencent à se défaire.

(Note : s'il est possible d'obtenir des tomates cerise jaunes ou orange, les mélanger ; le résultat donnera un bel effet.)

Utiliser des gants de cuisinier. Enlever la casserole du gril et réserver. Régler le gril pour une chaleur moyenne-vive directe. Huiler les filets de poisson, les saupoudrer de sel, de poivre et de piment de Cayenne, puis les placer sur la grille, la peau en dessous. Les faire griller de 8 à 10 minutes, ou jusqu'à ce que la température dans la partie la plus épaisse atteigne 57 °C (135 °F). Ne pas trop faire cuire la morue charbonnière !

Déposer une bonne portion de salade de tomates au centre d'une assiette chaude. Retirer les filets du gril (la peau devrait adhérer à la grille, permettant de séparer les filets cuits de la peau) et les placer sur la salade. Déposer un peu plus de salade de tomates sur le dessus. Garnir de ciboulette fraîche, hachée, de quartiers de citron et verser un filet d'huile d'olive. Servir avec du bon pain pour éponger les jus.

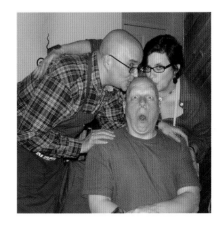

MORUE-LINGUE EN PAPILLOTE
AVEC SALSA DE FENOUIL ET DE POMMES

DONNE 4 À 6 PORTIONS

Ma famille et moi sommes allés à la pêche avec guide dans les eaux près de Pender Harbour, en Colombie-Britannique. Après avoir oublié le violent mal de mer de Kate et notre déception de n'avoir pris aucun saumon, notre fils, Jake, a vécu l'excitation de la journée en prenant une morue-lingue de 4 kg (9 lb). La morue-lingue est un gros poisson long et laid, avec un ventre bleu-verdâtre et une gueule assez grande pour prendre un poulpe en une bouchée. Il a une chair d'un blanc-bleuâtre, incroyablement succulente, délicate et tellement tendre qu'elle se défait si vous essayez de la faire griller, mais elle est délicieuse cuite en papillote.

SALSA

1 bulbe de fenouil, les tiges et les frondes attachées

1 orange navel

45 ml (3 c. à soupe) d'huile d'olive extra vierge infusée à l'orange (ou ordinaire si l'huile infusée à l'orange est introuvable)

15 ml (1 c. à soupe) de vinaigre balsamique blanc

2 ml (½ c. à thé) de moutarde de Dijon

Sel casher et poivre noir fraîchement moulu

2 pommes Granny Smith

PAPILLOTES

1 oignon jaune moyen

60 g (2 oz) de beurre

Ail déshydraté

750 g (1½ lb) de filets de morue-lingue, désarêtés (le flétan sera également bon)

5 ml (1 c. à thé) de zest d'orange finement râpé

25 ml (2 c. à soupe) de liqueur Pernod

Huile d'olive extra vierge, pour arroser

Parer les frondes du fenouil et jeter les tiges dures. Les hacher finement et réserver.

Couper l'orange en 2 et réserver une moitié. Dans un bol, combiner l'huile d'olive, le vinaigre et la moutarde avec le jus de ½ orange et 5 ml (1 c. à thé) de frondes de fenouil hachées. Fouetter les ingrédients ensemble, et ajouter le sel et le poivre, au goût. Réserver la vinaigrette.

Couper le bulbe de fenouil en 2 de haut en bas. Couper une moitié en tranches très minces à l'aide d'une mandoline ou d'un couteau de chef très aiguisé. Réserver le fenouil tranché.

Hacher l'autre moitié du bulbe de fenouil en dés de 0,6 cm (¼ po) et le placer dans le bol à mélanger contenant la vinaigrette.

Peler et étrogner les pommes, puis les couper en dés de 0,6 cm (¼ po). Les transférer dans le bol contenant la vinaigrette et le fenouil en dés, et bien remuer. Réserver la salsa.

Nettoyer et peler l'oignon, et à l'aide de la mandoline, le couper en tranches aussi fines que le fenouil. Réserver les oignons tranchés

Plier en 2 une lisière de 1,2 m (4 pi) de papier d'aluminium épais et l'étendre sur le comptoir. Y étendre une fine couche de beurre, en laissant une marge de 10 cm (4 po) tout autour du rectangle d'aluminium. Déposer l'oignon tranché sur le papier et saler un peu. Assaisonner très légèrement le filet de morue-lingue des 2 côtés de sel, de poivre et d'ail déshydraté. Le déposer sur les oignons et ajouter les tranches de fenouil. Recouvrir du zeste d'orange. Arroser le poisson de Pernod et d'un peu d'huile d'olive. Saupoudrer de 5 ml (1 c. à thé) de frondes de fenouil hachées et de 1 pincée de sel. Bien fermer le papier d'aluminium.

Préparer le gril pour une chaleur directe moyenne. Placer le paquet d'aluminium sur le gril, la couche d'oignons en dessous, et faire cuire de 12 à 15 minutes, ou jusqu'à ce que les oignons soient tendres et que le poisson soit bien cuit. Transférer la papillote dans une assiette de service à l'épreuve de la chaleur et laisser reposer pendant environ 5 minutes. Pour servir, ouvrir la papillote sur la table et à l'aide d'une grande cuillère de service, séparer le contenu entre les invités, en s'assurant que chacun ait un peu du liquide. Recouvrir chaque portion d'une cuillérée de salsa et d'un quartier du reste de la ½ orange.

NOTE : Parce que les bulbes de fenouil et les oignons sont de tailles différentes, il est difficile de savoir exactement la quantité de ces ingrédients quand viendra le temps d'assembler la papillote. Utilisez votre jugement ; si vous jugez qu'il y a trop de fenouil ou d'oignon pour la papillote, n'hésitez pas à changer les quantités.

BAUDROIE EN CROÛTE DE CARVI
SUR PLANCHE AVEC SAUCE À LA TOMATE ET AUX OIGNONS VERTS

DONNE 4 PORTIONS

On parle souvent de la baudroie comme étant le homard du pauvre, à cause de sa chair blanche très ferme et vraiment délicieuse. Le filet de baudroie ressemble à un filet de porc, et il est facile de le faire cuire sur planche.

1 planche de cèdre, trempée toute la nuit ou au moins pendant 1 heure

BAUDROIE

22 ml (1½ c. à soupe) de graines de carvi

1 filet de baudroie de 500 g (1 lb), sans peau

Sel casher et poivre noir fraîchement moulu

25 ml (2 c. à soupe) d'huile d'olive extra vierge

1 grosse gousse d'ail, finement émincée

Zeste de ½ citron, finement râpé

1 pincée de piment de Cayenne

2 ml (½ c. à thé) d'oignon déshydraté

SAUCE

50 ml (¼ tasse) de mayonnaise

1 tomate mûre, coupée en dés de 0,6 cm (¼ po)

3 oignons verts, finement hachés, 15 ml (1 c. à soupe) réservée pour garnir

15 ml (1 c. à soupe) de persil frais, finement haché

1 petite gousse d'ail, finement émincée

1 pincée de piment de Cayenne

15 ml (1 c. à soupe) de jus de citron frais

Sel casher

Faire rôtir légèrement les graines de carvi dans un plat à sauter, et les transférer sur une assiette pour qu'elles refroidissent, puis réserver.

Saler et poivrer le filet de baudroie. Dans un petit bol, combiner l'huile d'olive, l'ail, le zeste de citron, le piment de Cayenne et l'oignon déshydraté, puis en enrober le filet. Le recouvrir uniformément de graines de carvi, sauf 7 ml (1½ c. à thé). Laisser reposer pendant 15 minutes.

Pour préparer la sauce, combiner tous les ingrédients dans un bol moyen et bien mélanger. Réserver la sauce.

Préchauffer le gril à chaleur moyenne-vive pendant 5 à 10 minutes, ou jusqu'à ce que la température de la chambre s'élève au-dessus de 260 °C (500 °F). Rincer la planche et la placer sur la grille. Fermer le couvercle et faire chauffer la planche de 4 à 5 minutes, ou jusqu'à ce qu'elle commence à fumer et à craqueler légèrement. Réduire à chaleur moyenne.

Placer le poisson sur la planche et le faire cuire de 15 à 20 minutes, en le tournant à la mi-cuisson, jusqu'à ce qu'il soit souple au toucher ou que la température interne atteigne 57 °C (135 °F).

Couper le poisson en médaillons et le servir avec une cuillérée de sauce, le saler et le poivrer, puis l'arroser d'un peu d'huile d'olive. Garnir avec les graines de carvi réservées et les oignons verts.

VIVANEAU NOIRCI AU GRIL

DONNE 4 PORTIONS

Si vous avez déjà essayé de faire cuire ce plat spectaculaire à l'intérieur, vous savez que c'est un cauchemar ; il produit beaucoup de fumée blanche. Le faire cuire à l'extérieur demande une technique spéciale qui utilise un gril au gaz pour préchauffer des poêles en fonte afin de créer le même effet que la cuisine du restaurant du chef Paul Prudhomme. Ne faites pas cuire ce plat si vous ne voulez pas incommoder vos voisins avec la fumée. Vous aurez besoin de 2 poêles en fonte épaisses de 23 cm (9 po) pour préparer cette recette.

ATTENTION : Vous pouvez vous brûler gravement les mains si, par inadvertance, vous prenez les poignées très chaudes de la poêle pour retirer le poisson du gril. Soyez très prudent !

4 filets de vivaneau de 250 à 300 g (8 à 10 oz) 375 g (¾ lb) de beurre	1 recette de Mélange d'épices à frotter cajun (voir page 53)

Réchauffer 4 assiettes de service et 4 petits ramequins dans un four à basse température.

Préparer le gril au gaz (je regrette, mais les grils au charbon de bois ne génèrent pas assez de chaleur pour cette recette) pour une chaleur directe vive. Placer 2 poêles en fonte sur les grilles, les poignées pointant vers vous. Laisser les poêles chauffer sur le gril pendant au moins 15 minutes, jusqu'à ce qu'elles soient extrêmement chaudes.

Pendant ce temps, faire fondre le beurre dans un plat à sauter. Fermer la chaleur, mais laisser le plat sur la cuisinière pour qu'il reste chaud.

Tremper les filets de vivaneau dans le beurre fondu et les saupoudrer généreusement des 2 côtés du mélange d'épices à frotter. Les arroser avec un peu du beurre restant.

Ouvrir le gril et rapidement placer les filets dans les poêles. Ceci causera beaucoup de fumée blanche, et le beurre pourrait s'enflammer, alors, être prudent. Fermer le couvercle et faire cuire le poisson pendant quelques minutes seulement. À l'aide d'une spatule, tourner les filets rapidement avec soin et les faire cuire pendant 1 ou 2 minutes de plus, jusqu'à ce que l'extérieur du poisson soit bien noirci.

Mettre des gants de cuisinier, juste au cas où on prendrait les poignées des poêles par erreur. À l'aide d'une spatule, retirer les filets des poêles et les placer dans les assiettes de service. Transférer le reste du beurre dans les ramequins chauds. Servir le vivaneau immédiatement avec les ramequins de beurre pour tremper.

SILURE-REQUIN AU CARI ET AU CUMIN
SUR PLANCHE AVEC SALSA DE YOGOURT ET DE BANANE

DONNE 4 PORTIONS

Le silure-requin est le tofu de la mer ; il prend facilement les saveurs tout en gardant sa succulente texture. Tout poisson à chair blanche fera également l'affaire. Ce plat s'accompagne très bien de riz basmati nature et de vos légumes grillés favoris.

1 planche de cèdre, trempée toute la nuit ou pendant au moins 1 heure

2 filets de silure-requin de 375 g (12 oz)

Sel casher

MÉLANGE D'ÉPICES À FROTTER

15 ml (1 c. à soupe) de poudre de cari

5 ml (1 c. à thé) de cassonade pâle

1 pincée de piment de Cayenne

15 ml (1 c. à soupe) de graines de cumin rôties

1 lime, coupée en 2

SALSA DE YOGOURT ET DE BANANE

1 banane assez mûre

125 ml (½ tasse) de yogourt nature

15 ml (1 c. à soupe) de coriandre fraîche, hachée

Brindilles de coriandre fraîche, pour garnir

Votre chutney favori

Couper les filets de silure-requin en 2 pour en faire 4 morceaux de la même taille. Saler et déposer dans un bol ou un plat non réactif. Dans un bol, mélanger la poudre de cari, la cassonade, le piment de Cayenne et les graines de cumin, puis en enrober légèrement les filets des 2 côtés. Presser ½ lime sur les morceaux de poisson. Le réfrigérer pendant au moins 15 minutes, mais pas plus que 1 heure.

Pendant ce temps, couper la banane en morceaux de 1 cm (½ po) et dans un bol, la combiner avec le yogourt et la coriandre hachée. Couvrir et réfrigérer la salsa jusqu'à l'utilisation. La préparer peu de temps avant de la servir.

Préparer le gril pour une chaleur moyenne-vive de 5 à 10 minutes, ou jusqu'à ce que la température de la chambre s'élève au-dessus de 260 °C (500 °F). Rincer la planche et la placer sur la grille. Fermer le couvercle et faire chauffer la planche de 4 à 5 minutes, ou jusqu'à ce qu'elle commence à fumer et à craqueler légèrement. Réduire la chaleur à moyenne-douce.

Mettre les morceaux de poisson sur la planche et les faire cuire de 10 à 15 minutes, ou jusqu'à ce que la température interne du poisson atteigne 57 °C (135 °F). Le retirer du gril, garnir avec des brindilles de coriandre et servir immédiatement avec la salsa de yogourt et de banane, et le chutney.

Saumon et autres fruits de mer spectaculaires

THON AU POIVRE GRILLÉ
AVEC MAYONNAISE AU WASABI ET À LA LIME

DONNE 4 PORTIONS

Le thon grillé est un des plats les plus succulents que je connaisse. L'élément le plus important ici, comme avec presque tout ce que vous faites griller, est de ne pas le faire trop cuire. Certains aiment leur thon bleu-saignant, l'extérieur saisi seulement. Je le préfère un peu plus cuit, comme un bifteck mi-saignant, encore translucide au centre. Servez-le avec des Galettes de riz grillées (page 146).

MAYONNAISE AU WASABI ET À LA LIME	THON
125 ml (½ tasse) de mayonnaise ou d'aïoli	25 ml (2 c. à soupe) de sel casher
15 ml (1 c. à soupe) de jus de lime frais	250 ml (1 tasse) de grains de poivre noir fraîchement concassés
5 ml (1 c. à thé) de pâte de wasabi préparée ou de poudre de wasabi	4 darnes de thon de 250 g (8 oz), aussi frais que possible
Sel casher ou poivre noir fraîchement moulu, au goût	Huile d'olive pour arroser
	Quartiers de citron et brindilles de coriandre fraîche pour garnir

Pour préparer la mayonnaise au wasabi et à lime, combiner dans un bol la mayonnaise ou l'aïoli, le jus de lime et le wasabi, puis saler et poivrer le mélange. Faire la mayonnaise à l'avance — de préférence le soir précédent, mais au moins 1 heure avant de servir — pour que les saveurs se mélangent bien.

Préparer le gril pour une chaleur directe vive. Dans un bol, combiner le sel et les grains de poivre concassés. Bien presser le mélange d'assaisonnements sur les darnes, pour en enrober tous les côtés. Arroser les darnes avec l'huile d'olive et les faire griller de 30 secondes à 3 minutes de chaque côté, selon l'épaisseur des darnes et la cuisson désirée. Pour le thon, qui est extrêmement ferme et maigre, et qui ne perd pas de jus, la façon la plus facile de vérifier la cuisson est de le couper avec un couteau bien aiguisé.

Retirer le thon du gril et faire des tranches minces. Les placer dans des assiettes individuelles et servir avec un peu de mayonnaise au wasabi et à la lime, et garnir avec 1 ou 2 brindilles de coriandre et 1 quartier de citron.

Photographié avec les Galettes de riz grillées (page 146)

THON ROULÉ DANS LE PROSCIUTTO
SUR PLANCHE DE CÈDRE

DONNE 4 PORTIONS

➤ SECRET DE TOM ➤
POUR LE BARBECUE

Mon ami Tom Riglar l'appelle le secret du plat en aluminium renversé, et c'est une façon agréable de vous concentrer et de régler avec précision la chaleur de votre gril.

Voici comment :

1. Préparez le gril pour une chaleur indirecte vive.
2. Mettez les aliments à cuire sur le côté chaud pour les faire brunir.
3. Déplacez les aliments vers le côté moins chaud.
4. Placez un plat à rôtir en aluminium inversé sur les aliments.
5. Plus grande est la surface du plat exposée à la source de chaleur, plus de chaleur vous aurez pour faire cuire les aliments. Le mouvement de ce plat est maintenant votre régulateur de chaleur, qui devient un petit four à convection ! « La grandeur de ce four est directement reliée à la grandeur de votre plat d'aluminium, dit Tom. Vous pouvez tout faire, il n'en tient qu'à votre imagination. »

Ce plat original a été élaboré par mon ami Tom Riglar, qui est ce que l'on peut appeler un maniaque de la vraie grillade. C'est une façon peu habituelle mais délicieuse de faire cuire les darnes de thon, en mariant les saveurs méditerranéennes avec des textures contrastantes. Servez-le avec du Riz confetti (page 144) ou des petites pommes de terre grillées, puis un bon gewürztraminer ou un riesling.

1 planche de cèdre, trempée pendant au moins 2 heures ou toute la nuit

4 darnes de thon de 175 g (6 oz), d'environ 8 à 10 cm (3 à 4 po) de diamètre

8 tranches minces de prosciutto italien

RELISH

25 ml (2 c. à soupe) d'huile d'olive

1 oignon doux moyen, émincé

2 grosses gousses d'ail, émincées

1 piment rouge, épépiné et coupé en dés

50 ml (¼ tasse) d'olives Kalamata dénoyautées, grossièrement hachées

50 ml (¼ tasse) de basilic frais, finement haché

25 ml (2 c. à soupe) de câpres, égouttées

15 ml (1 c. à soupe) de vinaigre de vin blanc

Dans une casserole à sauter à feu moyen, faire chauffer l'huile d'olive et faire cuire l'oignon, l'ail et le piment rouge en brassant régulièrement, jusqu'à ce qu'ils soient tendres. Retirer le mélange du feu. Ajouter les olives, le basilic, les câpres et le vinaigre, et réserver.

Rincer la planche. Former un cône autour de chaque morceau de thon avec le prosciutto, utilisant des cure-dents pour le tenir en place, si nécessaire. Placer sur la planche, en laissant de l'espace entre chacun. Remplir les cavités avec la relish.

Préchauffer le gril à chaleur moyenne-vive pendant 5 à 10 minutes, ou jusqu'à ce que la température de la chambre s'élève au-dessus de 260 °C (500 °F). Placer la planche avec le thon sur la grille et fermer le couvercle. Faire cuire de 4 à 5 minutes, ou jusqu'à ce que la planche commence à fumer et à craqueler légèrement. Réduire à chaleur moyenne et faire cuire le thon jusqu'à une température interne de 57 °C (135 °F). Retirer la planche et le thon du gril, et servir immédiatement avec le reste de la relish.

SALADE DE POULPE GRILLÉ

DONNE 4 PORTIONS

Lorsque j'étais un adolescent voyageant en Europe, mon ami Rich et moi avons loué des Vespas à Rome pour nous rendre à Lido, la plage à l'ouest de la ville. Nous nous sommes arrêtés dans un restaurant, où le propriétaire volubile nous a convaincus de commander une salade de fruits de mer qui contenait du poulpe mariné. Je n'oublierai jamais les morceaux acidulés difficiles à mâcher de poulpes dans cette salade. Ce fut un des repas les plus satisfaisants de ce voyage.

1 bras de poulpe de 1 kg (2 lb)

25 ml (2 c. à soupe) d'huile d'olive extra vierge

5 ml (1 c. à thé) d'origan grec séché, écrasé

5 ml (1 c. à thé) de flocons de piment fort, écrasés

15 ml (1 c. à soupe) de jus de citron frais

1 trait de vinaigre de vin rouge

Sel casher et poivre noir fraîchement moulu

15 ml (1 c. à soupe) de persil plat italien frais, haché

Quartiers de citron

Mettre un bouchon de liège dans un pot d'eau froide. (On croit qu'ajouter un bouchon de liège dans l'eau pendant que le poulpe est en train de bouillir le rend plus tendre.) Placer le bras du poulpe dans l'eau et porter à ébullition à feu vif. Diminuer à feu doux et laisser mijoter le poulpe pendant environ 1 heure, ou jusqu'à ce qu'il soit tendre lorsque piqué avec un couteau. Le rincer, l'assécher et réserver.

Préparer le gril pour une chaleur directe vive. Badigeonner le bras du poulpe avec un peu d'huile d'olive et le faire griller jusqu'à ce qu'il ait de belles marques de grilles des 2 côtés. Le trancher en diagonale en morceaux de 1 bouchée et le déposer dans un bol à salade. Ajouter le reste des ingrédients, sauf le persil et les quartiers de citron, et bien remuer. Couvrir le bol et le mettre au réfrigérateur toute la nuit. Remuer et servir la salade le lendemain, en la garnissant avec le persil haché et les quartiers de citron.

TRUITE GRILLÉE EN PAPILLOTE

DONNE 2 PORTIONS

La simple technique suivante donne au poisson une saveur et une texture plus subtiles et plus délicates que si vous le faisiez griller à chaleur directe, et les oranges ajoutent une saveur et un arôme agréables. Achetez le poisson le plus frais possible — préférablement celui que vous venez de prendre, voilà quelques heures, dans un lac de montagne, à l'aide d'une canne à mouche !

45 ml (3 c. à soupe) de beurre, à température ambiante

1 truite arc-en-ciel entière de 1 kg (2 lb), nettoyée

Sel casher et poivre noir fraîchement moulu, au goût

25 ml (2 c. à soupe) de persil frais, haché

½ oignon blanc moyen, pelé

2 oranges

Brindilles de persil frais, pour garnir

Préparer le gril pour une chaleur moyenne. Couper une feuille de papier d'aluminium de 2½ fois la longueur du poisson et la doubler. Étendre 15 ml (1 c. à soupe) de beurre d'une façon uniforme sur le papier d'aluminium. Placer le poisson sur le papier d'aluminium. Saler et poivrer légèrement à l'intérieur et à l'extérieur, et saupoudrer de persil haché. Trancher l'oignon et 1 des oranges en rondelles, et placer la moitié de l'oignon et de l'orange à l'intérieur du poisson, et l'autre moitié sur le dessus. Déposer les 25 ml (2 c. à soupe) restant de beurre à l'intérieur du poisson et sur le dessus des tranches oignon et d'orange. Presser la moitié de l'orange qui reste sur le tout, envelopper le poisson dans du papier d'aluminium et bien sceller.

Placer le paquet d'aluminium sur les grilles, fermer le couvercle et faire cuire la truite de 8 à 12 minutes, jusqu'à ce que le poisson soit cuit ou que la température interne atteigne 60 à 66 °C (140 à 150 °F). Passer un thermomètre à viande au travers du papier d'aluminium durant les dernières minutes pour en vérifier la cuisson. Pour servir, ouvrir le papier, transférer le poisson avec précaution sur une assiette chaude, et l'arroser des jus qui restent dans la papillote. Garnir avec les quartiers d'orange et les brindilles de persil.

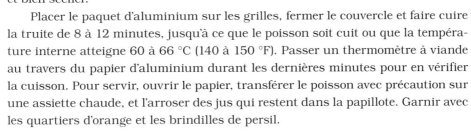

Saumon et autres fruits de mer spectaculaires

333

CHICHEKÉBABS DE LITCHIS ET
DE CREVETTES HABILLÉES DE PROSCIUTTO

DONNE 4 PORTIONS DE REPAS OU 12 DE HORS-D'ŒUVRE

Cette combinaison peut vous sembler étrange, mais la sucrosité des litchis et des crevettes avec la salinité du prosciutto se marient agréablement bien, et la liqueur de litchi donne aux brochettes un arôme exquis. Cette recette peut très bien être servie comme hors-d'œuvre lors d'une fête, mais peut également être servie comme repas principal avec du riz et une salade verte. (NOTE : Enveloppez les crevettes de fines tranches de prosciutto est assez difficile. Si vous avez peu de temps, ce plat est délicieux même sans cet ajout.)

12 brochettes de bambou de 18 cm (7 po), trempées pendant au moins 1 heure

1 conserve de 565 g (20 oz) de litchis dans le sirop

50 ml (¼ tasse) de liqueur de litchi Soho (principalement utilisée dans les martinis sophistiqués aux litchis)

5 ml (1 c. à thé) de flocons de piment fort, écrasés

1 échalote, émincée

15 ml (1 c. à soupe) de gingembre frais, finement émincé

175 ml (¾ tasse) de lait de coco non sucré

50 ml (¼ tasse) d'huile de tournesol ou d'autre huile à saveur neutre

24 grosses crevettes fraîches (environ 13 à 15 à la livre), pelées et déveinées, avec la queue

12 tranches minces de prosciutto italien, coupées en 2 dans le sens de la longueur

15 ml (1 c. à soupe) de fécule de maïs

125 ml (½ tasse) d'eau froide

25 ml (2 c. à soupe) de menthe fraîche, finement hachée

Limes pour arroser

Égoutter les litchis en conserve, en réservant 175 ml (¾ tasse) du sirop. Dans un bol, combiner 12 litchis, le sirop de litchis réservé, la liqueur, les flocons de piment, l'échalote, le gingembre, le lait de coco et l'huile. Dans un bol moyen, tourner délicatement les crevettes dans le mélange et les laisser mariner pendant 1 heure à la température ambiante, ou 3 heures au réfrigérateur.

Retirer les crevettes et les fruits de la marinade, et réserver le liquide. Envelopper chaque crevette de ½ tranche de prosciutto, comme pour mettre une petite ceinture au centre de chacune, en prenant soin de laisser la moitié de la crevette à découvert. Enfiler les crevettes sur les brochettes, en plaçant 1 litchi après chaque crevette. (Comme hors-d'œuvre pour une fête, enfiler 1 litchi et 2 crevettes par brochette.)

(suite à la page 336)

Chichekébabs de litchis et de crevettes habillées de prosciutto *(suite)*

Préparer le gril pour une chaleur directe moyenne. Pendant que le gril chauffe, verser la marinade réservée dans une casserole moyenne à feu moyen jusqu'à ce qu'elle mijote doucement. Mélanger la fécule de maïs avec l'eau et verser dans le liquide. Porter à ébullition, et laisser mijoter pendant environ 5 minutes, ou jusqu'à ce que la sauce soit luisante et épaisse. Réserver.

Huiler la grille, déposer les brochettes, fermer le couvercle et faire cuire pas plus de 1 à 2 minutes de chaque côté, ou jusqu'à ce qu'elles soient presque cuites. Servir les brochettes arrosées de sauce, garnies de menthe hachée et arrosées de quelques gouttes de lime.

BROCHETTES DE CREVETTES AU PISTOU

DONNE 4 PORTIONS DE REPAS OU 12 DE HORS-D'ŒUVRE

Le *pistou* est l'équivalent français de la sauce italienne au pesto. Dans cette version, j'ai ajouté des noix rôties, des anchois et du zeste de citron pour avoir un goût plus costaud. Cette sauce peut également servir de mélange d'épices à frotter pour un rôti d'agneau.

12 brochettes de bambou de 15 cm (6 po), trempées pendant au moins 1 heure

PISTOU

50 ml (¼ tasse) de pacanes légèrement rôties (les amandes ou les pignons sont aussi excellents)

500 ml (2 tasses) de feuilles de basilic frais, lâchement tassées

250 ml (1 tasse) de persil plat italien frais, lâchement tassé

12 filets d'anchois, rincés

2 gousses d'ail, pelées

75 ml (⅓ tasse) d'huile d'olive extra vierge

Zeste de 1 citron, finement râpé ou haché

CREVETTES

12 crevettes géantes, non décortiquées

Sel casher et poivre noir fraîchement moulu

12 tomates cerise ou raisin

Quartiers de citrons, pour garnir

Pour préparer le pistou, combiner dans un robot culinaire les pacanes, le basilic, le persil, les anchois et l'ail, et réduire en une purée homogène. Pendant que le robot est en marche, verser l'huile en un mince filet. Transférer le pistou dans un bol, ajouter le zeste, et bien remuer. Transférer environ 125 ml (½ tasse) de pistou dans un bol de service, et réserver pour tremper.

Saler et poivrer les crevettes. Mélanger avec le reste du pistou et réfrigérer pendant 20 minutes ou jusqu'à 1 heure. Pour les faire cuire, enfiler 1 crevette sur chaque brochette, avec 1 tomate cerise enfilée entre la queue et la tête.

Préparer le gril pour une chaleur directe moyenne. Placer les brochettes sur la grille, fermer le couvercle et faire cuire de 1 à 2 minutes de chaque côté, ou jusqu'à ce qu'elles soient bien cuites. Les servir avec du pistou pour tremper et les garnir de quartiers de citron.

SECRETS POUR LE ⤳ BARBECUE ⤳

Ne faites pas mariner le poisson trop longtemps dans les marinades acides. Ces dernières brisent les protéines du poisson, de la même façon que la chaleur. Alors, si vous gardez le poisson dans une marinade acide pendant plus de 15 minutes, il commencera littéralement à cuire. C'est bien si vous voulez préparer un céviche, un plat qui utilise une marinade d'agrumes essentiellement pour cuire le poisson cru ; mais si vous voulez faire cuire le poisson sur planche, ou le faire griller, ne le gardez pas trop longtemps dans les marinades acides.

CREVETTES GÉANTES AVEC ⤳ PÂTE DE CARI TRÈS ⤳ FACILES À FAIRE GRILLER

Mon ami Kosta, le poissonnier, a partagé cette façon merveilleuse et facile de faire griller des crevettes géantes. Préparez-les en papillon (les scinder dans le sens de la longueur, il sera ainsi plus facile d'enlever la veine) et enrobez-les de votre mélange favori de pâte de cari, à laquelle vous aurez ajouté un peu d'huile sans saveur (environ 45 ml [3 c. à soupe] de pâte de cari mélangée avec 15 ml [1 c. à soupe] d'huile enrobera une douzaine de crevettes). Faites griller les crevettes à chaleur vive pendant environ 1 à 2 minutes de chaque côté, et terminez en les jetant dans une casserole avec un peu de beurre fondu. Servez-les avec des quartiers de citron pour un hors-d'œuvre exceptionnel.

Saumon et autres fruits de mer spectaculaires

PÉTONCLES CUITS SUR PLANCHE

DONNE 4 PORTIONS

La douce saveur et la riche texture des pétoncles sont excellentes avec un peu de fumée de bois. Le styliste culinaire Nathan Fong, qui m'a aidé à bien disposer les aliments pour mon livre de recettes *Planking Secrets*, a trouvé cette recette lorsque je lui ai demandé comment nous pourrions présenter les pétoncles pour une des photos.

1 planche (le cèdre est parfait, mais tout autre bois fera l'affaire), trempée toute la nuit, ou au moins pendant 1 heure

12 gros, ou 16 pétoncles moyens

Sel casher

MARINADE/SAUCE

15 ml (1 c. à soupe) de jus de citron frais

5 ml (1 c. à thé) de zeste de citron, finement râpé

5 ml (1 c. à soupe) de vinaigre de xérès

25 ml (2 c. à soupe) de beurre

5 ml (1 c. à thé) d'aneth frais, haché

2 ml (½ c. à thé) de flocons de piment fort, écrasés

15 ml (1 c. à soupe) de miel liquide

POUR TERMINER

Feuilles de laitue Boston

Quartiers de citron et brindilles d'aneth frais, pour garnir

Salsa du jardin (voir page 62)

Déposer les pétoncles dans un bol non réactif. Saler légèrement et réserver. Dans une casserole à feu doux, combiner le jus et le zeste de citron, le vinaigre, le beurre, l'aneth haché, les flocons de piment et le miel. Faire cuire la sauce en brassant constamment, jusqu'à ce que le beurre soit incorporé. Retirer du feu et verser la moitié sur les pétoncles, en remuant bien pour les enrober.

Préchauffer le gril à chaleur moyenne-vive de 5 à 10 minutes, ou jusqu'à ce que la température de la chambre s'élève au-dessus de 260 °C (500 °F). Rincer la planche et la déposer sur la grille. Fermer le couvercle et faire chauffer la planche de 4 à 5 minutes, ou jusqu'à ce qu'elle commence à fumer et à craqueler légèrement. Garder une chaleur moyenne-vive.

Placer les pétoncles sur la planche, fermer le couvercle, et les faire cuire de 2 à 3 minutes. Les tourner et les badigeonner, puis les faire cuire pendant 1 minute de plus, ou jusqu'à ce qu'ils soient bien cuits. Pour qu'ils soient un peu noircis, les transférer sur la grille durant la ou les deux dernières minutes de cuisson.

Retirer du gril et mélanger avec le reste de la sauce à badigeonner. Les servir sur une feuille de laitue Boston garnis de 1 quartier de citron, de 1 brindille d'aneth et de 1 bonne cuillérée de Salsa du jardin.

HUÎTRES FUMÉES

Les huîtres fumées que vous achetez en conserve au supermarché goûtent le carton huilé en comparaison de ces dodues et délicieuses beautés. Elles sont bonnes à faire cuire au fumoir lorsqu'il fonctionne pour d'autres choses. Lorsque vous avez fini de faire cuire votre plat principal, profitez du fumoir déjà chaud et faites cuire quelques récipients d'huîtres pour consommation ultérieure. Vous pouvez les garder au réfrigérateur pendant quelques jours ou au congélateur pendant 1 ou 2 mois, mais je parie qu'ils ne seront pas là aussi longtemps !

1 contenant de 500 ml (2 tasses) de grosses huîtres fraîches (8 à 12 huîtres), ouvertes

Huile d'olive extra vierge

50 ml (¼ tasse) de Mélange d'épices à frotter pour le championnat de barbecue (voir page 50)

25 ml (2 c. à soupe) de beurre

Sel casher et poivre noir fraîchement moulu

1 citron

Sauce barbecue (facultatif)

Préparer le fumoir pour le barbecue en amenant la température entre 95 et 100 °C (200 et 220 °F). Égoutter les huîtres et les assécher avec des essuie-tout. Les huiler légèrement et les saupoudrer des 2 côtés de mélange d'épices à frotter. Laisser reposer pendant quelques minutes, jusqu'à ce que le mélange d'épices à frotter commence à luire. Vaporiser les grilles avec un enduit antiadhésif et déposer les huîtres. Faire fumer pendant 1 heure, en utilisant du hickory comme agent aromatisant, jusqu'à ce que les huîtres soient souples au toucher et qu'elles aient une teinte de fumée dorée. Les retirer du fumoir.

À ce moment-ci, elles peuvent tout simplement être disposées sur un plat de service et servies. Elles sont meilleures mangées fraîchement sorties du fumoir, trempées dans la sauce barbecue. J'aime aussi les faire refroidir et les faire griller rapidement dans du beurre, en terminant avec 1 pincée de sel et de poivre, et un peu de citron frais, pressé.

Saumon et autres fruits de mer spectaculaires

PEUR ET ADVERSITÉ SUR LES
➤ SENTIERS DU BARBECUE ➤

Suite des aventures de Rockin' Ronnie

La victoire des Butt Shredders en 2001 lors de l'Oregon State Open a été le commencement d'une très belle aventure qui a amené l'équipe à de plus hauts niveaux de compétition — et moi, comme chef cuisinier, à quelques niveaux plus bas. Voici quelques histoires pour vous mettre à jour.

Comme je tranchais dans le soc de porc, chaud et luisant, j'ai vu qu'il était parfaitement juteux et tendre. L'odeur du gras de porc et de la fumée de bois de feuillus m'est montée au nez. Encore 10 minutes avant de le remettre. Le soleil frappait sur la planche à découper, et je pouvais sentir que ma sauce barbecue donnait son rendement maximum. Je n'ai jamais autant voulu gagner de toute ma vie.

C'était le jour du jugement au championnat national canadien de barbecue à Whistler, en Colombie-Britannique, en 2004. La session d'hypnothérapie sportive que j'avais eue la veille donnait de bons résultats. Grâce à celle-ci, à notre tournée traditionnelle de martinis, à l'aube, et au fait que de la bière froide allemande coulait à flot, j'ai été capable d'atteindre, dans les recoins de mon subconscient tout enfumé, un coin calme qui m'a donné l'assurance nécessaire pour me concentrer sur ce que je faisais et m'a aidé à stabiliser mes mains.

Nous, Butt Shredders, avions besoin de toute la concentration possible si nous voulions gagner le concours cette journée-là. La compétition était la meilleure dans l'histoire des nationaux, incluant Paul Kirk, 7 fois champion mondial du barbecue, et Myron Mixon, le gagnant à Memphis en mai.

> **Le soleil frappait sur la planche à découper, et je pouvais sentir que ma sauce barbecue donnait son rendement maximum.**

Quelques minutes avant l'heure limite pour remettre les viandes aux juges, mes coéquipiers et moi nous sommes rassemblés, et j'ai passé des tranches de différentes parties des trois rôtis fumants et juteux qui étaient sur la planche à découper devant moi. Nous avons rapidement partagé nos notes pour déterminer quel rôti avait la meilleure saveur et la plus grande tendreté, et nous nous sommes mis d'accord sur le soc sur lequel nous allions prélever les six tranches pour les juges.

Trois heures plus tard, nous avons répété le même procédé pour participer à trois autres catégories — poulet, côtes et pointe de poitrine —, et notre sort était entre les mains des juges.

Il y avait de la victoire dans l'air enfumé autour des Butt Shredders, alors que nous attendions les résultats. Un par un, les gagnants de chaque catégorie furent annoncés. Nous sommes arrivés premiers dans la catégorie soc de porc. Deuxièmes dans celle de la pointe de poitrine. Cinquièmes dans celle des côtes. Nous ne nous sommes pas classés pour le poulet, mais les trois classements étaient suffisants pour que les Butt Shredders deviennent la première équipe canadienne à remporter le trophée Grand champion dans les 15 ans de l'histoire du championnat national de barbecue canadien. Jusqu'à ce jour, les équipes états-uniennes ont presque toujours gagné à chaque concours canadien, parce que, après tout, le barbecue est un sport états-unien. Mais avec notre victoire à Whistler, nous avons l'impression que nous avons ramené le barbecue au Canada pour de bon.

Notre série de victoires a commencé avec notre victoire historique à l'Oregon State Open de 2001 (voir page 70) et a continué avec nos deux titres de Grand champion, coup sur coup, au Barbecue on the Bow, à Calgary. Ces victoires nous ont donné le droit d'entrée à des compétitions de niveau supérieur, avec des invitations pour l'American Royal de Kansas City et pour le plus prestigieux et le plus convoité du monde, le Jack Daniel's World Championship Invitational Barbecue. Pendant un bon moment, les Butt Shredders ont vécu le rêve du barbecue.

> ~ ~

Si un concours normal de barbecue ressemble à un charmant petit village de clochards, l'American Royal est une mégapole enfumée peuplée par des mangeurs de viande qui ressemblent à Shrek avec des casquettes de baseball et des t-shirts tachés de sauce barbecue. Le samedi soir du championnat, il y a 60 000 observateurs locaux, sur le terrain de la compétition, venus observer 400 équipes. La Budweiser coule à flot et les beignets amish sont ce qui se rapproche le plus des légumes.

La Budweiser coule à flot et les beignets amish sont ce qui se rapproche le plus des légumes.

Le point culminant du Royal : rencontre avec une des vraies vedettes du barbecue, David Klose, qui aidait une des équipes. David est l'équivalent du barbecue d'Orange County Choppers. De la même façon que la bande California fabrique des motocyclettes à thème, David fait des barbecues à thème. Il a fait tout ce que l'on peut penser dans ce domaine, de la conversion d'une carrosserie de voiture NASCAR en un barbecue, à la fabrication de la forme d'une bouteille géante de Jack Daniel's.

David est non seulement un réputé fabricant de barbecues, mais il est aussi un raconteur d'histoires haut en couleurs. Je me tenais près de lui lorsqu'il a raconté la construction d'un barbecue pour le propriétaire de Cowboys de Dallas. Faisant partie de ce projet, il a eu la chance de rencontrer les fameuses meneuses de claques. Comme il nous l'a dit : « Si je pouvais avoir une ou deux meneuses de claques pour m'aider durant le concours de barbecue, je pense que je les arroserais d'un peu de miel et je les remettrais aux juges! N'est-ce-pas que ce serait spécial? »

> ~ ~

Je n'oublierai jamais la première visite des Butt Shredders au concours Jack. Nous étions à Lynchberg, au Tennessee, siège social de la fameuse distillerie, en compétition avec les meilleures équipes de barbecue au monde — des champions régionaux et de 50 États avec une douzaine d'équipes internationales. L'emplacement où avait lieu la compétition était situé à une courte distance de la distillerie, dans une petite vallée appelée The Holler, le long d'un joli cours d'eau.

Lorsque nous sommes arrivés sur le site pour la première fois, nous avons réalisé que nous n'avions jamais vu autant d'équipement haut de gamme pour barbecue en un seul endroit. On transportait toutes sortes de barbecues de tous les styles possibles, et tous les compétiteurs avaient un sourire qui voulait dire : « Nous avons réussi à nous rendre au Jack! » Nous avions tous une chance de gagner le trophée ultime de barbecue — tous les droits de nous vanter.

Étrangement, mon moment favori du Jack n'a pas beaucoup à faire avec le barbecue. Nous sommes restés debout la moitié de la nuit pour surveiller les fumoirs et nous préparions nos poulets. Il était 8 heures du matin quand un personnage sorti tout droit de *Henri pis sa gang* (en anglais *King of the Hill*), portant une casquette de baseball et des verres fumés, est arrivé sur l'emplacement en voiturette de golf. Il s'arrêtait à tous les 10 mètres et criait avec un fort accent du sud : « CHAUSSONS FRITS! CHAUSSONS FRITS! ACHETEZ VOS CHAUSSONS FRITS FAITS MAISON! J'AI DES CHAUSSONS AUX PÊCHES, DES CHAUSSONS AUX POMMES! CHAUSSONS FRITS! »

Une de mes coéquipières lui jeta un long regard et lui lança, dans son style assez sec : «Tes chaussons sont bons?»

L'homme sourit et regardant Kathy dans les yeux, lui dit : «Chérie, ces chaussons sont tellement bons que si tu t'en mettais un sur la tête, ta langue te frapperait à mort juste pour essayer de l'avoir!»

☙ ❧

C'était facile pour moi d'être passionné des compétitions de barbecue. C'est la combinaison ultime de l'adrénaline d'une équipe, de la nourriture graisseuse et du fait de boire sans arrêt. Comment ne pas aimer ça?

À ce moment-là, je pensais que l'on ne pouvait jamais avoir trop de tout ça. Puis, toutes ces victoires me sont montées à la tête, et puis éventuellement, tout s'est emballé.

J'ai été heureux de quitter l'entreprise et mon emploi minable, et pourtant bien rémunéré, pour avoir le temps d'écrire et de promouvoir mes livres de recettes. J'ai passé un nombre d'heures incalculables à organiser et à faire des démonstrations et des ateliers de cuisine. J'ai publié un bulletin qui s'appelait *Barbecue Times*, et j'ai produit une émission internet audio, préparée à la maison, *The Barbecue Secrets Podcast*. J'ai fondé quelque chose appelé Barbecue Academy, un atelier pour renforcer l'esprit d'équipe basé sur les championnats de barbecue. J'ai même agi comme motivateur, en dirigeant un atelier spécial durant une conférence internationale qui avait comme thème : «Tout ce que je sais au sujet de la communication, je l'ai appris de mon barbecue.» Bon sang.

J'étais réellement acharné à la poursuite de la gloire du barbecue. Mais, éventuellement, mon rêve de barbecue allait devenir un engrenage sans fin.

> **« Chérie, ces tartes sont tellement bonnes que si tu t'en mettais une sur la tête, ta langue te frapperait à mort, juste pour essayer de l'avoir ! »**

Durant l'été 2005, j'ai organisé près de 20 démonstrations culinaires et ateliers, puis j'ai forcé l'équipe à s'inscrire à 7 compétitions de barbecue.

J'en suis venu à un point où j'étais tellement fatigué et distrait qu'un soir, en arrivant à la maison d'une démonstration culinaire, trop las pour tout sortir de la voiture, j'ai laissé sur le siège arrière un gril portatif au charbon de bois. Très tôt le lendemain matin, mon voisin a sonné à la porte. Lorsque j'ai répondu, il a dit : «Je regrette de te déranger, mais je pense que ta voiture est en feu.»

Un morceau de charbon de bois fumant était tombé du fumoir sur le siège arrière, et durant la nuit, le feu avait commencé à prendre lentement. Au matin, la fumée sortait de la fenêtre à demi ouverte et le siège avait fondu en un gâchis dégoûtant et toxique. Le siège arrière a dû être remplacé et il a fallu 2 ans pour que l'odeur de plastique brûlé disparaisse de la voiture.

☙ ❧

Le creux de ma carrière est arrivé au printemps de 2006, lorsque j'ai regardé ma déclaration de revenus 2005 et mon compte de banque. J'ai finalement réalisé qu'après avoir poursuivi mon rêve de barbecue pendant 3 années sans avoir un travail à plein temps, je me suis littéralement retrouvé sans le sou.

Quelques mois plus tard, j'avais un nouvel emploi professionnel dans un bureau du centre-ville et j'avais à nouveau une vie acceptable.

☙ ❧

Comme j'écris cet article, il y a déjà un an et demi que je travaille. L'arrêt sabbatique en barbecue que je m'étais imposé a été un arrêt bénéfique, même si chaque fois que je sens l'odeur du prosopis j'ai un serrement de cœur dans la pointe de poitrine.

Dernièrement, le téléphone a commencé à sonner. Le barbecue appelle, avec des possibilités de mettre en application tout ce que j'ai appris dans de nouveaux projets excitants. Comme j'étudie mes choix, je réalise que même si j'ai pris mes distances du barbecue, toute cette fumée bleue a pénétré bien profondément en moi.

Mes aventures de la cuisine en plein air ont fait de moi un homme plus sage et plus humble. Je ne peux qu'avoir confiance dans le fait que le monde du barbecue m'amènera à de nouveaux paliers et me fera rencontrer des gens qui enrichiront ma vie.

Déééélicieux desserts

VOUS PENSEZ QUE LORSQUE VOUS AVEZ MANGÉ BEAUCOUP DE BARBECUE, vous ne devriez pas envisager de manger un dessert, mais le contraire est vrai. Un repas riche en aliments cuits sur barbecue ou au gril ne demande qu'une finale sucrée et substantielle. Je suis chanceux d'être marié avec le meilleur chef de desserts au monde. Ma femme, Kate, n'a pas une grande variété de desserts à son répertoire, mais lorsqu'elle découvre une recette géniale, elle la perfectionne. Et vous, chers lecteurs, avez la chance de posséder maintenant la transformation de plus de 20 ans d'expérience en cuisson de desserts de la maison des Shewchuk. Même si l'inspiration de ces différentes recettes provient de différentes sources, la plupart d'entre elles ont été affinées par Kate. Lisez, cuisez et régalez-vous.

PARFAIT DE ZOÉ

DONNE 6 À 8 PORTIONS

Voici un simple dessert inventé par ma fille, Zoë (qui a toujours un A dans son cours d'économie domestique).

2 saveurs de crème glacée, de gelato ou de sorbet (essayer mangue et framboise, ou banane et noix de coco)

250 ml (1 tasse) de bleuets

125 ml (½ tasse) de fraises

Noix de coco non sucrée, rapée

15 ml (1 c. à soupe) de zeste de citron, râpé ou finement émincé

Dans des plats de service individuels, placer 3 cuillérées de crème glacée, de gelato ou de sorbet pour chaque personne . Zoë recommande de les déposer ensemble dans un verre à vin ou à champagne pour une disposition semi-cérémonieuse. Recouvrir de bleuets et de fraises. Saupoudrer de noix de coco et de zeste de citron. Voilà!

BISCUITS AU GINGEMBRE QUI S'ENVOLENT

DONNE 30 BISCUITS

Ce sont des biscuits croustillants pour les amateurs d'épices. Faites-en cuire une recette et regardez-les s'envoler rapidement.

250 ml (1 tasse) de sucre, plus pour rouler

175 ml (¾ tasse) de graisse végétale (Crisco est un bon choix)

125 ml (½ tasse) de mélasse

1 œuf, battu à la fourchette

50 ml (2 tasses) de farine tout usage

5 ml (1 c. à thé) de gingembre moulu (ou au goût)

5 ml (1 c. à thé) de cannelle moulue

2 ml (½ c. à thé) de bicarbonate de soude

1 pincée de sel casher

Dans un grand bol, défaire en crème le sucre avec la graisse végétale, la mélasse et l'œuf. Tamiser ensemble la farine, le gingembre, la cannelle, le bicarbonate de soude et le sel, puis les ajouter au mélange. Couvrir et réfrigérer la pâte pendant plusieurs heures.

Préchauffer le four à 160 °C (325 °F).

Prendre une bonne cuillérée de pâte et former une boule dans les mains. Verser environ 50 ml (¼ tasse) de sucre dans un petit bol. Rouler chaque boule dans le sucre, puis placer sur une plaque à pâtisserie, à environ 8 cm (3 po) l'une de l'autre. À l'aide d'un verre à fond plat et rond préalablement trempé dans le sucre, aplatir chaque boule en un disque plat. Il sera peut-être nécessaire de tremper le verre dans le sucre fréquemment.

Faire cuire les biscuits de 8 à 10 minutes. Les laisser refroidir, faire claquer les doigts, et ils se seront envolés.

BOUCHÉES AU CITRON

DONNE ENVIRON 16 BOUCHÉES

C'est un des meilleurs desserts de tous les temps, un classique du livre de recettes *The Joy of Cooking*, que j'inclus ici, tout simplement parce que c'est une des meilleures façons de terminer un repas estival. Surveillez la croûte qui cuit, et ensuite lorsqu'elle cuit avec la garniture. Vous aurez peut-être besoin de moins de temps que demandé pour chaque étape. Servez-les sur une assiette de service avec les Brownies *nec plus ultra* aux trois chocolats (page 351).

CROÛTE

250 ml (1 tasse) de farine tout usage, tamisée

50 ml (¼ tasse) de sucre glace

125 ml (½ tasse) de beurre fondu

GARNITURE

250 ml (1 tasse) de sucre

2 ml (½ c. à thé) de levure chimique à double action

2 œufs, légèrement battus

25 ml (2 c. à soupe) de jus de citron frais

10 ml (2 c. à thé) de zeste de citron râpé

125 ml (½ tasse) de noix de coco non sucrée en flocons (facultatif)

125 ml (½ tasse) de sucre glace pour saupoudrer le dessus

Préchauffer le four à 180 °C (350 °F).

Pour préparer la croûte, tamiser la farine et le sucre glace dans un bol à mélanger de taille moyenne. Incorporer le beurre fondu. Bien presser le mélange dans un moule carré de 20 cm (8 po) graissé, et faire cuire la croûte pendant 20 minutes.

Pendant ce temps, préparer la garniture en combinant dans un bol moyen le sucre, la levure chimique, les œufs, le jus de citron, le zeste de citron et la noix de coco (si désiré).

Lorsque la croûte a cuit pendant environ 15 minutes (bien surveiller), la sortir du four. Verser le mélange de la garniture et remettre dans le four pendant 25 minutes de plus (ou moins ; surveiller pour qu'elle ne brûle pas). Faire refroidir le dessert.

Avant de servir, saupoudrer de sucre glace et couper en carrés de 5 cm (2 po).

Déééélicieux desserts

BROWNIES *NEC PLUS ULTRA*
AUX TROIS CHOCOLATS

DONNE ENVIRON 12 BROWNIES

Cette recette, avec un glaçage, a gagné un concours de brownies il y a environ 20 ans. La première fois que ma coéquipière Kathy Rochardier nous a servi ces brownies, à Kate et à moi, ils n'étaient pas glacés, comme le demandait la recette originale, et nous étions tous d'accord que les glacer serait excessif — même nous, ce qui veut tout dire.

Les Brownies aux trois chocolats ont été servis chez nous plus de cent fois, et ils ont toujours reçu des acclamations extatiques. Ils se congèlent très bien ; même s'ils sont surgelés, ils ont toujours reçu des compliments enthousiastes.

NOTE : Utilisez les grosses barres de chocolat européen, de bonne qualité. Vous pouvez jouer avec la combinaison de chocolat en utilisant des barres au chocolat avec des noix ou des fruits, mais la recette de base est tellement délicieuse que vous devriez l'essayer au moins une fois tel quel.

125 ml (½ tasse) de beurre	1 barre de 90 g (3 oz) de chocolat blanc
90 g (3 oz) de chocolat non sucré, haché	1 barre de 90 g (3 oz) de chocolat au lait
2 œufs, à la température ambiante	1 barre de 90 g (3 oz) de chocolat mi-sucré ou noir
1 pincée de sel casher	
250 ml (1 tasse) de sucre	125 ml (½ tasse) de farine tout usage
10 ml (2 c. à thé) d'essence de vanille	Crème glacée à la vanille, crème fouettée ou fruits (facultatif)

Préchauffer le four à 160 °C (325 °F).

Tapisser de papier d'aluminium un moule à gâteau carré ou rond de 20 cm (8 po) ; graisser généreusement le papier d'aluminium. Dans une casserole à feu doux, faire fondre le beurre. Retirer la casserole du feu et ajouter le chocolat fondant. Laisser le chocolat fondre complètement.

Dans un grand bol, battre les œufs avec le sel à haute vitesse pendant 30 secondes. Ajouter graduellement le sucre et continuer à battre jusqu'à ce que le mélange soit épais et pâle. Incorporer le mélange chocolat-beurre et la vanille. Hacher les barres de chocolat en morceaux et les enrober de farine. Les ajouter au mélange dans le bol et bien mélanger à la main.

Verser la pâte dans le moule. Faire cuire de 30 à 35 minutes, ou jusqu'à ce que les brownies soient fermes au toucher. Servir avec de la crème glacée, de la crème fouettée, des fruits, ou tout simplement tel quel.

GÂTEAU AU CHOCOLAT DE MAMAN
AVEC GLAÇAGE AU CHOCOLAT

DONNE 8 À 10 PORTIONS

Tout le monde a besoin d'une bonne recette de gâteau au chocolat; celle-ci, qui provient d'une vieille revue *Food & Wine*, est celle que notre famille et nos amis préfèrent. Kate a changé cette recette à l'occasion et elle a trouvé qu'utiliser du chocolat au lait au lieu du chocolat noir, dans la recette du gâteau et du glaçage, donnait un gâteau plus sucré, que les enfants préfèrent. Celle-ci est une version qui convient plus aux adultes. Néanmoins, un grand verre de lait est l'accompagnement idéal. Il est préférable de faire cuire ce gâteau la veille.

GÂTEAU

500 ml (2 tasses) de farine tout usage

10 ml (2 c. à thé) de levure chimique

10 ml (2 c. à thé) de bicarbonate de soude

5 ml (1 c. à thé) de sel casher

500 ml (2 tasses) de sucre

500 ml (2 tasses) d'eau

125 g (4 oz) de chocolat non sucré

90 ml (6 c. à soupe) de beurre non salé

5 ml (1 c. à thé) d'essence de vanille

2 œufs, légèrement battus

GLAÇAGE AU CHOCOLAT

325 ml (1⅓ tasse) de crème à fouetter

375 ml (1½ tasse) de sucre

175 g (6 oz) de chocolat non sucré

150 ml (½ tasse + 2 c. à soupe) de beurre non salé

7 ml (1½ c. à thé) d'essence de vanille

1 pincée de sel casher

Préchauffer le four à 180 °C (350 °F).

Beurrer et fariner 2 moules à gâteaux ronds de 20 cm (8 po). Tapisser le fond des moules avec du papier ciré ou parchemin (ne pas omettre cette étape, car ces gâteaux moelleux ne se démouleront jamais).

Dans un bol moyen, tamiser ensemble la farine, la levure chimique, le bicarbonate de soude et le sel; réserver. Dans une casserole moyenne, combiner le sucre et l'eau. Porter à ébullition à feu vif, et brasser jusqu'à ce que le sucre soit dissout, puis verser dans un grand bol. Ajouter le chocolat et le beurre, et laisser le mélange reposer, en brassant de temps à autre, jusqu'à ce que le chocolat ait fondu et que le mélange ait refroidi un peu. Incorporer la vanille.

Battre les œufs dans le mélange au chocolat à vitesse moyenne, jusqu'à ce qu'ils soient bien incorporés. Ajouter les ingrédients secs en une fois et battre la pâte à vitesse moyenne jusqu'à ce qu'elle soit onctueuse. La diviser uniformément entre les moules préparés et faire cuire pendant environ 25 minutes, ou jusqu'à ce que le dessus soit souple et qu'une sonde à gâteau en ressorte propre. Laisser refroidir les gâteaux dans leur moule pendant environ 25 minutes, puis les retourner sur une grille pour qu'ils refroidissent complètement.

Pour préparer le glaçage, porter la crème et le sucre à ébullition dans une casserole moyenne à feu moyen-vif. Réduire à feu doux et laisser mijoter en brassant de temps à autre, jusqu'à ce que le liquide ait réduit un peu, environ 6 minutes. Verser le mélange dans un bol moyen et ajouter le chocolat, le beurre, la vanille et le sel. Laisser reposer en remuant de temps à autre, jusqu'à ce que le chocolat et le beurre aient fondu.

Déposer le bol dans un plus grand bol rempli d'eau glacée. À l'aide d'un mélangeur manuel, battre le glaçage à vitesse moyenne, en raclant occasionnellement les parois avec une spatule en caoutchouc, jusqu'à ce qu'il devienne épais et luisant, environ 5 minutes.

Lorsque le glaçage est prêt, déposer 1 gâteau sur une assiette de service. À l'aide d'une spatule en métal, étendre ⅓ du glaçage au chocolat sur le gâteau. Déposer le deuxième gâteau sur le premier et garnir le dessus et les côtés avec le reste du glaçage.

GÂTEAU MOUSSELINE AU CITRON
QUI MET L'EAU À LA BOUCHE

DONNE 8 À 10 PORTIONS

Mon amie de longue date Jennifer Wah aime cuisiner et réussit bien. Je l'ai sup-pliée de partager cette recette de gâteau parfumé, moelleux, acidulé et duveteux, et elle a été très heureuse d'accepter. Seulement à écrire cette recette, j'y goûte déjà! Ce dessert termine bien un repas de barbecue avec «sa note finale parfaite-ment légère et fraîche qui vous laisse un goût intense», dit Jen. Elle aime le servir avec des framboises et des bleuets frais, disposés autour.

GÂTEAU

7 œufs

2 ml (½ c. à thé) de crème de tartre

500 ml (2 tasses) de farine tout usage

300 ml (1¼ tasse) de sucre

15 ml (1 c. à soupe) de levure chimique

5 ml (1 c. à thé) de sel de mer

125 ml (½ tasse) d'huile de carthame

175 ml (¾ tasse) de jus de citron frais (ou 125 ml [½ tasse] de jus de citron et 50 ml [¼ tasse] de jus d'orange, pour un gâteau un peu plus sucré)

25 ml (2 c. à soupe) de zeste de citron râpé

5 ml (1 c. à thé) d'essence de vanille

GLAÇAGE AU CITRON

25 ml (2 c. à soupe) de beurre, à la tempé-rature ambiante

1 pincée de sel casher

750 ml (3 tasses) de sucre glace, tamisé

Zeste râpé de 1 citron (s'assurer que le zeste est râpé très finement pour le glaçage)

50 ml (¼ tasse) de jus de citron frais

Framboises ou bleuets pour garnir (facultatif)

Quartiers d'oranges et de citrons pour garnir (facultatif)

Préchauffer le four à 160 °C (325 °F).

Séparer les œufs. Réserver les blancs dans un grand bol en métal. Mettre les jaunes non battus dans un autre bol et réserver. Battre les blancs jusqu'à la for-mation de pics mous, puis ajouter la crème de tartre et continuer à battre jusqu'à la formation de pics fermes. Réserver le mélange.

Dans un autre grand bol, déposer la farine, le sucre, la levure chimique et le sel. Faire un puits dans le centre.

Ajouter l'huile, le(s) jus, le zeste de citron et la vanille aux jaunes d'œuf non battus. Incorporer ce mélange au puits du mélange de farine et bien remuer pour avoir une pâte onctueuse.

À l'aide d'une spatule, plier délicatement les blancs d'œuf battus au mélange farine-sucre, jusqu'à ce qu'ils soient bien incorporés.

Verser la pâte dans un moule à cheminée antiadhésif de 25 cm (10 po) non graissé, et faire cuire de 1 heure à 1 heure 15 minutes, jusqu'à ce qu'une brochette ou un couteau en ressorte propre.

Pendant la cuisson du gâteau, préparer le glaçage au citron. Dans un bol, mettre le beurre, le sel, le sucre glace et le zeste, et bien mélanger à l'aide d'un mélangeur électrique. Ajouter graduellement le jus de citron jusqu'à ce que le glaçage ait la consistance d'un sirop épais, en ajoutant plus de sucre glace ou de jus de citron afin d'obtenir la bonne consistance. Réserver.

Lorsque le gâteau est cuit, le laisser refroidir sur une grille pendant 1 heure ou plus avant de passer une lame de couteau tout autour du moule et de le renverser sur une assiette de service. Alors que le gâteau est encore chaud, l'arroser avec le glaçage qu'il faut laisser couler sur les côtés, ou utiliser un couteau pour l'étendre uniformément sur tout le gâteau, si désiré.

Garnir le gâteau avec des quartiers de citron et d'orange, et servir avec des baies fraîches.

PAVLOVA

Cette recette classique est un des desserts préférés de ma famille pour les fêtes. Il ne contient pas de farine, ce qui est important pour nos amis qui ne tolèrent pas le gluten, et peut être rehaussé de presque toutes les combinaisons de fruits. Mangues, fraises et raisins, par exemple, avec des graines de grenade saupoudrées sur le dessus. Il est préférable de préparer la pavlova lorsque le temps est sec ; ainsi, la meringue ne perdra pas son délicieux croustillant.

175 ml (¾ tasse) de blanc d'œufs (de 5 gros œufs), sans aucun jaune, à la température ambiante

1 ml (¼ c. à thé) de crème de tartre

1 pincée de sel casher

25 ml (2 c. à soupe) de fécule de maïs, plus pour la plaque à pâtisserie

410 ml (1⅔ tasse) de sucre

10 ml (2 c. à thé) de vinaigre blanc

5 ml (1 c. à thé) d'essence de vanille

500 ml (2 tasses) de crème à fouetter, froide

15 ml (1 c. à soupe) de miel (facultatif)

750 ml (3 tasses) (environ) de fruits frais coupés ou de baies

Brindilles de menthe fraîche, pour garnir (facultatif)

Positionner la grille du four un peu plus bas que le centre. Si le four est électrique, mettre une casserole peu profonde remplie d'eau sur la grille la plus basse. Préchauffer le four à 140 °C (275 °F).

Tapisser la plaque à pâtisserie avec du papier parchemin (l'aluminium fera aussi l'affaire) et la saupoudrer de fécule de maïs pour que la meringue n'y adhère pas.

Réchauffer un grand bol en acier inoxydable sous l'eau chaude, et bien l'assécher. Ajouter les blancs d'œufs, la crème de tartre et le sel. Entourer le bol d'un linge à vaisselle humide et chaud pour s'assurer que les blancs d'œufs restent à la chaleur.

Combiner la fécule de maïs avec 25 ml (2 c. à soupe) de sucre, et réserver. Fouetter le mélange de blancs d'œufs à vitesse moyenne-élevée, jusqu'à ce qu'il soit ferme et commence à se détacher les bords du bol. Commencer immédiatement à ajouter le reste du sucre en le saupoudrant lentement sur les blancs d'œufs, 15 ml (1 c. à soupe) à la fois. Puis, ajouter la fécule de maïs et le mélange de sucre. Racler les parois du bol tout en continuant à battre et en ajoutant lentement le vinaigre blanc et la vanille. Continuer à battre pendant 1 minute de plus. À ce moment-ci, le mélange devrait être luisant.

Pour des pavlovas individuelles, à l'aide d'une cuillère à glace, empiler 2 cuillérées ensemble, puis, avec le dos de la cuillère, sculpter chaque meringue en un volcan ayant une dénivellation en son centre. Pour une grosse pavlova, utiliser une spatule ou une cuillère pour étendre la meringue en un cercle de 18 cm (7 po), et d'environ 8 cm (3 po) de haut, faisant une dénivellation peu profonde dans le centre. Ne pas hésiter à faire des tourbillons sur les bords.

Mettre la meringue dans le four chaud, et réduire immédiatement la chaleur à 120 °C (250 °F). Il est important de ne pas ouvrir la porte du four pendant au moins 45 minutes (un peu moins pour les petites meringues). Les meringues devraient être croustillantes et sèches en apparence. Faire cuire les grosses meringues pendant 1 heure 30 minutes ; faire cuire les petites de 1 heure à 1 heure 15 minutes. Les laisser dans le four éteint, la porte légèrement entrouverte, pendant 30 minutes après la cuisson. Puis les retirer du four et déposer la plaque à pâtisserie sur une grille pour laisser refroidir.

Il est possible d'assembler la pavlova jusqu'à 1 heure avant de servir. Plus longtemps et elle commencera à ramollir. Fouetter la crème froide jusqu'à la formation de pics mous. Ajouter le miel, si désiré, et le fouetter pendant quelques secondes pour bien le mélanger. La crème devrait former des pics plus fermes. Remplir le centre de la pavlova avec la crème et recouvrir de fruits. Garder au froid. Servir garnie de brindilles de menthe, si désiré.

NOTE : Pour ajouter un peu de luxe, vous pouvez garnir la pavlova de garniture au citron. (Vous pouvez préparer une demi-recette de la garniture des Bouchées au citron à la page 349.)

MÛRES ET BLEUETS
AVEC ZESTE DE LIME CONFIT

DONNE 6 À 8 PORTIONS

Cette recette a été inspirée par un dessert du célèbre chef Anthony Bourdain, qui apparaît sur le menu de son restaurant, Les Halles de New York, «Bleuets avec sucre à lime». Ce dessert est fait seulement de bleuets, mais Kate a décidé qu'il serait bon aussi avec l'ajout de mûres. C'est une très bonne combinaison, et les enfants l'aiment également. N'oubliez pas de boire le jus!

ZESTE DE LIME CONFIT

2 limes

250 ml (1 tasse) d'eau

125 ml (½ tasse) de sucre

BAIES

45 ml (3 c. à soupe) de sucre

25 ml (2 c. à soupe) de jus de lime frais

375 g (¾ chopine) de bleuets frais

375 g (¾ chopine) de mûres fraîches

50 ml (¼ tasse) de menthe fraîche, finement hachée

Brindilles de menthe fraîche, pour garnir

125 ml (½ tasse) de crème fraîche ou de crème sure, ou suffisamment de crème glacée à la vanille pour 6 à 8 personnes (facultatif)

Pour préparer le zeste confit, enlever la pelure des limes avec un couteau d'office, en s'assurant de ne pas prendre la partie blanche. Trancher la pelure en morceaux fins. (Il est beaucoup plus facile de préparer le zeste avec un zesteur, qui est un outil merveilleux à plusieurs égards.)

Dans une petite casserole, combiner l'eau et le sucre, et porter à ébullition. Ajouter le zeste et réduire la chaleur pour faire mijoter le mélange. Couvrir presque entièrement la casserole et faire cuire jusqu'à ce que le liquide ait réduit de moitié. Retirer du feu, laisser refroidir complètement, et passer à la passoire (ou non, si petits morceaux de lime sont désirés). Conserver le zeste confit dans un contenant hermétique et le réfrigérer jusqu'au moment de l'utiliser.

Pour terminer le plat, combiner le sucre avec le jus de lime dans un grand bol de présentation et remuer pour faire dissoudre le sucre. Ajouter les baies et bien remuer pour bien les enrober. Ajouter la menthe fraîche et le zeste de lime confit, et bien remuer. Le mélange est encore meilleur si les saveurs ont eu le temps de se mélanger; ainsi, réfrigérer les baies pendant 1 heure ou plus. Les garnir de menthe fraîche et servir avec de la crème fraîche, de la crème sure ou de la crème glacée à la vanille, si désiré.

TOURTE AUX NECTARINES ET AUX MÛRES

Vous pouvez utiliser des pêches au lieu des nectarines dans cette tourte — ou toute combinaison des fruits que vous aimez. Il est bien d'avoir un mélange acide-sucré, ce que vous obtenez en mélangeant les mûres avec des pêches ou des nectarines. La rhubarbe est un autre fruit délicieux que vous pouvez utiliser dans une tourte.

250 ml (1 tasse) de sucre

15 ml (1 c. à soupe) de fécule de maïs

3 grosses nectarines, coupées en morceaux de 1 cm (½ po) (environ 750 ml [3 tasses])

750 ml (3 tasses) de mûres

375 ml (1½ tasse) de farine tout usage

7 ml (1½ c. à thé) de levure chimique

3 ml (¾ c. à thé) de sel casher

110 ml (7½ c. à soupe) de beurre non salé, froid, coupé en morceaux de 1 bouchée (le côté le plus gros d'une râpe fera l'affaire)

175 ml (¾ tasse) de lait

90 ml (6 c. à soupe) d'amandes tranchées

Crème fouettée ou crème glacée à la vanille, si désiré

Préchauffer le four à 200 °C (400 °F). Beurrer un plat allant au four de 23 x 33 cm (9 x 13 po).

Dans un bol, mélanger le sucre et la fécule de maïs. Ajouter les fruits et les remuer délicatement pour les enrober uniformément de sucre et de fécule de maïs. Étendre le mélange de fruits dans le plat allant au four.

Dans un autre bol, fouetter ensemble la farine, la levure chimique et le sel. Incorporer le beurre froid (s'il n'est pas froid, il ne se mélangera pas bien). Couper le mélange avec un mélangeur ou 2 couteaux jusqu'à l'obtention d'une texture grossière. Ajouter le lait et travailler la pâte jusqu'à ce qu'elle soit tout juste mélangée.

Laisser tomber la pâte à la cuiller sur les fruits, 1 ou 2 cuillérées par personne. Saupoudrer les amandes sur la tourte et la faire cuire au centre du four pendant 20 minutes ou jusqu'à ce que le dessus soit doré. La servir chaude ou tiède, avec de la crème fouettée ou de la crème glacée.

TARTE À LA LIME DE KATHY

DONNE 8 PORTIONS

Malheureusement pour mon tour de taille, Kate n'est pas la seule personne que je connaisse qui peut faire d'excellents desserts. Cette recette de mon amie Kathy Richardier des Butt Shredder est une adaptation libre d'une recette de Martha Stewart. Kathy mentionne également que vous pouvez utiliser la recette décrite au dos d'une bouteille de jus de lime, lorsque vous pouvez en trouver une.

425 ml (1¾ tasse) de chapelure de biscuits Graham

45 ml (3 c. soupe) de sucre

90 ml (6 c. à soupe) de beurre, fondu

1 pincée de sel casher

1 boîte de 398 ml (14 oz) de lait concentré, sucré

5 gros jaunes d'œuf

175 ml (¾ tasse) de jus de lime ou le jus de 25 limes (le jus que l'on presse est beaucoup plus frais que le jus en bouteille, s'il est possible de trouver les limes et si on a la volonté d'en extraire le jus)

Crème fouettée

Préchauffer le four à 190 °C (375 °F). Mélanger la chapelure de biscuits Graham, le sucre, le beurre et le sel, et presser le mélange dans une assiette à tarte de 23 cm (9 po). Faire cuire pendant environ 12 minutes, jusqu'à ce que la croûte soit légèrement dorée. Laisser refroidir complètement. Réduire la chaleur du four à 160° (325 °F).

Fouetter le lait concentré, les jaunes d'œufs et le jus de lime. Verser dans la croûte refroidie et remettre dans le four. Faire cuire jusqu'à ce que le centre soit un peu ferme, environ 15 minutes. Laisser refroidir complètement. La tarte devrait être mise au réfrigérateur pendant plusieurs heures avant d'être servie. Recouvrir de crème fouettée.

COUPES GLACÉES
AU FUDGE CHAUD MEXICAIN
AVEC ANANAS CARAMÉLISÉS

DONNE 8 PORTIONS

Cette recette, de mon amie et amatrice de bonne bouffe Angie Quaale, est une variante délicieuse sur le thème des ananas grillés.

1 ananas frais, entier	5 ml (1 c. à thé) de cannelle moulue
45 ml (3 c. à soupe) de cassonade	2 ml (½ c. à thé) d'essence de vanille
175 ml (¾ tasse) de crème à fouetter	15 ml (1 c. à soupe) de poudre de piment ancho
125 ml (½ tasse) (ou plus) de café fort, fraîchement fait	Crème glacée à la vanille
500 g (1 lb) de morceaux de chocolat mi-sucré	25 ml (2 c. à soupe) de pignon rôtis

Enlever le dessus et le dessous de l'ananas. Couper avec soin la pelure et la jeter. Couper l'ananas en 2 verticalement et encore en 2 verticalement, pour avoir 4 grands morceaux. À l'aide d'un couteau bien aiguisé, enlever le cœur de chaque morceau et le couper en 8. Transférer les morceaux dans un plat allant au four ou sur une plaque à pâtisserie, les saupoudrer de cassonade et laisser reposer pendant 10 minutes.

Pendant ce temps, préparer le gril pour une chaleur directe moyenne-vive. Préparer la sauce au fudge chaud dans une casserole moyenne en portant à ébullition la crème et le café. Retirer du feu et ajouter le chocolat, la cannelle, la vanille et la poudre de piment ancho. Remuer le mélange jusqu'à ce que le chocolat soit fondu et que la sauce soit onctueuse. Réserver.

Placer les morceaux d'ananas sur les grilles en prenant soin qu'ils ne tombent pas au travers. Les faire cuire jusqu'à ce qu'ils soient tendres et bien caramélisés. Retirer du gril et réserver.

Pour servir les ananas, déposer des cuillérées de crème glacée à la vanille dans des bols de service. Ajouter 2 ou 3 morceaux d'ananas caramélisés, les couvrir généreusement de sauce au fudge chaud et saupoudrer de pignons rôtis. Servir les coupes glacées immédiatement.

Déééélicieux desserts

361

GRIL

ANANAS GRILLÉS
AVEC SAUCE AU CARAMEL

DONNE 6 PORTIONS

Cette recette estivale délicieuse et facile à préparer est une bonne finale à un dîner de grillades.

1 ananas frais

Poivre noir moulu grossièrement

Garniture au caramel pour crème glacée ou sauce mexicaine *dulce de leche* (offerte dans la plupart des épiceries spécialisées en aliments latino-américains ou dans des boutiques gourmet)

50 ml (¼ tasse) de crème à fouetter (seulement si la sauce *dulce de leche* est utilisée)

Préparer le gril pour une chaleur directe moyenne. Peler l'ananas et en enlever le cœur. Le couper en pointes de 2,5 cm (1 po) d'épais et les saupoudrer avec un peu de poivre noir grossièrement moulu. Les faire griller pendant environ 4 minutes de chaque côté, jusqu'à ce qu'elles soient légèrement noircies.

Réchauffer la sauce au four à micro-ondes ou au bain-marie. Si la sauce *dulce de leche* est utilisée, la fouetter avec un peu de crème pour l'éclaircir. Verser un filet de sauce chaude sur les pointes d'ananas et servir.

SECRETS POUR LE ⁓ BARBECUE ⁓

Vous pouvez également faire griller des tranches d'ananas pour déposer sur des Hamburgers de poulet à l'asiatique (page 165). Faire des tranches d'ananas au lieu des pointes.

PÊCHES AU WHISKEY ET
AU MIEL CUITES SUR PLANCHE

Cette délicieuse recette est basée sur la technique du dieu de la cuisson sur planche Ted Reader. Vous pouvez facilement substituer les demi-pêches par des poires mûres ou des nectarines. Le secret est d'utiliser des pêches à noyau libre, parfaitement mûres; ainsi, il sera facile de les couper en deux et de les peler.

1 planche de cèdre, trempée pendant 6 heures ou toute la nuit

175 ml (¾ tasse) de whiskey du Tennessee Jack Daniel's

125 ml (½ tasse) de miel

Poire noir fraîchement moulu, au goût

Muscade fraîchement râpée, au goût

8 pêches à noyau libre, mûres mais fermes, pelées et coupées en 2

15 ml (1 c. à soupe) de jus de citron frais

250 ml (1 tasse) de crème fouettée, sucrée avec 1 goutte d'Amaretto, ou de crème glacée à la vanille de première qualité

8 brindilles de menthe fraîche

Dans une petite casserole à feu moyen-vif, combiner le whiskey et le miel. Assaisonner le mélange de poivre et de muscade. Porter à ébullition, réduire la chaleur, et laisser mijoter jusqu'à ce que le liquide ait réduit de moitié. Retirer du feu et laisser refroidir.

Disposer les pêches, le côté coupé sur le dessus, dans un plat assez grand pour les contenir en une seule couche, et les badigeonner de jus de citron. À l'aide d'une cuillère, verser 15 ml (1 c. à soupe) du mélange bourbon-miel sur chaque pêche et les laisser mariner pendant 1 heure.

Préchauffer le gril à chaleur vive. Placer la planche sur la grille, fermer le couvercle et laisser chauffer de 3 à 5 minutes, ou jusqu'à ce qu'elle commence à fumer et à craqueler légèrement. Lever le couvercle avec précaution, placer les pêches sur la planche, le côté coupé sur le dessus, et refermer le couvercle. Les faire cuire de 3 à 5 minutes, ou jusqu'à ce que les pêches soient chaudes et tendres et commencent à noircir sur les bords. Les enlever de la planche et les transférer dans des assiettes à dessert. Garnir chaque pêche avec 1 cuillérée de crème fouettée ou de crème glacée, l'arroser avec le reste du mélange bourbon-miel, ajouter 1 brindille de menthe et servir immédiatement.

Dééélicieux desserts

365

PAMPLEMOUSSES CUITS SUR PLANCHE
AVEC GRAND MARNIER ET MIEL

DONNE 8 PORTIONS

Faites-moi confiance! C'est délicieux. Un des pionniers de la cuisson sur planche, Malcolm York, m'a donné cette idée. Malcolm a écrit l'excellent livre de recettes *Introduction to Plank Barbecuing*, dans lequel on retrouve une recette de pamplemousse cuit sur planche avec du vermouth doux et des cerises. J'ai pris ce concept et je me suis sauvé avec.

1 planche de cèdre, trempée toute la nuit ou au moins pendant 1 heure	Liqueur Grand Marnier
4 pamplemousses roses, coupés en 2	125 ml (½ tasse) de miel liquide
	Crème glacée à la vanille

Préparer les pamplemousses comme pour le petit déjeuner, en séparant les segments des membranes. Arroser chacun avec 5 ml (1 c. à thé) de liqueur.

Préchauffer le gril à chaleur moyenne-vive de 5 à 10 minutes, ou jusqu'à ce que la température de la chambre s'élève au-dessus de 260 °C (500 °F). Rincer la planche et la placer sur la grille. Fermer le couvercle et faire chauffer la planche de 4 à 5 minutes, ou jusqu'à ce qu'elle commence à fumer et à craqueler légèrement.

Placer les moitiés de pamplemousse sur la planche, le côté coupé vers le haut. Fermer le couvercle et réduire à chaleur moyenne. Faire cuire pendant environ 10 minutes. Les retirer de la planche et les placer sur des assiettes à dessert, puis les arroser avec un peu plus de Grand Marnier et de miel. Placer 1 petite cuillérée de crème glacée sur chaque moitié et servir.

POIRES CUITES SUR PLANCHE
AVEC NOIX DE GRENOBLE ET FROMAGE BLEU

DONNE 8 PORTIONS

C'est une combinaison de saveurs classiques, adaptée pour la cuisson sur planche. Les servir avec une cuillérée de crème glacée ou un verre du vin fortifié que vous aurez utilisé pour arroser les poires.

1 planche de cèdre, trempée toute la nuit ou au moins pendant 1 heure	50 ml (¼ tasse) de cassonade foncée
125 ml (½ tasse) de noix de Grenoble	125 ml (½ tasse) de fromage bleu, émietté
4 grosses poires mûres, pelées et coupées en 2, le cœur enlevé	Porto ou xérès
	Crème glacée à la vanille (facultatif)

Préchauffer le four à 200 °C (400 °F). Faire rôtir les noix de Grenoble sur une plaque à pâtisserie pendant environ 10 minutes, ou jusqu'à ce qu'elles commencent à foncer et à parfumer. Les retirer du four et les laisser refroidir légèrement. Les hacher grossièrement et réserver.

Placer les poires sur la plaque à pâtisserie, le côté coupé sur le dessus (si elles ne sont pas balancées, en couper un peu en dessous). Les saupoudrer de cassonade et mettre environ 15 ml (1 c. à soupe) de fromage dans le creux de chaque poire. Verser un peu de porto ou de xérès.

Préchauffer le gril à chaleur moyenne-vive de 5 à 10 minutes, ou jusqu'à ce que la température de la chambre s'élève au-dessus de 260 °C (500 °F). Rincer la planche et la placer sur la grille. Fermer le couvercle et faire chauffer la planche de 4 à 5 minutes, ou jusqu'à ce qu'elle commence à fumer et à craqueler légèrement. Réduire la chaleur à moyenne-douce.

Placer les poires sur la planche, en ayant soin de ne pas les pencher, et les faire cuire 10 minutes, ou jusqu'à ce que le fromage soit fondu et que les poires soient dorées et tendres. Les retirer de la planche, les saupoudrer de noix de Grenoble hachées, déposer 1 cuillérée de crème glacée à côté de chaque poire, si désiré, et servir immédiatement.

Déééélicieux desserts

CROUSTILLANT AUX POIRES
SUR PLANCHE

DONNE 6 À 8 PORTIONS

La regrettée écrivaine renommée pour ses essais, Laurie Colwin, a écrit au sujet des aliments d'une façon amusante, simple et vraiment invitante. Ma femme, Kate, a fait ces poires croustillantes de Colwin plusieurs fois, mais une des plus mémorables fut un soir, au début de l'automne, à la plage de Spanish Banks de Vancouver. Nous l'avons fait réchauffer dans une casserole sur notre gril portatif. Les bruits de la mer, les lumières qui commençaient à scintiller de l'autre côté de la rive et les poires chaudes et croustillantes — c'était du pur bonheur. Faire cuire le croustillant aux poires sur planche nous a envoyés au-delà du réel, mais il est également bon cuit au four à convection.

1 planche de bois fruitier (pommier ou cerisier sont un bon choix, mais le cèdre peut également faire l'affaire), trempée toute la nuit ou au moins pendant 1 heure	50 ml (¼ tasse) de jus de citron frais
	Zeste de 1 citron
	1 brindille de romarin frais (facultatif)
	175 ml (¾ tasse) de cassonade
1,8 kg (4 lb) de poires mûres, coupées en morceaux	250 ml (1 tasse) de farine tout usage
	125 ml (½ tasse) de beurre froid
50 ml (¼ tasse) de sucre granulé, ou moins	Crème glacée à la vanille (facultatif)

Dans un grand bol, déposer les morceaux de poires dans le sucre granulé, le jus et le zeste de citron. Graisser un moule carré de 20 cm (8 po). Placer 1 brindille de romarin dans le fond de la casserole ; omettre cette étape si les enfants s'enfuient en criant. Verser délicatement les poires.

Dans un bol moyen, mélanger la cassonade, la farine et le beurre. (Une façon facile d'obtenir la texture désirée est de faire congeler le beurre avant l'utilisation, puis, à l'aide d'une râpe grossière, le râper.) La garniture devrait être granuleuse. La saupoudrer sur les poires.

Préchauffer le gril à chaleur moyenne-vive de 5 à 10 minutes, ou jusqu'à ce que la température de la chambre s'élève au-dessus de 260 °C (500 °F). Rincer la planche et la placer sur la grille. Fermer le couvercle et faire chauffer la planche de 4 à 5 minutes, ou jusqu'à ce qu'elle commence à fumer et à craqueler légèrement.

Réduire à chaleur douce (la température de la chambre doit se stabiliser entre 180 et 200 °C [350 et 400 °F]), et placer le moule sur le dessus de la planche (si la planche est arquée par la chaleur, la retourner et attendre quelques minutes pour qu'elle redevienne droite). Faire cuire le croustillant jusqu'à ce que les poires soient tendres et que le dessus soit bien doré et croustillant, environ 1 heure. Le laisser refroidir environ 20 minutes avant de le servir avec de la crème glacée à la vanille.

Boissons haut de gamme : cocktails avec et sans alcool

Q U'EST-CE QU'ON PEUT BOIRE AVEC DES aliments cuits au barbecue, sur planche ou sur le gril?

Durant les compétitions, on boit de la bière froide, ça va de soi — et si vous vous contrôlez, vous ne serez pas trop ivres lorsque vous vous présenterez devant les juges. Nous avons également une tradition de boire des martinis au lever du jour... ou est-ce que c'est de la tequila? Pour quelques raisons que ce soit, ma mémoire est confuse. Généralement, j'aime servir de la bière et du vin pour accompagner les viandes cuites sur le gril ou au barbecue. Les bières au goût sec et sans alcool accompagnent très bien les barbecues plus riches comme le font les vins blancs épicés comme le gewürztraminer et les sauvignons blancs frais citronnés. Et, naturellement, il n'y a rien comme un bon vin rouge bien charpenté pour accompagner un bifteck ou de l'agneau. L'important est de maximiser votre plaisir de manger et de boire, et une façon d'augmenter le plaisir est de commencer avec un bon cocktail. Voici quelques-uns de mes favoris.

INCROYABLE DAÏQUIRI

DONNE 1 MÉLANGEUR DE DAÏQUIRIS, ASSEZ POUR 4 À 6 VERRES

Ceci, mes amis, est le cocktail suprême de l'été. Il ne peut être fait que lorsque les pêches locales sont au sommet de leur maturité, que le ciel est d'un bleu intense et que la température est à plus de 30 degrés. C'est le genre de cocktail que vous devriez aller porter vous-même à votre charmante épouse alors qu'elle est en train de lire un roman à quatre sous dans sa chaise longue, portant un chapeau de paille bon marché. Faites-le, et elle vous aimera pour toujours. Donnez-lui en deux, et elle vous aimera aussitôt qu'elle aura terminé son cocktail.

15 ml (1 c. à soupe) de sucre	45 ml (1½ oz) de schnaps aux pêches
Cubes de glace	Soda froid
3 ou 4 pêches mûres, pelées, dénoyautées, et coupées en morceaux	Sucre, au goût
	Jus de lime frais, au goût
150 ml (5 oz) de rhum blanc	

Passer le bord de 4 verres évasés dans le sucre, et réserver. Remplir à moitié un mélangeur avec des cubes de glace. Placer les morceaux de pêches sur les cubes. Verser le rhum et le schnaps, puis ajouter assez de soda pour couvrir les pêches et les cubes de glace. Mélanger jusqu'à ce que le tout soit homogène et mousseux. Relever la saveur en ajoutant un peu de sucre et de jus de lime frais (ceci est spécialement important si les pêches ne sont pas assez mûres). Verser les daïquiris dans les verres et servir immédiatement.

MARTINI BUDAPEST

DONNE 1 VERRE

Wendy Vallaster, directeur du TC Lions Pub à Vancouver, a été assez gentil pour partager la recette de ce merveilleux cocktail, qu'elle avait créé pour accompagner les tapas.

30 ml (1 oz) de vodka glacée	Soda
15 ml (½ oz) de liqueur de poire dorée	1 poire mûre
15 ml (½ oz) de liqueur de pomme sure	

Bien agiter les 3 premiers ingrédients dans un mélangeur à martini et passer le cocktail dans un verre à martini glacé. Verser 30 à 60 ml (1 à 2 oz) de soda. Couper 1 fine tranche de poire fraîche et la déposer dans le verre.

COCKTAIL CAMPARI

DONNE 1 VERRE

Prétentieux? *Mais oui.* Mais délicieux? *Bien sûr.*

1 mesure de Campari	Perrier ou soda
60 ml (2 oz) de jus d'orange fraîchement pressé	1 tranche de citron ou de lime

Remplir un petit verre évasé (verre à whisky), de cubes de glace et ajouter le Campari, le jus, et le Perrier ou le soda. Brasser le cocktail et le garnir avec 1 tranche de citron ou de lime.

PUNCH TEXAN FOU

Ce punch de fête kitsch, de mon amie Amy, peut sembler fou, mais les gens l'adorent.

1 petite boîte de Jell-O (Amy préfère aux fraises ou aux cerises, mais toute saveur fera l'affaire)

500 ml (2 tasses) d'eau chaude

500 ml (2 tasses) de sucre

500 ml (2 tasses) d'eau froide

1 boîte de 2 l (8 tasses) de jus d'ananas

2 bouteilles de 2 l (8 tasses) chacune de soda au gingembre

385 ml (13 oz) de vodka ou de rhum blanc

Combiner le Jell-O, l'eau chaude et le sucre, puis bien mélanger jusqu'à ce que les granules soient complètement dissoutes. Ajouter l'eau froide et le jus d'ananas. Verser le punch dans un contenant de 4 l (1 gallon) pour le lait, bien rincé, et faire congeler toute la nuit.

Laisser décongeler le mélange de Jell-O de 2 à 4 heures (Amy dit que ça ne prend que 1 heure au Texas). Enlever le carton de lait et déposer le bloc à demi congelé dans un grand bol à punch. Ajouter 1 des bouteilles de soda au gingembre et la vodka ou le rhum, avant de servir. Les gens aiment tellement ce punch qu'une bouteille supplémentaire de soda au gingembre sera nécessaire pour ajouter à la fin.

Boissons haut de gamme : cocktails avec et sans alcool

CUBA LIBRE

DONNE 1 VERRE

Prenez un de ces verres, et c'est l'été... même s'il fait 20 degrés sous zéro.

45 ml (1½ oz) de rhum blanc de bonne qualité (j'aime le rhum Appleton)	Coca-cola froid
Jus de ¼ de lime	1 tranche de lime

Remplir un verre à gin avec des cubes de glace, verser le rhum et presser le jus de lime, puis ajouter le coca-cola. Garnir avec 1 tranche de lime.

BANANE BROUILLÉE

DONNE 1 VERRE

Cette boisson à base de rhum de mon ami Chris Brown est une fête tropicale en tout temps quel que soit le jour ou l'endroit.

45 ml (1½ oz) de rhum Appleton Estate V/X	60 ml (2 oz) de jus d'orange
15 ml (½ oz) de crème au rhum jamaïcain de Sangster	¼ de banane (½ si vous aimez réellement les bananes)
60 ml (2 oz) de jus d'ananas	Fruits frais pour garnir

Mélanger les ingrédients jusqu'à ce que le tout soit homogène. Servir dans un grand verre sur pied. Garnir de fruits frais.

BOISSON FRAPPÉE D.J.

DONNE 2 VERRES

Mon fils Jake est le plus difficile de la planète en ce qui a trait à la nourriture — ce n'est pas facile pour les parents qui veulent lui faire manger autre chose que des pépites de poulet ou une pizza au fromage. Mais son palais fin lui servira un jour lorsqu'il sera chef ou sommelier. D'ailleurs, ça commence déjà à porter fruit. Me regardant faire des expériences avec des recettes de cuisson sur planche, il a décidé de créer des boissons au mélangeur. Jusqu'à maintenant, sa boisson favorite est la boisson frappée au S'more, consistant en une sauce au chocolat, de la crème glacée et des biscuits Graham — un peu sucré pour certains. La gâterie suivante, un peu acidulée, a toutefois un attrait pour plusieurs, et avec l'ajout d'un peu de rhum, elle pourrait même faire partie de la famille des cocktails. (La Boisson frappée D.J. a été ainsi nommée à cause de Jake et de son ami David, qui l'a aidé à élaborer cette recette, tout en faisant un gâchis dans la cuisine.)

2 cubes de glace	3 morceaux de pastèque, épépinés
Jus de 2 citrons, de 2 limes et de 2 oranges	3 morceaux de cantaloup
1 banane	1 petite poignée de bleuets
1 pincée de sucre (facultatif)	

Fouetter ensemble tous les ingrédients dans le mélangeur et servir. Puis, courir çà et là, mettant la maison en désordre ou aller jouer aux jeux vidéo.

KIR

DONNE 1 VERRE

Offrez un de ces verres à vos invités lorsqu'ils arrivent et soudainement, ça devient une occasion spéciale.

15 ml (½ oz) de crème de cassis	125 ml (4 oz) de vin blanc sec et frais (le blanc Aligoté de Bourgogne est un classique)

Verser la crème de cassis dans un verre à vin blanc. Ajouter avec précaution le vin blanc, en prenant soin de ne pas trop les mélanger. Le cocktail devrait ressembler à une version transparente d'un Tequila Sunrise, avec le cassis, plus lourd, tapi au fond du verre. (Pour un Kir royal spécial, utiliser du champagne au lieu du vin blanc.)

PIMM'S N° 1 CUP ET GINGEMBRE

DONNE 1 VERRE

Ces sournois petits cocktails sont assez inoffensifs, jusqu'à ce que vous en ayez bu quelques-uns ; vous commencez alors à sentir que votre visage semble être fait de caoutchouc.

45 ml (1½ oz) de la liqueur Pimm's N° 1 Cup	Soda au gingembre froid 1 tranche d'orange

Remplir un verre à gin de glace, verser la liqueur, puis le soda au gingembre, et garnir de 1 tranche d'orange.

MARGARITAS DES ROCHEUSES

DONNE 2 MÉLANGEURS DE MARGARITAS, ASSEZ POUR 8 À 12 VERRES

Je les appelle les Margaritas des Rocheuses, car le curaçao bleu combiné avec le concentré de limonade vert donne à la boisson un éclat d'émeraude comme une rivière alimentée par un glacier, ou un lac en montagne.

Sel casher

2 limes, coupées en quartiers

1 boîte de 355 ml (12 oz) de concentré de boisson à la lime, décongelé

250 ml (1 tasse) d'eau

1 bouteille de 235 ml (8½ oz) de jus de lime non sucré, provenant d'un concentré

300 ml (10 oz) de tequila

175 ml (6 oz) de curaçao bleu (ou triple-sec)

Mettre 25 ml (2 c. à soupe) de gros sel dans une petite assiette. Humecter le bord de 4 grands verres à margarita (ou le nombre nécessaire) avec 1 quartier de lime, et les passer dans le sel. Réserver les verres. Dans un pot ou une grande tasse à mesurer, combiner le concentré de boisson à la lime décongelée, l'eau, le jus de lime, la tequila et le curaçao bleu. Remplir un mélangeur de cubes de glace. Verser le mélange sur les cubes et fouetter jusqu'à l'obtention d'une consistance de granité. Remplir les verres et allez-y!

Boissons haut de gamme : cocktails avec et sans alcool

SANGRIA

DONNE 1 GRAND PICHET

Faire ce rafraîchissement de style espagnol une journée à l'avance, pour permettre aux saveurs de bien se mélanger en une boisson ultime pour l'été. Je remercie Sean « Le Juge » Dunnigan de m'avoir donné cette recette.

2 bouteilles de vin rouge (cabernet-sauvignon, merlot, rioja, zinfandel ou shiraz)	2 pêches mûres, pelées, le cœur enlevé et coupées en tranche de 1 cm (½ po)
10 ml (2 c. à thé) de Cointreau	2 poires mûres pelées, le cœur enlevé et coupées en tranche de 1 cm (½ po)
60 ml (2 oz) de brandy	½ ananas mûr, pelé, le cœur enlevé et coupé en tranches de 1 cm (½ po)
60 ml (2 oz) de curaçao	500 ml (2 tasses) de soda
50 ml (¼ tasse) de sucre	
2 oranges navel, coupées en tranche de 1 cm (½ po)	

Dans un pichet, combiner tous les ingrédients, sauf le soda. Bien mélanger, couvrir la sangria, et réfrigérer toute la nuit si possible, mais au moins quelques heures avant de servir. Juste avant de la servir, incorporer le soda. Servir la sangria dans de grands verres.

SHAKER JAMAÏCAIN

DONNE 1 VERRE

L'importante distillerie jamaïcaine Appleton commandite le championnat national canadien de barbecue à Whistler, en Colombie-Britannique. Appleton a été un grand partisan du championnat de barbecue, et je suis un grand partisan d'Appleton. Que ce soit en été ou en hiver, vous pouvez faire briller le soleil jamaïcain avec cette délicieuse boisson.

45 ml (1½ oz) d'Appleton Estate V/X	90 ml (3 oz) de jus d'ananas
30 ml (1 oz) d'eau-de-vie de cerise	90 ml (3 oz) de jus d'orange

Agiter les ingrédients ensemble avec de la glace et passer la boisson dans un verre à martini.

Suppléments

MUSIQUE POUR LE BARBECUE

Rappelez-vous, le barbecue ne consiste pas seulement à faire cuire des aliments, c'est un style de vie, et un style de vie a besoin d'un fond sonore. Il y a eu beaucoup de chansons composées sur le barbecue et il y a même des CD faits de musique de barbecue. Mais je pense qu'il faut commencer par se poser la question : «Quelle est la musique que j'associe le plus avec la belle vie — la bonne bouffe, les meilleurs amis, les plaisirs de l'été?» Quelle que soit la réponse, c'est cette musique que vous devriez faire jouer lorsque vous faites la cuisson et que vous servez les barbecues. Évidemment, le blues classique et la musique country vont naturellement bien avec la cuisson en plein air, mais il en est de même pour le jazz, le rock and roll et la musique internationale.

Les 20 albums les plus populaires

Après plusieurs années de recherches intensives qui ont endommagé mon foie, voici ma liste des 20 albums les plus populaires pour le barbecue. Quelques-uns remontent à mes études universitaires et font partie de mon développement génétique. D'autres sont des découvertes plus récentes. Tous sont remplis de belles chansons qui vous feront danser et apaiseront votre esprit, comme un repas parfait sur le gril ou au barbecue.

1. *American IV : The Man Comes Around* Johnny Cash
2. *Avalon Sunset* Van Morrison
3. *Blood on the Tracks* Bob Dylan
4. *Blue Horse* The Be Good Tanyas
5. *Car Wheels on a Gravel Road* Lucinda Williams
6. *Clandestino* Manu Chao
7. *Classic Bluegrass* Larry Sparks
8. *A Collection of Hits* Kathy Mattea
9. *The Essential Waylon Jennings* Waylon Jennings
10. *In Spite of Ourselves* John Prine
11. *Legend* Bob Marley and the Wailers
12. *Live at Blues Alley* Eva Cassidy
13. *Loaded The Velvet* Underground
14. *The Mountain* Steve Earle and the Del McCoury Band
15. *Nashville* Solomon Burke
16. *O Brother Where Art Thou Trame sonore* Artistes variés
17. *People Gonna Talk* James Hunter
18. *The Return of the Grievous Angel/A Tribute to Gram Parsons* Artistes variés
19. *Trampoline* The Mavericks
20. *Uprooted* Artistes variés

Liste des meilleures chansons

À l'aide d'un ordinateur et d'un graveur de CD, vous pouvez faire votre propre CD de musique pour barbecue et avec un magasin de musique en ligne comme iTunes d'Apple, il vous est possible d'acheter des titres de chansons pour environ 1 $ pièce. Voici ma liste ultime, et je vous garantis que si vous l'écoutez, vous serez encore plus près du nirvana.

1. *Seminole Wind* John Anderson
2. *Sweet Is the Melody* Iris DeMent
3. *You're a Big Girl Now* Bob Dylan
4. *Walking in Memphis* Marc Cohn
5. *Uncle John's Band* Grateful Dead
6. *A Song for You* Gram Parsons
7. *I'd Rather Go Blind* Etta James
8. *Hound Dog* Big Mama Thornton
9. *Burning Love* Elvis Presley
10. *Sweet Home Alabama* Lynyrd Skynyrd
11. *La Grange* ZZ Top
12. *Pride and Joy* Stevie Ray Vaughn et Double Trouble
13. *Takin' Care of Business* Bachman-Turner Overdrive
14. *Superfly* Curtis Mayfield
15. *Jamming* Bob Marley et The Wailers
16. *Take Me to the River* Al Green
17. *Dream in Blue* Los Lobos
18. *Rocket* Kathy Mattea
19. *It's a Great Day to Be Alive* Travis Tritt
20. *Windfall* Son Volt
21. *Hallelujah* Rufus Wainwright

Mon country

J'aime toutes les sortes de musique, mais j'ai un faible pour la musique country. Je crois qu'elle intensifie l'esprit du barbecue. Voici la liste, sur mon iPod, de ce que je fais jouer le plus souvent.

1. *Save a Horse (Ride a Cowboy)* Big & Rich
2. *Devil's Right Hand* Johnny Cash
3. *Big River* Rosie Flores
4. *Wichita Lineman* Glen Campbell
5. *Always Late (With Your Kisses)* Lefty Frizell
6. *Bubbles in My Beer* Bob Wills & His Texas Playboys
7. *Amarillo by Morning* George Strait
8. *Look at Miss Ohio* Gillian Welch
9. *Good Time Charlie's Got the Blues* Danny O'Keefe
10. *Lodi* Jeffrey Foucault
11. *The Road Goes On Forever* Robert Earl Keen
12. *Lovesick Blues* Hank Williams
13. *Hello Darlin'* Conway Twitty
14. *Kiss an Angel Good Morning* Charley Pride
15. *I Fall to Pieces* Patsy Cline
16. *Make the World Go Away* Eddy Arnold
17. *I Will Always Love You* Dolly Parton
18. *You've Still Got a Place in My Heart* George Jones
19. *Feel Like Going Home (demo)* Charlie Rich

UNE SÉLECTION DE MENUS

Festin de championnat de barbecue

Il y a une raison pour laquelle certaines de ces recettes comportent le mot « traditionnel » dans leur titre. Servez votre boisson estivale favorite, comme de la bière froide, du Jack Daniel's et du Coke.

Sandwich au porc barbecue traditionnel de la Caroline du Nord (page 193)
Sauce vinaigrée style Caroline du Nord (page 58)
Trempette très substantielle de Ron (page 57)

Salade de chou de la côte (page 112)
Traditionnelles fèves au lard pour un groupe (page 142)
Tourte aux nectarines et aux mûres (page 359)

Dîner barbecue à l'asiatique

Une nuit d'été chaude, quelques bons amis, et de délicieuses saveurs asiatiques. Que demander de plus ? Servez de la bière asiatique froide comme la Kirin, la Tsingtao ou la Kingfisher, et un bon vin blanc frais et fruité comme le riesling ou le sauvignon blanc.

Chichekébabs de litchis et de crevettes habillées de prosciutto (page 334)
Cuisses de poulet savoureuses à l'asiatique de Kate (page 213)

Salade de nouilles à l'asiatique avec mayonnaise au sésame (page 119)
Asperges grillées (page 129)
Parfait de Zoë (page 347)

Plats piquants du Sud-Ouest

Je suggérerais de commencer la soirée avec une ou deux Margaritas des Rocheuses (page 379), et puis de passer à la bière mexicaine ou un bon vin rouge corsé comme le shiraz.

Quesadillas branchées (page 97)
Ailes de poulet très épicées du Sud-Ouest (page 216)
Guacamole aux morceaux de tomates fumées (page 65)

Mayonnaise au jalapeno et à l'ail rôti de Margie (page 68)
Fajitas de bavette de flanchet en sauce adobo avec salsa de mangues et de fraises (page 236)
Riz confetti (page 144)
Ananas grillés avec sauce au caramel (page 362)

Dîner familial vraiment simple

C'est vendredi soir, les enfants sont à la maison, et chacun a besoin d'un petit spécial, car la semaine s'achève. Ce menu facile mais très satisfaisant est une bonne façon de commencer le weekend du bon pied.

Maïs en épi grillé, extra beurre (avec beurre ordinaire ou aromatisé) (page 130)
Bifteck le plus simple et le plus savoureux (page 231)

Verdure des champs avec huile de noix et graines de citrouille grillées (page 116)
Brownies *nec plus ultra* aux trois chocolats (page 351)

RESSOURCES*

Les livres de cuisine haut de gamme semblent toujours avoir une section, à la fin, qui contient toutes sortes de renseignements sur la possibilité d'acheter des ingrédients par la poste, alors j'ai pensé vous donner quelque chose de similaire. Mais j'achète rarement mes aliments ailleurs que chez mon fournisseur local, alors j'espère que cette liste vous aidera à trouver ce que vous cherchez.

Les liens de Rockin' Ronnie

Site web : www.ronshewchuk.com
Groupe Facebook : Barbecue Secrets
Page d'accueil blogue/podcast Barbecue
   Secrets : http ://barbecuesecrets.libsyn.com

Flux Twitter : rockinronnie
Courriel : rockinronnie@ronshewchuk.com
Téléphone : 604-929-6451
Nom Skype : Ron Shewchuk

Autres sites à visiter sur le Web

The Smoke Ring : Le centre de l'univers du barbecue en ligne. www.thesmokering.com
Kansas City Barbecue Society : L'organisme dirigeant du barbecue. www.kcbs.us
National Barbecue News : Vous devriez vous abonner à cet imprimé. www.barbecuenews.com
The BBQ Forum : Une discussion en direct que vous ne devriez pas manquer. www.rbjb.com/rbjb/rbjbboard/
Barbecue'n on the Internet : Un bon lieu de documentation. www.barbecuen.com
The Virtual Weber Bullet : Un excellent site en ligne pour les usagers du plus populaire barbecue d'arrière-cour. www.virtualweberbullet.com

Pacific Northwest Barbecue Association : Le site en ligne de PNWBA. www.pnwba.com
Barbecue on the Bow : Le concours de barbecue pour le championnat de Calgary, Alberta, qui existe depuis longtemps. www.bbqonthebow.com
Johnstone's Barbecues and Parts : L'endroit au Canada qui offre la plus grande sélection et le meilleur service. www.johnstones.com (Commander en ligne à travers le Canada à www.bbqparts.ca.)
Cobb Canada : Le meilleur gril portatif au charbon de bois DE TOUS. www.cobbcanada.ca

Ressources pour cuisson sur planche

De nos jours, on peut trouver des planches pour la cuisson dans la plupart des épiceries pour gourmets, les magasins spécialisés en articles pour le barbecue, les centres de rénovation domiciliaires, les quincailleries et les grands supermarchés. Si vous ne pouvez en trouver dans votre voisinage, visitez ces sites Web pour avoir des planches de bonne qualité que vous pouvez recevoir par la poste. (Pour des planches de prosopis, difficiles à trouver, téléphonez pour commander à Rancho Lobos au Mexique au 520-225-0415 [www.rancholobos.com].)

www.westcoastlifestyles.com
www.plankcooking.com
www.barbecuewood.com

Les meilleures sauces

Pour des sauces barbecue «Natural Champions» qui ont été primées, contactez Ronnie et Denzel sur le site Internet www.denzelshotsauce.com.

* N.d.T. : Les sites Internet sont en anglais seulement.

REMERCIEMENTS

Où dois-je commencer? Avec ma charmante épouse, Kate Zimmerman, naturellement. Kate a enduré mon «style de vie de barbecue» pendant les 26 années de notre mariage, incluant mes habitudes agaçantes : remplissant l'abri d'auto et la cour arrière d'équipement pour barbecue et de leurs détritus; passant de nombreux weekends à écrire des livres, à faire des ateliers et à voyager pour les compétitions; buvant baril après baril de différentes boissons alcoolisées, et tout ça au nom «de la recherche sur le terrain»; et faisant de nombreuses promesses vides de «oui, chérie, c'est le dernier gril que j'achèterai». En plus de montrer une patience divine, Kate a grandement contribué à ce livre avec quelques délicieuses recettes et quelques articles hilarants. Merci chérie de t'être habituée à mes baisers enfumés... et d'avoir toléré mes odeurs du dimanche matin.

Merci, Robert Mackwood, d'avoir été mon agent et mon ami et de m'avoir mis dans ce pétrin!

Un immense merci vient ensuite pour mon vieil ami et mentor, Bob Lyon, le grand-père du barbecue dans la région du Nord-Ouest Pacifique. Ce fut le superbe atelier de Bob, sur le championnat de barbecue, voilà presque 20 ans, qui m'a donné me première révélation époustouflante au vrai barbecue du Sud et qui m'a incité à joindre une équipe et à participer à ma première compétition. À travers les années, Bob a toujours été très généreux en me donnant de sages conseils et son support — à moi et à beaucoup d'autres, à qui il a fait attraper la piqûre du barbecue. Il est impossible de mentionner Bob sans lever mon chapeau au grand et feu David Valjacic «The Fire Chef» et à sa femme, Pat, le couple dynamique qui a aidé le Canada à débuter la compétition de barbecue. Ils nous manquent et ne seront jamais oubliés, et la fameuse recette de saumon de Bob est dans ce livre.

Le barbecue du Sud a une riche et profonde tradition dont j'ai essayé de parler dans ce livre. Je dois beaucoup de mes connaissances à quelques icônes de barbecue états-uniennes, incluant Paul «Le baron du barbecue de Kansas City» Kirk, Rocky Danner et Myron Mixon, qui ont partagé avec moi plusieurs merveilleuses histoires (et quelques-uns de leurs secrets). Et parlant d'histoire, j'ai été honoré d'avoir eu l'opportunité d'apprendre les techniques de cuisson des aborigènes de la côte ouest, des personnes qui, de nos jours, pratiquent encore cette tradition. Des remerciements spéciaux au chef Bev Antoine, au sous-chef Raymond Johnston. Kathy Parkinson, et le reste de l'équipe au Quw'utsun' Cultural Center sur l'île de Vancouver, qui m'ont enseigné et qui m'ont permis de préparer le saumon selon la tradition.

Et où serais-je sans mes chers coéquipiers de compétition? Depuis le jour où Kathy Richardier, Amo Jackson, Rocco Ciancio et moi avons formé les originaux Butt Shredders de Rockin' Ronnie, notre vie a changé pour toujours. Au fil des ans, l'équipe a acquis de nouveaux membres, incluant l'inconditionnel du barbecue Ian «Big Daddy» Baird et les originaux Shredder de la côte ouest, Stephen Robertson, Heather Rooke, Kenny Stef, Tom Masterson et Vince Gogolek. D'autres ajouts exceptionnels à l'équipe ont été Dave Thurgar, Margie Gibb, Carol et Sandy Dougall, Sharma Christie, Bryan O'Connor, et les vrais chefs Michael Allemeier, Bob Haselbach et Neil Wyles. Les championnats de barbecue sont réellement un sport d'équipe, et je peux honnêtement dire que je n'aurais pas pu faire de carrière en barbecue sans les Butt Shredders. Un merci spécial va à Kathy, Amo, Margie, Ian, Vince et Michael pour avoir contribué à quelques excellentes recettes.

Parlant de contributions, le cœur de ce livre est l'ensemble des recettes, les techniques de cuisson et même les photos, dont plusieurs ont été prises par la famille, les amis et les partisans de barbecue qui ont répondu à mon appel et qui ont partagé leur plat favori. Il y a mon frère, Allen Shewchuk, ma fille, Zoë, et mon fils, Jake, Michelle Allaire, Carolyn Rowan, Brian Misko, Glen Erho, Fred Kraus, Jenny Neidhart, Amo Jackson, Mike Dos Santos, Christine Hunt, Chris Brown, Pauline Bahnsen, Wendy Vallaster, Kim Peterson, Rob Clark, Diane Reid, Gailo Norton, Jennifer Wah, Terry et Cathy Kelly, Lawrence Davis, Nathan Fong, Tom Riglar, Arnold Smith, Reza Mofakham, Sean Dunnigan, Wendy Vallaster,

Le barbecue et ses secrets — édition de luxe

Michael Allemeier, Kosta Zogaris, Angie Quaale, Don Genova, Amy Walker, Steve Crescenzo, Mike Dos Santos, Dee Hobsbawn-Smith, Eric Giesbrecht, Eric Lee et Jane Mundy. J'ai été également chanceux d'avoir des recettes pour la cuisson en plein air d'icônes : Ted Reader, Stephen Raichlen, Paul Kirk et John Howie. Merci de m'avoir supporté!

J'ai souvent parlé de l'importance des équipements et de leur répercussion sur le style de vie du barbecue. Laissez-moi prendre un moment pour remercier mon vieil ami Gary Johnstone, sa femme, Janice, et l'équipe entière de Johnstone's Barbecues and Parts à Vancouver Nord, de toujours avoir été là lorsque j'en ai eu besoin. La salle de démonstration de Gary est comme une vraie confiserie pour les fanatiques du barbecue, et je suis chanceux de le connaître ainsi que son équipe. Et, parlant d'équipement, quelqu'un qui fait beaucoup de cuisson sur planche a besoin de beaucoup de planches. Mes amis enthousiastes de Westcoast Lifestyles — Alex et Chris Robertson, et Geordie Monro — ont toujours été là pour me fournir la meilleure qualité de planches sur le marché, et ils ont vendu beaucoup de mes livres. Vous méritez une bonne cuisson sur planche, et je vous remercie pour votre support généreux.

Et finalement, un immense et sincère merci à tous ceux qui m'ont aidé à produire ce livre, en commençant par mes amis de Whitecap Books. Michael Burch, Robert McCullough, Train Boyd, Michelle Mayne, Amanda LeNeve, Setareh Ashrafologhalai, Paula Ayer et Grace Yaginuma, qui ont passé beaucoup de temps et ont fourni beaucoup d'efforts pour ce projet, du tout début, jusqu'à la distribution et la promotion, afin que tout soit fait à la perfection. Je suis également reconnaissant à ceux qui ont aidé à rendre les photos des aliments si fantastiques, incluant les stylistes culinaires Joanne Facchin et Nathan Fong, et les photographes John Sinal et feu Greg Athans, avec Jacqui Thomas, Roberta Batchelor, Bryan O'Connor (dont beaucoup de photos se retrouvent dans le livre), Thom Koplar, Elaine Schick et Zsuzsi Palotai